JN295551

# 子どもを犯罪から守るための多機関連携の現状と課題

北九州市・札幌市・横浜市の三政令市における機関連携をもとに

石川　正興　編著

早稲田大学社会安全政策研究所

成文堂

# はしがき

　私ども早稲田大学社会安全政策研究所のメンバーは、2009（平成21）年10月から2011（平成23）年3月までの2年半にわたり、独立行政法人科学技術振興機構（JST）の戦略的創造研究推進事業である「犯罪からの子どもの安全」研究開発領域の一研究開発プロジェクトとして、「子どもを犯罪から守るための多機関連携モデルの提唱」というタイトルの共同研究を実施した。

　子どもの加害者化・被害者化を防止するための取り組みは、従来は「タテ割り型」行政の仕組みで行われてきた。しかし、非行や犯罪を生み出す背景には、複雑で多岐にわたる諸問題が横たわっている。したがって、これらの解決を図り加害者や被害者を減らすためには、諸問題に関係する諸機関が一つの『問題解決チーム』として相互に連携する必要がある。本共同研究では、こうした問題意識の下に、主に中学生の加害者化・被害者化防止に焦点を当て、三政令市（北九州市・札幌市・横浜市）における学校・教育委員会、警察（少年サポートセンター）、児童相談所の三機関の連携の仕組みを中心に実態調査し、適正かつ有効な多機関連携のあり方に関する提言を行った。

　本書は、こうした共同研究の成果をまとめたものである。

　本書でお示しする北九州市・札幌市・横浜市の三政令市の機関連携の仕組みは、もとより、それぞれの地域が抱える社会的・経済的・政治的事情を抜きに語ることはできない。それ故、三政令市の機関連携の仕組みは「特殊なもの」だと言えなくはない。しかし、その一方で、学校・教育委員会、警察（少年サポートセンター）、児童相談所を中心とする関係諸機関が取り扱う子どもたちの加害者化・被害者化の事例には地域性を超えた「普遍性」があり、したがって、或る都市が導入した機関連携の仕組みは、他の都市にとって極めて示唆に富んだものである。この点は、本書第2部

に掲載する「三政令市の実務担当者の方々の座談会」を読めばお分かりいただけよう。

　本書は、子どもの加害者化・被害者化防止のために日々ご腐心されている各地域の実務担当者の方々に、是非お読みいただきたいと願っている。そして、そこから何かしらのヒントを汲み取っていただければ、私どもにとってこの上ない喜びである。

　最後に、本共同研究の遂行に当たっては、本書第3部に記載するとおり、実に多くの実務担当者の方々のご協力をいただいた。また、北九州市の北橋健治市長、札幌市の上田文雄市長、横浜市の林文子市長には、それぞれの地域における私どもの実態調査をお許しいただいた。さらに、千葉市の熊谷俊人市長には、当地での公開シンポジウム開催を快く受け入れていただいた。この場をお借りして、皆様に心から御礼申し上げたい。

　　　　　　　　　　　「子どもを犯罪から守るための多機関連携モデルの提唱」
　　　　　　　　　　　研究プロジェクト代表
　　　　　　　　　　　　石川　正興（早稲田大学社会安全政策研究所所長）

目 次

はじめに

## 第1部 子どもを犯罪から守るための多機関連携の仕組みの分析・提言

第1章 石川プロジェクトの紹介……………………………石川 正興　2
第2章 学校・教育委員会を起点とした
　　　多機関連携の仕組みの分析・提言………石堂 常世・宮古 紀宏　15
第3章 児童相談所を起点とした
　　　多機関連携の仕組みの分析・提言……………………小西 暁和　58
第4章 警察（少年サポートセンター）を起点とした
　　　多機関連携の仕組みの分析・提言……………………田村 正博　96
第5章 家庭裁判所から見た
　　　多機関連携の仕組みの分析・提言……………………棚村 政行　147
第6章 研究成果の総括と提言…………………………………石川 正興　191

## 第2部 座談会～JST石川プロジェクトに参画したことの意義～

Ⅰ　座談会（2012（平成24）年2月29日実施）………………………………236
Ⅱ　JST石川プロジェクト　研究協力者からの一言……………………299

## 第3部 資料編

Ⅰ　石川PJが解明した三政令市における機関連携の仕組み…………314
Ⅱ　機関連携の仕組みに関する実務担当者による評価………………339

Ⅲ　用語解説……………………………………………………………………… 344
Ⅳ　本プロジェクトの研究会にご参加いただいた方々………………… 362

第1部

# 子どもを犯罪から守るための多機関連携の仕組みの分析・提言

# 第1章

# 石川プロジェクトの紹介

石 川 正 興

## I　石川PJの概略

　本プロジェクトは、独立行政法人科学技術振興機構（JST）社会技術研究開発センター（RISTEX）の研究開発領域「犯罪からの子どもの安全」に属する13の研究開発プロジェクトのうちの一つである。プロジェクトの研究課題は「子どもを犯罪から守るための多機関連携モデルの提唱」（本書では、「石川PJ」あるいは単に「PJ」という。）で、2009（平成21）年10月から研究を開始し、2012（平成24）年3月に終了した。以下では、この2年半に及ぶPJの研究成果を5人のグループリーダーから報告するが、それに先立って研究代表者の私から、PJの各研究グループとPJの概略を説明しておこう。

### (1)　PJの各研究グループ

　PJは以下に記載する5つの研究グループから構成され、「全体研究会」・「個別研究会」を随時開催しながら研究を進めた。なお、本書では「早稲田大学研究グループ」という呼称を用いることがあるが、それはこの5つの研究グループ全体を指す。

　　注1）以下に記載する所属・肩書きは、研究実施当時のものである。
　　注2）所属・肩書きの中で「WIPSS」と表記があるのは、早稲田大学社会安全政策研究所を指す。

1．研究統括グループ

研究代表者：石川正興（早稲田大学法学学術院教授、WIPSS 所長）

連携研究者：宍倉悠太（早稲田大学大学院法学研究科博士後期課程、WIPSS 研究助手）

研究アルバイト：三枝功侍（早稲田大学大学院法学研究科修士課程、WIPSS 事務局員）

朴春蘭（早稲田大学大学院法学研究科博士後期課程、WIPSS 事務局員）

2．学校教育行政機関調査担当グループ

グループリーダー：石堂常世（早稲田大学教育・総合科学学術院教授、WIPSS 研究所員）

連携研究者：宮古紀宏（早稲田大学教育・総合科学学術院助教、WIPSS 研究所員）

研究アルバイト：帖佐尚人（早稲田大学大学院教育学研究科博士後期課程、WIPSS 事務局員）

3．児童福祉行政機関調査担当グループ

グループリーダー：小西暁和（早稲田大学法学学術院准教授、WIPSS 研究所員）

連携研究者：横山由美子（敬愛大学国際学部兼任講師）

研究アルバイト：関美貴子（早稲田大学大学院法学研究科修士課程、WIPSS 事務局員）

4．警察行政機関調査担当グループ

グループリーダー：田村正博（早稲田大学研究院教授、WIPSS 研究所員）

研究アルバイト：望月茜（早稲田大学大学院法学研究科修士課程、WIPSS 事務局員）

5．少年保護司法機関調査担当グループ

グループリーダー：棚村政行（早稲田大学法学学術院教授、WIPSS 研究所員）

連携研究者：藤原究（杏林大学総合政策学部専任講師、WIPSS 招聘研究員）

原田綾子（早稲田大学比較法研究所助手、WIPSS研究所員）
研究アルバイト：伊藤亜佑美（早稲田大学大学院法学研究科修士課程、WIPSS事務局員）

## (2) PJの概略

　子どもの加害者化・被害者化を防止するための取り組みは、従来は「タテ割り型」行政の仕組みで行われてきた。しかし、非行や犯罪を生み出す背景には、複雑で多岐にわたる諸問題が横たわっている。したがって、これらの解決を図り加害者や被害者を減らすためには、諸問題に関係する諸機関が一つの『問題解決チーム』として相互に連携する必要がある。PJでは、こうした問題意識の下に、主に中学生の加害者化・被害者化防止に焦点を当て、三政令市（北九州市・札幌市・横浜市）における学校・教育委員会、警察（少年サポートセンター）、児童相談所の三機関の連携の仕組みを中心に調査し、適正かつ有効な多機関連携のあり方に関する提言を行うものである。

　**第一**に、PJは犯罪から子どもを守るための「自然科学的な技術・技法の開発」ではなく、子どもを犯罪から守るための多機関連携という「**社会組織・社会システムの開発**」を目標に設定した。

　**第二**に、PJでは、調査研究の対象地域として「**政令市**」に焦点を当てた。政令市は一般市に比べて、以下の特徴を持つ。
　①児童相談所や児童自立支援施設を独自に設置することが可能である。
　②教員は県の職員であるものの、その任命権は政令市の教育委員会が有しており、市が管轄する組織内部での弾力的な人事異動・交流が可能である。

このように、子どもを犯罪から守るための多機関連携の仕組みを構築するに当たり、政令市は大きな裁量権限を有し、それ故工夫次第では子どもを犯罪から守るための多機関連携のモデルとなりうると考えた。

　調査研究にご協力いただいた政令市は北九州市、札幌市、横浜市だが、

これら三市は非行防止のうえで特徴的な機関連携の仕組みを採用する。
　①北九州市では、同一建物内の同一フロアに教育委員会の出先機関・児童相談所・少年サポートセンターの三機関が同居するとともに、機関相互の活発な人事交流を展開しており、これにより普段からの情報の共有化を促進するとともに、緊急対応時における迅速・的確な行動の連携を容易にしている。
　②札幌市では、犯罪被害少年や、いじめの加害少年、薬物乱用・暴走族・校内暴力等で事件として措置することができにくい少年を対象として、少年サポートセンターのコーディネートの下に、関係機関が連携しながら対応策を模索し実行するという「少年サポートチーム」の仕組みを常設化した。この仕組みとは別に、札幌市内のほぼ全ての公立・私立の中・高等学校が参加する「学校教護協会」の仕組みが大正時代から存続しており、市内を11の区に分けて「地区幹事研修会」を実施するとともに、関係機関のオブザーバー参加を認めることで、積極的な情報連携を展開している。
　③横浜市では、児童生徒の非行防止や犯罪被害防止のために学校と警察間で情報共有を行う「学校警察連携制度」における警察側の担当部局を少年捜査課ではなく、少年育成課に設置し、その運用面において「生徒の学内外の問題行動」に関する活発な情報の共有化を図ってきた。
　PJ では、以上に述べた三政令市における三機関連携の仕組みを中心に、その実態解明を進めたが、進めていくにつれこれら以外にも実に多くの機関連携例が解明された。それについても、本書では触れたい。

　**第三**に、PJ では、子どもの「**被害者化の防止**」という側面のみならず、「**加害者化の防止**」という側面にも焦点を当てた。「少年非行は、社会を映し出す鏡である。」と言われて久しいが、社会の悪調整の影響を受けやすいのは大人よりもむしろ、人格形成の途上にある、感受性の強い少年たちである。つまり、犯罪を行った少年は確かに加害者で、その点を無視すべ

きでないが、他方で「社会全体の悪調整の被害者」という側面がある点も忘却してはならない。加えて、子どもの犯罪においては、かつての被害者が転じて加害者になるという反転事例も、少なからず見られる。例えば、少年院や児童自立支援施設の被収容者に関する調査によれば、過去に親からの虐待を受けたことのある者が半数以上に及ぶという結果が示されている。つまり、この調査結果は、加害者化の背景要因のひとつとして被害体験があることを窺わせるものである。

以上の理由から、PJでは、「犯罪からの子どもの安全」という目標を広い視野の下に捉えて、子どもが犯罪の加害者にならないための多機関連携の仕組みや、さらには、犯罪を行ってしまった子どもたちの再犯を防止するための立ち直り支援に関する多機関連携の仕組みにも、研究の力点を置くことにした。

**第四**に、加害者化・被害者化のプロセスのうちPJが主として研究対象としたのは、①加害/被害が発生した段階で、その拡散を沈静化する場面と、②加害/被害後の事後処理の初期段階における対応場面である。「第二」で述べたように、私どもが解明を企図した機関連携の仕組みが主としてこれら二つの対応場面に関係したものであるというのが、その理由である。

**第五**に、PJでは、研究対象となる「子ども」の年齢層を主として「**中学生**」に絞った。その理由は、上記第三に述べたことに関連する。

子どもが非行の加害者として現れる年齢層の下限は、最近の「非行の低年齢化傾向」の中にあってもせいぜい小学生高学年であり、非行の初発年齢の多くは依然として中学生年齢によって占められている。従って、「犯罪の被害者化の防止」という側面のみならず、「犯罪の加害者化の防止」にも力点を置いた考察を企図する以上は、中学生に焦点を合わせる必要があると考えた。

## II 本プロジェクト2年半の足取り

**第1期【2009（平成21）年10月～2010（平成22）年7月】北九州市と札幌市における機関連携の仕組みに関する解明作業の着手**

　北九州市は、PJ発足前の8月段階で、既に研究協力体制が整っていた。そこで、PJ発足後直ちに早稲田大学研究グループで現地を訪れるなど、学校・教育委員会、警察（少年サポートセンター）、児童相談所の三機関が同一の建物の中に事務所を構える「三機関同居型」の連携の仕組みの解明に着手した。他方、札幌市の研究協力体制が整ったのは2010（平成22）年1月のことであり、それ以降「少年サポートチーム」における機関連携の仕組みを中心に実態解明に着手した。

　この時期に主として心がけたことは、両都市の機関連携の仕組みに関する基礎的事実を着実に入手し、早稲田大学研究グループのメンバーの間でこの事実を共有することであった。なお、横浜市の機関連携の仕組みに関しては、横浜市教育委員会・横浜市児童相談所・神奈川県警察本部少年育成課などを構成メンバーとする「神奈川県地域連携研究会」（委員長として石川が、また委員として石堂・小西が参加）を通して貴重な情報を入手することができた。

**第2期【2010（平成22）年8月～～2011（平成23）年1月】北九州市・札幌市・横浜市の機関連携の仕組みに関する比較検討作業の着手**

　早稲田大学研究グループのメンバーの間で北九州市・札幌市の機関連携の仕組みに関する基礎的事実の共有化がある程度進んできたので、以下の2つの方法を通して研究の深化を図ることにした。

　① 三都市の機関連携の仕組みに関する比較検討

　2011（平成23）年8月に、北九州市・札幌市の研究協力者とともに双方の活動現場を視察すると同時に、機関連携の仕組みに関する比較検討を行

うべく意見交換会を実施した。

しかし、二都市間の比較だけでは十分な検証ができないことが痛感されたので、秋以降は横浜市の協力を得て、当市の機関連携の仕組みに関する実態解明を開始するとともに、三都市の研究協力者と合同で三都市間の比較検討のための意見交換会を実施した。

② 本PJを構成する4つの研究グループの個別調査研究

学校教育行政機関調査担当・警察行政機関調査担当・児童福祉行政機関調査担当・少年保護司法機関調査担当の各グループが、以下の図に示す【課題に関する調査 ⇒ 早稲田大学研究グループの検討会での成果報告・さらなる検討課題の摘出 ⇒ 調査】のサイクルで調査研究を遂行していった。

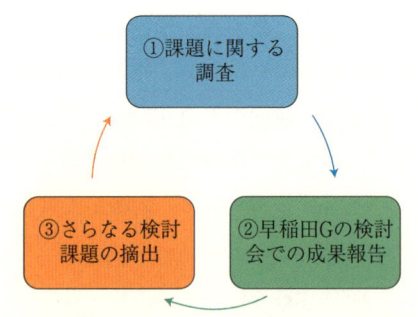

**図 早稲田大学研究グループによる個別調査研究サイクル**

この個別研究調査の手法としては、機関の担当者に対する聞き取り調査のほかに、以下のアンケート調査を実施した。

(a) **学校教育行政機関調査担当グループ**[1]

　(i) 児童生徒の問題行動等への生徒指導・教育相談に関する調査

---

1) 調査結果について、石堂常世＝宮古紀宏＝帖佐尚人「北九州市及び札幌市立小・中学校の生徒指導に関する質問紙調査結果（報告）―生徒指導体制と予防教育に焦点を当てて―」早稲田大学社会安全政策研究所紀要第4号（2012（平成24）年）245-263頁参照。

実施対象：北九州市立小学校（131校）・中学校（63校）
　　　　　札幌市立小学校（209校）・中学校（100校）
実施時期：2010（平成22）年 8 月17日実施
　　　　　2010（平成22）年10月20日回答期限

(b) **警察行政機関調査担当グループ**
　(i) 学校と警察関連諸機関（警察署、少年サポートセンター、スクールサポーター）との関係に関する調査
　　　実施対象：北九州市立小学校（131校）・中学校（63校）
　　　　　　　　札幌市立小学校（209校）・中学校（100校）
　　　実施時期：2010（平成22）年 8 月17日実施
　　　　　　　　2010（平成22）年10月20日回答期限
　(ii) 児童相談所における警察経験者配置に関するアンケート調査[2]
　　　実施対象：警察経験者が勤務している児童相談所（48庁、うち政令市12庁）
　　　　　　　　当該児童相談所所在地を管轄する都道府県警察本部の少年課（24庁）
　　　実施時期：2011（平成23）年 8 月12日実施
　　　　　　　　2011（平成23）年 9 月10日回答期限
　(iii) 少年補導職員及び少年関係課所属警察官へのアンケート調査[3]
　　　実施対象：少年補導職員 8 名、
　　　　　　　　少年関係課所属警察官 7 名（警察庁少年警察専科参加者）
　　　実施時期：2011（平成23）年 2 月実施（警察庁少年警察専科実施日）、即日回答

---

[2] 調査結果について、田村正博「児童相談所における警察経験者配置の意義―アンケート調査の結果から」早稲田大学社会安全政策研究所紀要第 4 号（2012年）223-232頁参照。
[3] 調査結果について、望月茜「少年補導職員及び少年関係課所属警察官へのアンケート調査結果報告」早稲田大学社会安全政策研究所紀要第 4 号（2012年）233-243頁参照。

(c) 児童福祉行政機関調査担当グループ[4]
　(i) 北九州市・札幌市の公立小・中学校を対象とした質問紙調査
　　　実施対象：北九州市立小学校（131校）・中学校（63校）
　　　　　　　　札幌市立小学校（209校）・中学校（100校）
　　　実施時期：2010（平成22）年8月17日実施
　　　　　　　　2010（平成22）年10月20日回答期限
　(ii) 警察経験者が勤務している全国の児童相談所を対象とした質問紙調査
　　　実施対象：警察経験者が勤務している全国の児童相談所（48庁、うち政令市12庁）
　　　実施時期：2011（平成23）年8月12日実施、
　　　　　　　　2011（平成23）年9月10日回答期限
　(iii) 全国政令市の児童相談所を対象とした質問紙調査
　　　実施対象：全国19政令市の児童相談所
　　　実施時期：2011（平成23）年9月6日実施
　　　　　　　　2011（平成23）年10月11日回答期限

## 第3期【2011（平成23）年2月～2011（平成23）年5月】研究成果の中間報告

　三政令市の機関連携の仕組みに関する実態解明と三都市間の内部評価がある程度進んだと考えられたので、外部（第三者）の評価意見を聴取するとともに、機関連携の実装への足がかりを得るために、**公開シンポジウム（第一次）**を2011（平成23）年5月20日に開催した[5]。開催地としては千葉

---

[4] 調査結果について、小西暁和「児童相談所を起点とした機関連携に関する質問紙調査の結果について―独立行政法人科学技術振興機構社会技術研究開発センター研究開発プログラム〈犯罪からの子どもの安全〉研究開発プロジェクト『子どもを犯罪から守るための多機関連携モデルの提唱』における研究の一環として―」早稲田大学社会安全政策研究所紀要第4号（2012年）265-277頁参照。

[5] その報告書は2011（平成23）年8月に『中学生を犯罪から守るための多機関連携―学校・児童相談所・警察を中心に―』というタイトルで刊行された（以下、『公開シンポジウム（第一次）報告書』という）。なお、このシンポジウムの来場者数は全181名であり（早稲田大学研

市を選定したが、その選定理由は以下のとおりである。
　①千葉市が政令市であり、研究代表者の石川が同市の青少年問題協議会委員を長年にわたり務めている関係で、協力を得ることが比較的容易であること。
　②当時最年少で政令市の市長に就任した熊谷千葉市長は、子どもの健全育成の問題にはことのほか関心が高く、PJが提言する「子どもを犯罪から守るための適正かつ有効な多機関連携の仕組み」のいくつかを将来導入していただける可能性が高いこと。

## 第4期【2011（平成23）年6月～2012（平成24）年1月】三政令市の機関連携の仕組みに関する補充・追加調査並びに三政令市以外の自治体における機関連携の仕組みに関する調査

　(1)これまでの調査で解明された三都市三機関の多機関連携の仕組みを整理したうえで、今後さらに解明すべき課題をPJの各グループに提示し、補充調査・追加調査を依頼する一方で、「子どもを犯罪から守るためのユニークな機関連携を行っている三都市以外の都市に対する聞き取り調査を行うことにした。追加調査として行ったのは、
　①滋賀県が導入している軽度の非行少年に対する就学・就労支援のための機関連携、および同県の試みに範をとって導入された大阪府と京都府の機関連携に関する実態解明
　②内閣府が推進する「子ども・若者支援地域協議会体制整備事業」に参画する北九州市・札幌市・横浜市の「子ども・若者支援地域協議会」における機関連携の実態解明である。

---

究グループは除く）、その内訳は千葉市（市長・こども未来局・教育委員会・児童相談所）21名、横浜市（児童相談所）4名、さいたま市関係者（子ども未来局）3名、千葉県警72名、千葉県（県民生活課・教育委員会）6名、山梨県警1名、新潟県警1名、神奈川県警3名、杉並区（区役所）2名、内閣府（内閣官房・共生社会政策担当）2名、警察庁（少年課・警察政策研究センター）2名、法務省関係者（矯正局・矯正管区・少年鑑別所・矯正研修所・保護観察所・法務総合研究所・更生保護法人・矯正協会・保護司等）13名、マスコミ関係5名、JST関係者6名、その他17名、北九州市・札幌市・横浜市のPJ協力者23名であった。

(2)こうした一連の調査結果については、全国の教育委員会、警察本部少年課・少年サポートセンター、児童相談所などの地方機関や文部科学省、警察庁、厚生労働省、内閣府、法務省などの中央機関の関心を掘り起こすために、2011（平成23）年10月に早稲田大学社会安全政策研究所のHPに「石川PJ月報」として逐次掲載することにした[6]。HPは一般公開であるが、とりわけ上記諸機関に対しては掲載する度にその旨をメール等でお知らせした。

(3)このほか、この時期の特筆すべき事柄は、法務省矯正局少年矯正課とその管轄下にある少年鑑別所が本PJの研究協力者に加わったことである。

法務省は少年院法の改正に着手し、第180回通常国会に「少年院法案」と「少年鑑別所法案」が提出されているが、このうち後者の法案において「社会に開かれた少年鑑別所」の構想が示されている。

この構想を受け、同法案131条は、

「少年鑑別所の長は、地域社会における非行及び犯罪の防止に寄与するため、非行及び犯罪に関する各般の問題について、少年、保護者その他の者からの相談のうち、専門的知識及び技術を必要とするものに応じ、必要な情報の提供、助言その他の援助を行うとともに、非行及び犯罪の防止に関する機関又は団体の求めに応じ、技術的助言その他の必要な援助を行うものとする。」

と規定する。すなわち、これまで少年鑑別所が本来業務に支障を来たさない範囲で行ってきた「一般少年鑑別」を同機関の本来業務として規定し、地域社会での積極活用を図ることにしたわけである。

この「社会に開かれた少年鑑別所」構想の実現化を目指す法務省が、「子どもを犯罪から守るための多機関連携」の仕組みを研究するPJに注目し、機関連携のネットワークに参加する意向を示すとともに、PJが研究対象とする各政令市を管轄する小倉少年鑑別支所、札幌少年鑑別所、横

---

6) 早稲田大学社会安全政策研究所HP「プロジェクト月報について」http://www.waseda.jp/prj-wipss/jst_geppou.html 参照。

浜少年鑑別所による研究協力を申し出た。

### 第5期【2012（平成24）年2月～2012（平成24）年3月】研究総括と提言の作成並びに提言の社会実装に向けての試み

(1) 2年半にわたる研究成果の総括と提言作成作業の一環として、以下のことを行った。

①2012（平成24）年2月29日に早稲田大学において**三政令市三機関の研究協力者との座談会**を開催し、PJ に参加したことの意義、研究交流を通して獲得した知見を基に新たに導入された機関連携の仕組みや制度を紹介してもらった。なお、この座談会に先立って、出席者には上記の事柄に関するアンケートを実施した。この座談会と事前アンケートの実施は、三政令市の実務家による総括的な内部評価としての意味を有する[7]。

②2012（平成24）年3月15日に予定する公開シンポジウム（第二次）に向け、これまでに解明してきた機関連携事例を「適正性」と「有効性」の二つの評価基準に従って評価し、提言をまとめる作業を行った。この一連の作業の結果は、「三政令市（北九州市・札幌市・横浜市）における子どもを犯罪から守るための多機関連携の仕組みの現状と課題」というタイトルの報告集（本書においては、『公開シンポジウム（第二次）報告集』という。）にまとめた。

③2012（平成24）年3月15日に早稲田大学において、**公開シンポジウム（第二次）**を開催した[8]。このシンポジウムでは PJ に協力いただいた

---

7) 本書339-340頁参照。
8) 来場者数は全151名であり（早稲田大学研究グループ除く）、その内訳は横浜市（児童相談所、児童自立支援施設、NPO）3名、相模原市（青少年課・教育委員会）2名、川崎市（児童相談所）1名、さいたま市（子ども未来局）1名、川越市（青少年課）1名、柏市（教育委員会）1名、滋賀県1名（子ども・青少年課）、神奈川県警9名、警視庁8名、埼玉県警1名、愛知県警2名、大阪府警3名、福岡県警1名、渋谷区（教育センター）2名、内閣府（共生社会政策担当）3名、警察庁（少年課・警察大学校）7名、法務省（矯正局・矯正管区・少年鑑別所・少年院・更生保護法人・保護司等）18名、マスコミ関係3名、JST 関係者5名、その他（大学関係者、学生等）49名、北九州市・札幌市・横浜市・千葉市・岡山市・

三政令市とそれ以外の都市の方を招き、PJが解明した三政令市の機関連携に関するアンケートを実施したが、これらは三政令市の実務家による内部評価並びに三政令市以外の都市の実務家による外部評価として位置付けられるものである[9]。

(2)社会実装の試みの一環として、『公開シンポジウム（第一次）報告書』『公開シンポジウム（第二次）報告集』を北九州市・札幌市・横浜市以外の17の政令市および都道府県の関係機関に配布すると同時に、アンケート調査を実施した。このアンケートは、三政令市以外の都市の実務家による外部評価としての意味も併せ持つものである[10]。

---

大阪府・地域生活定着支援センターのPJの招聘者・研究協力者30名であった。
9) 本書340-341頁参照。
10) 本書341-343頁参照。

## 第2章

## 学校・教育委員会を起点とした多機関連携の仕組みの分析・提言

石 堂 常 世
宮 古 紀 宏

Ⅰ　はじめに
Ⅱ　多機関連携の前提としての学校内の基盤整備
　㈠　生徒指導に関する校内マニュアルの作成と周知徹底
　㈡　効果ある生徒指導主事の設置の仕方
Ⅲ　学校が他機関と連携して行う問題行動の予防対策
　㈠　北九州市の場合（内容、事例）
　㈡　札幌市の場合（内容、事例）
　㈢　横浜市の場合（内容、事例）
Ⅳ　提言：子どもを問題行動に向かわせない多機関連携の仕組み

## Ⅰ　はじめに

　児童生徒の問題行動の予防・対策に関して、「学校と関係諸機関の行動連携」の一層の推進が文部科学省（以下、「文科省」と言う。）通知や警察庁通達によって、学校側に強く求められるようになったのは、2004（平成16）年である。
　だが、私どもの研究グループが作成した「生徒指導関連施策年表」からも明白に読み取れるように、その動きは、1998（平成10）年から強まっている。1998（平成10）年は、問題行動への対応のために「学校の抱え込み」から外部に「開かれた連携」の必要性が、その年の3月に出た旧文部

省の「問題行動に関する調査研究協力者会議」の報告で強調された年である。同年4月には、同じく旧文部省が子どもたちの問題行動を「校内体制の整備」によって未然に防ぐべきことを通知した。この年は、前年の神戸少年事件に引き続き、黒磯の中学校での女性教諭殺害事件が発生した他、不登校の児童生徒数が13万人を越えた年でもあった。

　1998（平成10）年のこれらの施策の動向は、2002（平成14）年に至るや、文科省からと警察庁それぞれからの、「学校と警察との連携の強化による非行防止対策の推進について」の通知あるいは通達となり、学校と警察はとりわけ非行防止に対して強力な協力体制を組むことが求められた。また、この年の9月には、国家公安委員会規則第20条において、「少年相談専門職員」の設置規定が定められ、これら警察の相談員が非行対策や少年の生き方の指導に関わることになった。

　以上の展開を踏まえていくことで、2004（平成16）年以降の関連する諸政策を理解することができる。2004（平成16）年以降になると、学校と警察の連携は、児童相談所その他を包摂した「学校と諸機関（本共同研究では、「学校と多機関」という表現を使った）の連携」に拡張され、かつ非行予防と非行対策の総合的取り組みが「少年サポート体制」の構築というかたちで進められるようになった。

　本共同研究では、三政令市（以下、「政令市」と言う。）の学校、教育委員会等の実地調査・関係機関訪問・インタビューの手法を通して、学校と多機関連携の在り方に関する先進的実践に出会い、そこから子どもの非行・問題行動の防止や対策のみならず、健全育成のノウハウについて少なからず有益な示唆を得ることができた。それらの体制づくりや対策のうちのいくつかについては全国的に周知することで、各都道府県・自治体の状況に適した仕方で可能な限り活用されることが望ましいのではないかと判断される。もとより、類似の先行事例を有している都道府県・自治体もあるであろう。以下に、三政令市の先進的体制づくりや対策・手法の主なるものを説明するが、その前に、文科省の施策に限定するが、問題解決のために学校と警察や児童福祉施設等の関係諸機関との連携の一層の推進を記載し

ている2004（平成16）年度以降の報告書や通知等に触れておく。それらは、以下である。
- 「学校と関係機関等との行動連携を一層推進するために」2004（平成16）年3月
- 「新・児童生徒の問題行動対策重点プログラム（中間まとめ）」2005（平成17）年9月
- 「児童生徒の規範意識の醸成に向けた生徒指導の充実について（通知）」2006（平成18）年6月5日
- 「問題行動を起こす児童生徒に対する指導について（通知）」2007（平成19）年2月5日

　学校と関係機関との行動連携に関する研究会による「学校と関係機関等との行動連携を一層推進するために」は、児童生徒の最近の問題行動については校内の指導や家庭の協力だけでは解決できない場合があるがゆえに、そのような場合は、「校区内ネットワーク」や「市町村ネットワーク」を活用したサポートチーム等を結成して問題解決にあたることが必要である、と提言している。「校区内ネットワーク」づくりに関しては、民生委員・児童委員、主任児童委員、保護司、少年警察ボランティア等の地域人材の協力を仰ぐこと、さらに中学校区内にある小学校の教員の参加・協力、幼稚園・保育所との連携、さらには警察、福祉事務所等、地域に密着した活動を行っている関係機関の職員との連携・協力体制づくりを提言している。他方、「市町村ネットワーク」としては、学校、教育委員会、警察、児童相談所、福祉事務所、保育所等の関係諸機関の間の連携の他に、民生・児童委員、主任児童委員、保護司、少年警察ボランティア、PTA等の地域人材を構成員とした連携が考えられるとしている。このネットワークづくりに関しては、教育委員会が中心になる場合、市町村福祉部局が中心となる場合、児童相談所が中心になる場合、警察の少年サポートセンターなどが中心になる場合など、事案あるいは地域により相異はあるが、本研究においては、学校・教育委員会を起点にして調査を行った。また、学校と教育委員会を必ずしも一体ととらえず、それら両者の連携について

も聞き取り調査をした。いずれにしても、これらの連携は、事案の内容により、またその地域でこれまでいかなる協力関係が構築されようと試みられていたのか等によって、その在り方が決まるのであり、あくまでも柔軟にとらえたうえで、新たな工夫をすることが肝要である。

　文科省の「新・児童生徒の問題行動対策重点プログラム（中間まとめ）」を受け、国立教育政策研究所は、2006（平成18）年5月に『「生徒指導体制の在り方についての調査研究」報告書－規範意識の醸成を目指して』を著し、学校内の生徒指導体制の充実・整備を提言した[1]。多機関連携は学校内の生徒指導の延長にあるため、校内の生徒指導体制を足並みのそろえたものとすることは重要である。その他、「児童生徒の規範意識の醸成に向けた生徒指導の充実について（通知）」、「問題行動を起こす児童生徒について（通知）」においても連携の意義が述べられている。

　さて、国立教育政策研究所生徒指導研究センターは、上記の文科省の取り組みを受けて、2008（平成20）年から2011（平成23）年までに全4冊にわたる「生徒指導資料」を刊行した[2]。それらの資料のうち、第4集となる『学校と関係機関等との連携：学校を支える日々の連携』2011（平成23）年、全98頁は、小学校、中学校、高等学校別に、連携事例を挙げて連携のポイントを提示し、主な連携機関の組織図を詳述するなど工夫を凝らしており、学校が関係機関との連携に関して心得ておくべき大半を網羅している。

　重要資料として最後に触れておくべきは、2010（平成22）年に文科省が刊行した『生徒指導提要』である[3]。しかし、この提要では、教員に焦点

---

1) 国立教育政策研究所生徒指導研究センター『「生徒指導体制の在り方についての調査研究」報告書―規範意識の醸成を目指して―』（2006（平成18）年）資料を含めて全89頁。
2) 国立教育政策研究所生徒指導研究センター、生徒指導資料第1集（改訂版）『生徒指導上の諸問題の推移とこれからの生徒指導：データに見る生徒指導の課題と展望』（2009（平成21）年）、第2集『不登校への対応と学校の取組について：小学校・中学校編』（2009（平成21）年）、第3集『規範意識をはぐくむ生徒指導体制：小学校・中学校・高等学校の実践事例22から学ぶ』（2008（平成20）年）、第4集『学校と関係機関等との連携：学校を支える日々の連携』（2011（平成23）年）。
3) 文部科学省『生徒指導提要』。2009（平成21）年に「生徒指導提要の作成に関する協力者会

を当てた学校内における生徒指導のあり方を重点的に扱っているためであろうか、学校と関係機関との連携についての記述はさほど多くはない。そこでは、子どもの健全育成の推進の観点から、家庭との連携、地域の力を借りることの意義が強調されている。

相次いで出されたこれらの資料において強く提言されているのは、第1に、教職員間の合意のもとで、生徒指導方針の基を明確化し、また児童生徒だけでなく保護者にも周知徹底し、広く理解を図った上で、指導方針に基づく毅然とした粘り強い指導を学校全体で行うこと、第2に、問題の早期発見・早期対応のための、学校・教育委員会を起点とした多機関連携におけるコーディネーターたるスーパーバイザーの存在の必要性、第3に、生徒指導体制の不断の自己評価と改善のしくみの必要であり、そのための適切な学校評価（自己評価・外部評価）の実施と公表、そして、それらの評価結果を反映させることのできるシステムづくりである。

すなわち、生徒指導体制の基本的な考え方については、「生徒指導の方針・基準の明確化・具体化」、「すべての教職員による共通理解・共通実践」、そして「実効性のある組織・運営の在り方」が強く望まれているといえる。

## II 多機関連携の前提としての学校内の基盤整備

学校が学外の関係機関との連携を視野にいれて効果的な生徒指導を推進していくためには、何よりも学内における生徒指導体制の強化と全教職員による生徒指導手法に対する合意の形成、さらにそれに基づく共通の実践事例を着実に積み上げていくことが必要になる。校内での生徒指導体制の改善については、特に本共同研究の学校教育行政機関調査担当グループのリーダーがまとめた論稿を別途参照ありたい[4]。以下に、本共同研究にお

議」（座長：森田洋司）が設置され、生徒指導の実践に際し教員間や学校間で共通理解を図り、小学校段階から高等学校段階までの組織的・体系的な生徒指導を進めることができるよう、生徒指導に関する学校・教職員向けの基本書として取りまとめたマニュアル、全237頁。

いて研究対象とした北九州市、札幌市、横浜市の三政令市の中学校レベルにおいて、他の機関との連携に先立ち教育委員会あるいは学校で展開されている注目すべき仕組みについて述べる。

## (一) 生徒指導に関する校内マニュアルの作成と周知徹底

　校内の生徒指導上、効果を上げるひとつの施策は、生徒指導のマニュアルにあたる教師用手引書の作成である。先ず、現在の総人口およそ370万人、中学生人口約10万人を抱える横浜市の場合であるが、2005（平成17）年度の非行少年補導人員総数は4,212人であった。しかし、2009（平成21）年度には、暴力、傷害、詐欺、福祉犯は増加したものの、少年非行総数は2,776人と大きく減少した。この減少の背後にある関係機関とそれらの職員の対応や指導の成果に着眼すべきである[5]。横浜市の学校や教育委員会は、いじめ、暴力行為、不登校などの問題を「子どもの心の問題」の顕在化ととらえ、そうした問題への対応のみならず、その未然防止や予防等の対策に取り組んできたのであるが、近年、子どもたちに見られる課題は極めて多岐にわたるようになり、それ故にすべての小中学校において必ずしも十分な取り組みが展開できていないという状況を認識していた。同教育委員会は、すでに2005（平成17）年8月の段階で、各学校での指導指針となるよう「児童・生徒指導上の諸問題緊急対策プロジェクト報告〈12のアクション〉」を策定し、2008（平成20）年3月には、各学校で役立つ実践的指導方法を掲載した「子どもの豊かな成長を育む実践事例集」をまとめていた。しかし、同教育委員会はこの事例集に満足することなく、長年、小学校や中学校で子どもたちの問題行動や課題に向き合い課題解決に努め

---

4) 石堂常世「学外機関・学外人的資源活用にあたっての学内基盤整備―連携の前に学内生徒指導体制はどうあるべきか―」石堂常世代表共同研究『子どもの問題行動防止と健全化育成をめぐる総合的対策の研究―学校内の改善および学校外関係機関とくに警察との連携を中心に―』（早稲田大学教育総合研究所、2012（平成24）年）。

5) 石川正興代表、2010（平成22）-2012（平成24）年度JST助成共同研究、JST石川プロジェクト公開シンポジウム（第2次）「三政令市（北九州市・札幌市・横浜市）における子どもを犯罪から守るための多機関連携の仕組みの現状と課題」（2012（平成24）年3月15日）配布資料集掲載の「3市に関する基礎資料」に、近年の統計数値を加筆したもの。

てきた担当教諭たちの具体的な実践記録や経験談をも収録し、また教員が生徒指導上心得ておくべき法令・例規・書式及びそれら事務手続きの指針をも加え、2009（平成21）年3月に『児童・生徒指導の手引き』と題する教員用共通マニュアルを発行した（全144頁）。そして同教育委員会は、この冊子を当時27万人の児童生徒を抱える市内500校の小中学校全教職員14,000人に配布したのである（図1）。

この発行は、既述した文科省の『生徒指導提要』が刊行

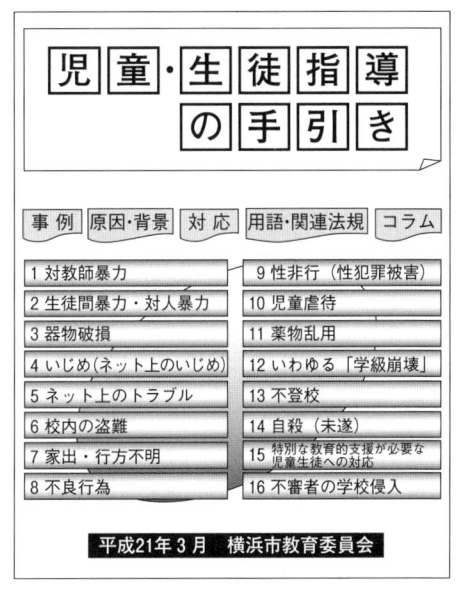

図1：2009（平成21）年3月刊、横浜市教育委員会編

される1年も前のことであった。そこには、「学校が、社会的な視野の狭さや連携・相互理解の不足から閉鎖的になり、独善に陥ることは避けなければならないこと」、「子どもの抱えている無数のドラマに向かいながら子どもの豊かな成長を促すために」、学校は、家庭や地域と協働し、様々な専門機関の人的資源と連携していくことが不可欠であると強調されている。さて、こうした都道府県・自治体レベルの生徒指導マニュアルの作成は、他に香川県など若干の事例がみられるが、大いに推進されてしかるべきであろう。さらに、横浜市の公立中学校にもみられるが、各学校でもそれぞれに「生徒指導マニュアル」が作成されており、都道府県・自治体レベルと校内レベルの2層から生徒指導の基本方針を策定している体制は参考になる。なぜならば、各学校独自のマニュアルは、当該学校に特有の問題を取り込んでおり、直接的な実効性を有するからである。後者は、多くの場合、およそ20頁程度のパンフレットであるが、「生徒手帳」の一部転

載をもしたうえで、当該校の生徒指導年間計画、問題発生時の対応、緊急連絡の系統図等を明記し、全教職員において一貫した指導体制が取れるように構成されている。つまり、横浜市の場合は、自治体全体としての対策マニュアルを作成している他に、各学校毎に対策マニュアルを作成して、予防・対応の2段構えをとっているのである。

　学校ごとの生徒指導マニュアルに関しては、北九州市及びその近隣地区の場合についても言及しておきたい。福岡県警の統計によると、北九州・京築地区は、少年犯罪の発生率が県内の他の地区よりも高い傾向にある。2007（平成19）年度、福岡県において刑法犯で検挙補導された少年の数は全国で4位、少年人口1,000人当たりに刑法犯少年が占める割合は16.1人で全国1位であった。その中でも北九州市はうち25％を占め、福岡県内における少年人口の占める割合である18.6％を大幅に上回っていた。窃盗、恐喝などの刑法犯をみると、この前年に摘発された10～19歳の少年は、北九州・京築地区では1,000人当たり12.1人に上り、県内全地区の中で最悪であった。再犯率も40.1％で、他地区がいずれも30％台の中、抜きんでていた。刑法犯以外では、覚せい剤取締法違反の摘発者が県内の半数程度を占めるといわれる。また、北九州市ではシンナー等の薬物乱用少年が多いことや、検挙補導された少年の内54.8％が中学生以下という低年齢化も特徴になっており、関係者を悩ませるところとなっていた。少年非行低年齢化の背景の一つには家庭環境の問題があると指摘されているが、北九州市では中学校を卒業後、70名近い生徒が進学も就職もしない状態であり、高校中退後に同様の状態になっている生徒はさらに多いものと推定されている[6]。このため、北九州市内にある様々な青少年育成に関係する機関がネットワークを形成し、若者の立ち直り支援（就学や就職を含む）に協働できる体制を立てることは必須であったともいえる。

　この連携をさらに促進したのは、児童相談所、教育委員会の少年サポートチーム、警察関係の少年サポートセンターである。これら少年非行対策

---

[6] http://www8.cao.go.jp/youth/model/h20/houkoku/html/2_8.htm（第2章8北九州市）
　　同じく、西日本新聞、2012（平成24）2月21日付朝刊。

と立ち直り支援の三機関は、北九州市の地域福祉活動拠点「ウェルとばた」と称される公共建造物に2002（平成14）年から2004（平成16）年にかけてワンストップ方式の同居体制をとり、連絡・連携を密にかつ適確に行った（後述）。このような行政措置は、学校支援体制を迅速に強固にし、非行防止と対策の連携協力の効果を一挙に挙げることとなり、その結果、2005（平成17）年の北九州市の刑法犯少年検挙補導人員は2,140人であったが、2009（平成21）年には1,498人と減少した。

さて、それでも北九州市では困難校を払拭できているわけではなく、教職員や警察のサポートセンター、教育委員会所属のサポートチームのスタッフの努力のうえに、様々な対応がなされている。困難校と査定された同市の公立中学校21校には、授業担当から解放されている加配の専任生徒指導主事が派遣されており、それらの中学校では、彼らがリーダーとなって、既述の横浜市のように「生徒指導基本方針」を作成している。これによって、校内で教職員一同がブレることのない一貫した問題行動対策や非行防止体制の基盤をつくっていこうとしている。名称は「生徒指導基本方針」であったり、「生徒指導マニュアル」であったりする。自治体レベルであれ、学校レベルであれ、生徒指導マニュアルや基本方針には、学内連携や（緊急時の）学外連携のルートが書かれているために、緊急事態対策のノウハウはいうまでもなく、日常の問題行動の予防対策に関しても、関係諸機関との連携・協力がどのように運ばれるか、教職員一同がその仕組みを認識でき、協働して行動できるのである。これらの「生徒指導マニュアル」は、校長や教頭のみが孤軍奮闘して事態の解決にあたるといった非生産的事態を回避できる手立てともなっている。

都道府県・自治体レベルの生徒指導マニュアルと、学校内で独自に作成する「生徒指導基本方針」であるが、私どもがその後行った他県某市のインタビューでは作成されていないことが判明した。これらの作成については、今後、全国の学校対象の調査をしたうえで、不所持や不備な自治体が多ければ、緊急の作成を促すべき実装的提案となるであろう。

㈡　効果ある生徒指導主事の設置の仕方

　次いで、効果的な生徒指導の機能の充実・強化に直接的に関わるのが、先に触れた生徒指導主事の配置とその業務上の優遇措置である。生徒指導主事の制度は、1975（昭和50）年の学校教育法施行規則の改正による「主任の制度化」により、中学校及び高等学校に位置づけられたことに端を発する。本規定は、現行の学校教育法施行規則70条に継承されており、この条文で、中学校における生徒指導主事の設置について規定されている。同条３項に、「生徒指導主事は、指導教諭又は教諭をもつて、これに充てる」とし、同条４項に、その職務内容として「校長の監督を受け、生徒指導に関する事項をつかさどり、当該事項について連絡調整及び指導、助言に当たる」と明記されている（高等学校及び特別支援学校等についても、70条の規定を準用）。小学校については、生徒指導主事に該当する職の規定はないが、小学校の校務分掌のひとつとして生活指導主任、あるいは児童指導主任等の名称で置いており、彼等が校長を補佐して児童相談所等と連絡・相談に奔走しているケースがみられる。

　生徒指導主事は、学校内においては生徒指導に関する適切な校務分掌を展開するための生徒指導部等の組織・運営や、生徒指導部等が中心となり実施する生徒指導研修会、生徒指導委員会等の開催といった教職員間の協働体制のコーディネーター、また、専門性に基づいた指導計画の立案・実施とその適切な運用のための全教員に対するアドバイザーとしての役務を担うのであるが、同時に、校外の関係機関との渉外役を果たすことが求められている。それゆえに、生徒指導上の方法に関する理論的知識と豊富な経験に根ざした実践知のみならず、教員を牽引できるリーダーシップ、同僚教員や児童生徒、保護者からの信頼を得ているという人格的側面までもが期待される。現在、教職員の中で、生徒指導主事は、その機能が最も大きく拡充・強化されている役職の一つになっている。先述したように、北九州市では、困難校である公立中学校21校に加配として専任の生徒指導主事を置いているが、これらの主事が配置されている中学校では特に実効性が求められている。

しかしながら、一般の自治体の学校における生徒指導主事は、授業担当も担任の担当も兼務している場合が大半であるので、文科省が期待しているだけの役務を果たせないで終わっている場合が少なくないことが、本研究の学校訪問インタビューから判明した。ゆえに、生徒指導主事の在り方について、二点を提言しておきたい。第1点は、北九州市と横浜市にみる加配や特別充て職としての生徒指導主事の重点的な配当の手法を学び取ることである。第2点は、加配教員を配当することが難しい一般自治体を想定して提案したいことであるが、学校教育法施行規則70条に設置を規定する中学校の生徒指導主事（および高等学校、小学校、特別支援学校への準用）に関して、授業担当の免除または担当授業数の大幅な削減、あるいは担任の業務からの解放を要請したい。このことは、政府への要望ともなり、また法改正をも伴う結果にもなろうが、本共同研究から導かれた切実な実装的提言である。この観点から、北九州市と横浜市の調査結果を改めて以下に詳述する。

(1) **北九州市における専任生徒指導主事**

　北九州市では、問題性の大きい公立中学校に配置される専任生徒指導主事の制度を設けている。北九州市の中学校数は、全71校（国立1、県立1、市立62、私立7）であるが、北九州市立中学校62校の内、約3分の1にあたる21校に、「専任生徒指導主事」が配置されている。この専任生徒指導主事は、加配教員という位置付けであり、授業や学級担任を担当することを免除された生徒指導専門の教員であり、北九州市の最も特色ある生徒指導施策の一つといえよう。専任生徒指導主事は、生徒指導の職務に専心できる労働条件のため、学校内の生徒の情報収集・集約、学外の関係機関との日常的な連携体制を構築する上で重要な役割を果たしている。また、専任生徒指導主事配置校では、「生徒指導マニュアル」（生徒指導基本指針）を必ず作成しており、教職員が一丸となった組織的対応を目指し、校内及び校外の連携のノウハウについても明示する努力がなされている。

(2) **横浜市における生徒指導専任教諭・児童支援専任教諭**

　横浜市では、「生徒指導専任教諭」が市内の市立中学校全校に充て職として配置されており、生徒指導により専念できるよう、学級担任を受けもたず、授業時数も低く抑えられ運用されている。また、2010（平成22）年度から市内公立小学校に「児童支援専任教諭」（2010年度には市内70校に各1名）の配置が開始された。横浜市においては、すでに全市立中学校において生徒指導専任教諭が配置されて久しいが、さらに市内全小学校においても、児童の有する問題の複雑化・多様化という状況を踏まえ、校内の児童指導体制の整備・構築、他機関とのコーディネーターとしての役割の期待のもと、2014（平成26）年度までに児童支援専任教諭が全公立小学校へ配置される予定である。児童支援専任教諭は、学級担任を受け持つことなく、週の担当授業は12時間以内に抑えられている。なお、児童支援専任教諭は、特別支援教育コーディネーターを兼務することと定められている。

## Ⅲ　学校が他機関と連携して行う問題行動の予防対策

(一)　北九州市の場合（内容、事例）
(1)　**学校と教育委員会の連携**
　①　区担当指導主事の配置
　学校と教育委員会の連携が緊密に行われているシステムづくりの先行例として、北九州市教育委員会指導第二課の下で実施されている区担当別の指導主事配当について紹介する。北九州市教育委員会指導第二課は、さらに「生徒指導担当課」及び「学校支援担当課」の二課に分けて構成されている。両課に分かれたのは、2007（平成19）年からである。それまでは、課は分かれておらず、区担当が5名、主任2名、調査統計2名の計9名の指導主事から構成されていた。2007（平成19）年度より人員を増やして二課構成とし、現在12名の体制をとっている。その他に行政方面の係長が2名配置されている。
　先ず、生徒指導担当課の役割や業務は、指導第二課における施策や事業

の計画・立案である(例、不登校児童生徒を対象としたキャンプ等の企画)。これに対し、学校支援担当課は、学校支援の実働部隊としての役割を担っている。現在、この学校支援担当課には、「区担当指導主事」と称する生徒指導の専門スタッフが5名配置されており、学校支援の中核としての役割を担っている(但し、計7区あるので、2区をまたいで担当している区担当もいる)。

　区担当指導主事は、学校の抱える非行問題、虐待事案等について、学校からの情報を受け集約し、対応について検討する役割を担っている。彼らは、日常的に、中学校や小学校、警察、「子ども総合センター」(既述)等を訪問・巡回し、少年問題からみた学校の現状を把握するとともに、関係機関との情報交換を行っている。学校側は、教育委員会に対して少年サポートチームによる支援の要請をする場合、通常の場合には、この区担当指導主事を介して行っている。また、学校側から、子ども総合センターが児童虐待の相談や通告を受ける場合に関しても、必ず学校長からこの区担当指導主事へ連絡をするというシステムになっているために、教育委員会指導第二課全体としても、迅速に正確に児童生徒の状況を把握できる体制を整えているといえる。

　このため、区担当指導主事には専用の携帯を所持させており、担当区内の校長に情報報告・連絡をすることを周知徹底させている。そして、彼らは、学校からの連絡に対して、昼夜を問わず迅速に対応できるようにしている。また、警察に対しても、区担当指導主事の携帯番号を周知させており、逆に警察から連絡を受ける体制も整備している。

　区担当指導主事の活動実績であるが、2009(平成21)年度の時点で、市内の小学校131校、中学校62校、特別支援学校9校、高等学校3校を対象に、年間計3,872回の学校訪問を行っており、子どもや少年問題に関する的確な情報収集と問題解決が行われている。

② 北九州市少年サポートチームの結成
　北九州市少年サポートチームは、2009(平成21)年度の時点で、警察退

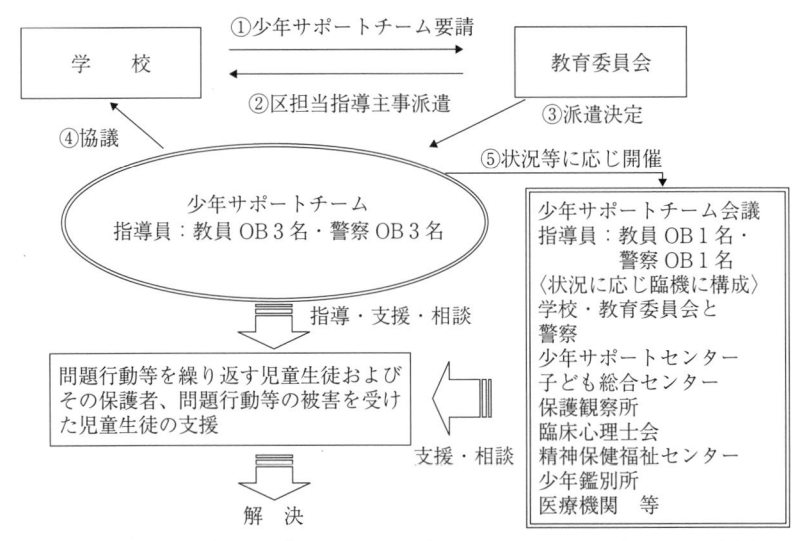

```
      ①少年サポートチーム要請
  ┌─────┐ ←――――――――――→ ┌─────┐
  │ 学  校 │                  │ 教育委員会 │
  └─────┘ ←――――――――――  └─────┘
          ②区担当指導主事派遣    ③派遣決定
   ④協議↑              ⑤状況等に応じ開催↓
```

図2：北九州市少年サポートチームの概要（北九州市教育委員会提供資料）

少年サポートチーム
指導員：教員OB3名・警察OB3名
↓指導・支援・相談

問題行動等を繰り返す児童生徒およびその保護者、問題行動等の被害を受けた児童生徒の支援
←支援・相談

少年サポートチーム会議
指導員：教員OB1名・
　　　　警察OB1名
〈状況に応じ臨機に構成〉
学校・教育委員会と
警察
少年サポートセンター
子ども総合センター
保護観察所
臨床心理士会
精神保健福祉センター
少年鑑別所
医療機関　等

↓
解決

職者3名と元校長である教員退職者3名から構成されている組織体である。「学校・教育委員会・警察等の関係機関による相互の行動連携を強化し、問題行動の未然防止や早期の解決を図ろうとする」ことを目的に、2004（平成16）年に設置されたものである（図2）。具体的な活動は、学校の生徒指導体制の強化にかかる支援であり、さらには教員や児童生徒、保護者への指導・助言である。

　なお、2009（平成21）年度の活動実績（支援回数・支援人数）は、①「児童生徒に対するもの」としては44校で、290名に対して行われた。次いで、②「保護者に対するもの」は5校で5名に、③「学校に対するもの」は、15校で、310回の支援に出向いており、活発に動いている。

⑵　学校・教育委員会に、警察はどのように連携体制をとっているか
　①　北九州少年サポートセンター及び同サポートセンター指導主事
　既に触れてきたように、2005（平成17）年4月の時点において、それまで福岡県警本部生活安全部少年課が請け負ってきた非行対策業務は「少年

サポートセンター」の名の下に新たに組織化され、北九州市の児童相談所も入居していた市の公共複合施設「ウェルとばた」に開所同居したのであった。これによって、福岡県警所属の少年サポートセンターと、北九州市教育委員会所属の少年サポートチームと、北九州市児童相談所の3組織は、拠点を一体化でき、お互いに緊密かつ迅速に連携を取れるようになり、非行抑止活動と子ども・少年の立ち直りに相互協働的な活動を推進することが実質的に可能となった。同一ビル内に関係諸機関を集合化するという策定は、事実、効果が極めて大である。

　県警所属の北九州少年サポートセンターには、5人の少年補導職員が常駐している。彼らは、教員免許を有しているか、または大学で心理学や社会福祉学を専攻した教育系警察官等のキャリアの持ち主である。同少年サポートセンターによると、相談の半数以上が非行に関するもので、中でも特に多いのがシンナーなど薬物犯罪、援助交際などの少女の性非行であり、いじめや不登校などの学校問題、虐待などの家庭問題、と続く。非行少年には職員が面接を繰り返して更生を手助けする一方、虐待などが判明した場合は児童相談所と連携をとり合っている。従来、警察へ直接相談しにくかった事案も相談しやすくなったと報告されている。子ども・少年関係業務のこのようなワンストップ方式は、自治体の長の英断の他、建物の確保などの大規模予算処置がなければ容易には実現化できないであろうが、しかし、他の自治体としても、何らかのかたちでの少年業務関連組織の同居一体化方式には学ぶところが多く、参考になろう[7]。

　さらに、北九州少年サポートセンターについて注目される行政措置は、北九州市教育委員会の指導主事が福岡県警の少年サポートセンターの少年補導職員（係長職）として出向していることである。この特別兼務のポストに就いた場合、教育委員会の指導主事でありながら、常時、福岡県警の少年サポートセンターにデスクを有し勤務することとなる[8]。

---

7)　『毎日新聞』2004（平成16）年5月15日の記事「『今後も子どもの力に』北九州少年サポートセンター、開設から1年」を参照。

8)　北九州市以外の類似の事例としては、横浜市教育委員会の指導主事のまま、児童生徒指導

北九州市教育委員会と福岡県警察本部生活安全部少年課、つまり市と県という異なった自治体レベルでの相互人事交流が実現されているわけであるが、さらにその上、これらの2つの組織は、ウェルとばたという公共施設の5階に併設されて業務を推進し、市内の学校問題や少年問題の解決に当っている他、少年健全育成の業務の推進に貢献している。兼務となっている当該職員は同センター係長であり、市の教育委員会指導主事と県の少年補導職員を併任し、教育委員会からの出向という形態での雇用となっている。当該職員は、主に非行傾向のある児童生徒とその保護者の対応に格闘して当っているといった尽力ぶりであるが、問題行動をめぐる諸関係機関の連携の上でのコーディネーター役を務めており、また、少年補導職員という警察官とは異なる身分と少年サポートセンターという警察組織の中でも比較的柔軟に行動をとることが可能な部局の特性を生かし、小・中学校訪問や個別支援等も常時行っている。2009（平成21）年度の活動実績（支援回数・支援人数）は、小学校へは29回、中学校へは133回、個別に対応した人数は58名となっている。

②　学校警察連絡協議会（学警連）
　北九州市における学校警察連絡協議会は、各警察署管内に設置されており、全部で8つある。それぞれについて、警察は国・公・私立の小・中・高等学校、特別支援学校と連携を取りながら、学警連が設置されている。
　主な事業は、児童生徒の非行防止、犯罪による被害防止、安全確保等のために必要な情報交換及び調査研究、児童生徒の健全育成のための広報・啓発活動、地区学警連の連絡調整、その他、各地域により目標があり、その達成に必要な取組を行っている。
　学警連での主な活動としては、学校区や市内での街頭補導が挙げられる。市内一斉街頭補導は、2010（平成22）年度は、学校関係者、PTA、警察関係者等、延べ2,799名の関係者が参加しており、チラシの作成、ポケ

　　力を評価されて、神奈川県警察本部少年育成課副主幹を命ぜられ、その教育指導力量を公安行政に生かすことができた同様の人事事例がある。

ットティッシュの配布等が行われた。また、学警連では、非行防止に関する研修を実施しているが、その中に連絡協議大会における研修がある。この研修では、市内の全中学校に対して保護観察官を講師に迎え、研修を実施している。

　北九州市では、かなり減少傾向にみられるもののシンナーの撲滅等が重点目標に掲げられる場合が多い。また、暴走行為の撲滅、性非行につながる出会い系サイトへの指導、コンビニエンスストアの利用についての指導・対策等も目標としている。

　なお、福岡県レベルでは学警連の協議会に学校と警察以外の機関が参加することはないが、北九州市においては、子ども総合センターが主催する「非行相談連絡会議」が月1回開催されており、そこで、福岡県警察本部、少年サポートセンター、教育委員会指導第二課、市青少年課、子ども総合センターの職員が情報交換等を行い、学校と警察間以外の連携体制を補完している。

③　ふくおか児童生徒健全育成サポート制度（学校警察連絡制度の福岡県版）
　福岡県における学校警察連絡制度は、「ふくおか児童生徒健全育成サポート制度」と称されている。本制度は、2006（平成18）年6月に、学校と警察との間で行う児童生徒の問題行動等に関する情報の相互連絡制度を整備し、児童生徒の更なる健全育成及び安全確保を図るために、福岡県警と北九州市教委との間で締結されたものである。情報連絡の内容としては、学校と警察署それぞれが、児童生徒の問題行動の未然防止や安全確保のために情報の共有が必要と認められるものについて、相互の連絡・話し合いが行われることになっている。

　学校から警察署への連絡としては、非行と問題行動やそれらによる被害の未然防止等のために校長が警察署との連携を必要と認めた場合に、連絡が行われる。もしくは、学校内外における児童生徒の安全確保及び犯罪被害の未然防止のために、校長が警察署との連携を必要と認める場合に、学校から警察署に連絡をする。

警察署から学校へ連絡する場合は、逮捕事案、もしくは逮捕以外の事案で、警察署長が継続的な対応を必要と認める事案、例えば、児童生徒が粗暴行為を敢行する非行集団の構成員である場合、他の児童生徒に影響が及ぶ場合等が挙げられる。または、児童生徒の犯罪被害に関わる事案で、警察署長が学校への連絡の必要性を認める事案である。その他、児童生徒の善行行為も、警察署から学校へ連絡をしている。

北九州市からみるならば、ふくおか児童生徒健全育成サポート制度によって、これまでの警察と学校で行われてきた連携に特段の変化がみられたわけではない、とされている。日常的な学校と警察との情報交換に関しては、先述のウェルとばたに集合している諸組織があるために、ふくおか児童生徒健全育成サポート制度の枠組みを持ち出して実質的連携を行うことは不要となっている。また、連絡票等の書式を用いて制度運用がなされているということもない、とのことである。本制度を締結したことで、実務上に新たに起こされたことは特段にないのが現状である。

## (3) 学校とその他の関係機関との連携

### ① 予防教育への取り組みと実施

非行防止教室の推進については、既に文科省、警察庁が2003（平成15）年から積極的に通知を出し、各教育委員会や学校において関係機関と連携しつつ、様々な非行防止教室等が開催されるよう奨励している。2005（平成17）年には、文科省と警察庁が「非行防止教室等プログラム事例集」を作成し、全国に周知した。非行防止教室のねらいは、子ども達に社会のルールや自分の行動に責任を持つこと等の規範意識の醸成を図るとともに、犯罪に巻き込まれないようなスキル等を育成することにあり、学校は警察庁や関係機関と連携しながら実施し、これにより、犯罪被害の予防と防止に努めることにある（以下、文部科学省、http://www.mext.go.jp/a_menu/shotou/seitoshidou/mondai04.htm 掲載図）。

北九州市においては、学校と関係機関との間で加害に関する予防教育として、非行防止教室を積極的に実施している。小・中学校ともに、連携・

第2章　学校・教育委員会を起点とした多機関連携の仕組みの分析・提言　33

**非行防止教室等の実施における学校と関係機関等との役割分担（例）**

**教室委員会**
・教室委員会内部での共通理解
・プログラムづくり
・関係部局との調整
・実施状況の把握と改善に向けた指導方針の策定
・教員研修の充実
・地域住民などに向けた広報
・学校外の取組との連携

**地域団体（社会教育関係団体等）や家庭**
・専門的知識の普及促進
・講師派遣体制の確保
・各学校が所在する地域の非行防止・犯罪被害防止にかかる取組の状況の把握
・PTAや親父の会など保護者が自ら取り組む非行防止教育・犯罪被害防止教育
・家庭における啓発
・保護司などのボランティア活動

地域ぐるみで児童生徒の健全育成を図る気運の醸成

実施状況報告　指導助言、情報提供　指針や指定の策定 学校内外を通じた連携　連携

**学校**
・学校教育に取り入れる際のねらいの明確化
・学校内における指導体制づくり
・教育課程への適切な位置付け
・成果の情報提供
・学校訪問や授業参観
・学校評議員会

日頃からの連携（学警連）やサポートチーム、スクールサポーター

**警察等関係機関**
・専門的知識の普及促進
・講師派遣体制の確保
・各学校が所在する地域の非行情勢の把握

**非行防止教室等の実施**

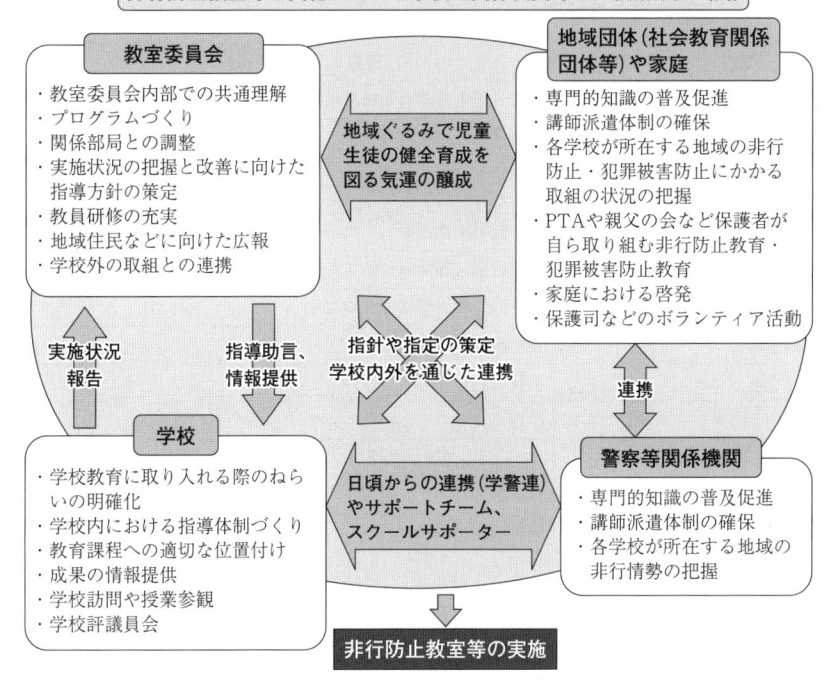

**図3：文部科学省・警察庁「非行防止教室等プログラム事例集」（2005（平成17）年）**

　共同している機関等は、警察や少年サポートセンター、市の児童福祉機関、保健所、NPO団体や民間企業等、多岐にわたっている。以下は、同市の小学校と中学校で行われている予防教育の内容と連携機関名である（表1、2）。

　加害の場合と同様、被害に関する予防教育を実施する場合は、小・中学校ともに、警察や少年サポートセンターを始めとして様々な公的機関やNPO団体、民間企業等との連携が見られる（表3、表4）。しかし、特に加害の場合との比較においては、校内安全教育（避難訓練）における消防署との連携、交通安全教育における交通関係の機関・関連団体との連携が多くみられる点で特徴的である。

### 表1：北九州市立小学校において関係機関と取り組んでいる加害に関する予防教育の具体例

| 連携している機関 | 実施している予防教育 |
|---|---|
| 教育委員会 | 5、6年生対象の薬物乱用防止教室 |
| 警察・少年サポートセンター | 薬物乱用防止教室（シンナー、たばこ）、万引きや窃盗、占有離脱物横領等の指導、児童（5、6年生）と保護者対象の講演会、非行防止教室 |
| 児童相談所 | 薬物乱用防止教室 |
| 区役所 | 防犯教室（昼休みに防犯に関するビデオを児童が視聴する） |
| 情報化推進委員 | ネット上での情報モラル教室 |
| 薬剤師会 | 薬物乱用防止教室 |
| カウンセラー | 不登校児童に対する研修 |
| ガーディアン・エンジェルス | 暴力追放 |
| NPO法人子どもとメディア | ネット非行防止・情報モラル教室（県教委の事業で講師を派遣） |
| ベネッセコーポレーション | ネット非行防止、情報モラル教育 |
| ライオンズクラブ | 薬物乱用防止教室 |

### 表2：北九州市立中学校において関係機関と取り組んでいる加害に関する予防教育の具体例

| 連携している機関 | 実施している予防教育 |
|---|---|
| 教育委員会 | 薬物乱用防止教室、非行防止教室、暴力団対策学習、いじめ・暴力行為防止及び授業妨害についての指導 |
| 警察・少年サポートセンター | 薬物乱用防止教室、性非行防止教室、携帯電話のトラブルの実例とその恐ろしさの講話、暴力団排除教室、いじめ・暴力・飲酒・喫煙・万引き・薬物・暴走行為・性・ネット非行の学習 |
| 児童相談所 | 暴力団対策学習、いじめ・不登校 |
| 保健所 | 性に関する指導 |
| 主任児童委員、民生委員 | 非行行為 |
| 薬剤師 | 薬物乱用防止教室 |
| NPO法人子どもとメディア | ネットによる誹謗中傷・いじめ等防止教室 |

**表3：北九州市小学校において関係機関と取り組んでいる被害に関する予防教育の具体例**

| 連携している機関 | 実施している予防教育 |
|---|---|
| 警察・少年サポートセンター | 交通安全教室、自転車安全教室、校内安全に関する教育、帰宅後の犯罪被害防止、長期休業目前の生活安全教室、防犯教室、低学年児童下校指導（月1回）、不審者・校内侵入時の避難訓練 |
| 消防局・消防音楽隊 | 火災時の避難訓練、消防局の事業で「消防士さんといっしょ」を1年に1回、4年生を対象に実施。その中で火災防止や避難についての指導がある。 |
| 交通公園 | 自転車教室、安全教室 |
| 自治区会 | 低学年児童下校指導（月1回） |
| 交通安全協会 | 新1年生への交通安全教室 |
| 自動車学校 | 交通事故防止、防犯教室 |
| ガーディアン・エンジェルス | 登下校時などの犯罪被害防止教室、子ども自身が危険回避能力を身に付けるための参加体験型の学習 |
| CAP（キャップ） | 児童虐待被害防止 |
| NPO法人子どもとメディア | ネットによる誹謗中傷、いじめ等防止 |
| ベネッセコーポレーション | ネットにおける情報モラルについて |

**表4：北九州市中学校において関係機関と取り組んでいる被害に関する予防教育の具体例**

| 連携している機関 | 実施している予防教育 |
|---|---|
| 警察・少年サポートセンター | 交通事故被害防止教育、性・ネット |
| 消防署 | 火災・地震発生時の避難訓練 |
| NPO法人子どもとメディア | ネットによる誹謗中傷・いじめ等防止教室 |

### (二) 札幌市の場合（内容、事例）
#### (1) 異校種間の連携で実績のある札幌市学校教護協会

　札幌市には、市内の公立及び私立を合わせたほぼ全ての中学校、高等学校168校からなる「札幌市学校教護協会」（以下、「教護協会」と言う。）と称する市独自の異校種間の連携組織が存在している。

　同教護協会は、1926（大正15）年に、旧制中学校の5校、すなわち札幌

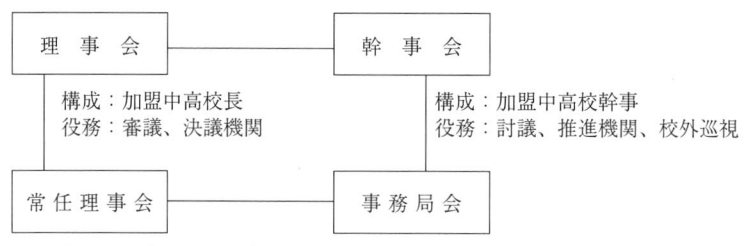

```
┌─────────────┐         ┌─────────────┐
│  理 事 会   │─────────│  幹 事 会   │
└─────────────┘         └─────────────┘
   構成：加盟中高校長         構成：加盟中高校幹事
   役務：審議、決議機関       役務：討議、推進機関、校外巡視

┌─────────────┐         ┌─────────────┐
│ 常任理事会  │─────────│  事務局会   │
└─────────────┘         └─────────────┘
   構成：理事長、副理事長     構成：理事長、副理事長、常任幹事
        常任理事、事務局会の代表      地区代表幹事
   役務：審議、中間決議機関   役務：企画、運営、推進機関
                                   関係機関への会議参加
```

**図4：札幌市学校教護協会の組織と運営体制**（札幌市学校教護協会「平成23年度札幌市学校教護協会理事幹事合同総会資料」2011、12頁より作成）

師範学校、札幌第一中学校、札幌第二中学校、札幌工業学校及び北海中学校の校長が、生徒たちの校外指導に関する情報・意見交換の場として開いた連絡会に端を発するものであり、2011（平成23）年で85年の歴史を刻んでいる。1933（昭和8）年以降から終戦までは、「札幌市学校校外教護協会」という名称で、旧制中学校を中心とした校外指導のための組織として活動を続けていた。

　戦後の学制改革に伴い、新制中学校を組み込んで組織を拡大し、1950（昭和25）年には現在の「札幌市学校教護協会」と改称した。その後1956（昭和31）年には、札幌市の青少年補導の強化を目的として札幌市青少年補導センター（現・札幌市子ども未来局子どもアシストセンター）の設置運動を推進し、同年にこの青少年補導センターが開設されるや、同センター内に事務所を移し、長らく同センターと活動をともにしてきた。2004（平成16）年に、事務局補助員制度が廃止されたことに伴い、事務局を協会幹事長の勤務校内に置くようになった。現在では、中学校及び高等学校を合わせて168にのぼる加盟校の校長、生徒指導担当等の教員によって理事、幹事等の役員が担われ、運営されている[9]。

---

9）「札幌市学校教護協会規約」に役員の規定があり、下記のとおり役員が選定されている。
　札幌市内の全中学校及び高等学校の校長が理事となり、理事会において、理事長1名、副理

教護協会の組織と運営体制の概要については、図4に示すとおりであるが、事務局はさらに「総務部」、「研修部」、「指導部」、「調査部」、「編集部」から構成されている[10]。総務部では、各年度の事業計画の作成・実施、や「常任理事会」、「事務局会議」等の企画・運営、公文書収受、一般会計、ホームページの管理・更新等の業務を行っている。また、研修部では「理事幹事研修会」、「施設見学研修」等を、指導部では「非行対策研修会」、「合同巡視」、「特別視察・特別巡視」等を企画・実施している。

　同教護協会の目的は、「札幌市学校教護協会規約」（制定1948（昭和23）年、最終改正2001（平成13）年）の2条に記載があり、「この協会は各学校間の連携を図り、生徒の校内外の教護に当たることを目的とする」と規定されている。

　より具体的な活動目標としては、第1に「校内外の生徒指導に役立たせるために、自主的活動を強化し、実態把握、情報交換を行う」こと、第2に「実態に則した地区活動を行うために、学校間の連絡、関係機関との連携を密にする」ことが掲げられている。さらに、活動の重点として「実態把握につとめ、その対策を協議し、指導の強化を図る」こと、及び「幹事研修会を実際指導に活用できる内容にする」こと、以上が年度初めに実施されている「理事幹事合同総会」にて確認され、理事、幹事全体の共通理解を図りながら活動が推進されている[11]。とりわけ、同教護協会では、幹事役を担う教員の任務と役割が重視されている。幹事役は、各学校の生徒指導の中心的役割を担うものが担当しており、同教護協会が主催する諸活動に参加し、生徒指導力を研鑽することが期待されている。また、幹事は、関係機関との日常的な連携体制を構築し、情報交流に努めるととも

---

　　事長4名、常任理事若干名、監査2名が理事の中より互選される。幹事は、市内の全中学校及び高等学校の生徒指導担当から3名以内で選定されている（各校1名は代表幹事）。幹事会において、幹事の中より常任幹事が若干名互選され、さらに常任幹事から幹事長1名、副幹事長3名が互選される。加えて地区別の幹事の中より、地区代表幹事が各地区1名、地区副代表幹事が各地区1名互選される。

10）　札幌市学校教護協会「平成23年度札幌市学校教護協会理事幹事合同総会の配布資料」
　　（2011（平成23）年）6頁。
11）　札幌市学校教護協会・同上、12頁。

に、教護協会による巡視活動に参加し、自校の位置する各地区（区毎に市内11地区。北区のみ北地区・南地区の2地区に分けられている）の実態を常に把握しつつ、問題行動の未然抑止と適切な事後対応を行うことが求められている。

　教護協会の具体的な活動は、「研修会」、「合同巡視」、「常任理事・幹事特別巡視」と大きく3つに分けられる。「研修会」には、「地区幹事研修会」（地区毎に年5回程度）や「理事幹事研修会」（2010（平成22）年度3回）、「非行対策研修会」（2010（平成22）年度1回）及び「施設見学研修」（2010（平成22）年度1回）があり[12]、これら研修には、教護協会のメンバーである理事、幹事のみならず、北海道教育委員会、札幌市教育委員会、子ども未来局子どもの権利推進課、市内各区の少年育成指導室、北海道警察本部少年課・少年サポートセンター、市内各警察署、児童相談所、小学校長会にも参加を呼びかけている。最近は、家庭裁判所も参加機関に加わっている点に注目したい。特に、各地区単位で開催される幹事研修会には、各地区の加盟中学校・高等学校の幹事やその地区の小学校代表校長（1名）が出席するほか、上記のような関係機関からも多くのオブザーバー参加があり、異校種間、及び少年問題の関係機関との情報交換・顔合わせの場として大いに活用されているところである。

　「合同巡視」であるが、これは、札幌市内各10区をそれぞれ年1回、子どもの権利推進課、地域振興課少年育成指導員とともに、同教護協会メンバーが地域巡回を行うものである。児童生徒が外出する機会が多いとされる5月から7月の時期に集中して実施されており、これ以外にも各地区独自で自主的に地域の巡視を実施することもある。また、「常任理事・幹事特別巡視」は、主に例年6月に開催されている北海道神宮祭の日程に合わせて実施されている。

---

12）　札幌市学校教護協会発行『はぐくみ』第60号（2011（平成23）年）1-51頁参照。
　　2010（平成22）年度の非行防止研修会では「情報モラル」が主題であり、3回実施された理事幹事合同研修会では、それぞれ「発達障害」、「性非行」、「ブリーフセラピー」をテーマにそれらの専門とする大学教員による講演が行われている。

以上のように、札幌市学校教護協会は、自主的に結成された歴史ある生徒指導関係会議体・活動体であり、札幌市内のほぼ全ての中学校と高等学校を加盟校としているところから、子どもの問題行動に対する学校間の情報共有を図るうえで他の自治体に見られない大きな利点を有している。各学校の生徒指導担当が教護協会の幹事に選定されているが、それら幹事に向けての研修会を充実させており、学校現場の生徒指導の実際的活動に直接的に生かすことが念頭に置かれていることも評価できよう。また、現在では、各種研修会や巡視活動等で近隣の関係機関との協同体制を築いており、緊急時対応の下地になる日々の連携を容易ならしめている。歴史を有する札幌市の本教護協会は、ネットワーク型の生徒指導体制の仕組みとして、きわ立った事例であるといえる。

(2) 学校と警察の連携
　① 少年サポートチーム
　札幌市における「少年サポートチーム」は、北海道警察本部生活安全部少年課を事務局として、1996（平成8）年9月に、非行少年ならびに被害少年に適切に対応していくことを目指して発足した多機関連携施策の一つである。
　この施策は、現北海道教育大学准教授、元北海道警少年サポートセンターの龍島秀広が中心となり、子どもの問題に関わる関係機関に地道に呼びかけ考案した草の根的な活動が結実したものである。「少年サポートチーム」実施要領に、その目的は「チームが対象とする少年の問題について、複数の機関が連携して支援する必要があると判断されるケースについて、必要とされる関係機関の実務担当者による「チーム」をつくり、各機関の業務内容に基づき相互に連携して対応すること」と明記されており、具体的には、いじめや虐待等の被害少年とともに、校内暴力や暴走族、薬物事案にかかる加害少年もチーム支援の対象としている。被害少年と加害少年の両者を対象とする理由は、子どもの被害と加害の問題が時に密接なかかわりを有しており、被害と加害を分離して処遇することが結果として功

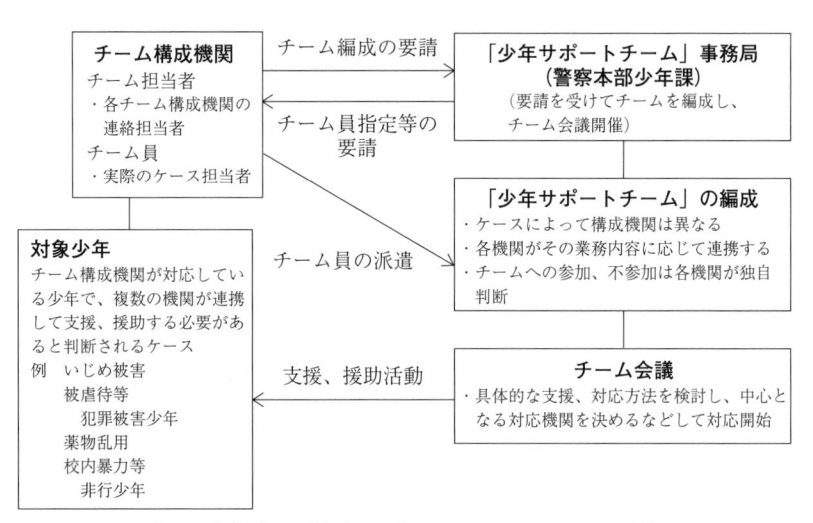

```
┌─────────────────────┐ チーム編成の要請  ┌─────────────────────┐
│ チーム構成機関      │ ─────────────→   │「少年サポートチーム」│
│ チーム担当者        │                  │ 事務局              │
│ ・各チーム構成機関の │ ←─────────────   │(警察本部少年課)    │
│   連絡担当者        │ チーム員指定等の │(要請を受けてチームを│
│ チーム員            │   要請           │ 編成し、            │
│ ・実際のケース担当者 │                  │ チーム会議開催)    │
└─────────────────────┘                  └─────────────────────┘
                                                    │
                                                    ↓
                                         ┌─────────────────────┐
                                         │「少年サポートチーム」│
┌─────────────────────┐                  │ の編成              │
│ 対象少年            │ チーム員の派遣   │・ケースによって構成 │
│ チーム構成機関が対応│ ←─────────────   │  機関は異なる       │
│ している少年で、複数│                  │・各機関がその業務内 │
│ の機関が連携して支援│                  │  容に応じて連携する │
│ 、援助する必要があ  │                  │・チームへの参加、不 │
│ ると判断されるケース│                  │  参加は各機関が独自 │
│  例 いじめ被害      │                  │  判断               │
│     被虐待等        │                  └─────────────────────┘
│     犯罪被害少年    │ 支援、援助活動                │
│     薬物乱用        │ ←─────────────               ↓
│     校内暴力等      │                  ┌─────────────────────┐
│     非行少年        │                  │ チーム会議          │
└─────────────────────┘                  │・具体的な支援、対応 │
                                         │  方法を検討し、中心 │
                                         │  となる対応機関を決 │
                                         │  めるなどして対応開始│
                                         └─────────────────────┘
```

**図5：札幌市の「少年サポートチーム」のイメージ図**

を奏さないことがあるという視点に基づくものである。

具体的なチームの結成から実践にいたる概念図は、図5に示すとおりであるが、龍島と梶によれば、その主な特徴は、①個別の具体的な「ケース」を対象としてケース毎に編成する、②「ケース」の必要性に対応できる機関の実務担当者の集まり、③各機関の独立性を尊重する（参加、不参加は各機関の判断次第等）、④各機関が「サポートチーム」において行うのは、その機関の本来の業務であり、それ以外のことはしなくてよい（というより「できない」）、⑤相互の業務について理解不足（そのために「相互不信」に陥る）があることを前提にし相互理解を深める、の5つにあるという[13]。そのつど結成されるチームは、「構成機関」のメンバーから選定されるが、1996（平成8）年の発足当初は14の構成機関と7の協力機関による参加から始まり、それらは徐々に拡大し、2009（平成21）年度には20の構成機関と6の助言・協力機関のネットワークを有するに至っている。構成機関は、「少年サポートチーム」の結成を発議する権利を有し、北海道

---

[13] 龍島秀広＝梶裕二「非行における臨床心理的地域援助―関係機関の連携方策について―」臨床心理学2巻2号（2002（平成14）年）223-231頁。

警少年サポートセンターにチーム編成の要請を行うことができる。関係機関の連携に関するコーディネーターとして警察の少年サポートセンターが大きな役割を担っていることは、札幌市の「少年サポートチーム」のもう一つの特徴であるといえよう。とりわけ、チーム員の選抜後に行われる全体会としての「チーム会議」では、道警少年サポートセンターの心理専門員が司会を担当し、議事進行を担っている。

「少年サポートチーム」を結成して子どもの問題解決にあたった件数は、図6に示すとおり合計で50件である。1996（平成8）年と2010（平成22）年については年途中の集計であったため除外すると、チーム結成の年間平均数は約3.4である。

また、図7は、チーム結成の契機になった問題事案についてであるが、「非行・不良行為」での事案による結成が33件となっており、全体の66％を占めている。また、「学校関連」の事案は学校内での粗暴的な逸脱行動によるものであり、3件あるが、この数を含めると子どもの加害行動を焦点とする結成が50件中36件となり、全体の72％となる。このことから「少年サポートチーム」が、主に子どもの加害行動への対応として機能していることが伺われる。

さらに図8は、チーム結成を発議した機関についての集計であるが、全体の70％である35件が教育委員会であることから、その背後には学校が教育委員会に連絡してサポートを要請したことが推察される。学校にとって、重大な問題を抱える児童生徒の事案や、学校の対応能力を超える事案に対して、子どものニーズに応じて構成機関等からふさわしい人材が選抜され構成される少年サポートチームの存在意義は大きいといえる。また、義務教育段階の学齢にある児童生徒はすべて学校に就学ないし関与の対象となることから、多機関連携のチーム結成の契機として、学校の果たす役割が大きいことを改めて認識できる。

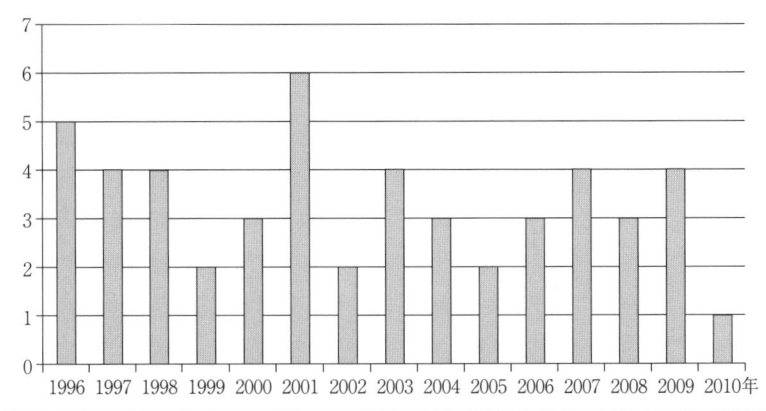

| 年 | 1996 | 1997 | 1998 | 1999 | 2000 | 2001 | 2002 | 2003 | 2004 | 2005 | 2006 | 2007 | 2008 | 2009 | 2010 |
|---|---|---|---|---|---|---|---|---|---|---|---|---|---|---|---|
| チーム結成数 | 5 | 4 | 4 | 2 | 3 | 6 | 2 | 4 | 3 | 2 | 3 | 4 | 3 | 4 | 1 |

図6：札幌市「少年サポートチーム」結成数の推移

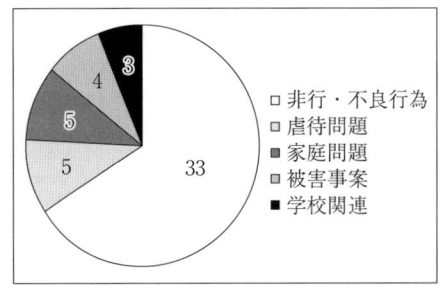

|  | 結成数 |
|---|---|
| 非行・不良行為 | 33 |
| 虐待問題 | 5 |
| 家庭問題 | 5 |
| 被害事案 | 4 |
| 学校関連 | 3 |

図7：チーム結成の契機になった問題

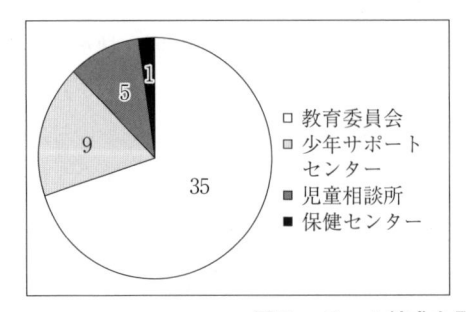

|  | 結成数 |
|---|---|
| 教育委員会 | 35 |
| 少年サポートセンター | 9 |
| 児童相談所 | 5 |
| 保健センター | 1 |

図8：チーム結成を発議した機関

② 札幌市子どもの健全育成サポートシステム（学校警察連絡制度の札幌市版）

　北海道警察と札幌市教育委員会では、児童生徒の健全育成の推進を目的に「非行及び犯罪被害の防止に向けた啓発指導等」及び「非行等の個々具体的な情報についての連絡」を内容とした連携の締結を2010（平成22）年3月に取り交わし、同年4月より実施している。対象となる連携機関は、道警察本部・札幌市内警察署と札幌市教委・札幌市立学校（小・中・高等学校及び特別支援学校）である。「「札幌市子どもの健全育成サポートシステム」の実施について」（2010（平成22）年3月23日、道本少第691号）によれば、啓発活動の具体的内容は、表5のとおりである。

　また、連絡対象事案については、表6のとおり定められている。

(3) 学校とその他の関係機関との連携―予防教育

　札幌市の場合、学校と関係機関との間で加害の予防教育を実施しているのは、北九州市と同様に、小学校・中学校ともに、警察や少年サポートセンター、児童福祉機関、保健センター、民間団体等である。表7、8は、実施のために連携している機関と取り上げている内容である。

　被害防止に関する予防教育を実施する場合は、加害に関する予防教育と同様に、警察や市・区等の自治体と連携して犯罪被害防止、交通安全指導等を、また、携帯電話会社等と連携し、ネット被害防止への取組を行っている。消防署との連携は、避難訓練や防災教育の一環として、北九州市と同じく小・中学校ともに広く浸透している（表9、10）。

**表5：啓発指導の内容**

| 非行の未然・再発防止に係る啓発指導 |
| --- |
| ・暴力行為、窃盗等の防止に関する指導 |
| ・薬物乱用防止に関する指導 |
| ・ネットトラブル、いじめ防止に関する指導 |
| ・性非行防止に関する指導 |
| **犯罪被害防止に係る啓発指導** |
| ・不審者による被害に関する指導 |
| ・福祉犯被害に関する指導 |

**表6：連絡対象事案の内容**

| 警察署から市立学校への連絡対象事案 |
|---|
| ・児童生徒の生命、身体又は財産の安全を守る等、被害防止や安全確保のため、緊急かつやむを得ない場合で、学校との連携が必要とされる事案<br>・逮捕に係る事案<br>・逮捕以外の検挙、補導に係る事案のうち、次に掲げる事由により継続的に対応することが必要と認められる事案（粗暴行為等を行う非行集団に関する事案、他の児童生徒に被害、影響が及ぶおそれのある事案、集団で非行に及んだ事案、非行を繰り返している事案、不良行為を繰り返し、保護者の正当な監督に服さないなど、ぐ犯性が強い場合） |
| **市立学校から警察署への連絡対象事案** |
| ・児童生徒の生命、身体又は財産の安全を守る等、被害防止や安全確保のため、緊急かつやむを得ない場合で、警察との連携が必要とされる事案<br>・次に掲げる事案が認められ、学校と保護者が十分協議した上で、双方が本人の最善の利益のために警察と連携して指導することが必要と判断した事案（犯罪行為等に関する事案、暴走族等非行集団に関する事案、薬物等に関する事案、児童生徒が犯罪被害に遭うおそれのある事案、不良行為を繰り返し、保護者の正当な監督に服さないなど、ぐ犯性が強い場合） |

**表7：札幌市立小学校において関係機関と取り組んでいる加害に関する予防教育の具体例**

| 連携している機関 | 実施している予防教育 |
|---|---|
| 教育委員会 | 情報モラル |
| 警察 | 薬物乱用防止教室、防犯教室、ネット非行防止授業 |
| 法務局、人権擁護委員 | 人権教室授業、人権教室 |
| 保健センター | 飲酒・喫煙の害についての指導、「いのちの学習」を通した性非行防止教育 |
| 家庭児童相談員 | 不登校児童の家庭や本人に対する対応相談 |
| 地区青年会議所 | 薬物乱用防止教育 |
| 町内会防犯部 | 研修会 |
| 学校薬剤師 | 薬物乱用 |
| ライオンズクラブ | 薬物乱用防止教室 |
| NTT docomo | 情報モラル教室（携帯安全教室） |

**表 8：札幌市立中学校において関係機関と取り組んでいる加害に関する予防教育の具体例**

| 連携している機関 | 実施している予防教育 |
|---|---|
| 警察・少年サポートセンター | 防犯教室、ティームティーチングによる初発型犯罪防止、飲酒・喫煙・万引き・深夜徘徊・ネット等の事例と学習会・補導、性非行防止教室、校外生活上の注意喚起 |
| 市役所 | 防犯教室 |
| 保健センター | 性非行防止教育、飲酒・喫煙 |
| 日本助産師会 | 性非行防止、エイズ |
| NTT docomo | ネット非行防止教室、携帯安全教室、防犯教室 |
| e ネットキャラバン | 情報モラルに関する講演 |
| ロータリークラブ | 薬物乱用防止 |

**表 9：札幌市立小学校において関係機関と取り組んでいる被害に関する予防教育の具体例**

| 連携している機関 | 実施している予防教育 |
|---|---|
| 警察 | 交通安全教室、自転車安全教室、集団下校訓練、不審者対応、ネット犯罪防止教室 |
| 消防局予防課 | 避難訓練、防災 |
| 児童相談所 | 児童との面談、親との面談 |
| 区役所交通安全推進委員会 | 交通安全教室 |
| スクールガード | 防犯教室、避難訓練、不審者対応、登下校の安全 |
| スクールゾーン実行委員会 | 交通安全指導、教員・保護者・地域関係者と交通安全や防犯について協議 |
| まちづくりセンター交通安全指導員 | 自転車交通安全教室を夏休み前に全校一斉実施 |
| 町内会 | 交通安全指導、登下校時における校区内パトロール |
| 交通安全協会 | 交通安全教室 |
| ライオンズクラブ | 薬物乱用防止教室 |
| NTT docomo | 情報モラル教室（携帯安全教室）、携帯電話・ネット犯罪の学習会 |
| 日本クロストラスト㈱ | ネット非行防止の講習会 |

**表10：札幌市立中学校において関係機関と取り組んでいる被害に関する予防教育の具体例**

| 連携している機関 | 実施している予防教育 |
| --- | --- |
| 警察 | 防犯教室、ネット・携帯電話等の犯罪被害防止教育、薬物乱用教室、性犯罪・ストーカー被害防止教育 |
| 消防署 | AED・避難訓練の研修、はしご車の実演や体験乗車 |
| 保健所 | 性に関する講演会 |
| 日本助産師会 | 性非行防止、エイズ |
| NTT docomo | ネット非行防止教室、防犯教室 |
| eネットキャラバン | ネット犯罪に関する講演 |

　北海道警察本部少年課でも、小学校（高学年）、中学校、高等学校の児童生徒を対象に、子どもの規範意識の醸成を図るとともに、犯罪被害に遭わないための心構えや行動を身に付けさせることを目的として、非行防止教室を実施している。その実施方法には、①警察官を講師として全校生徒又は学年一斉などの集会形式により行う講演方式、②警察官が授業支援者として、学級担任らとの協力的な指導により授業を行うティームティーチング方式がある。その場合、警察官は制服を着用して授業を行っており、取り上げられるテーマとしては、「生命の大切さ～暴力行為などの防止～」、「万引きなどの初発型非行の防止」、「携帯電話などによる福祉犯被害などの防止～フィルタリングの必要性～」、「飲酒、喫煙及び薬物乱用の防止」等が多い。教員と警察官との連携協力によるティームティーチング方式の授業は、児童生徒に現実味がありかつ親しみ深い印象を与えるというので、現地でもその効果が評価されている。

㈢　横浜市の場合（内容、事例）
⑴　学校・教育委員会の効果的連携機構としての横浜市学校教育事務所
　2007（平成19）年1月に横浜市教育委員会により提示された「横浜教育ビジョン推進プログラム～平成18年度から平成22年度までの5か年計画～」（以下、「推進プログラム」と言う。）では、最重点事業として「分権型

教育行政組織の再構築」が提起された[14]。この事業に関しては、当初「学校教育センター（仮称）」を市内に4～6か所設置することで、分権化に向けた組織改革や教育委員会と市長部局との連携強化が企図されていた。ところで横浜市内には合わせて約500の市立小・中・高等学校があるため、一つの教育委員会事務局のみの直接所管では、十分な現場支援を行うことが容易ではなかった。そこで、この事業の成果を挙げるため、2010（平成22）年4月に市内の4方面に「学校教育事務所」という名称で、学校の抱える様々な課題に対し、迅速かつきめ細やかに支援を行う体制化を目指して開設されたのである[15]。学校教育事務所は、それぞれ東部（鶴見区、神奈川区、西区、中区、南区）、西部（保土ヶ谷区、旭区、泉区、瀬谷区）、南部（港南区、磯子区、金沢区、戸塚区、栄区）、北部（港北区、緑区、青葉区、都筑区）の4方面に事務所を構えており、4～5の行政区をそれぞれ担当している。人員体制は、2011（平成23）年度において、各方面別学校教育事務所への指導主事が、「東部」18名、「西部」18名、「南部」22名、「北部」22名となっている。その他に、各方面事務所に学校支援員として校長退職者が2名配置され、さらに、2011（平成23）年度からはスクールソーシャルワーカーが同じく2名配置されている。スクールソーシャルワーカーは、学校教育事務所に配置される前までは、人権教育・児童生徒課に配置されていた。

　現在、学校教育事務所は、主に「教育活動支援」（指導主事による学校訪問等）、「人材育成」（人事と研修の一体化、教職員の資質・力量向上等）、「学校事務支援」（学校事務の効率化等）、及び「地域連携推進」（地域の教育力を活かした学校運営等）の4つの業務を担っている。

　とりわけ、児童生徒の問題対応に関わる教育活動支援については、学校教育事務所に配置されている指導主事による「学校担当制」のもとで実施

---

14)　横浜市教育委員会「横浜教育ビジョン推進プログラム～平成18年度から平成22年度までの5か年計画～」（2007（平成19）年）。
15)　横浜市教育委員会「横浜教育ビジョン推進プログラム進捗検証結果」（2010（平成22）年）。

されており、指導主事3名のチームで学校訪問を行っている。1校につき、年間10回程度の継続的な訪問（通年訪問と随時訪問）が行われており、学校の実情に合わせた柔軟な訪問体制のもとで、学校情報・課題等の共有化、組織的な支援が目指されている。2010（平成22）年度においては、1校当たり平均15回の訪問をしており、合計約7,300回の訪問を実施した。それゆえに、各学校とは学校訪問を通した日常的な連携体制が構築されており、学校からのあらゆる報告事項が各方面の学校教育事務所に集約できるようになっている。主に、いじめ・暴力等の事案で、学校のみでの解決が困難な場合に対して、各方面の学校教育事務所が課題解決のための支援を担っている。それでも、対応が困難な場合は人権教育・児童生徒課に相談を依頼し、課所属の専門家チーム（心理・教育の専門家や介護士、医師等）の協力を要請している。

　学校教育事務所配置後は、課題解決のためのケース会議を開くことが容易になった。ケース会議は、主に、自殺未遂、虐待・ネグレクト、性非行等で開かれており、取り扱われている案件には、中学生が多い。ただし、ケース会議にまで至る事案は極めて重篤で長期的な支援を要する事案であるため、件数的にはそれほど多くない。ケース会議開催の決定は、児童生徒指導担当の指導主事が中心となり、学校担当指導主事、主席指導主事、室長が協議し決定している。参加する機関としては、児童相談所や区役所のこども家庭相談の職員、民生委員などが挙げられる。なお、このケース会議は、要保護児童対策地域協議会のケース会議とは全く異なった別会議として開催されており、子どもや保護者に、ケース会議を開くことについて事前の連絡をするといったことは、特に行われていない。

　今後、学校教育事務所は、先ず児童支援専任教諭や生徒指導専任教諭へのアドバイザーとしての役割が付与されるであろうこと、さらに各方面学校教育事務所は横浜市教育委員会の教育相談総合センターや特別支援教育総合センターとの連携（教育委員会所管の機関同士の連携）を促進する役割が強まってくるであろうこと、最後に児童虐待防止のための関係機関の連携について中心的位置に立つであろうことが予想されており、さらなる活

躍が期待される。

(2) 学校と警察の連携
① 学校警察連絡協議会

　横浜市の学校警察連絡協議会は、1956（昭和31）年、神奈川県教育委員会との協議のもとで、神奈川県警察本部から各警察署長へ出された通達（1956（昭和31）年12月5日付通達「学校と補導連絡体制の強化について」）により、学校と警察が緊密な連携体制を図るための組織「学校警察補導連絡協議会」として発足した。しばらくは、地区の状況に応じて結成されることとなっていたが、2011（平成23）年5月現在、加盟校は1,846校となっており（学校によっては各警察署の学警連に重複加盟しているため、学校数とは一致はしていない）、神奈川県内の公立、私立の小・中・高等学校のほとんどが加盟しており、未加盟は私立小学校1校のみである。幼稚園、保育園によっては、安全確保等の情報交換のため、自主的に参加しているところもある。

　1996（平成8）年6月に、各警察署学警連間の相互連絡を密にし、広域的な情報交換と合同活動等により、児童生徒の非行防止及び健全育成を図るため、各警察署単位の学警連を統合した県組織としての「神奈川県学校・警察連絡協議会」（県学警連）が結成された。県学警連は8方面として県内を分割しており、各方面の代表（会長）が県学警連の役員を担っている。県学警連では、総会及び役員会を開催しているが（年4回）、例えば、2011（平成23）年度の総会（5月開催）においては、活動基本方針に「少年の健全育成と非行防止・保護対策の推進と連携」を掲げ、①児童・生徒の健全育成を図るための取組の推進、②児童の非行防止対策の推進、③被害児童少年の保護対策の推進、④子どもの安全を確保するための対策の推進、を決定し、とりわけ、2011（平成23）年度には、②、④を重点方針に掲げ、多機関連携による子どもの非行防止と被害防止を推進していくこととした。

　上述のように県学警連は、8方面にさらに細分化されており、「県学警連」の下位組織として「方面学警連」を形成している。方面学警連では、

年2回の合同会議を開催しており（前期方面会議、後期方面会議）、広域的な情報交換を行っている。各警察署学警連会長が方面学警連の役員を担当し、年数回の事務局会を開催している。

　以上のように、神奈川県においては、学校警察連絡協議会が「県」、「方面」、「各警察署」の三層構造から成り立っており、このことが広範かつ密な情報連携、合同活動等を可能にしている。加えて、横浜市においては、現在、学警連に児童相談所も参加しており、学校と児童相談所の相互理解の場としても機能している。学校と児童相談所では、管轄省庁が違うため、児童虐待の判断に関する共通の資料が存在しなかったが、学警連を契機として、横浜市内の中学校と横浜市児童相談所との間でそうした資料の作成が進められているところである。

　② 学校警察連携制度（学校警察連絡制度の横浜市版）

　横浜市では、児童生徒の問題行動、とりわけ、暴力行為に代表される粗暴行為に対して、「児童生徒の健全育成に関する警察と学校の相互連携に係る協定書」を神奈川県警と横浜市教育委員会との間で締結し、その協定書に基づいた連携（学校警察連携制度）が推進されており、一定の成果を挙げつつある。

　横浜市では、2004（平成16）年11月に「児童生徒の健全育成に関する警察と学校の相互連携に係る協定書」が締結され、学校警察連携制度が確立されることとなったが、協定書の目的は、1条において、「この協定は、未来を担う心豊かでたくましい児童生徒を育成するため、神奈川県警察本部と横浜市教育委員会が児童生徒の非行防止、犯罪被害防止及び健全育成に関し、緊密な連携を行うことを目的とする」と明記されている。

　この協定書に基づく情報提供事案は表11のとおりである。協定書における連絡対象事案は、主に児童生徒の生命・身体の安全や逮捕にかかること、集団あるいは継続的な非行に関することが挙げられており、また、連携の内容は、主に加害及び被害の予防のための情報提供、相互連携である。具体的には、学校内で起きた暴力等の事案に対して、そのすべてに被

### 表11：学校警察連携制度における情報提供事案

| 警察署から学校へ提供する情報 |
| --- |
| ①児童生徒を逮捕及び身柄拘束した事案 |
| ②非行集団による犯罪行為等で児童生徒による事案 |
| ③児童生徒の犯罪行為等のうち他の児童生徒に影響を及ぼすおそれのある事案 |
| ④犯罪行為等を繰り返している事案 |
| ⑤児童生徒が犯罪の被害に遭うおそれのある事案 |

| 学校から警察署へ提供する情報 |
| --- |
| ①犯罪行為等に関する事案 |
| ②いじめ、体罰、児童虐待等に関する事案 |
| ③暴走族等非行集団に関する事案 |
| ④薬物等に関する事案 |
| ⑤児童生徒が犯罪の被害に遭うおそれのある事案 |

害届は提出されないが、警察と連携して指導を実施したい場合や、少年相談・保護センターの心理専門相談員等の招致補導・継続補導につなげたい場合等で、活用されている。

神奈川県警察は、神奈川県個人情報保護条例の実施機関であるが、犯罪予防を目的とした個人情報の取り扱いについては、条例上の制限の「適用除外」となる。しかし、学校は、各自治体の制定した「個人情報保護条例」の実施機関であるとともに、本人の同意なくして個人情報を収集することのみならず、本人の同意なくしての目的外利用や外部提供については禁止されている。このような法的規制の中で情報共有に係る協定書を締結することは、個人情報の取り扱いに関する明文化したルールを各機関に設定することで、子どもの権利侵害、各種機関の職権の濫用を防ぐことにつながるとともに、学校と警察が機を逸しない連携・支援体制を構築する上で、重要な意義を有している。

## Ⅳ 提言：子どもを問題行動に向かわせない多機関連携の仕組み

文部科学省中央教育審議会は、1996（平成8）・1997（平成9）年の答申

「21世紀を展望した我が国の教育の在り方について（第1次・第2次答申）」において、いじめ、暴力行為、不登校をめぐるこれからの子どもたちをとりまく問題については、学校のみで解決することに固執せず、地域で子どもを育てるという意識を強めていくことが重要となると明記し、それゆえに、各都道府県・自治体に対して、児童福祉や人権擁護、警察などの関係機関をはじめ、PTAや地域の青少年団体、スポーツ団体などの協力を求めて、学校・家庭・地域社会の役割と連携の在り方について具体的な取り組みを構築していくよう要請した。

　現在の時点で、多くの自治体の学校や教育委員会が悩んでいるのは、かつてのいじめや暴力行為は低減したが、むしろ不登校、あるいは不登校傾向にある子どもの増加であり、この対策に悩んでいるということも、本研究調査過程で判明した。このような状況を踏まえ、本研究の最終提言として、子どもに関わる各関係機関が、「子どもの健全育成」と「子どもの最善の利益の保障」という目的達成のために機能的に連携のできるような仕組みづくりの総括を行いたい。三政令都市を中心に、学校・教育委員会を起点としてこの課題に取り組んだ場合、機能的かつ効果的な連携の実現のための制度づくりは、以下の3つの観点に類別できるであろう。

　第1は「連携を展望にいれた校内の生徒指導体制の整備・構築」
　第2は「学校に対する教育委員会のよりきめ細かい支援体制の拡充」
　第3は「子どもにかかわる関連諸機関と学校との協働的連携の体制づくり」
である。

## (一) 校内整備

　まず始めの提言は、校内の生徒指導体制の整備・構築についてであるが、効果的な生徒指導において最も重要な原則は、各学校において教職員全体の合意に基づく足並みを揃えた指導・支援システムの構築と実施である。しかし、実際に、教職員の合意形成を図ることは意外に困難な課題でもあり、教職員間の合意が図られずに、校長ひとりの努力や個々の教員に

よる場当たり的な対応による問題解決への苦慮という事態が少なからずみうけられる。生徒指導体制の整備・構築において最大の課題となるのは、教職員間の合意形成をどのように図るかということである。その解決策として、以下に4点をまとめておく。

第1に、校務分掌の中の生徒指導部会の活性化があげられる。校種や学校の規模により生徒指導部会のメンバーには違いがあるが、一般的には、生徒指導主事を部のトップとして各学年の生徒指導担当教諭が必須の構成員となる。学校によっては養護教諭や非常勤のスクールカウンセラーが生徒指導部会に参加することもある。生徒指導担当教員だけでなく、不登校傾向にある子どもへの対応に力を発揮しやすいこうしたスタッフの力を借りるほうが、子ども理解が一面的にならず、生徒指導部の機能強化につながりやすい。また、生徒指導部会の活動を活発化するためには、生徒指導部会が定期的に開催されるよう校務分掌上に位置付け、運用することが必要であるが、より効果的なものとしていくためには、生徒指導部会の活動が部外の教員にも波及していくような仕組みを考案することである。とりわけ、教職員の合意形成を図るためには、何よりも各教職員が学校内の子どもの状況を適切に把握することが必要となる。そのためには、一部の教員だけが、校内の子どもの情報を知り得るというだけでは十分ではなく、いかにして教職員同士で情報の共有が図られるかが、合意形成の鍵となる。そのためには、個人情報保護規定を前提としつつ、生徒指導部は、教員が記録として残した問題行動のデータを1日あるいは1週間ごとにまとめ、生徒指導部の共通認識とするだけでなく、職員会議等において教職員全員に周知する等の取組が考えらるであろう。

第2に、各学校において「生徒指導マニュアル」（生徒指導基本指針等）を策定することが肝要である。子どもの実態把握に関する情報収集に関する取組から、生徒指導部会や職員会議等による情報共有、そして、子どもへの理解の共有を促し、これらの知見をもとに次年度のための「生徒指導マニュアル」の改善につなげていくことである。明文上の規定があることは、教職員の合意に基づく生徒指導体制を構築する上での第一歩となる。

第3に、生徒指導の機能強化のための人事措置である。北九州市では専任生徒指導主事（市立中学校の一部）、横浜市では生徒指導専任教諭（全市立中学校）といったように、一部の自治体においては特色ある生徒指導主事制度が敷かれている。これらは、学級担任を受け持たないか、授業担当を免除あるいは減免される等、特別の勤務条件を付与された生徒指導主事であり、生徒指導業務に専心できるよう工夫がなされている。生徒指導主事は、子どもの問題の未然予防から事後的対応まで、学校内外の生徒指導体制の整備・構築を担当するとともに、学外の関係機関とのコーディネーターとしての役割も期待されている。事態に即応した指導・支援を行うためには、勤務上何らかの軽減措置がなされる必要がある。生徒指導主事を担任にせず副担任に止めておくといった措置でも、かなりの効果が期待されるであろう。

　第4に、中学校と小学校、中学校と高等学校という異校種間の連携の推進である。この仕事は、校長というよりは生徒指導主事（あるいは児童指導主任）によって機能する。この点で、札幌市学校教護協会の取り組みは参考となる。中学校で問題のある生徒を当該高校で迎え入れるうえで、高校側で不用意な事態に陥ることを回避するうえでも異校種間の情報交換は必要である。北九州市の某中学校の場合、中学校の生徒指導主事が、校区内の各小学校の児童指導担当教員と定期的に連絡を取り合うことで、次年度の中学1年生のクラス編成等に関して慎重な考慮を払い、万全の体制をとって効果を挙げている。不用意に問題のある子どもたちが同一クラスに固まってしまうなどの事態を回避することが、子ども全体が安心して学校生活を送るための基本的管理対策となる。

　このように、多機関連携がうまく機能するには、何よりも学校そのものが内部体制を整備しておくことが基本となる。

## ㈡　教育委員会の支援体制

　第二の提言は、教育委員会による学校への支援体制の徹底化をはかることである。校内において問題を抱えた子どもを発見した場合に、最初に解

決にあたるのは学校であるが、子どもの問題が複雑・多様化した今日、学校という単一の機関のみでその改善を図ることは困難であるばかりか、学校のみの対応だけにとどまる場合、時に「子どもの最善の利益の保障」とは程遠い結果を招いてしまうこともありうる。児童相談所、警察など、子どものニーズに合った適切な関係機関と連携を図りながら最適なサポートをすることが必要となるが、学校と関係機関の連結を図る機能を有するのも教育委員会である。

　教育委員会は、学校からの支援要請があってから支援を開始するのではなく、管轄内の学校の現状把握を日常的に行い得る組織化をはかり、子どもの問題が大きくならないうちに、早期の解決策を検討できるネットワークをつくっておくことが必要である。すなわち、事後対応による消極的な学校支援ではなく、子どもの健全育成を企図した積極的な学校支援を行うための人的・物的整備が望まれるといえる。北九州市教育委員会指導第二課の学校支援担当課における区担当指導主事や、横浜市教育委員会の市内4方面に設置されている学校教育事務所に配置されている指導主事の取組が、そうしたネットワークづくりの代表的な事例として挙げられる。

㈢　**多機関連携の多様な取り組み**

　最後の提言は、学校を取り巻く子ども施策関連の多機関連携のしくみづくりである。学校・教育委員会や警察、児童福祉等による多機関連携のあり方と仕組みづくりは、予算上の問題もあり地域により多様であるが、それ以外に歴史的、経済的、文化的背景の影響を色濃く受けていることが判明した。

　本研究で対象とした三政令市には及ばない神奈川県の人口約40万のF市でも、文科省が推進を促した「学校・家庭・地域連携推進事業」の立ち上げに関して、学校、公民館、地域団体、あるいは青少年育成協力会や子ども会、民生委員・主任児童委員の人々の疑念や取り組みの意図への不審感などが噴出し、そういった消極的な考え方を払拭するまでに多くの月日を費やしたということ、またそうした連携の中心になる事務局設置に関し

て相当の交渉時間を費やした末に、ようやく教育委員会の生涯学習課が引き受けることで決着したということが、貴重な記録として残されている[16]。

　地域間における連携の取組の優劣を一概に論じることはできないがゆえに、まず重要となるのは、その自治体がおかれている地域的・社会的背景を踏まえたうえで、その地域の有する既存の社会資源（機関・人材等）をできる限り活性化すること、または、発掘・開発することである。この点で、札幌市の「少年サポートチーム」が結成され機能するまでの、子どもをなんとかして救えないだろうかという発起人の思いと工夫は極めて参考になるものである。

　そこで直面するのが、今日の社会状況のなかで子どもの健全な育成をはかるために、学校・教育委員会を起点としつつも、今後は一律な「学校中心主義」の考え方を止め、多機関連携の恒常的機能化をめざして、その運営・実践のためにいかなる組織や部署が基軸となっていくべきかという問題である。また、いかなる人材がそのために育成されていくべきであろうか、新しい時代の教育のあり方に相応しいそういったスーパーバイザーやコーディネーターの開発や育成を、自治体や地域の事情によって異なっていることを踏まえつつも、準備していくことが必要である。

　具体案の一つとしては、教員退職者や警察退職者等の経験豊富な人材を子どもの教育支援の重要なパートナーとして位置付けなおし、組織に組み込んでいくことである。この点で、北九州市教育委員会指導第二課の北九州市少年サポートチームの取組や、神奈川県警のスクールサポーター制度（横浜市では管内に学校を有する全警察署に配置）は、学校支援に関する退職者活用の代表的な事例といえる。そのことはまた、地域の社会資源を活性化、開拓・開発することでもあり、同時に、学校で最近活発な取組がなされている「非行防止教室」「薬物乱用防止教室」等の予防教育への協力者を増やすことにつながる。予防教育の種類が増えることで、学校は現状に

---

16）　滝沢博「平成11年度 学校・家庭・地域連携推進事業の発足」藤沢市教育文化センター・教育史編纂会議編『教育アーカイブズ　ふじさわ』（2012（平成24）年3月25日号）63-81頁。

適した予防教育を選択することができる。これらの取組は、コスト面での負担は少ないであろう。

　次に挙げられる具体案は、教員（管理職、教諭、教員退職者）と関係機関間の人事交流・派遣制度である。学校や教育委員会を起点とした連携を考案する上で、他の関係機関の役割・業務に関する的をえた理解が学校・教育委員会側においてなされていなければ、他機関との協働は困難である。既に述べたように、北九州市では、学校教員が子ども総合センター（児童相談所）に出向し、教育から福祉への人事交流が達成されている（その他、学校と警察間での人事交流も行われている）。子ども総合センター三課のうち、二課の課長・係長に校長・教頭職にある者が、また、児童虐待対応のケースワーカーに現職教員が配置されている。これは地域性の強い取組であるがゆえに、ただちに一般化できるものではないが、行政の縦割りの弊害を乗り越える方策としての人事交流は、機関・組織間の意見交流や協力体制づくりに大きく役立つものである。

　最後の具体策は、あくまでも理想的形態ではあるが、子どもの問題行動の予防・対応・処理と健全育成に抜本的効果を発揮する施策である。それは、子どもの施策に関する関係機関や組織が、同一建物内に併設され、物理的・空間的近接性を担保することである。この施策には、予算・建物上の大きな制約があるが、それぞれの機関や組織の担当者同士の顔が見えやすいがゆえに、職員相互の信頼関係を構築しやすく、結果的に事案に対する迅速な対応や複層的な解決を可能にする。このことによって、学校側にとっても問題の解決が迅速化するのみならず透明化され、大いに前向きになれ、無駄な時間を費やさずに済むようになる。ゆえに、先に述べた人事交流の施策とともに、物理的・空間的に関係機関を近接配置することは、諸機関連携のうえで有意義な再設計をもたらすものといえるのである。

# 第3章

# 児童相談所を起点とした多機関連携の仕組みの分析・提言

小　西　暁　和

Ⅰ　児童福祉行政機関調査担当グループにおける調査研究の趣旨（目的・対象・方法）
Ⅱ　北九州市・札幌市・横浜市における児童相談所と多機関連携
　㈠　北九州市
　㈡　札幌市
　㈢　横浜市
Ⅲ　児童相談所を起点とした多機関連携の現状と課題
　㈠　質問紙調査の概要
　㈡　北九州市・札幌市の公立小・中学校を対象とした質問紙調査（2010（平成22）年8月実施）
　㈢　警察経験者が勤務している全国の児童相談所を対象とした質問紙調査（2011（平成23）年8月実施）
　㈣　全国政令市の児童相談所を対象とした質問紙調査（2011（平成23）年9月実施）
　㈤　質問紙調査の結果に関する小括
Ⅳ　児童相談体制の強化に向けた多機関連携モデル
　㈠　児童相談所における児童相談体制について
　㈡　要保護児童対策地域協議会（含、行政区との関係）について


## Ⅰ　児童福祉行政機関調査担当グループにおける調査研究の趣旨（目的・対象・方法）

児童福祉行政機関調査担当グループでは、児童相談所を起点とした多機

関連携のあり方に関して調査研究を遂行してきた。本調査研究は、児童相談所を起点とした適正かつ有効な多機関連携を明らかにし、モデルとして提言することを目的としている。

本調査研究においては、プロジェクト全体の構想に従い、初期対応場面を中心に、とりわけ学校・教育委員会との連携、また警察との連携に焦点を当てている。そして、「子どもの被害者化・加害者化」を防ぐというプロジェクトの研究意図の下、政令市の児童相談所で対処される非行事案・被虐待事案における連携を対象としている。

そこで、こうした多機関連携の実態を明らかにするため、本プロジェクトで研究協力を得ている北九州市・札幌市・横浜市の三政令市、さらには相模原市・岡山市・東京都の児童相談所等を中心に聞き取り調査を実施し、数値化し得ない第一線の職員の方々の経験・知見等を収集し客観化させるとともに、多機関連携の取り組みに関する運用・評価を明確化させた。また、児童福祉行政機関調査担当グループでは、2011（平成23）年9月にグループ単独で実施した全国政令市の児童相談所を対象としたもの等、質問紙調査を複数行い、児童相談所を起点とした多機関連携の現状と課題の解明に努めた。

本箇所では、まず、北九州市・札幌市・横浜市という三政令市における児童相談所の概要を確認しながら、聞き取り調査を通じて明確にさせた三政令市における児童相談所を起点とした多機関連携の取り組みを示す。その後、質問紙調査の結果に示された、児童相談所を起点とした多機関連携の現状と課題について検討を加える。最後に、三政令市における取り組みについての具体的な効果を踏まえながら、多機関連携を通じた児童相談体制の強化に向けた提言を述べることにしたい。

## II 北九州市・札幌市・横浜市における児童相談所と多機関連携

今回研究協力を得た北九州市・札幌市・横浜市における児童相談所の概

要を明らかにした上で、三政令市における多機関連携の実践を示すことにしたい。ここで明確にされる三政令市の児童相談所における経緯（当該児童福祉行政システムがどのように構築されたか）・職員体制（同システムをどのような人的リソースで運用しているか）・相談受付件数の現状（同システムにどの程度インプトされているか）は、他の政令市において実装を図る際に考慮されるべき変数として機能し得ると考える。

㈠　北九州市

　北九州市では、「子ども総合センター」という機関が児童相談所に該当している。まず、北九州市子ども総合センターの概要を示し、その上で同機関を起点とした多機関連携の取り組みを挙げることにする。

⑴　北九州市子ども総合センターの概要（経緯・職員体制・相談受付件数の現状）

　⒜　経緯

　北九州市では、1963（昭和38）年4月に、北九州市児童相談所が旧八幡区内に設置された。その後、2002（平成14）年10月に、保健福祉局所管の児童相談所、北九州市教育委員会青少年課所管の「少年相談センター」（いわゆる少年補導センター）、同教育委員会指導第二課所管の「教育センター教育相談室」（いわゆる適応指導教室）の3組織が統合され、保健福祉局子ども総合センターが戸畑区「ウェルとばた」内に開設される。また、2007（平成19）年10月に、保健福祉局が子ども家庭局に改編され、子ども総合センターは子ども家庭局に属することになった。

　現在、「ウェルとばた」の5階部分には、子ども総合センターとともに、福岡県警察本部の北九州少年サポートセンター及び北九州市教育委員会の少年サポートチームが置かれている。児童相談所と統合された「少年相談センター」（いわゆる少年補導センター）と「教育センター教育相談室」（いわゆる適応指導教室）は、通所施設の「少年支援室」となっており、子ども総合センターでは5施設を有している。また、子ども総合センターで

は、「24時間子ども相談ホットライン」を直営事業として行っている。

(b) 職員体制（2011（平成23）年4月1日時点）

北九州市子ども総合センターの職員数は、正規職員が56名、再任用職員が3名、嘱託職員（嘱託医師、嘱託弁護士を除く。）が78名となっている（表1参照）。また、福祉職採用職員数は6名（市全体では43名）、児童福祉司数は17名である。

このように、職員体制では、嘱託職員数の割合が高い。こうした形の職員体制には、多機関連携の取り組みとして挙げる「教員経験者・警察経験者の勤務」も含まれる。

(c) 相談受付件数の現状

相談受付件数は近年、減少傾向にあるという点が特徴的である（表2参照）。

**表1：北九州市子ども総合センターにおける職員数**

| 職員数（2011（平成23）年4月1日時点） | |
|---|---|
| ①正規職員数 | 56名 |
| ②再任用職員数 | 3名 |
| ③嘱託職員（嘱託医師、嘱託弁護士を除く。）数 | 78名 |
| 福祉職採用職員数 | 6名（市全体：43名） |
| 児童福祉司数 | 17名 |

**表2：北九州市子ども総合センターにおける相談受付件数の推移（2006（平成18）-2010（平成22）年度）**

| | 2006（平成18）年度 | 2007（平成19）年度 | 2008（平成20）年度 | 2009（平成21）年度 | 2010（平成22）年度 |
|---|---|---|---|---|---|
| 総数 | 6,514 | 5,843 | 5,208 | 4,492 | 4,683 |
| ①児童虐待相談受付件数 | 460 | 433 | 370 | 322 | 313 |
| ②非行相談受付件数 | 281 | 326 | 272 | 238 | 145 |

（単位：件）

(2) 児童相談所を起点とした多機関連携の取り組み

　北九州市における児童相談所を起点とした多機関連携の取り組みとしては、①教員経験者・警察経験者の勤務、②少年補導センター及び適応指導教室を基にした「少年支援室」の設置、③「ウェルとばた」内での「北九州少年サポートセンター」及び「少年サポートチーム（北九州市教育委員会指導第二課）」との連携、④「非行相談担当課（非行ライン）」の設置、⑤「非行相談連絡会議」の開催を抽出できる。以下、それぞれについて特質を述べる。

　① 教員経験者・警察経験者の勤務

　北九州市子ども総合センターに勤務している教員経験者は17名で雇用形態の内訳は「退職者の雇用」7名・「出向」10名である（2011（平成23）年4月1日時点）。こうした教員経験者の職員は、教育相談担当（「少年支援室」を含む。）・非行相談担当・相談係・保護係・児童虐待防止担当と広範に配置されている。また、警察経験者は4名で全員が「退職者の雇用」となっている。これらの警察経験者は、教育相談担当・非行相談担当に配置されている。

　② 少年補導センター及び適応指導教室を基にした「少年支援室」の設置

　北九州市子ども総合センターの組織内には「少年支援室」が5施設設置されている。これらは元々、北九州市教育委員会青少年課所管の「少年相談センター」（いわゆる少年補導センター）3施設と北九州市教育委員会指導第二課所管の「教育センター教育相談室」（いわゆる適応指導教室）2施設であった。2002（平成14）年10月に北九州市子ども総合センターが開設された際に、「少年相談センター」と「教育センター教育相談室」が同センターに統合され、各施設が「少年支援室」と改称された。「少年支援室」は、少年補導センターとしての機能（したがって20歳未満の少年を対象）を有する施設と適応指導教室の機能を有する施設とで役割分担しながら、前

者の施設では「いじめ・不登校・非行等の少年問題に関する相談」、後者の施設では「いじめや人間関係による心因性の不登校児童生徒の相談」に応じ、いずれも通所指導を行っている。そのため、異なった「少年支援室」の間で連携を取りながら対応することもある。「少年支援室」では、担当ケースワーカーが来所し、施設内で対象児童等と話し合うことも行われている。職員は全て、教員退職者・警察退職者や臨床心理士有資格者といった嘱託職員から構成されている。

③ 「ウェルとばた」内での「北九州少年サポートセンター」及び「少年サポートチーム（北九州市教育委員会指導第二課）」との連携

2002（平成14）年10月、北九州市戸畑区に「地域福祉活動の拠点」として複合施設「ウェルとばた」が開設された。この「ウェルとばた」の5階フロアには、北九州市子ども総合センターが設置されているが、それとともに福岡県警察本部生活安全部少年課の「北九州少年サポートセンター」と北九州市教育委員会指導第二課の「少年サポートチーム」も事務所を構えている。これらの三機関の間では、物理的近接性を土台にして情報面でも行動面でも強い連携が取られている。

④ 「非行相談担当課（非行ライン）」の設置

北九州市子ども総合センターでは、2010（平成22）年4月に非行児童に専門に対応するラインとして「非行相談担当課（非行ライン）」を新設した。従来、児童福祉司が個別に対応していた非行事案の処理を一つのラインに集約する機能を有している。職員構成は、担当課長が校長職の現職教員、担当係長が教頭職の現職教員、嘱託で校長退職者・警察退職者各1名となっている（2011（平成23）年4月1日時点）。

⑤ 「非行相談連絡会議」の開催

2010（平成22）年に上記④の「非行相談担当課（非行ライン）」が設置された時から、情報の共有化を図るため「非行相談連絡会議」が毎月実施さ

れている。本会議体では、主催する北九州市子ども総合センターの非行ライン及び教育ラインの他、子ども家庭局青少年課、北九州市教育委員会指導第二課及び同「少年サポートチーム」、福岡県警察本部生活安全部少年課及び同「北九州少年サポートセンター」が構成機関となっており、活動報告や情報交換が行われている。

このように、北九州市において、最近では、④「『非行相談担当課(非行ライン)』の設置」や⑤「『非行相談連絡会議』の開催」として挙げた新たな多機関連携の取り組みも行われている。

## ㈡　札幌市

次に、札幌市における児童相談所の概要を示し、その上で同機関を起点とした多機関連携の取り組みを挙げることにする。

### ⑴　札幌市児童相談所の概要（経緯・職員体制・相談受付件数の現状）

#### ⒜　経緯

札幌市では、1972（昭和47）年4月に、札幌市児童相談所が白石区内に設置された。その後、1993（平成5）年11月には、中央区に児童福祉総合センターが開設され、札幌市児童相談所は、発達医療センター（肢体不自由児母子訓練センターから名称変更した機関）と同一組織内に配置された。そのため現在、児童福祉総合センターにおける児童相談所担当部長及び相談判定課が札幌市児童相談所を構成している。また、同じく11月に、障害福祉部所管の肢体不自由児通園施設（現在の医療型児童発達支援センター）「みかほ整肢園」・「ひまわり整肢園」及び知的障害児通園施設（現在の福祉型児童発達支援センター）「かしわ学園」が児童福祉総合センター児童育成課（後に児童療育課に改称）所管に変更された。そして、1994（平成6）年4月に、知的障害児通園施設（現在の福祉型児童発達支援センター）「はるにれ学園」が児童福祉総合センターに開設されている。2002（平成14）年4月には、児童福祉総合センターが児童家庭部に移管し、2004（平成16）年4月には、児童家庭部が子ども未来局として独立したことで児童福

祉総合センターは単独の部に変更された。

　このように、現在、札幌市児童相談所は、児童福祉総合センターに発達医療センター及び福祉型児童発達支援センター「はるにれ学園」とともに設置されており、一時保護所の入所児童に対する健康診断において発達医療センターが活用されている他、とりわけ障害相談に係る事案への対応において相互の連携が図られていることが特筆できる。

(b) 職員体制（2011（平成23）年4月1日時点）

　札幌市児童相談所の職員数は、正規職員が68名、再任用職員が3名、嘱託職員（嘱託医師、嘱託弁護士を除く。）が46名となっている（表3参照）。また、福祉職採用職員数は36名（市全体では177名）、児童福祉司数は34名である。

(c) 相談受付件数の現状

　相談受付件数総数及び児童虐待相談受付件数は、近年増加傾向を示していたが、2010（平成22）年度には大きく減少している（表4参照）。

**表3：札幌市児童相談所における職員数**

| 職員数（2011（平成23）年4月1日時点） | |
|---|---|
| ①正規職員数 | 68名 |
| ②再任用職員数 | 3名 |
| ③嘱託職員（嘱託医師、嘱託弁護士を除く。）数 | 46名 |
| 福祉職採用職員数 | 36名（市全体：177名） |
| 児童福祉司数 | 34名 |

**表4：札幌市児童相談所における相談受付件数の推移**
**（2006（平成18）-2010（平成22）年度）**

|  | 2006（平成18）年度 | 2007（平成19）年度 | 2008（平成20）年度 | 2009（平成21）年度 | 2010（平成22）年度 |
|---|---|---|---|---|---|
| 総数 | 4,752 | 5,108 | 5,383 | 6,036 | 5,437 |
| ①児童虐待相談受付件数 | 310 | 478 | 621 | 620 | 478 |
| ②非行相談受付件数 | 228 | 187 | 217 | 218 | 232 |

（単位：件）

(2) 児童相談所を起点とした多機関連携の取り組み

札幌市における児童相談所を起点とした多機関連携の取り組みとしては、①教員経験者・警察経験者の勤務、②「少年サポートチーム」及び「札幌市学校教護協会」地区幹事研修会への参加、③「札幌市児童相談体制強化プラン――児童相談所と区役所の体制・機能強化及び地域との連携――」の策定を抽出することができる。以下、それぞれについて特質を述べる。

① 教員経験者・警察経験者の勤務

札幌市児童相談所に勤務している教員経験者は3名で雇用形態の内訳は「退職者の雇用」2名・「出向」1名である（2011（平成23）年4月1日時点）。これらの教員経験者は相談判定課一時保護係（日課を通した必要な学習指導に関する業務）や緊急対応担当課調整担当係（児童虐待通報・通告に関する業務）に配置されている。まず、「退職者の雇用」による教員経験者2名は、相談判定課一時保護係として一時保護所に配属されている。一時保護所の学習指導員として2007（平成19）年度から臨時職員1名が配置され、そして2009（平成21）年度からは臨時職員2名、2010（平成22）年度からは非常勤職員2名が配置される形で現在の体制に至っている[1]。また、「出向」による教員経験者1名は、母親により長期間軟禁されていた当時19歳の女性が2006（平成18）年に保護された事案に関して札幌市社会福祉審議会が2009（平成21）年3月に出した検証報告書の提言に基づき、同年4月から配置されたものである[2]。現在、本職員は、緊急対応担当課

---

1) なお、当初から教員退職者が基本であったが、臨時職員として雇用していた時期は教員免許保持者で教員未経験者の者も一部いたという。非常勤職員として雇用する時期になってからは、経験者であることを採用の要件にしているので、現在は全員が教員退職者である。
2) 本検証報告書では、「課題を踏まえた再発防止策（提言）」の「⑸学校側からの児童相談所への相談しやすさづくり」として、「学校にとって身近な児童相談所となるよう、学校において困っている状況を丁寧に聞き取り、学校に役立つ情報やアドバイスを提供する窓口を児童相談所に設置することを提案する」と述べられている（札幌市社会福祉審議会児童福祉専門分科会「児童虐待による死亡事例等に係る検証報告書」（札幌市社会福祉審議会児童福祉専門分科会、2009（平成21）年3月）16頁）。

調整担当係に勤務している。他方、警察経験者は「退職者の雇用」で1名（警視級）が勤務しており、緊急対応担当課調整担当係に配置されている。

② 「少年サポートチーム」及び「札幌市学校教護協会」地区幹事研修会への参加

札幌市では、北海道警察本部生活安全部少年課少年サポートセンターを事務局として1996（平成8）年に開始された「少年サポートチーム」が運用されており、児童相談所もチームの構成機関として参加している。この「少年サポートチーム」は、非行等の問題行動の見られる少年（家庭裁判所に係属している少年等は除く。）や被害少年を対象に健全育成に向けた支援を図るために結成される組織体である。常設の組織体ではなく、関係諸機関から要請があった場合にその都度結成され、所期の目的が達成されると解散するという運用になっている。

また、札幌市には、大正時代からの歴史があり、現在でも市内の公立・私立の中学校及び高等学校全校が参加している「札幌市学校教護協会」がある。この「札幌市学校教護協会」は、中学校及び高等学校の生徒指導担当の教員が中心となり、児童生徒における問題行動の事例に関する情報交換の場となっている。そして、「札幌市学校教護協会」地区幹事研修会には、児童相談所もオブザーバーという形で参加している。このように、「札幌市学校教護協会」も、学校を主体とした問題行動の見られる児童生徒への対応・支援組織であり、児童相談所も連携している多機関連携の枠組みであると言える。

③ 「札幌市児童相談体制強化プラン―児童相談所と区役所の体制・機能強化及び地域との連携―」の策定

札幌市では、児童相談所における相談件数の増加・相談内容の複雑化を受け、2009（平成21）年に準備を開始し、翌2010（平成22）年度に「児童相談所の将来構想策定事業」が実施された。そして、札幌市社会福祉審議会からの意見具申（「札幌市児童相談所のあり方について」）の趣旨を踏まえ

て、2011（平成23）年3月には、「札幌市児童相談体制強化プラン―児童相談所と区役所の体制・機能強化及び地域との連携―」が発表された。本強化プランでは、「区家庭児童相談室」の設置、24時間・365日の相談受付体制を備えた「子どもホットライン」の設置、一時保護所の定員拡充・環境整備等、児童相談所の専門機能の向上と行政区の相談・支援機能の強化を図る児童相談体制強化策が示されている。このうち、2011（平成23）年度から開始した「区家庭児童相談室」では、家庭児童相談員1名に相談・支援主査1名が加わり2名体制で運営されている。

さらに、こうした流れの中で、2012（平成24）年度からは新たにインテーク部門を担当する職員を児童相談所に1名配置し、児童相談所と行政区との間の連携において一層の円滑化を図る予定であるとのことであった。

このように、札幌市では、近年、③として挙げた「『札幌市児童相談体制強化プラン』の策定」が行われ、児童相談所の専門機能の向上等が図られている。

他にも、『園・学校における児童虐待対応の手引』の共同作成（児童相談所と教育委員会が共同作業により作成し、幼稚園・保育所・学校等に配布して児童虐待への対応方法に関し周知を図った。）及び「子ども支援推進会議」の定期的開催（年3回、児童相談所と教育委員会が集まり、不登校児童に関して情報共有を行っている。）など、児童相談所と学校・教育委員会との連携の取り組みも積極的に行われていることを指摘しておきたい。

㈢ 横浜市

最後に、横浜市における児童相談所の概要を示し、その上で同機関を起点とした多機関連携の取り組みを挙げることにする。

(1) 横浜市児童相談所の概要（経緯・職員体制・相談受付件数の現状）

(a) 経緯

横浜市では、1956（昭和31）年11月に、横浜市児童相談所が神奈川区内に設置された。この横浜市児童相談所は1966（昭和41）年12月に保土ヶ谷

区に移転した。その後、1974（昭和49）年10月に、磯子区に南部児童相談所が設置され、横浜市児童相談所は中央児童相談所と改称される。さらに、1995（平成7）年4月には、都筑区に北部児童相談所が設置され、2007（平成19）年6月には、保土ヶ谷区に西部児童相談所が設置される。そして、同じく2007（平成19）年6月に中央児童相談所が青少年相談センターと同一の南区の建物内に移設された。この間、2006（平成18）年4月に、局再編により横浜市児童相談所の所管が福祉局からこども青少年局に変更されている。

このように、横浜市児童相談所は複数化されており、現在4所体制となっている。また、中央児童相談所は、青少年相談センターと同一建物内に併設されており、児童期にとどまらず、20歳代の青年期まで継続した立ち直り支援を実施するため、一時保護所に「自立支援部門」を設置して青年期の問題を専門とする青少年相談センターと連携を図っている。

(b) **職員体制**（2011（平成23）年4月1日時点）

横浜市児童相談所の職員数は、正規職員が253名、再任用職員が9名、嘱託職員（嘱託医師、嘱託弁護士を除く。）が90名となっている（表5参照）。また、福祉職採用職員数は151名（市全体では1,452名）、児童福祉司数は89名である。

このように職員体制では、福祉職採用職員・児童福祉司の層の厚さが目立っている。

**表5：横浜市児童相談所における職員数**

| 職員数（2011（平成23）年4月1日時点） | |
|---|---|
| ①正規職員数 | 253名 |
| ②再任用職員数 | 9名 |
| ③嘱託職員（嘱託医師、嘱託弁護士を除く。）数 | 90名 |
| 福祉職採用職員数 | 151名（市全体：1,452名） |
| 児童福祉司数 | 89名 |

表6：横浜市児童相談所における相談受付件数の推移
(2006（平成18）-2010（平成22）年度)

| | 2006（平成18）年度 | 2007（平成19）年度 | 2008（平成20）年度 | 2009（平成21）年度 | 2010（平成22）年度 |
|---|---|---|---|---|---|
| 総数 | 13,434 | 13,788 | 15,646 | 14,936 | 15,364 |
| ①児童虐待相談受付件数 | 1,869 | 2,106 | 2,156 | 2,422 | 2,788 |
| ②非行相談受付件数 | 487 | 479 | 589 | 632 | 558 |

(単位：件)

(c) 相談受付件数の現状

児童虐待相談受付件数は一貫して増加傾向にあることが挙げられる（表6参照）。

(2) 児童相談所を起点とした多機関連携の取り組み

横浜市における児童相談所を起点とした多機関連携の取り組みとしては、①「神奈川県学校・警察連絡協議会」役員会への参画、②「学校教育事務所」との連携、③児童相談所と行政区（区福祉保健センターこども家庭支援課）の役割分担を明確化させる方策（虐待進度評価尺度の共通化・情報共有のための連絡会議の定期開催・進行管理台帳のオンライン共有（「福祉保健システム」に統合））を抽出できる。以下、それぞれについて特質を述べる。

① 「神奈川県学校・警察連絡協議会」役員会への参画

2011（平成23）年4月から、神奈川県内13児童相談所のうち横浜市中央児童相談所長を含む5児童相談所長が「神奈川県学校・警察連絡協議会」役員会にオブザーバーとして参加し、連携を強化している。本役員会は、年4回開催されている。

② 「学校教育事務所」との連携

横浜市では、児童相談所の市内4管轄区域に対応して、2010（平成22）

年から横浜市教育委員会の「学校教育事務所」が4か所に設置された。「学校教育事務所」には、横浜市教育委員会の指導主事とともに、2名のスクールソーシャルワーカーが配置されている。各「学校教育事務所」が管轄する学校と児童相談所の管轄区域とが同一であることによって、管轄区域に居住する児童生徒に関する情報の共有化を図り、迅速な対応を行うことが可能となっている。

### ③ 児童相談所と行政区（区福祉保健センターこども家庭支援課）の役割分担を明確化させる方策

横浜市では、「横浜市児童虐待対策プロジェクト報告書～子どもの命と尊厳を守るために～」(2011（平成23）年3月）を基に、児童相談所と行政区（区福祉保健センターこども家庭支援課）の役割分担を明確化させる各種方策が採られている。

例えば、児童相談所と行政区との間で「共有ランク」として虐待進度評価尺度（A（生命の危機あり・重度）・B（中度）・C（軽度）・D（危惧有）・E（育児支援））の共通化が図られている。その上、学校との間でも、「教育版」の「共有ランク」（行政区との間でのものを基にしている。）を作成し各学校に配布して、虐待進度評価尺度の共通化を図っている。

また、「各区児童虐待防止連絡会」（要保護児童対策地域協議会における実務者会議）とは別に、情報共有のための連絡会議を児童相談所と行政区との間で定期的に開催している。現在、3か月に1回の頻度で開催されている。

さらに、2012（平成24）年1月からは、児童相談所と行政区との間で進行管理台帳のオンライン共有が図られている。進行管理台帳の情報が入力されている「横浜市児童相談所進行管理サポートシステム」が市の「福祉保健システム」に統合されることとなった。

加えて、2011（平成23）年4月から4児童相談所統括部署「虐待対応・地域連携課」が中央児童相談所に設置された。同様にこども青少年局に新たに設置された「児童虐待・DV対策担当」とともに、地域の諸機関との連携に際して調整を図るなどしている。

このように、横浜市では、多機関連携の取り組みの①から③で挙げているものが示しているように、多機関連携の取り組みが近年とみに活発化している。

## Ⅲ 児童相談所を起点とした多機関連携の現状と課題

### ㈠ 質問紙調査の概要

児童福祉行政機関調査担当グループでは、児童相談所を起点とした多機関連携の実態を明らかにするため、本プロジェクトで研究協力を得ている北九州市・札幌市・横浜市の三政令市を中心に（他には、相模原市・岡山市・東京都）の児童相談所等における聞き取り調査を実施した他に、質問紙調査を行った。多機関連携の実態ということでは、とりわけ学校との連携の実態、また警察との連携の実態に焦点を当てた。

児童福祉行政機関調査担当グループでは、こうした質問紙調査として3種類のものを実施した。第1には、北九州市・札幌市の公立小・中学校を対象とした質問紙調査である。本調査は、2010（平成22）年8月に本プロジェクトの学校教育行政機関調査担当グループと共同で実施した。第2には、警察経験者が勤務している全国の児童相談所を対象とした質問紙調査である。本調査は、2011（平成23）年8月に本プロジェクトの警察行政機関調査担当グループと共同で実施している。第3に、全国政令市の児童相談所を対象として質問紙調査を行った。本調査は、2011（平成23）年9月に児童福祉行政機関調査担当グループが単独で実施した。

以下では、これら3種類の質問紙調査の結果の要旨を示し、児童相談所を起点とした多機関連携の現状と課題を明らかにする。

### ㈡ 北九州市・札幌市の公立小・中学校を対象とした質問紙調査 （2010（平成22）年8月実施）

まず、2010（平成22）年8月に実施した北九州市・札幌市の公立小・中学校を対象とした質問紙調査の結果について検討していく。

本調査では、北九州市立小学校131校、北九州市立中学校63校、札幌市立小学校209校、札幌市立中学校100校の計503校となる両市の公立小・中学校全校に質問紙を送付した。その結果、北九州市立小学校43校（回収率32.8％（小数点2位以下、四捨五入。以下同））、北九州市立中学校18校（同28.6％）、札幌市立小学校83校（同39.7％）、札幌市立中学校47校（同47.0％）の計191校（同38.0％）から回答を得た（うち無効回答7校）。

⑴本調査を通じて示された主要な結果としては、まず、学校と児童相談所との間の連携にも地域差があるという客観的な事実の存在である。

例えば、要保護児童対策地域協議会の他に児童虐待に関する協議の場を児童相談所との間に有しているかという質問について、北九州市の中学校では「必要に応じて」開いているという回答が最も多く77.8％（14校）を占めていた。他方、札幌市の中学校では「個別の協議の場なし」の回答が最も多く72.4％（34校）となっている。

また、本調査では、学校と警察の機関との間の連携にも同様の地域差があるという事実が示されていた。

上記の質問を警察署との間で聞いたところ、北九州市の中学校では「必要に応じて」開いているという回答が最も多く44.4％（8校）であるのに対し、札幌市の中学校では「個別の協議の場なし」が83.0％（39校）で最も多い回答であった。少年サポートセンターとの間でも、北九州市の中学校では「必要に応じて」開いているという回答が50.0％（9校）、札幌市の中学校では「個別の協議の場なし」の回答が78.7％（37校）であった。なお、小学校に関しては、いずれも両市の間に有意と言える差が見られなかった。さらに、児童虐待の被害が疑われる児童生徒がいる場合に、どのような機関とどの程度の頻度で連携を取るかを質問したところ、警察署との間で「たまに連携する」・「よく連携する」と回答した中学校が、北九州市では72.2％（13校）、札幌市では51.1％（24校）、また小学校が、北九州市では27.9％（12校）、札幌市では27.7％（23校）であった。そして、少年サポートセンターとの間では、「たまに連携する」・「よく連携する」と回答した中学校が、北九州市では66.7％（12校）、札幌市では46.8％（22校）、

また小学校が、北九州市では53.5％（23校）、札幌市では26.5％（22校）となっていた。以上の調査結果からは、北九州市においては、警察署や少年サポートセンターとの間の連携が強いことが示されている。

　本調査で客観的に示された上記の事実は、都市間で相違し得る多機関連携モデルが提唱されるに当たり基盤を形成する重要な前提事実になると考える。また、本調査では明らかにされなかったが、こうした地域差を生じさせる必要性や特性が各地域にあるのであろう。

　(2)次に、本調査では学校側から、地域の違いに関係なく、児童相談所が直面している状況に対する認識も示されていた。

　児童相談所との連携に困難を感じたことがあるかという質問に関して、「よく感じる」・「たまに感じる」と回答した北九州市の小学校が6校（13.9％）、中学校が7校（38.9％）、札幌市の小学校が17校（20.5％）、中学校が5校（10.0％）あった。そこで、これらの小・中学校に自由回答で理由を記入してもらったところ、「児童相談所の動きが遅い」ため（9校）、「児童相談所の担当者が多忙すぎる」ため（8校）、「児童相談所の職員数が少ない」ため（4校）といった理由が校種・地域に関わりなく重ねて挙げられていた。

　(3)さらに、児童虐待に関して教育行政に望むことについては、「虐待対応について相談できる専門機関の整備・拡充」が全体的に回答として最も多かった。

　北九州市の小学校では17校（39.5％）、中学校では10校（55.6％）、札幌市の小学校では48校（57.8％）、中学校では27校（57.4％）が本肢を選択した（複数回答可）。加えて、数は少ないが「その他」を選択し自由回答で記述されていたものでは、児童相談所の体制強化や児童虐待問題の解決のための強制力のある機関の新設を望む意見が校種・地域に関わりなく見られた（3校）。

　この点、機関を新設することは現実的には困難であるため、児童相談所の体制の見直しや多機関連携を通じて問題を解決していくしかないであろう。

㈢ 警察経験者が勤務している全国の児童相談所を対象とした質問紙調査（2011（平成23）年8月実施）

次に、2011（平成23）年8月に実施した警察経験者が勤務している全国の児童相談所を対象とした質問紙調査の結果を検討してみたい[3]。

本調査では、警察経験者が勤務している全国の児童相談所48庁（うち政令市は12庁）に質問紙を送付し、25庁（回収率52.1％）（うち政令市は7庁（回収率58.3％））から回答を得た。

警察経験者が勤務している全国の児童相談所を対象とした質問紙調査ではあるが、警察行政機関調査担当グループが児童相談所に勤務している警察経験者の活動について質問しているので、児童福祉行政機関調査担当グループでは同様に教員経験者の活動を中心に質問した[4]。警察経験者が勤務している児童相談所で、教員経験者の勤務についても調査することで多機関連携の広がりの実態を明らかにすることができると考えた。

(1)本調査において明らかになったこととして、まず、警察経験者が勤務している児童相談所に関してではあるが、全国的に嘱託職員（嘱託医師、嘱託弁護士を除く。）が活用されていることが分かる。

回答のあった児童相談所の平均値では、嘱託職員数が職員全体の31.8％を構成していた。なお、嘱託職員数の比率の高さは北九州市が最も高く、正規職員数56名、再任用職員数3名、嘱託職員数78名と嘱託職員数が職員全体の56.9％を占めている。このように正規職員数を上回っている児童相談所は、本調査においては北九州市が唯一であった。

北九州市では、「北九州市子ども総合センター」として、いわゆる少年補導センター及び適応指導教室の機能を果たす「少年支援室」も併せて有

---

[3] なお、本調査で「警察経験者」とは、警察行政機関調査担当グループにより、「警察職員が警察の身分を持ったまま派遣されている場合、退職出向されている場合、又は警察に長期間勤務経験のある方で定年その他の理由によって退職された後に、児童相談所に再雇用された方の場合」を意味するものと定義されている。

[4] この点、「教員経験者」とは、上記の「警察経験者」の定義に倣い、「教員が教員の身分を持ったまま派遣されている場合、退職出向されている場合、又は学校・教育委員会に長期間勤務経験のある方で定年その他の理由によって退職された後に、児童相談所に再雇用された方の場合」を意味するものと定義している。

していることも一因であろう。

(2)次に、警察経験者が勤務している児童相談所において、必ずしも併せて教員経験者も勤務しているとは限らないことも示されていた。ただし、政令市では、他機関経験者が有する専門性を活用することの広がりが見られた。

回答のあった児童相談所中15庁（60.0％）において、併せて教員経験者が勤務していた。なお、教員経験者の採用形態では、「退職者の雇用」が46.7％、「派遣」が6.7％、「出向」が40.0％、「その他」が6.7％である（複数回答可）。しかし、回答のあった政令市の児童相談所では7庁全てで教員経験者が勤務していた。この点、教員経験者の採用形態では、「退職者の雇用」が53.1％、「派遣」が6.3％、「出向」が37.5％、「その他」が3.1％であった（複数回答可）。

また、教員経験者の多さといった点でも、他の児童相談所では1名から5名が勤務しているところ、17名（「退職者の雇用」7名、「出向」10名）と北九州市が突出しており、ここでも北九州市の特徴が現われていた。他方、児童福祉司数に関しては、回答のあった政令市の児童相談所中で北九州市は17名と最も数が少なかった。

回答のあった政令市の児童相談所中で児童福祉司数が34名と最も多かった札幌市では、2009（平成21）年度の相談受付件数の総数が6,036件（うち、児童虐待相談受付件数620件、非行相談受付件数218件）あった。なお、同市で教員経験者数は3名（「退職者の雇用」2名、「出向」1名）である。北九州市でも2009（平成21）年度の相談受付件数の総数で4,492件（うち、児童虐待相談受付件数322件、非行相談受付件数238件）を抱えていたが、限定された児童福祉司人員を教員経験者によっても補完しているものと推察された。

(3)さらに、教員経験者を採用している児童相談所では、教員経験者がケースワークに携わっていることが多い（9庁）。教員経験者には学齢児童への対応に関する技能があることが期待されているのも一因であろう。

また、教員経験者が一時保護所に入所した児童の学習指導を行っている

児童相談所も多く見られる（7庁）。教員の経験がある以上、学校における勤務に類した活動ができる最適な業務と言える。

教員経験者を組織に置くことの効果について自由回答を求めた質問では、児童相談所と学校・教育委員会との連携強化が最も多かった（8庁）。さらに、同質問の回答では、行政職の児童相談所職員への学齢児童に対応する技能の伝授も挙げられていた（1庁）。

## (四) 全国政令市の児童相談所を対象とした質問紙調査（2011（平成23）年9月実施）

最後に、2011（平成23）年9月に実施した全国政令市の児童相談所を対象とした質問紙調査の結果を検討していくことにする。

本調査は、2011（平成23）年度「東京都及び政令指定都市児童相談所長会議」を通じて協力依頼を行った。結果的には、全国政令市19市の児童相談所に質問紙を送付（児童相談所を複数有する政令市については各市中央児童相談所に送付）し、14市（回収率73.7％）から回答を得た。

(1)本調査を通じて示されたこととして、まず、学校との連携の現状に関する評価では、「連携がある程度上手くいっている」という評価が8市と最も多かった（図1参照）。他方で、「どちらともいえない」という評価が4市あり、さらに「連携が余り上手くいっていない」という評価も1市見られた。

そこで、学校との連携の現状における課題を自由回答で質問したところ、「非行系少年（非行に当たる行為、不良行為、学校での他害行為をしている少年を広く意味し、審判の対象となった少年に限らない。）」の場合には、学校側が一時保護所での一時保護や児童自立支援施設への入所措置を安易に要請しがちであるということが最も多く挙げられていた（6市）。こうした問題行動の見られる児童生徒に対する「拒否的」な「排除しようとする学校側の意識・態度」は、援助の過程で学校に復帰させる際に児童生徒の受入の場面でも見られることがあるということも指摘されていた（2市）。また、「虐待事案（疑い事案を含む。）」の場合には、保護者対応が最も多く

(A) 連携が上手くいっている。
(B) 連携がある程度上手くいっている。
(C) どちらともいえない。
(D) 連携が余り上手くいっていない。
(E) 連携が上手くいっていない。
無回答

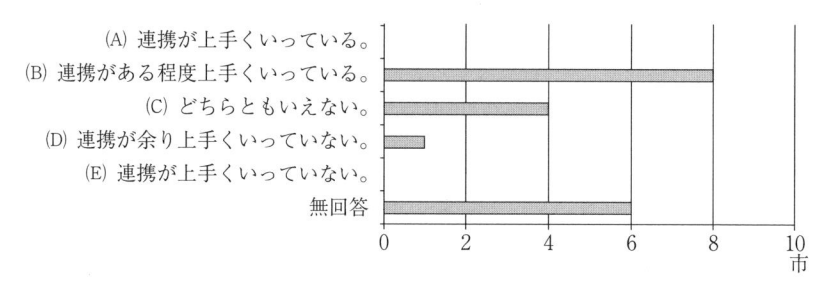

**図１：全国政令市児童相談所における学校との連携の現状に関する評価**（N＝19）

(A) 連携が上手くいっている。
(B) 連携がある程度上手くいっている。
(C) どちらともいえない。
(D) 連携が余り上手くいっていない。
(E) 連携が上手くいっていない。
無回答

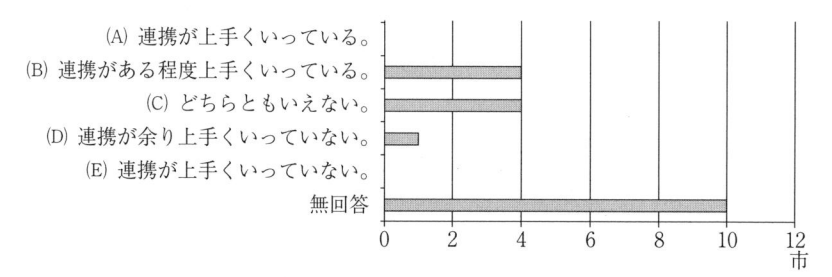

**図２：全国政令市児童相談所におけるスクールソーシャルワーカーとの連携に関する評価**（N＝19）

課題とされている（７市）。とりわけ、学校が保護者との関係悪化を懸念するあまり虐待対応が困難になることも指摘されていた（５市）。

学校との連携を良くするために有効であると考えられることとしては、自由回答で「情報交換」及び「相互理解」の重要性が重ねて挙げられていた（９市）。また、人事交流が有効であるとの指摘もあった（２市）。

なお、福祉の専門家であるスクールソーシャルワーカー（以下、「SSWr」と言う。）の活用も連携を考える上で効果的なものとなり得るだろう。ただし、現状には課題も多いものと思われる。本調査で、SSWrとの連携に関する評価については回答率も低く、回答も「連携がある程度上手くいっている」との評価が４市、「どちらともいえない」との評価が４市、「連携が余り上手くいっていない」との評価が１市であった（図２参照）。

SSWrとの連携についての今後に向けた課題として、現状ではSSWrの

配置数が少ないことが自由回答で挙げられている（3市）。結果として、1人当たりの対応件数も膨大なものとなり、「きめ細かな対応」も困難となろう。配置数が限られているため、SSWrが「学校の御用聞き的な役回り」となっているという指摘もある（1市）。

また、実際の連携に当たっては学校長が対外的な「窓口」と位置付けられる学校組織の「壁」もあるだろう。

さらには、心理の専門家であるスクールカウンセラー（以下、「SC」と言う。）も児童生徒の悩み等を受け止める役割を果たしており、連携の上では意味がある。そのためには、今後、学校内でのSSWrとSCとの連携の一層の促進もまた必要となるだろう。

(2) また、警察との連携の現状に関する評価を質問したところ、「連携がある程度上手くいっている」という評価が大部分を占める警察署に比べて、少年サポートセンターとの間の連携については評価が分かれていた。

「警察署（少年担当部署以外を含む。）」との連携の現状に関する評価では、「連携がある程度上手くいっている」という評価が最も多く11市あった（図3参照）。そして、「どちらともいえない」という評価が2市、また「連携が余り上手くいっていない」という評価が1市見られた。

これに対して、「少年サポートセンター（千葉県の場合は少年センターを、神奈川県の場合は少年相談・保護センターを意味する。）」との連携の現状に関する評価では、「連携がある程度上手くいっている」という評価が7市で最も多いが、「連携が上手くいっている」という評価も2市、逆に「連携が上手くいっていない」という評価も1市あった（図4参照）。また、「どちらともいえない」という評価も4市ある。

こうした分散した評価は、少年サポートセンターの果している役割にかなりの地域差があることを反映しているものとも思われる。

そこで、警察との連携の現状における課題を自由回答で質問したところ、「非行系少年（非行に当たる行為、不良行為、学校での他害行為をしている少年を広く意味し、審判の対象となった少年に限らない。）」の場合には、身柄付通告に際して円滑に引継ぎが行われていないことが挙げられていた

```
       (A) 連携が上手くいっている。
(B) 連携がある程度上手くいっている。
       (C) どちらともいえない。
   (D) 連携が余り上手くいっていない。
       (E) 連携が上手くいっていない。
                      無回答
                            0    2    4    6    8   10   12
                                                          市
```

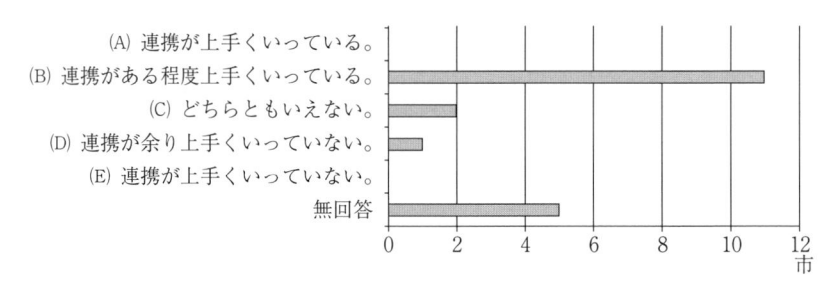

**図3：全国政令市児童相談所における警察との連携に関する評価** (N=19)

```
       (A) 連携が上手くいっている。
(B) 連携がある程度上手くいっている。
       (C) どちらともいえない。
   (D) 連携が余り上手くいっていない。
       (E) 連携が上手くいっていない。
                      無回答
                            0     2     4     6     8
                                                     市
```

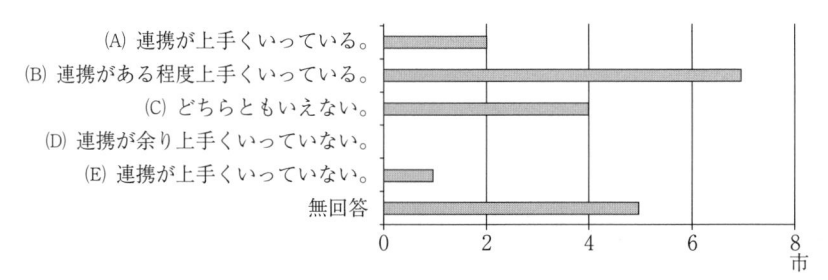

**図4：全国政令市児童相談所における少年サポートセンターとの連携に関する評価** (N=19)

(3市)。事案に関して情報不足であったり、児童に対する説明・動機付けが不十分であったりするので、一時保護に際しての対応が難しくなるとしている。また、「虐待事案(疑い事案を含む。)」の場合には、急増しているDV目撃による「心理的虐待」としての通告の対応に苦慮していることが挙げられていた(3市)。

そして、警察との連携を良くするために有効であると考えられることとして、やはり「情報交換」及び「相互理解」の促進が自由回答で挙げられている(7市)。また、同様に人事交流も1市が挙げていた。

(3)別の視点として、本調査では、児童相談所が擁する人的リソースが自治体間でかなり相違していることが示されていた。

例えば、横浜市の児童相談所に勤務している福祉職採用職員数は151名(市全体の福祉職採用職員数1,452名)、児童福祉司数は89名であり、いずれも回答のあった政令市中で最も多かった。回答のあった政令市(横浜市を

除く。）の平均値は、福祉職採用職員数が14.3名（市全体の福祉職採用職員数89.1名）、児童福祉司数が21.2名であった。

　逆に、特徴的なこととして、横浜市では、教員経験者数及び警察経験者数はいずれも0名となっている。

　なお、横浜市は、対応する事案の数も多い。2010（平成22）年度における相談受付件数の総数が15,364件（うち、児童虐待相談受付件数2,788件、非行相談受付件数558件）あり最も多かった。回答のあった政令市（横浜市を除く。）の平均値は、相談受付件数の総数が3,288.7件（うち、児童虐待相談受付件数548.7件、非行相談受付件数162.1件）である[5]。

　(4)この点、全国の政令市で見ると、教員経験者の勤務は相当の広がりを見せているが、警察経験者の勤務はまだ広がりの途上にあることも分かる。

　回答のあった政令市14市中12市（85.7％）の児童相談所で教員経験者が勤務しているが、警察経験者の勤務している児童相談所は7市（50.0％）に止まった。前者12市における教員経験者の平均人数は4.3名、後者7市における警察経験者の平均人数は2.1名であった。教員経験者の採用形態では、「退職者の雇用」が37.3％、「派遣」が0％、「出向」が62.7％であった（複数回答可）。これに対し、警察経験者の採用形態では、「退職者の雇用」が93.3％、「派遣」が0％、「出向」が6.7％である（複数回答可）。

　また、教員経験者が勤務している場合には、一時保護所に配置されたり（11市）、ケースワーク業務に携わったり（6市）している。このように教員経験者を組織に置くことの効果としては、学校との連携がし易くなったこと（8市）、一時保護所の児童に対する指導の質が向上したこと（6市）が自由回答で多く挙げられている。

　他方、警察経験者が勤務している場合には、児童虐待への対応（5市）・

---

[5]　児童福祉司1人当たりの相談受付件数は、横浜市では172.6件となるが、他に本プロジェクトで研究協力を得ている北九州市では275.5件（児童福祉司数17名、2010（平成22）年度における相談受付件数の総数4,683件（うち、児童虐待相談受付件数313件、非行相談受付件数145件））、札幌市では159.9件（児童福祉司数34名、2010（平成22）年度における相談受付件数の総数5,437件（うち、児童虐待相談受付件数478件、非行相談受付件数232件））である。

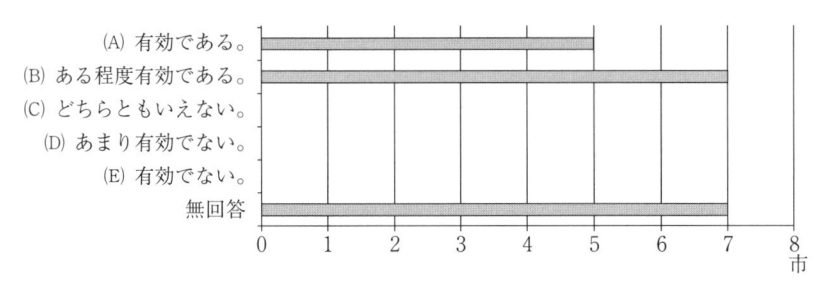

```
(A) 有効である。              ███████████████
(B) ある程度有効である。      █████████████████████
(C) どちらともいえない。
(D) あまり有効でない。
(E) 有効でない。
無回答                         ██
          0    1    2    3    4    5    6    7    8
                                                   市
```

**図5：全国政令市児童相談所における「要保護児童対策地域協議会」に対する多機関連携の枠組みとしての評価**（N＝19）

非行相談（3市）の業務を担当していた。こうして警察経験者を組織に置くことの効果としては、自由回答で、警察との連携が円滑になったこと（6市）、暴力的・対立的な保護者への対応がし易くなったこと（4市）が挙げられている。

(5)さらに、「要保護児童対策地域協議会（代表者会議・実務者会議・個別ケース検討会議）」に対して多機関連携の枠組みとしてどのように評価しているかという質問に関して、「ある程度有効である」との評価が7市と最も多かった（図5参照）。また、「有効である」という評価も5市あった。

要保護児童対策地域協議会の「メリット」として、自由回答では、情報の共有が図れる（3市）とともに、「顔」の見える関係が構築されることで連携強化につながる（3市）とされていた。

しかしながら、要保護児童対策地域協議会の抱える課題も多い。同協議会の「デメリット」として、代表者会議が儀礼的なものとなり形骸化してしまっている、事案数が膨大であるため個別事案の詳細な検討が困難となっている、各区役所で考え方が異なるので調整が難しい、他機関で対応してくれるのではないかという考えに陥る恐れがある、といった課題が自由回答で挙げられていた（各1市）。

## (五) 質問紙調査の結果に関する小括

上述の3種類の質問紙調査を通じて、児童相談所を起点とした多機関連

携には自治体間で相当の差異が見られた。本調査からも伺えるように、多機関連携が積極的な地域には、それを必要とする社会的背景があるのであろう。こうした点で、本調査が多様な多機関連携モデルを構想していく上での補助線になるものと考える。

　なお、本節で明記しておきたいことは、機関間で「協働」していることが常に「望ましいこと」という訳ではないということである。もちろん、必要性に応じ協力して対応すべき児童虐待や非行の問題は数多くあるだろう。しかし、機関間の役割分担を明確にさせることも場合により必要である。一種のシステムとして違う機関が形成され権限が付与されている以上、違う目的の下に異なった機能を果たすことが期待されている（さもなければ、同一の機関に統合することが制度設計の上で望まれるのではないだろうか）。とりわけ、児童福祉行政機関は、少年保護司法を担う機関との間では「分を弁えた連携」が求められているだろう。

## Ⅳ　児童相談体制の強化に向けた多機関連携モデル

　最後に、北九州市・札幌市・横浜市という三政令市における取り組みを踏まえながら、多機関連携を通じた児童相談体制の強化に向けた提言を述べることにしたい。

㈠　児童相談所における児童相談体制について
　まず、児童相談所における児童相談体制についての提言である。

(1)　**複雑な事案、とりわけ被虐待事案に対して、多角的アプローチを可能にする児童相談所の体制作り**
　第1に、複雑な事案、とりわけ被虐待事案に対して、多角的アプローチを可能にする児童相談所の体制作りが必要である。
　現在、被虐待事案の多くが多面的な問題を有する。それぞれの事案において家族内での複合的な問題を抱え込んでおり、単一の機関で対応するこ

とは困難な状況にある。そこで、多機関がそれぞれ有している（横浜市中央児童相談所医務担当課長・金井剛氏の言う）「武器」[6]をどのように持ち寄るかが重要となる。

　2012（平成24）年1月に総務省から「児童虐待の防止等に関する政策評価書」が公表された。そこには、「関係機関の連携強化」として、要保護児童対策地域協議会の活性化に関する勧告がある（厚生労働省に対し、市町村へ活性化を要請するよう勧告している。）。背景として、要保護児童対策地域協議会の各種会議について開催が低調である、形骸化しているという問題が挙げられている。本グループが実施した全国政令市の児童相談所を対象とした質問紙調査（2011（平成23）年9月実施）でも、要保護児童対策地域協議会における会議が形骸化しているという指摘があった。要保護児童対策地域協議会の形式的連携の枠それ自体は「武器」を持ち寄る上でも有用であろう。しかしながら、こうした形式的連携の枠を越えた実質的連携作りが「関係機関の連携強化」のためには必須であると考えられる。

　この点、物理的近接性という多機関連携の環境的な条件に関しても同じであると言える。北九州市では、同市の多機関連携の取り組みの③で挙げたように、「『ウェルとばた』内での『北九州少年サポートセンター』及び『少年サポートチーム（北九州市教育委員会指導第二課)』との連携」が取られている。同一フロアであるため、関係機関のケースカンファレンス開催が容易となっており、日常的な情報交換が可能となっている。ただし、北九州市が先駆的と言えるこうした多機関連携の環境的な条件整備（なお2013（平成25）年2月より、東京都でも「子供家庭総合センター」として同一の建物内に三機関が入居することとなった。）に関しても、人の繋がりといった実質的連携が基盤を形成している。

　要保護児童対策地域協議会のような法的制度や同一施設内への多機関設置といった多機関連携を促進する客観的な条件面の整備だけでは十分とは言えない。異なる機関の職員の間での言葉・意識の見えない「壁」が多機

---

6)　金井剛「『虐待者』と呼ばれる親の支援ニーズ」こころの科学159号（2011（平成23）年）53頁参照。

関連携の障害となっていると言われる。こうした「壁」は、児童相談所に対して必要な相談・通告を行う上での障壁にもなり得る。こうした「壁」をどう越え、あるいはどう壊し、実質的連携を形成するか、工夫が必要となる。

① 人事交流による多様な専門職との連携

そこで、まず、第1の方策として、「人事交流による多様な専門職との連携」が挙げられる。

北九州市及び札幌市では、両市の多機関連携の取り組みの①で挙げたように、退職者の雇用及び出向を通じて教員経験者が、退職者の雇用を通じて警察経験者が勤務している。北九州市では、教員経験者7名が退職者の雇用を通じて、10名が出向を通じて勤務しており、警察経験者4名が退職者の雇用を通じて勤務している。こうした教員・警察退職者は、後述の「非行相談担当課（非行ライン）」や「少年支援室」も含め、子ども総合センターの組織内で広範に配置されている。また、札幌市でも、教員経験者2名が退職者の雇用を通じて、1名が出向を通じて勤務しており、さらに本プロジェクト参加後の2011（平成23）年4月からは警察経験者1名が退職者の雇用を通じて（児童虐待通報・通告に関する業務を行う）緊急対応担当課調整担当係に勤務している。この方は、警視級（警察官でもより広く見通せる立場にある。）で全国でも札幌市のみとのことであった。札幌市で2009（平成21）年4月から配置された出向による教員経験者の職員も、緊急対応担当課調整担当係に勤務している。配置の効果として、児童相談所の対応に関する学校側の理解が進んだとともに、学校から児童相談所に相談し易くなったとのことである[7]。また同市で、警察経験者の職員には、

---

7) この点に関して、2011（平成23）年5月20日開催のJST石川プロジェクト公開シンポジウム（第1次）において、入江幽子氏（札幌市児童相談所相談判定課相談一係長）が、「確定数字ではないのですけれども平成22年度、昨年度1年間の学校からの虐待通告件数というのが前年度よりも顕著に減少しています。これは事柄が大きくなる前に学校が相談をしてくれて、学校現場で保護者指導をするとかそういった対応がある程度できるようになってきたことの効果なのではないか」と発言し、評価されていた。

主として虐待通告による一時保護を行う場合で保護者の強い拒否が見込まれる場合などに同行してもらっており、他にも保護者が暴力団員やその周辺者であって担当職員が女性の場合などにも同行をお願いしている場合があるという。また、非行対応機関のネットワークとして後述する「札幌市学校教護協会」地区幹事研修会にも一緒に参加したりしているとのことである。

本グループが実施した全国政令市の児童相談所を対象とした質問紙調査（2011（平成23）年9月実施）でも、こうした方策を既に採用している政令市からは、学校・警察との連携が容易化・円滑化されたと評価されている。また、この調査では、教員経験者に関しては一時保護所の児童に対する指導の質が向上した、警察経験者に関しては暴力的・対立的な保護者への対応が円滑になったといった個別の効果も挙げられていた。

今後は逆にソーシャルワーカーが警察で勤務するような形の人事交流の促進も重要と言える。

なお、人事交流を直ぐに実現することが困難な場合、関係機関担当者が集う宿泊研修などの実施も（言葉・意識の共有を促進するため）見えない「壁」を壊す実質的連携作りに一定程度有効であろう。

② 他機関の専門家による児童相談所職員に対する研修の実施

次に、「他機関の専門家による児童相談所職員に対する研修の実施」も効果的な方策として挙げられる。

例えば、家庭裁判所は「敷居が高い」と言われているが、札幌市では、児童相談所職員の研修会で家庭裁判所調査官・書記官が派遣講師を務めることも行われている（自由な会話も交えながら相互理解を促進している。）。

また逆に、児童相談所が中心となり他機関の児童虐待等に関する認識力向上を図ることも重要である。

北九州市では、子ども総合センターで家庭裁判所調査官が研修を受けることも行われている。学校との間では、札幌市でも児童虐待への対応方法に関する研修会を開催したり、横浜市でも各区小学校教諭研修会等で講義

したりしているが、北九州市では、2009（平成21）年から保育所を対象に、2010（平成22）年から幼稚園及び小・中学校を対象にして児童虐待対応リーダーの養成研修会を実施している（管理職等が参加している。）。教育委員会と連携して、児童虐待に対する専門性のある校内人材の養成・配置を図っているものと言える。

以上のようにして、「壁」を崩す方策が三政令市で実践されており、他の自治体でも採用できるものとして挙げることができる。

### (2) 「非行相談」体制の強化

第2に、今こそ「非行相談」体制の強化が求められている。

1990年代後半から「養護相談」、とりわけ「児童虐待相談」の業務量が急激に増加したため、全国的に「非行相談」に割かれる時間が相対的に減少しているとされる。1995（平成7）年度と比較して、2004（平成16）年度では、「養護相談」の業務量割合が約20％から約56％に増えた一方で、「非行相談」の業務量割合が約20％から約6％に減っていることを示す先行研究もある[8]。こうした傾向は、その後更に強まっているとも推測され得る。その結果、児童相談所に非行対応スキルが蓄積されにくくなっているとも言える。もちろん、解決策の基本は福祉専門職員・児童福祉司人員を増強させることであろう。ただし、児童福祉に注ぎ込める各自治体のリソースの限界も考慮を要する。そこで、こうした課題の解決策として、多機関連携が有効に働くと言える。

---

8) 児童相談所の業務分析に関する2004（平成16）年度の調査では、1995（平成7）年度の調査と比較しながら、「児童相談所において各種相談に要する時間は、一般・虐待専従を含めた全体では、グループを除くと、養護相談が56.1％（1995年研究では19.7％）、内虐待が業務全体の36.9％、心身障害相談が14.3％（同25.0％）、育成相談が9.0％（同24.0％）、保健・その他相談8.4％（同2.8％）、非行相談5.8％（同19.7％）となっている」としている（才村純＝澁谷昌史＝柏女霊峰＝庄司順一他「虐待対応等に係る児童相談所の業務分析に関する調査研究(2)」日本子ども家庭総合研究所紀要41集（2005（平成17）年）147頁）。そして、「非行相談の減少は非行相談そのものの業務負担が軽減されたというより、養護相談、とりわけ虐待相談に係る業務量が急増する中で、非行相談に時間を割くことができない実態を物語っているととらえ」られている（才村他・同上149頁）。

① 「非行相談」体制強化のためのセクションの設置

まず、第1の方策として、「『非行相談』体制強化のためのセクションの設置」を挙げたい。

北九州市では、同市の多機関連携の取り組みの④で挙げたように、2010（平成22）年4月から非行児童に専門に対応するラインとして「非行相談担当課（非行ライン）」が設置されている。従来、児童福祉司が個別に対応していた非行事案の処理を一つのラインに集約する機能を有している。この非行ラインの職員は、現職教員及び教員退職者・警察退職者から構成されており、他機関における非行対応経験者が上手く活用されていると言える。非行ラインを設置した効果として、児童自立支援施設（具体的な効果としては、定員を充足していなかった状態が定員一杯の状態へと変化した。）・家庭裁判所等の他機関への繋ぎの円滑化・事案処理の迅速化が挙げられよう。また、聞き取り調査において、特に市教育委員会から連携向上に関し高く評価されていた。一時保護が必要な非行のある児童生徒について設置により相談し易くなったということであった。

② 非行対応機関ネットワークの構築

次に、「非行対応機関ネットワークの構築」を効果的な方策として挙げることができる。

こうしたネットワークは、要保護児童対策地域協議会に代替する連絡会として機能し得る。要保護児童対策地域協議会の対象となる「要保護児童」、すなわち児童福祉法6条の3第8項にいう「保護者のない児童又は保護者に監護させることが不適当であると認められる児童」には、非行児童も含まれ得る。しかしながら、現状では、「非行ケース」に関して、要保護児童対策地域協議会での取扱いには限界があるとの指摘もある。非行への対応において、要保護児童対策地域協議会の中核となる行政区の力量はまだ高くはない状況にあると言えるからである。

(a) 既存のネットワークへの参画の促進

そこで、まずは、既存のネットワークへの参画を促進することが一つの

方法である。

　例えば、札幌市における「『少年サポートチーム』及び『札幌市学校教護協会』地区幹事研修会への参加」が挙げられる。同市の多機関連携の取り組みの②で挙げたものである。札幌市児童相談所では、北海道警察本部の少年サポートセンターを事務局とする「少年サポートチーム」に参加し、他機関との間で役割分担を行いながら、非行等の問題行動の見られる少年等の事案について解決を図っている。また、学校教員が主体となって組織されている「札幌市学校教護協会」の地区幹事研修会に参加し、「非行相談」で指導中の児童に関して友人関係の広がりやその行動など周辺情報を把握できたり、各学校の生徒指導担当の教員と「顔の見える」関係作りができたりしているとのことである。このように警察が中心となって形成されているネットワーク、学校が中心となって形成されているネットワークに積極的に参加していくことは、他の自治体でも実践可能な試みであろう。

　もう一つ、横浜市における「『神奈川県学校・警察連絡協議会』役員会への参画」にも触れておきたい。同市の多機関連携の取り組みの①で挙げたものである。この取り組みは、2011（平成23）年4月から行われており、神奈川県内にある13児童相談所のうち横浜市中央児童相談所長を含む5児童相談所長がオブザーバーとして「神奈川県学校・警察連絡協議会」役員会へ参画している。オブザーバーではあるが、実際には質問し合い「一員のようなもの」という。こうした役員会は、学校・教育委員会、警察、児童相談所という三者が一堂に会する絶好の機会となっており、参画を開始した結果、横浜市内の4児童相談所の所長が横浜市中学校校長会の生徒指導部会や横浜市小学校校長会の児童指導研究部会へ参加するようになるなど、機関連携が広がる大きな契機となっている。「学校警察連絡協議会」は全国に見られる組織であり、他地域でも実現可能性の高い実践例であると言える。

(b) 今ある繋がりを土台としたネットワークの制度化

　あるいは、今ある繋がりを土台とした、児童相談所によるネットワーク

の制度化も可能であろう。

　例えば、北九州市では、同市の多機関連携の取り組みの⑤で挙げたように、「非行相談連絡会議」が開催されている。2010（平成22）年の「非行相談担当課（非行ライン）」設置時から情報の共有化を図るため毎月実施されている。主催する北九州市子ども総合センターの非行ライン及び教育ラインの他、子ども家庭局青少年課、北九州市教育委員会指導第二課及び同「少年サポートチーム」、福岡県警察本部生活安全部少年課及び同「北九州少年サポートセンター」が構成機関となっており、児童相談所、学校・教育委員会、警察の各機関が一堂に会し、活動報告や情報交換が行われている。この会議は、要保護児童対策地域協議会の「実務者会議」に相当するものと言える。聞き取り調査では、児童相談所が主催する情報交換の場として市教育委員会からも評価されていた。

### ③　少年サポートセンターとの連携強化

　そして、「少年サポートセンターとの連携強化」という方策も挙げられる。

　例えば、北九州市子ども総合センターでは、小学校在籍中から虐待を受け始め、中学校入学後に「非行相談」として対応した女子児童の事例において、児童の一時保護も行いつつも、少年サポートセンターが人間関係を作る役割を果たし、多機関で連携を取って継続的に自立支援を行っているという。

　このように、北九州市では同じ「ウェルとばた」への設置を通じて、札幌市では「少年サポートチーム」の結成を通じて、少年サポートセンターとの間で積極的な連携が取られてきた。役割分担（各機関の本来業務は何か）を明確化した上で補完的な協力関係を作ることが大事であろう。

### (3)　**より地域に密着した児童相談体制の構築**

　第3に、より地域に密着した児童相談体制の構築が重要である。

① 行政区の子ども家庭相談体制の強化

そのための方策として、まず、「行政区の子ども家庭相談体制の強化」が挙げられる。

上記Ⅲでは示していないが、本グループが実施した全国政令市の児童相談所を対象とした質問紙調査（2011（平成23）年9月実施）では、行政区の子ども家庭相談体制を強化する取り組みを「特には行っていない」という回答も複数見られた（3市）。

この点、札幌市では、同市の多機関連携の取り組みの③で挙げたように、「札幌市児童相談体制強化プラン」を策定し、行政区の子ども家庭相談体制の強化を図っている。札幌市では、児童相談所における相談件数の増加・相談内容の複雑化を受け、2009（平成21）年に準備を開始し、翌2010（平成22）年度に「児童相談所の将来構想策定事業」が実施された。そして、札幌市社会福祉審議会からの意見具申も踏まえ、2011（平成23）年3月には、「札幌市児童相談体制強化プラン―児童相談所と区役所の体制・機能強化及び地域との連携―」が発表された。本強化プランでは、「区家庭児童相談室」の設置、24時間・365日の相談受付体制を備えた「子どもホットライン」の設置（これは本プロジェクトを通じ、北九州市の実践の効果も踏まえて採用されたとのことである。）、一時保護所の定員拡充・環境整備等、児童相談所の専門機能の向上と行政区の相談・支援機能の強化を図る児童相談体制強化策が示されている。また、「児童相談所から定期的に児童福祉司等が区役所を巡回するなどして、専門的な知識や技術のアドバイスを行うなど、児童相談所が積極的に区役所をバックアップしていく体制を強化」するなどしている[9]。このうち、2011（平成23）年度から開始した「区家庭児童相談室」では、家庭児童相談員1名に相談・支援主査1名が加わり2名体制で運営がなされている。さらに、こうした流れの中で、2012（平成24）年度からは新たにインテーク部門を担当する職員を

---

9) 札幌市「札幌市児童相談体制強化プラン（児童相談所と区役所の体制・機能強化及び地域との連携）」（札幌市子ども未来局児童福祉総合センター児童療育課、2011（平成23）年）19頁。

児童相談所に1名配置し、日常的に「区家庭児童相談室」から相談を受けることで、児童相談所と行政区との間の連携において一層の円滑化を図る予定であるとのことであった。なお、北九州市（各区役所子ども・家庭相談コーナーに（子ども総合センターと兼務発令の）児童虐待防止担当係長及び保育士を配置）や横浜市（保健師の増員・心理職の配置（嘱託により4区において））でも、行政区の子ども家庭相談体制の強化が図られている。

② 児童相談所のサテライト化

次に、「児童相談所のサテライト化」という方策も挙げることができる。

地域に密着した児童相談体制ということであれば、児童相談所の複数化（例えば、横浜市における4所体制）が一つの理想であろう。ただし、コスト面で考慮を要する（自治体によっては、予算上難しいという場合もあろう。）。この点、札幌市では上述の「札幌市児童相談体制強化プラン」を通じて児童相談所1所の機能強化の方針を採っている。

そこで、例えば、北九州市では、同市の多機関連携の取り組みの②で挙げたように、少年補導センター及び適応指導教室を基にした「少年支援室」が設置されており、示唆に富んでいると言える。「少年支援室」は、相談業務の統合・市組織の整理といった趣旨で設置された。近時、全国の多くの自治体で設置されている少年補導センター（主に教育部門が所管）については、位置付けが見直されている。子ども・若者育成支援推進事業を構成する一機関として再定位されるセンターもある。こうした動きには、警察の少年サポートセンターの活性化も背景にあるだろう。そこで、市の福祉部門と統合して生まれた「少年支援室」は、こうした少年補導センターの一つの活用策の面もあると言える。それとともに、「少年支援室」の設置により、「サテライト」として児童相談所機能が分散化し、地域に密着した子ども家庭支援が実現できている。具体的に学校との連携に関しては、直接には地域の小・中学校の管理職と連携することになるが、市教育委員会は「少年支援室」に通所している児童生徒の担任教諭にも「少年支援室」を訪問するよう依頼している。また、学校支援を担当する区担当

の（教育委員会の）指導主事（5名）が状況を把握できるように「少年支援室」を訪問している。このように、地域の学校や教育委員会との結節点としても機能していると評価し得る。さらに、「少年支援室」を設置したことは、児童相談所における「不登校相談」の強化にもつながったと言えるだろう。

　③　他機関の所管地区との整合
　そして、とりわけ児童相談所が複数化された政令市（さらには都道府県）では、「他機関の所管地区との整合」も意味がある。
　例えば、横浜市における「『学校教育事務所』との連携」が挙げられる（「学校教育事務所」が後発の機関である。）。これは、同市の多機関連携の取り組みの②で挙げた。横浜市では、2010（平成22）年から横浜市教育委員会の「学校教育事務所」が市内4か所に設置されているが、その所管する行政区は、4児童相談所がそれぞれ所管する行政区と一致させた形とした。所管地区の整合性を図った結果、懸念される事案に関して直接、「学校教育事務所」から児童相談所が協力要請を受けるようになったとの効果があった。また、他の効果としては、相互研修等を実施し易くなったことや、各区の要保護児童対策地域協議会（実務者会議）に教育委員会からの出席があり、現場の意見や状況に直接触れてもらう機会が増えたことが挙げられている。他方で、課題としては、以前であれば学校と直接、話し合いをして（校長判断により）解決してきた事案についても、「学校教育事務所」にお伺いを立ててからではないと回答できない、との返答を受ける事例が出て来るようになったという。学校側としては、難しい問題に関して、校長の判断で回答してきた事案についても第三者としての意見・指導が入ることで安心できる部分があるという利点はあるものと考えられる、とのことであった。

㈡　要保護児童対策地域協議会（含、行政区との関係）について
　最後に、（行政区との関係も含め）要保護児童対策地域協議会についての

提言を行いたい。前述のように、基本として連携の「実質化」が重要である。

### (1) 市児童相談所と行政区との役割分担の明確化

第1に、市児童相談所と行政区との役割分担の明確化を推し進めていくべきである。

政令市では、児童相談所も行政区も同じ自治体の組織のため、市児童相談所に事案が集中する傾向が高い。児童福祉法の趣旨に沿い（適正さの保持ということでもある。）児童相談所が専門性の高い事案に専念できるようにいかに工夫するかが重要である。

例えば、横浜市では、同市の多機関連携の取り組みの③で挙げたように、「児童相談所と行政区（区福祉保健センターこども家庭支援課）の役割分担を明確化させる方策」が各種採られている。これらの方策は、2011（平成23）年3月に公表された「横浜市児童虐待対策プロジェクト報告書～子どもの命と尊厳を守るために～」を基にしている（なお、本報告書はJSTの本プロジェクトに参加して得た知見も反映されているとのことである。）。本報告書で示され現在進行しているものとして、虐待進度評価尺度の共通化とそれに基づく対応・支援の役割分担、情報共有のための連絡会議の定期開催、そして（市の「福祉保健システム」のデータベースにネットワークのシステムを統合した）進行管理台帳のオンライン共有がある。これらの横浜市における役割分担を明確化させる各種方策や、前述の札幌市における「札幌市児童相談体制強化プラン」は全国に発信できる取り組みと言える。

### (2) 要保護児童対策地域協議会の独自性を持った発展の促進

第2に、要保護児童対策地域協議会の独自性を持った発展の促進が不可欠である。

そのためには、地域的需要を反映したボトムアップ型の実践の積み重ねが重要である。

例えば、北九州市における無数のケースカンファレンス開催の蓄積が、

要保護児童対策地域協議会を下支えしている。また、横浜市における「横浜市子育てSOS連絡会」(市レベルの多機関連携の場であり、要保護児童対策地域協議会の代表者会議に当たる。)・「区虐待防止連絡会」(区レベルの多機関連携の場であり、要保護児童対策地域協議会の実務者会議に当たる。)といった(要保護児童対策地域協議会が法的に設置される9年前から)独自の発展を歩んだ連絡会の方式、各行政区の「自治」を重視した「実務者会議」(各行政区に独自性を持たせることにより、住民ニーズの汲み上げになる。)が、要保護児童対策地域協議会の実質化・活性化を促していると言える。

# 第4章

# 警察（少年サポートセンター）を起点とした多機関連携の仕組みの分析・提言

田 村 正 博

Ⅰ 研究経過と提言
  ㈠ 研究経過
  ㈡ 全体的な状況と提言
Ⅱ 調査結果
  ㈠ 全般的事項
  ㈡ 一般的施策とその問題点等
  ㈢ 少年サポートセンターを通じた連携
  ㈣ 学校との連携方策
  ㈤ 児童相談所との連携方策
Ⅲ 小括（補足と展望を兼ねて）

# Ⅰ 研究経過と提言

## ㈠ 研究経過

### (1) 三政令市での基本調査

　最初に北九州市にある福岡県警察の北九州少年サポートセンターと同地域の関係機関を中心に、連携状況に関する調査を行った。その結果、①北九州少年サポートセンターは、少年補導職員が非行系少年と向き合う高い専門性と行動力を有しており、警察を含めた多機関連携の基軸役となっていること、②少年サポートセンターと教育委員会の出先のチームとが子ども総合センター（児童相談所）と同じフロアにあり、さらに人事交流も行われている（少年サポートセンターには教育委員会指導主事が派遣され、子ど

も総合センターには多数の教員や警察官退職者が在籍し、教育委員会の出先のチームには警察官退職者が在籍している。）ことから、三機関の日常的な連携が図られていること、が明らかとなった。その後、北海道（札幌市）、神奈川県（横浜市）における警察と他機関との連携状況を調査し、サポートチーム運営におけるコーディネーターの在り方の重要性、学校との連携方策などが明らかとなった。ことに、神奈川県警察における調査では、各警察署に置かれているスクールサポーターが、学校と警察との連携において大きな役割を担っていることが判明した（学校側の調査でも同様の結果が得られた。）。

　一方、これらの調査の過程で、他機関側の視点で警察（少年サポートセンター以外の警察）をとらえた場合、力があって頼りになる反面、「犯罪捜査・触法調査」という観点で一方的に判断をする存在であり、どのような行動をするのか分からない、容易に理解できない機関であるという位置づけがなされがちであることが、連携を困難にする問題点として浮上した。

## (2) 警察機関を対象とした各地での調査

　少年サポートセンターについては、三政令市でも違いが相当あることを踏まえ、2010（平成22）年4月から2012（平成24）年2月までの間に、全国の主要な都市を中心に、19か所（三政令市以外では16か所）の少年サポートセンターを訪問して、勤務員から実情を聞いた。訪問先は、北海道（札幌市）、新宿、台東、千葉、横浜第二、川崎、名古屋、豊橋、大津、京都（京都市）、難波、茨木、神戸西、岡山、倉敷、松江（分室）、松山、北九州、福岡である。このほか、近畿管区内各府県の少年サポートセンター勤務者と、北九州少年サポートセンター勤務者との検討会を、2011（平成23）年8月に開催し、各地の実情等に関する意見交換を行った。

　三政令市を管轄する北海道、神奈川、福岡の三道府県警察本部と、愛知、滋賀、大阪、岡山及び島根の各府県警察本部を訪問し、少年課（複数の課がある場合には少年育成業務担当課。以下同じ。）の課長等から、少年サポートセンターの運用方針と評価等について見解を聞いた。併せて、スク

ールサポーターについて、各府県での状況を聞いた。このほか、出向及び派遣に関する枠組みについても、関係府県の警察本部少年課等（一部の府県警察では警務課）から聞き取り調査を行っている。

警察署に関しては、警察署と他機関との連携状況、少年サポートセンターに対する警察署側の評価と警察署に配置されているスクールサポーターの実情について、2010（平成22）年8月から2011（平成23）年2月までの間に、三政令市を管轄する3道県警察の10警察署（札幌方面北、同西、神奈川、磯子、小倉北、八幡西、中央、博多、南、早良）を訪問し、少年係の責任者[1]から見解を聞いた。

(3)　警察経験者配置児童相談所等を対象としたアンケート調査

児童相談所に現職警察官の出向・派遣又は退職警察官の採用という形態で、警察経験者が配置される例が近年急増していることを踏まえ、警察庁の協力を得て、2011（平成23）年8月から9月までの間、警察と児童相談所の関係の現状と連携方策の方向性を明らかにする観点から、警察経験者の配置されている児童相談所、対応する都道府県警察少年課及び警察経験者本人を対象に、調査票による調査を実施した。児童相談所については48庁のうち27庁、警察については26都道府県警察のうち24庁、警察経験者については73人のうち47人から回答を得た[2]。

(4)　総括的確認調査

上記調査の結果を踏まえ、2012（平成24）年1月及び2月に、三政令市の少年サポートセンター（横浜については少年課内の統括機関）と、警察本

---

1) 警察署の組織構成は各地で異なっており、少年警察担当部署として少年課を置いているところもあるが、多くは生活安全課少年係であるので、本報告における組織名称は「少年係」に統一する。「少年係の責任者」とは、警部以上の階級にあって少年警察担当部署を統率する責任を有している者（主に生活安全課長）の意味で用いる（「少年係長」（警部補）とは異なる。）。
2) 調査と回答に関して、田村正博「児童相談所における警察経験者配置の意義―アンケート調査の結果から」早稲田大学社会安全政策研究所紀要4号（2012（平成24）年）参照。

部の少年課長に対し、それまでの研究結果を開示した上で見解を求めるとともに、補足的な事実の確認を行った。

## ㈡　全体的な状況と提言
### (1)　調査結果の概略
　調査によって明らかとなったのは、以下の諸点である（なお、詳細については「Ⅱ　調査結果」に記載しているが、以下の項目立てとは一致していない。）。

　①非行系の子どもに対応する組織とその間の連携の実態には、各地で大きな差異がある。その一方で、他の地域における連携の状況は、ほとんど知られていない。

　②警察（少年サポートセンター以外の警察）は、他機関からみて、力があるとは思われていても、一部の地域を除けば、子どものための柔軟な連携が可能な対象であるとは思われていない。警察を含んだ多機関連携が困難であることの原因が何であるかが明確にされておらず、警察の側には自らの側の問題点の認識がない。

　③連携には他機関に対する理解が不可欠であるところ、警察は犯罪捜査を典型とする特異な行政を担当しており、かつ秘匿性が求められるため、他機関の側で警察の行動を理解し、予測することは困難である。一方で警察の側も、他機関に対する発言が誤解されることがあり得るものと認識し、発言を一層制限している。

　④警察のような特異性の大きな組織の場合、他機関との間で、インターフェースとして機能し得る存在を設けることが、相互理解と連携を図る上で有益である。

　⑤人事交流（出向・派遣）はインターフェースの設定として機能を発揮している。警察退職者の雇用も、警察での経験知識を発揮させるだけでなく、他機関の側で警察特有の行動等を理解する上で有用性が高い。ただし、出向の場合には、所属する共済組合が変わり、それまでの貸付金を一括返済しなければならないなど、職員本人に不利益を生じさせている。

⑥警察の少年サポートセンターは、基本的に、非行系少年と向き合う専門職であり、福祉機関や教育機関の職員と人的共通性のある少年補導職員と、専門的知識技能をもった警察官とによって構成され、犯罪捜査を行わないため、他機関との間でインターフェースとして機能し得る存在である。同時に、警察組織の一部であることによる有利さがあり、多機関連携の基軸役となり得るポテンシャルを有している。

⑦少年サポートセンターは、都道府県警察ごとで大きく実態が異なっている。非行系少年の立ち直り支援の中核となり、多機関連携の基軸役となっているところもあるが、警察官を中心とし、街頭補導を業務の中心にしているところもある。

⑧少年サポートセンターは、立ち直り支援を明確な任務とし、専門性のある警察官以外の職員が外に出ることのできる態勢を整え、警察署からの信頼を得る、という3つの基礎的条件を備えれば、他機関との連携において機能を発揮することができる。人事交流や施設の共通化も、少年サポートセンター側の主体的な条件整備がなければ有効性を十分発揮できない。

⑨学校と警察の間では、地域・学校による違いはあるものの、問題性の大きな少年のいる中学校を中心に、学校の生徒指導担当と警察署少年係との間の基本的な連携関係が機能している。これに対し、小学校段階では、警察との間における恒常的な関係が存在していないのが通例である。

⑩2006（平成18）年度以降、多くの都道府県警察でスクールサポーター（非常勤）を置き、学校の安全確保と非行防止を図る上での連絡役とした。配置と運用は都道府県警察によって異なるが、神奈川県警察のように、警察署に配置して学校との平素からの連絡に当たらせている場合には、インターフェース役となっている。特に、小学校の場合には、これまで警察との関係が乏しかっただけに効果が大きい。

⑪学校と警察との情報連絡に関しては、協定等の協力枠組みが設けられている。神奈川県警察と横浜市教育委員会の間の協定は、横浜市個人情報保護審議会の承認を得て締結され、公表されている。提供された情報を、警察が捜査に利用をしないことや学校での不利益処分に用いないことが前

提となっている（協定には明記されていないが、一般的な留意事項の解釈としてそのように認識されている。なお、同県警察が他の市の教育委員会と結んだその後の協定では、この点が明記されるようになってきている。）。

⑫協定が締結されていても、学校から警察への情報連絡が少ないところが多いが、神奈川県警察と横浜市教育委員会との間では、連絡を受けた後に警察が早期に有意義な対応をすることが学校側に広く理解された結果、学校側からの情報提供を含めた積極的な情報交換が図られている。

⑬児童相談所と警察の間で、立ち直り支援のための連携がなされているところはあまりない（北九州市は例外的な存在である。）。児童相談所が近年、虐待対応に追われ、非行系の子どもに関する対応力が弱くなっているという認識が各地であったほか、一時保護を行わない場合があること等への警察及び他機関からの批判も強い。児童相談所の執行態勢の不足（人的体制・施設・技量の不十分さ）によって、警察を含めた関係機関に業務の困難性や負担を生じさせている、という認識がいだかれている。児童相談所の執行態勢をめぐる問題は、本稿の対象ではないので、これ以上の記述をしないが、最も大きな要改善事項であるといえる。

＊北九州市の子ども総合センターでは、学校教員経験者及び警察経験者で構成される非行ラインが2011（平成23）年度に設けられた。非行系少年についてその後の機関につなぐ能力が大幅に強化されるとともに、警察との連携の上でも有意義なものとなっている。

⑭近年の児童相談所における警察経験者の配置は、虐待対応の強化の観点から行われているが、非行系少年への対応を含めた警察との連携全般の改善にも寄与していることが、児童相談所側、警察側の共通した認識となっている。

⑮関係機関の連携枠組みであるサポートチームは、用いられている件数はそれほど多くはないが、適切に運営されれば、対象外の案件も含めて、関係機関間の連携を円滑化する効果が得られる。チーム会議のコーディネーター役が重要であり、北海道警察では、相互理解の不足によって相互不信に陥ることがあることを前提に、心理専門職員において「not knowing」

の技法(後述)を重視して運営している。

⑯連携には、施策・制度と現場職員レベルの行動の双方での改善が求められる。また、組織管理者の側の意識も重要である。ことに、警察組織においては、組織管理者が他機関との連携に関して自らの判断を一方的に押し付ける現象がままみられる(どの機関の組織管理者でもあり得るが、警察の場合には、犯罪捜査等の業務で一方的な判断を平素から行っており、そのような傾向が強い。)ので、これを是正する必要がある。

(2) 提言

調査を踏まえ、実施主体別にとりまとめた提言事項は、以下の10項目である。

**(都道府県警察で実施)**

① 非行系少年立ち直り支援の重視と少年サポートセンターの役割の明確化

立ち直り支援の組織的重視に関して、例えば、福岡県公安委員会は、2010(平成22)年度以降の県警察運営重点に、「少年非行の防止(2012(平成24)年度は「抑止」)」と並んで「立ち直り支援」を明記している。少年サポートセンターの実態は都道府県警察によって異なるが、立ち直り支援を中心的業務とし、できるだけ警察色の薄い機関として、他の行政機関との相互理解、協力拡大の中核に位置付け、そのポテンシャルを発揮させることが期待される。

＊人的交流や施設の共有も、主体的条件が満たされないと有効性を十分発揮できない。

② 少年補導職員を含む警察官以外の専門的職員の重視・増強

少年補導職員は、専門職として採用され、知識・経験を積むことができ、地域の非行系少年たちや他機関の職員との間で人的ネットワークを構築することのできる可能性を有している。他機関との相互理解において

は、警察官ではなく、福祉・教育機関の職員と共通する基盤のある専門的職員こそが適している。近年、警察官以外の職員は減少傾向にあるが、専門的職員（心理専門職を含む。）の重視・増強を図る（少なくとも定員削減を防ぎ、専門性を強化する）必要がある[3]（なお、職員の相互派遣は連携のために有益であるが、専門家の育成自体は自らの機関で行うべきであって、他機関からの派遣に委ねることは適当でない。）。

運用においても専門性を尊重し、主体性とある程度の自由を認めるべきである。神奈川県警察では、県警察全体のセンター及び方面事務所の長に、いずれも専門職員を宛てている。

③ 警察と学校を結ぶスクールサポーターの増強

神奈川県警察では、全警察署にスクールサポーターを配置（学校の多い警察署には2人配置）しており、学校側の評価も高い。低年齢少年の非行問題等に対処する上で、これまで関係の乏しかった小学校との平素からの連携確保に、特に機能している。

＊警察署の敷居が高いことを前提に、相手方から会いやすい存在を設けることが重要である。

④ 警察の実情と行動特性・可能な対応に関する関係機関への丁寧な説明（他機関の側も警察への期待を警察の対応可能な範囲に合わせることが必要）

警察の行動、特に犯罪捜査・触法調査については、その特異性と閉鎖性から、他の行政機関の側では理解が困難である。個々の事件に関して明らかにすることができないとしても、警察の行動の枠がどのようなものであるのか、犯罪捜査・触法調査がどのような特性を有するものであるのかに

---

[3] 「少年非行防止・保護対策総合対策推進要綱」（2004（平成16）年4月22日付警察庁次長通達）は、「少年サポートセンターの中核となる少年補導職員について、増員、専門的な知識及び技能を有する人材の確保、適切な処遇並びに活動に必要となる経費の予算措置を図る。」としている。

ついて、関係機関に丁寧な説明をしていくことが望まれる。少年警察（警察本部の少年課及び警察署少年係）の幹部は、警察が他の機関からどのようにみられているのかについて、自覚的である必要がある。

　＊他機関の側も、警察に対して、過大な期待や矛盾した期待・要望を抱いている場合が少なくない[4]。警察の対応可能な範囲との間で、認識のギャップを埋めていく努力が求められる。

**（関係機関と共同で実施）**
　⑤　職員の相互派遣と関係機関による警察退職者の採用の推進
　職員の相互派遣は、専門的な知識等の活用という直接的な目的だけでなく、インターフェースとしての役割の発揮、さらには長期的な相互理解の進展にもつながる。児童相談所による警察退職者の採用は、専ら虐待対応の観点で行われているが、警察との連携全般に有効性を発揮している。なお、現職職員の場合には、出向に際して給与減や共済組合所属変更による借入金返済などで職員に不利益を負わせるようなことを生じさせない努力が求められる。

　⑥　少年相談系機関による共同利用施設の設置
　警察の少年サポートセンターは、少年や他機関の職員が出入りし易い場所に設置することが適切とされているが、他の少年相談系の機関が入っているところに同居することが一層望ましく（北九州の例はその典型といえる。）、その方向への努力が求められる。

　＊政令指定都市の地域内では、市の機関と同じ施設に入ることに大きな意味がある。

---

[4]　児童虐待に関してであるが、刑事政策研究会座談会①「児童虐待」ジュリスト1426号（2011（平成23）年）における西澤哲氏の発言（115頁）参照。

第 4 章　警察(少年サポートセンター)を起点とした多機関連携の仕組みの分析・提言　　105

⑦　警察と教育機関との積極的かつ適正な連携のための協定の締結と公表

　神奈川県警察と横浜市教育委員会の間では、協定が締結され、警察署と学校との間で相互に積極的な情報提供がなされている。この協定のように、個人情報保護機関の承認を得、かつ協定全文を公表することは、適正さを確保し、関係者に不安を抱かれないようにする上で有意義である。情報提供の前提条件となること（警察は捜査に用いない、学校は不利益処分に利用しない）についても、できるだけ協定に明記する方向が望まれる。

　＊協定は積極的な連携に向けた手段であるが、実際に利用されるには、そのための努力が別途求められる。

⑧　警察と地域の関係機関による共同研修の実施

　現場職員及び幹部職員の双方に関して、相互理解を深めるための共同研修を行うべきである[5]。幹部職員の場合、各機関の持ち回りで研修会を持つといった方式が考えられる。現場職員の場合は、ケースを取り上げて論議するなど、実質的な方式による必要がある。このほか、ある程度の期間、他の機関の勤務員と行動をともにする研修を相互に行うことも考えられる。

**（国の機関において実施）**

⑨　ベストプラクティスの集積と提供

　様々な地域で行われている優れた取組（例えば、職員の派遣に関して、費用負担区分を合理的なものとし、かつ職員への不利益を防ぐための方策など）について、国の機関が情報を集積して、他の地域に提供することが望まれる。その際、地方分権の立場から、国の法令との整合性についても、自治

---

[5]　研修後の交流会の開催といったことも有益である。厚生労働省の「要保護児童対策地域協議会スタートアップマニュアル」（2007（平成19）年5月）では、関係機関のメンバー同士が「顔見知りになり、『本音』の連携を可能とする」ことをポイントとし、「会議終了後において、お互いを知り、連携を図るための意見交換会、交流会などを開催する」ことを方法として明記している（12頁以下）。

体の判断をできるだけ尊重することが求められる。

⑩　関係機関における共同研修等の支援・コーディネーター等の育成

それぞれの機関の行動特性等を明らかにした資料などを作成、提供するほか、適切な講師の所在などの情報を提供する。特に、サポートチーム等においてコーディネーターを務める者に関しては、国の機関が直接研修を行うことや、優れた成果を挙げた者を国の機関が表彰の対象とすることも考えられる。また、国の機関の研修はそれぞれの縦割りで行われるのが通例であるが、警察庁、厚生労働省及び文部科学省が共同して、様々な地域の機関を集めて、共同の研修の場を提供することが期待される（先進的な地域の現地研修を企画することも考えられてよい。）。

## Ⅱ　調査結果

### (一)　全般的事項
#### (1)　連携の基本的な困難性と現場職員の努力

一部の地域、一部の関係者間を除けば、関係機関の間でスムーズな連携が常になされているわけではない（「問題がない」という説明がなされていても、実態的にはそれほど連携が図られていない場合が多い。）。最も連携が日常的に行われていると思われる北九州市でも、十年余り前までは「丸投げ、押し付け」又は「自分の領分に決して他者を入れない丸抱え」のレベルにあったという[6]。行政機関の性格（それぞれの機関が法令によって異なった任務が与えられ、その任務の達成に最大の成果をあげることが求められる存在であるということ）から生ずる本来的な連携の困難性が背景にある。特に、

---

[6]　2011（平成23）年5月20日開催のJST石川プロジェクト公開シンポジウム（第1次）（以下本章で「第1次シンポジウム」と略称する。）において、安永智美氏（福岡県警察本部北九州少年サポートセンター係長）は「今でこそ環境も人的にも本当に十分に整備された連携ができているのですけれども、十数年前までは丸投げ、押し付けの連携、または自分の領分に決して他者を入れない丸抱えの連携、そういった状態に北九州も実はあったのです。」と述べている。

警察の場合には、犯罪捜査など、他機関からは容易に分からない活動を展開し、大きく異なる特性を有していることから、他の機関相互の場合以上に、相互理解と連携が困難な状態にある。

連携の困難さを軽減する手法には、制度的・施策的なものと、現場職員の努力によるものとがある。サポートチーム枠組みの設定、連携のための協定の締結、人事交流、共同施設利用などは、制度的・施策的な手法である。

一方、個々の職員が理解不足を反省し、相手に感謝をすることで、初めて連携がスムーズにいき、「この子のために」を推進力とすることで連携が進んだことが、北九州少年サポートセンターから報告されている[7]ように、現場職員の努力によるところも大きい。制度的・施策的な手法も、現場職員の努力が基になってできている（例えば、サポートチームは、今日では政府全体の推奨施策とされているが、その始まりは北海道警察の心理専門職員のアイデアと努力によるものである[8]。）。現場職員の努力による関係改善があって初めて導入されるものも多い（例えば、北九州少年サポートセンターに教育委員会指導主事が派遣されたのも、それまでに築かれた関係が基となっている。）。逆に、制度的・施策的なものが導入されても、現場職員相互間の努力なしには機能しない（例えば、サポートチームで、他機関に対する批判や専らできないことの主張を各機関が行うようでは機能しない。）。連携のための仕組みは、実際に行動する個々の職員が努力を積み重ねることで、

---

[7] 第1次シンポジウムにおいて、安永氏は、「連携していただく相手側のできること、できないこと、できないこととしないことは違うのだ、というそれをこちらが学ぶ、知ること、理解するということでかなりの垣根が取り払われたように思います。連携の潤滑油は『理解』と『感謝』です。北九の関係者の中では常に「ありがとう」の言葉が飛び交うようになっています。」「子どものための行動力のガソリンは『この子のために』という誰もが抱いている同じ思い、この『この子のために』という思いがガソリンになると思っています。」と述べている。

[8] 第1次シンポジウムにおいて、龍島秀広氏（北海道教育大学教職大学院准教授、元北海道警察本部少年課少年サポートセンター心理専門官）は、「平成8年、ほぼ15年前の9月に『少年サポートチーム』という連携の仕組みを作りました。（中略）連絡調整というのはそれだけで大変な仕事という感じでした。その連携に至るまでの連絡調整をなんとかできないのかと、いろいろ考えた結果が『少年サポートチーム』という仕組みです。」と述べている。

はじめてその機能が維持されるものと位置付けるべきである。

(2) **地域による大きな差異と他地域に関する情報の不足**

各地域で、組織の構成自体も異なり、連携状況にも極めて大きな差異が存在する。児童相談所の設置運営は政令指定都市・一部の中核市及び都道府県、中学校の設置とその管理運営は市町村教育委員会、警察の設置と管理運営は都道府県公安委員会であるので、地方公共団体によって違いがあるのは当然のことではあるが、その差異の程度が極めて大きい。特に、児童相談所に関しては、名称、事務の範囲とともに、職員の人的構成（専門性の程度）にも大きな違いがある。

警察の場合には、組織の任務と構成の基本は警察法によって定められ、警察本部長は国家公務員として国家公安委員会によって任命され、条例等で定められる事柄も実質的に全国的統一が図られている（例えば、部の設置基準は警察法施行令で国の組織に対応するように定められている。）。都道府県警察の規模の大小による差はあるが、組織形態に本質的な違いがあることはほとんどない。しかし、少年サポートセンターと少年補導職員の場合、他の警察組織の場合とは異なり、極めて大きな違いがある。少年サポートセンターは、組織の名称も、職員構成も、主たる活動も都道府県で異なっている。少年補導職員の数も、警察の規模とは全く無関係である（島根県と徳島県は、警察官の数では全国で少ない方から2番目、3番目であるが、少年補導職員は大阪府警察などよりも多い。また、全国で最も規模の大きな警察である警視庁の場合、他の道府県における少年補導職員に相当する職員はいない。）。少年補導職員が国の法令に基づいて設置されたものではなく、都道府県のイニシアティブで始められた制度であり、警察官の場合のような国の定員基準がないこと、少年非行問題が伝統的に地方公共団体の関心事項であり、各地域で独自の施策が展開され、警察の分野でも都道府県予算の編成において新たな施策の取り入れが行われてきたことが、その背景にあると考えられる。昭和40年代から50年代にかけて、相当数の市町村に少年補導所が置かれ、警察の少年補導職員の多くが他の機関の職員とともに

その場で補導業務等を行ってきたことも、地域的な影響を警察がより強く受けることにつながっている[9]。

　行政機関同士の連携に関しては、北九州市のように文字どおり日常的に展開されているところがある一方で、ほとんど接触がないままに法的な権限行使の一方的な発動要請が行われるだけというところもある。しかも、他の地域での状況がほとんど知られていない。形式的な数値等についての情報が児童相談所間、警察組織間などで共有されているとはいえ、具体的にどのような意味を持っているのか、連携がどうなっているのか（日々どの機関のどの職種の職員がどのような相談対応を行い、どのような機能を持つ他機関と具体的にどの部分で連携しているのか）は分かっていない[10]。

　したがって、この分野に関しては、他の地域の実際の状況が分かる仕組み作りをしていく必要性が特に高いといえる。改善が可能な手法を知るというだけでなく、他の地域を見て、初めて自らの状況が客観化でき、改善の必要性自体が認識できる。他の地域の実情を知らないために、現状で満足している地域も相当多いものと思われる（このため、「他機関との連携状況はうまくいっているのか」といった設問で調査をしても、どのような状況が「うまくいっている」といえるかの基準が共通しておらず、有意義なものとなりにくい。逆に、今回の調査のように、様々な地域の関係者が互いに他の地域における実情を知り合うようにするものは、調査結果自体の有益性に加えて、実態の改善につながるという効果も有している。）。

---

9)　同一の都道府県の中でも、少年補導等の活動には、地域差が存在していた。例えば、1980年代には、福岡県警察の他の地域の少年補導職員は街頭補導を中心に活動していたが、北九州市の少年補導所に勤務する少年補導職員だけは相談とその事案への対応を活動の中心としていた。

10)　JST 石川プロジェクトが2012（平成24）年2月29日に三政令市の研究協力者に対し行ったアンケートにおいて、入江幽子氏（札幌市児童相談所相談一係長）は、プロジェクトに参加した意義に関して、児童相談所間での情報交換や資料によって他の児童相談所の組織・形態、職員配置、人事交流、要保護児童対策地域協議会等の設置状況等の情報が得られる仕組みになっているが、「しかしこれらの統計数字や文字での説明資料と違い、実際に現地を視察し、日々どの機関のどの職種の職員がどのような相談対応を行い、どのような機能を持つ他機関と具体的にどの部分で連携しているのか、という事柄を直接当事者から伺うことができたことで、単なる知識を超え実にすることができたものと思っている。」と回答している。

(3) 警察の関わりの効果と認識

　警察は、非行少年や不良行為を繰り返す少年に対して、その少年の健全育成を図るため、非行事実を捜査・調査して家庭裁判所に送致し、児童相談所に送致・通告するほか、非行相談を受け、少年に対する指導をし、保護者の同意を得て立ち直りのための継続的な指導・支援を行っている。少年に悪影響を与えている周囲の大人の影響を阻止すること（福祉犯の取締りを含む。）も、警察の重要な活動である。非行系の少年のうち、子どもの保護者ないし友人等に犯罪・非行傾向の進んだ者がいる場合には、警察の関与がないと対応が難しいことが多くある。要保護性の高い、家庭その他周囲の環境に問題が大きい子どもの場合には、児童相談所、学校及び警察の三者の連携が特に求められることになる。

　警察との間で良い連携による成果を経験してきた者からは、警察との連携の重要性が強く主張される[11]。児童相談所においても、威圧的な者への対応、虐待事案における対処など、警察は「強権的だとは思うが」頼れる存在である。一方、警察を含めた連携関係が進んでいない地域も多い。その背景には、警察が刑事事件として一方的・一面的な処理をする機関であると学校関係者や保護者に思われている（健全育成を目的とした活動を行う存在であると思われていない）ことや、関係機関の職員に警察と実際に連携ができることが知られておらず、警察について連携が可能な対象であると思われていないことがある。進んだ地域における連携の実情が知られることは、別の地域での連携を進めることにつながる[12]。「警察との柔軟な

---

11) 第1次シンポジウムにおいて、中嶋孝宏氏（神奈川県警察本部少年育成課副主幹／元横浜市立東野中学校生徒指導専任教諭）、井口雅浩氏（北九州市立板櫃中学校教諭、専任生徒指導主事）、赤塚尚志氏（札幌市立新川西中学校教諭）、藤倉悟氏（札幌市立陵陽中学校教諭）が、いずれも学校と警察との連携の意義の重要性を述べている。

12) 第1次シンポジウムにおいて、岡聰志氏（横浜市北部児童相談所相談調整係長）は「北九州市の教育・警察と福祉、特に児童相談所と連携した、物理的にも組織的にも近い中で対応されているというのは非常にうらやましいと思いながら話を聞いていました。」「自分の足元の横浜市の関係では、教育と警察の連携の密なることをあらためて知らされて、龍島先生のおっしゃっていた、まさに『not knowing』だったなということをつくづく思いました。」と述べている。

連携の仕組みがあることはうらやましい」という感想が述べられる[13]のも、そのような連携が行われることが一般的でない表れといえる。

　これに対し、警察の側では、相手方機関における問題点（情報提供の不足・遅延、児童相談所の対応の不十分さなど）を述べることがあるが、自らの側の問題点についての自己反省はほとんどなされていない（警察に対して他機関の側があまり問題点を指摘していないことも背景にある。）。警察に、自らがどのように相手方機関にとらえられているかを認識させ、コミュニケーション不足、相手機関にとっての警察の敷居の高さ、といった問題点を改善させることが必要であるといえる。

### (4)　警察の特異性とインターフェースの必要性

　警察は、犯罪捜査という特異な行政を担っていることから、他の行政機関とは異なる組織特性を有している[14]。犯罪捜査は、警察自身においても他の行政とは異なる特別なものと観念され、自己目的性（捜査の成功自体が目的であり、他の利益と衡量しないこと）、独立性（警察が独自に判断するものであり、検察庁以外の他機関とは関係が持たれないこと）、強権性（警察の一方的な判断で行われ、相手方との交渉等をするものではないこと）、秘匿性（個人のプライバシーに属するため秘匿される必要があることと、犯罪者側の対抗措置（当該事件のみならず、将来の同種事件の捜査への対抗措置を含む。）を防ぐ必要があることによる。）、不確定性（本質的な流動性があり、捜

---

13)　第1次シンポジウムにおいて桐岡真佐子氏（千葉市児童相談所診断指導係長）は「皆様から警察との柔軟な連携の枠組みがあるということを伺いまして、これは非常にうらやましいというふうに思っております。もし、そういった連携ができれば、たとえば、介入という作業をしなければいけないという緊張する局面で、警察の方が持っているスキルであったり、役割であったりというのは親御さんに対していく上で、非常に心強いというふうに思っています。」「一時保護しているお子さんが、時折、他のお子さんに対する加害的な行為や器物破損というような、行動がどうしても枠に収まらない場面が起きます。もし警察の方との柔軟な連携体制が組まれたならば、事件化するどうこうということよりも前に、柔軟な対応ということで警察の方のご協力が得られ、児童相談所にとってもお子さんにとっても非常にいい形で対処できるのではないかということは、常日頃思っているところです。」と述べている。
14)　田村正博「警察の組織と行動の特性と他機関連携のための施策について」早稲田教育評論26巻1号（2012（平成24）年）参照。

査をしている者にとってもその後どうなるのかが明らかでないこと)、法的厳格性(強制措置や被疑者取調べ等に関して、詳細な規則があり、多くの書類を作成しなければならないこと)、立証要求水準の高度性(刑事手続の公判や少年審判において、どのような弁解がなされても、合理的な疑いを超える立証ができるというところまで証拠を収集しなければならないこと)、という要素がある。これらは、一般の行政活動の場合の特徴(目的のための手段と位置づけられること、合意の形成によって進められること、公開の原則があること、当事者が自認したことは事実として扱われること)と大きく異なっている。

　少年事件の捜査・調査の場合、「少年の健全育成」を目的とするという意味では、成人の事件の捜査と異なるが、秘匿性、不確定性、法的厳格性、立証要求水準の高度性は共通する。とくに、立証要求水準の高度性は、他の行政事務にはみられない大きな特徴である。通常の行政実務では、本人が自認している事柄を事実と扱うことに問題はないとされるが、犯罪捜査の場合には、本人が自認していても、「後になって(刑事手続の公判又は少年審判の場で)、それまでになかったどのような主張が行われたとしても、その者が犯罪を行ったことについて合理的な疑いが生じない」ところまで証拠を収集することが求められるため、本人が犯罪行為をしたことを申し出た場合でも、被害者の特定等ができていなければ刑事事件としての扱い自体がなされないこともある。他方で、本人が否認していても客観的な証拠等から、合理的な疑いを超える立証が可能であると判断され、逮捕権の行使がなされる場合もある。どの程度の証拠があれば「合理的な疑いを超える立証が可能である」と判断できるかは、個別の事件ごとに異なり、かつ秘匿性の観点から他者に伝えられない。現行犯逮捕のような迅速な行動をとる一方で、少年本人が認めていても送致・通告までに多大な時間がかかっている例もしばしば存在する。このため、警察の捜査がどのようになるのかを他の機関の側では見通しを持つことができず、なぜそのような措置がとられたのか(又はとられなかったのか)を理解できないことも多い。

　どのような行政機関の間でも、他の機関の置かれている状況(法的に措

置可能な範囲の限界、権限行使をする際に考慮しなければならないことや組織として抱えている困難性、優先順位)について十分に理解をすることは容易ではないが、警察と他機関との場合には、前記のような捜査の特異性(とそれを反映した警察官特有の物の見方)、そして警察組織の閉鎖性(組織の独立性と非公開性)があるため、相互理解には一層の困難がある。

　このため、警察の場合、他機関との間でインターフェースとして機能し得る存在を設けることが重要な意味を持つ。他機関にとって分かりやすい非警察的な体質を持つ組織を警察内部に設ける、他機関にとって警戒心や負担を感じることなく会える者を連絡役として警察組織に置く、警察と他機関とが人事交流等(警察職員が他機関の職員となることのほか、他機関側が警察退職者を採用することや他機関の職員が警察で勤務経験をすることを含む。)を行って他機関の側に警察の行動特性を分かった者がいる状態を作る、といった方法がある。

## ㈡　一般的施策とその問題点等
### ⑴　人事交流と職員の負担

　組織の相互理解にとって、人事交流は重要な手段であり、今回の調査対象のほとんどにおいて、有効性が指摘された。当事者が元の組織に復帰しても効果は持続し、その後の更なる連携においても機能し得る。また、退職者の採用は、人事交流とは異なるが、相互理解の上で実質的な効果が高い(児童相談所に関して後述する。)。

　ただし、人事交流が自動的に効果を発揮するわけではない。資質と十分な知見、積極性を兼ね備えた人であれば、効果は大変高いが、本人に積極性がない場合、あるいは適切な任務を与えらず、周りからも相談等を受けない場合には、効果を発揮できない[15]。特定の職を長期的に他機関から

---

15)　北九州少年サポートセンターに教育委員会から派遣された佐藤哲也氏の場合は、極めて積極的な活動を通じて成果をあげていた(国際犯罪学会第16回世界大会フォーラム・パネルディスカッション「多機関連携による少年非行防止と日本の秩序」における同氏の報告(警察政策第14巻(2012(平成24)年)273頁以下)参照。)が、同氏以外の者の場合に同様な効果が維持される保証はない。他の少年サポートセンターでは、教育委員会からの交流で来てい

の出向者で宛てている場合（例えば、心理専門職について他機関からの供給に頼っている場合）には、人材が育たず、組織の力量にマイナスに作用する事態を招くこともあり得る。

　人事交流に関して、職員に大きな経済的負担を負わせている例があることは、これまであまり論じられていないが、決して軽視してはならない問題である。人事交流の方式は、職員が一定の期間それまでの職を離れて新たな機関の職員となる「出向」と、以前の職を保持しつつ、新たな機関の職員に兼ねて任命される「派遣」とがある。出向のうち、同一の地方公共団体で任命権者が異なるだけであれば公務員関係を存続させることができる[16]が、異なる団体の場合には、以前の団体との公務員関係を消滅させた上で、別の団体との間で新たな公務員関係を作ることとなる（それまで勤務していた団体の職員を辞職し、新規採用となる。なお、復帰する場合も同様になる。）。この場合、それまでの給与は保障されない（出向先団体に当初から採用されていたものとみなして、新たな給与が決定されるが、給与表が同じでも、昇給昇格の理由が団体によって異なり、旧所属団体の昇給等が新団体では認められないこと等により、給与低下を招くことが実際にある。）。また、同一団体間であっても、学校教員は公立学校共済組合、警察職員は警察共済組合に所属しており、その他の機関の職員とは所属する共済組合が異なるため、組合員であることを要件とする住宅ローンの貸付金等の返済を求められるという事態も生じている[17]。互助会的な組織についても、同様のことが存在している。

　一方、派遣の場合には、旧来の公務員関係は維持されているので、職員の給与は基本的に従前と同じである（勤務実態が異なることで、特殊勤務手

---

　　る職員の中で、十分な有効性が発揮されていない者の例もあった。
16)　法的には同一性を維持できるはずであるが、運用として、他の団体に出向する場合と同様に、辞職して新たな機関への採用となっている例もある。
17)　筆者の調査に対して、自ら積極的に述べる職員は少なかったが、質問をすると、多くの者が住宅ローンの借り換えが大きな負担であったことを吐露している。なお、一部の共済組合では、数年後に復帰することが明らかであり、かつ本人に負担させることは相当でないという判断から、貸付の継続を認める扱いをしている。

当や宿日直手当等を受けなくなることによる給与低下はあり得るが、勤務に対応する給与を得ている以上、本人の不利益とはいえない。)。共済組合の所属については旧来の関係が維持されることになるが、互助会的な組織に関しては、会員要件によっては出向の場合と同様の問題が生じることがあり得る。派遣をした機関の側では、実質的な職員減となることと、他の団体に派遣した場合には給与等に関して派遣元団体が負担することの合理性が問われることとなる。

　人事交流において、出向とするか派遣とするかは、組織側の都合によって決められるのが通常であり（一般に、職員の配置先となる側が給与を負担し、自らの職員定数の枠を使うことを容認するのであれば出向、職員を送り出す側が給与と職員定数を負担しても送りたいとするのであれば派遣となる[18]。)、職員側の都合は考慮されない。しかし、個々の職員に大きな不利益を負わせることは、本人が承諾しているので違法ではないとしても、看過できない問題である。本人に不当な不利益を与えている共済組合からの貸付金の返還等の問題は、組合員資格を一時的に喪失しても特例的な取扱いを容認すべきであるし、そうでないなら、組合員資格に変更を生じさせない派遣の方式を取るべきである（互助会的な組織についても、同様の考えによることが望まれる。)。

　職員の定数削減が進行する[19]中で、新たな出向受け入れは、受け入れ機関にとって負担が大きい。相互に同数を出向させる方式の場合には、給与と定数負担には影響を及ぼさないのが通例であるが、警察の場合には、警察官とその他の職員とで異なる定数が定められているため、警察官を出向させ、同数の者を警察官以外の職員として受けると、警察官定数には余剰が生まれ、その他の職員の定数が不足することになる。このため、警察における定員管理の上からは、相互出向方式には問題がある（特に警察官

---

18) このため、他機関側（配置先機関側）が望んだ場合は出向、送り出し機関が望んだ場合は派遣となることが多い。

19) 2011（平成23）年4月現在の地方公務員は、昨年比0.9％減の約279万人で、1994（平成6）年度に比べ15％少なくなっている。減少は17年連続である。

以外の職員の定数は警察官に比べて大幅に少ない（警察官が1万人を超えていても、その他の職員は1,000人台である。）ので、出向受入れに伴う定員管理上の問題は大きい。）。これに対し、派遣では、実際に都道府県警察で活動できる警察官の数が減少することとなるほか、実質的に派遣先の団体で勤務している者の給与を都道府県が負担していることで、特定の団体を不当に優遇しているという問題も生ずることとなる。

　職員に負担を負わせることなく、他の業務に悪影響を及ぼさず、給与等の負担も合理的なものとするためには、身分を継続する派遣とした上で、派遣元の定数から除外し、給与相当額について派遣を受ける機関の側が支払い、共済組合等の所属は元のままとするという方式が考えられる。実際にも、地方自治法252条の17の規定に基づく派遣の場合には定数から除外することを職員定数条例に定め、協定で派遣先が給与相当額を派遣元に支出し、共済組合等の所属に変更を生じさせないことを定めている例もある。

(2)　共通施設の利用

　関係機関が同一の施設に入っていれば、連絡を取り合う上で便利である（行政機関を訪れる側の利便性の観点から、「ワンストップサービス」として強調されることが多いが、本調査では関係機関側の連携効果の観点で考察する。）。

　もとより、警察機関や教育機関の本体の活動は、他の機関と同一施設で行えるようなものではない。その中の相談担当の部署あるいは出先機関のような限られたものが、児童福祉関係機関の施設に入るか、児童福祉機関の出先的な機関と共通施設を用いるといったことが考えられるのにとどまる。警察の場合には、一体的な運用の必要性と、他機関の施設管理上の制約が及ぶことを防ぐ観点から、他の機関と同一の施設に入らないのが通常であるが、少年サポートセンターのように、非警察的であることに意味のある機関の場合には、警察外の施設に設け、他の機関との共通施設にすることを考えるべきものといえる。

　しかし、警察の少年サポートセンターが児童福祉機関と共通の施設に入

っている例は、2010（平成22）年春の時点で調査したところでは、警察施設外68か所中、8か所にとどまる。児童相談所との連携を目指して同一の施設としたという例は、福岡県警察の3か所（北九州、福岡、中央）以外にはあまりない（福岡県警察の場合は、北九州市、福岡市及び県に申し入れ、3か所について実現している。）。都道府県庁の管理する施設に入ったところ、たまたま児童相談所が同一施設であったという程度の位置づけのところが目立つ。同一の施設であっても、それほど連携関係が進められていない場合もある。

　共通施設が少ない理由の一つは、かつての少年サポートセンターが街頭補導を業務の中核としており、市の少年補導センターとの共通性は意識されていたが、少年サポートセンターを介した児童相談所との連携の必要性が警察側、児童相談所設置主体側（都道府県又は政令指定都市・一部中核市）の双方で意識されていなかったことにある。市の施設に入っている場合でも、少年補導センターと同じところであった場合が多い（2000（平成12）年以降には、市の少年補導センターがそれまでと実質的に異なったものとなったため、少年サポートセンターが市の施設から都道府県の施設に移った例も相当存在している。）。

　もう一つの理由は、政令指定都市の場合、都道府県の機関である警察が同一施設に入ることが困難なことである。警察を含めた都道府県の機関の場合、都道府県財産の有効管理の観点及び予算上の負担の最小化の観点から、都道府県が保有している施設（外郭団体所有を含む。）に入ることが求められる。政令指定都市内にある都道府県の施設に児童相談所があったとしても、その政令指定都市の中の事案を管轄しないので具体的なメリットが乏しい（例えば、京都府の家庭支援総合センターは、京都市内にあるが、児童相談所としては、京都市以外の近郊地域のみを管轄している。）。

　施設の共通化は、双方の機関にとって連携の必要性が意識されていた場合には、大きな効果がもたらされる。共通する地盤が存在している場合（元々類似している事務を担当し、ある程度の共同行動が行われてきた場合など）や、共通化を機に積極的に新たな関係を構築する意図を共有する場合

であれば、効果が期待できる。警察の少年サポートセンターへの任務の付与と共同行動が、共通施設化による効果発揮の前提にあるといえる。

都道府県が児童相談所を設置する場合には、警察との認識の共有ができれば、施設の共通化を進めることが可能となる。一方、政令指定都市の場合には、財政負担の問題が妨げとなり得る（市側は使用料負担を求め、都道府県側は使用料負担を拒否し、都道府県の施設使用を警察に求めることになる。）。北九州市の場合には、市側が施設使用の負担金を求めないという判断をしたために、同居が可能となっている。それだけの連携実績があり、信頼を得ることが実現のための前提になっているといえる。

### (3) サポートチームとその運営

サポートチーム（少年サポートチーム）は、個々のケースに応じた多様な支援のために、関係機関（教育委員会・学校、警察、児童相談所、福祉機関、保健・医療機関など）の担当者が結成する一種のプロジェクトチームである。特定の子どものために、情報を交換し、連携をとりながら、問題を抱える子どもや家庭に対して有益な働きかけ（支援、指導、助言を含む。）を行い、その子の立ち直りなど問題状況の改善を図る。地域のボランティアのような行政機関外の参加を得て行う場合もある。なお、個々の子どもではなく、問題を抱える子どもが多数いる学校を対象として、サポートチームが編成される場合もある。

北海道警察少年課の心理専門職員が札幌市内及びその近郊の機関に声をかけて、1996（平成8）年に設けたものが始まりである[20]。チーム自体は個々のケースごとに設けられるが、あらかじめ関係機関との間で協力の枠組みを設定しておき、連絡担当者を明らかにしておくことで、立ち上げのための連絡調整に要する手間を大幅に減らすことを可能にしている。

サポートチームについては、政府の青少年育成施策大綱（2003（平成15）年12月青少年施策推進本部決定（2008（平成20）年12月決定の新大綱もほぼ同

---

20) 前掲注(8)の龍島発言及び龍島秀広＝梶裕二「非行における臨床心理的地域援助—関係機関の連携方策について—」臨床心理学2巻2号（2002（平成14）年）参照。

第4章　警察(少年サポートセンター)を起点とした多機関連携の仕組みの分析・提言　　*119*

じ。))で、「個々の少年の問題性に応じて関係機関等が支援のためのチーム（サポートチーム）を結成する取組の一層の推進」が掲げられ、学校に関しては、関係機関（前記のほか、保護司、民生・児童委員、PTA、民間団体等、多様な地域のメンバーを含む。）の参加を得て進めるものとされ、学校と関係機関との行動連携に関する研究会による報告書『学校と関係機関との行動連携を一層推進するために』(2006（平成18）年）においてそのモデルが示されている。

　警察の関わるサポートチームの編成は、北海道警察では年間で数件、全国で1,000件程度である[21]が、編成するための事前の仕組みの設定と、チームとしての共同の対応における対話を通じて、個別ケースへの対応だけでなく、機関相互の理解の進展にもつながることが期待される[22]。

　しかし、サポートチームを設けても、出席した機関が自らはできないことを主張し、他の機関を非難するといった現象がしばしば生ずる[23]（このため、サポートチーム活動がそれほど活発でないところも存在する。）。北海道警察の少年サポートセンター（札幌市所在）の場合には、心理専門職員がコーディネーターを勤めるという運用が行われている。心理専門職員の持つ傾聴の能力は、チーム会議の良い運営につながる。「知らない姿勢（not knowing）」という技法を用い、「専門のことは専門家に教えてもらう」という謙虚で強い興味と関心をもって担当者の話を聴くことで、関係各機関の職員が防衛的な姿勢でなくなり、興味深い話が聴けて、相互理解が深まる、各メンバーの「フレーム」を理解することができるようになる、とい

---

21) 2011（平成23）年中は2,007人の少年を対象に1,181チームが編成されている（中村徹「少年非行防止のための諸制度の沿革（上）」警察学論集65巻5号（2012（平成24）年））。
22) 北海道警察少年課が作成した趣旨説明では、「話し合うことによって、各機関のできることできないこと、できないわけではないが難しいこと、場合によってはできることなどが相互に理解できるようになるでしょう。」と記載されている。龍島＝梶・前掲注(20)及び梶祐二「少年サポートチーム　北海道警察の取組み」警察政策研究11号（2008（平成20）年）244頁以下参照。
23) サポートチームの運営の実情に関して、警察庁少年課編「関係機関と連携した少年非行防止対策の在り方と先進事例（要旨）（上）」警察学論集57巻10号（2004（平成16）年）及び梶前掲注(22)参照。

うことが報告されている[24]。また、悪役を作らないこと、「出来ない、難しい」という話にこだわらないで小さなことであっても可能な支援策について話し合うことでより良い解決に結びつき、チームが活性化することが述べられている[25]。

このように、サポートチームについては、単に設置をする方針を決めればいいというものではなく、チーム会議のコーディネーター役が重要であり、具体的なノウハウの提供など、人材育成に向けた努力が求められる。

### (三) 少年サポートセンターを通じた連携
#### (1) 警察の少年サポートセンターと少年補導職員

少年サポートセンターは、少年補導職員又は専門的な知識技能を有する警察官を配置して、専門的知識技能又は継続性を要する少年警察活動の中心的役割を果たす組織をいう（少年警察活動規則[26] 2条12号）。少年相談、街頭補導、継続補導・立ち直り支援、広報啓発を行うほか、センターによっては、家出少年等の保護、有害環境の浄化、被害少年の保護、ぐ犯調査を担当している場合がある（そのほかに、一部の事務について警察署の指導統轄という本部機能を分担させている例もある。）。少年事件捜査は行わない（触法事案の調査については担当している例がある。）。2012（平成24）年4月現在で、全国に193か所設置され、うち65か所は警察施設外に置かれてい

---

24) 第1次シンポジウムにおいて龍島氏は、サポートチームの会議におけるコーディネーターのポイントとして、「『知らない姿勢』または『無知の姿勢』(not knowing) と言いますけれども、そういう姿勢が重要だと考えています。これは何かというと、話し合いのときに集まっている機関の方々は、お互いにどんな仕事をどういうふうにやっているか、なんとなく知っているつもりになっていることが多いのですが、実は、実務の細かなところまでは判っていないということを前提にした方がよいということです。」「それからもう1つだけ、『お互いのフレームを理解する』とか、『小さくても可能なことから話し合う』ということです。『うちは、これはできない』『いや。うちとしてもそれは難しい』という話よりも『では何かできることはありませんか？』『これだったらできるかな』『あ、それができるのですか？』という話です。」と述べている。章末資料「少年サポートチーム運営のコツ」参照。
25) 章末資料「少年サポートチーム運営のコツ」参照。
26) 少年警察活動規則（2002（平成14）年国家公安委員会規則第20号）については、丸山直紀『注解少年警察活動規則』（立花書房、2008（平成20）年）参照。

る。

　少年サポートセンターは、少年補導職員を集中的に運用して専門性を強化し、非行対策を進める観点から、1990年代末に警察庁の方針を踏まえて全国的に設けられた[27]。もっとも、法令上の規定はなく、設置を求める通達も定められていない。あくまで、都道府県警察の判断によって設けられているので、後述のとおり、都道府県で大きな違いがある。

　少年補導職員は、少年警察活動規則上は、少年相談、継続補導等の専門的知識技能を要する活動を行う警察官以外の職員をいうものと定義されている（同規則2条11号）。少年補導職員の前身は、少年の街頭補導を専ら行う婦人補導員である。1996（平成8）年に警察庁で少年補導職員運用要領[28]が制定され、専門性のある少年相談、継続補導等を主な職務とする（それまでの街頭補導中心の運用を改める）方向が示された。現在では、いずれの道府県でも専門性を求めており、概ね、心理学、教育学若しくは社会学を履修した者又は教員免許を持つ者であることが採用要件とされている。

　少年補導職員（神奈川県警察の少年相談員[29]を含む。）の数は、国の定員基準等はなく、都道府県警察によって全く異なっており（2011（平成23）年度において常勤職員が20人以上いる13都道府県警察のうち、警察官定数1万人を超える大規模警察は神奈川県、千葉県のみで、逆に小規模な警察である青森県、秋田県、島根県、徳島県が入っている。一方、愛知県や兵庫県では、非常勤職員で構成され、常勤職員はいない。）、実質的にいないところもある[30]。全国の少年補導職員は、非常勤職員及び心理専門職である少年相

---

27)　警察庁の報告書（「子どもを非行から守るために」1998（平成10）年6月）に「少年補導職員を中核とした『少年サポートセンター』の構築」という方針が記載され、装備等に関して国費での補助が行われている。考え方に関して、佐野裕子・橘高耕太郎「少年サポートセンターによる少年保護のための取組み」警察学論集52巻12号（1999（平成11）年）参照。

28)　1996（平成8）年2月22日付生活安全局長通達「少年補導職員の運用要領について」。

29)　神奈川県警察は専門性を理由に1991（平成3）年以降「少年相談員」という名称としており、警察庁の統計では少年相談専門職員に含めているが、現場で継続補導等に当たる職員であり、他の道府県の少年補導職員と本質的な違いはないと考えられる。

30)　警視庁の場合、「警察庁少年補導職員」は再雇用された退職警察官であり、道府県の少年相

談専門職員[31]を含めて、約1,000人であり[32]、近年減少傾向にある。行政職員が削減される中で、警察官以外の職員がその対象にされていることが背景にある。

## (2) 少年サポートセンターの諸形態

　少年サポートセンターは、都道府県警察によって、組織と活動内容が大きく異なる。組織構成では少年補導職員主体型と警察官主体型、活動内容では相談・立ち直り支援中心型、街頭補導・立ち直り支援並行型と街頭補導中心型という区分が可能である。

　少年補導職員を主体とし、相談と立ち直り支援を中心とするものとして、神奈川県警察と福岡県警察の例を挙げることができる。いずれも警察施設以外に置かれ、警察官は事務的処理及び警察署との連絡という補助的な任務に主に当たっている（このほか、少年補導職員の不足を補うために警察官が配置され、職員に代わって同様のことを行っている場合もある。）。関係機関との連携の中核となるほか、講演等の広報啓発活動も活発に行っている。その他の都道府県でも、例えば滋賀県では、少年補導職員を中心とする少年サポートセンターが2か所あり、相談・立ち直り支援を活動の中心としている（同県では少年サポートセンターのほか、警察署にも少年補導職員が配置されている。）。

　少年サポートセンターで、街頭補導と相談・立ち直り支援の双方を主たる任務としているところは多い。規模と構成は様々で、大規模で警察官が多数いるところも、小規模で少年補導職員が中心であるところ（例えば兵庫県警察）もある。北海道警察の少年サポートセンター（札幌市所在）で

---

　　補導職員と同じ者はいない。京都府では心理専門職2人を少年補導職員としている。長野県及び熊本県では、1996（平成8）年の通達前に婦人補導員制度を廃止しその枠を警察官に充てており、少年補導職員はいない。
31) 　全国で約60人であるが、半数は非常勤である。8センターに各1人を配置している警視庁を除けば、常勤で複数の少年相談専門職員がいるのは、北海道・埼玉県・愛知県などに限られている。
32) 　中村前掲注(21)は、合計で1,041人（2011（平成23）年4月現在）としているが、元警察官の「警視庁少年補導職員」を含めた数である。

は、少年補導職員と警察官とで構成される補導ライン（街頭補導と立ち直り支援とをともに行う。）と心理専門職員を主体とする支援ライン（相談のほか、サポートチームにおけるコーディネーター役を担当する。）が並列で置かれている。

　少年サポートセンターの中には、全体としては街頭補導を主たる任務としつつ、一部の職員がそれ以外の事務を担当するものがある。例えば、警視庁の場合（名称は「少年センター」で、立ち直り支援は事務として明記されていない。）は、多数の警察官と元警察官である警視庁少年補導職員が街頭補導に従事し、心理専門職員が単独で相談等の任務に当たっている。京都府警察の少年サポートセンター（京都市所在）でも、警察官が街頭補導に当たる一方で、心理専門職及び他機関からの出向者が相談や関係機関との連絡等に当たっている。少年補導職員が中心でも、専ら街頭補導に従事していて、立ち直り支援をあまりしていないところもある。

　特殊な形態として、大阪府警察では、警察と府の育成支援室とが共同で少年サポートセンターを設置しており[33]、警察側は街頭補導と継続補導を主に担当し、育成支援室側が直接支援を主に担当している。また、島根県警察では、県の委託を受けて市が設置している子ども支援センター（松江市の場合は「青少年支援センター」として市教育委員会が設置）に、県警察少年サポートセンター分室を併設し、警察官と少年補導職員各1人を配置して活動をするとともに、支援センターへの指導、支援にも当たっている。

(3) **少年サポートセンターの持つポテンシャル**

　少年サポートセンターは、前記のように実態上の差異があるとはいえ、一部の例外を除けば、基本的に非警察的で、他機関にとって連絡が取り易い対象であり、他機関とのインターフェースとして機能し得る存在である

---

33) 警察側は警察官3人、少年補導職員1人、スクールサポーター1人が基本構成で、府育成支援室はケースワーカーと青少年健全育成推進員各1人が基本構成となっている。両者は同じ施設の隣接する部屋を用いている。

(少なくともそうなる潜在的な能力をもっている。)。そのための基礎的な条件は、他機関連携を含んだ立ち直り支援を明確な任務にすること、継続的に外に出て行動可能な専門性ある職員(少年補導職員)が配置されていること、警察の執行部門である警察署との連絡体制がとられていることである。

少年補導職員は、警察官ではなく、犯罪捜査その他の権力行使をすることはない[34]ので、犯罪捜査の発想とそれによって生ずる行動特性を持たない。心理学や教育学などを専攻し、あるいは教員資格を有することが採用要件となっており、児童福祉や教育などの機関との人的な共通性を有していて、他機関の職員から理解しやすい存在である。同時に少年サポートセンターは、警察組織の一つであって、その職員は警察官の行動を理解し、警察署との連絡に当たることができる。

少年サポートセンターは、非行系の子どもに関する多機関連携の基軸役となり得るポテンシャルを有している。少年補導職員は、専門職として採用され、地域の非行系の子どもたちと長期間にわたって向き合い、知識と経験を積むことができるほぼ唯一の存在である[35]。同様に、地域内の多くの機関や地元の人たちとの関わりを長期間持つことができる。また、執行力のある警察組織とのつながりを持つことで、暴力性の強い少年や保護者と向き合うことが容易であるということに加え、警察情報への間接的アクセスが可能であるほか、他機関側では理解が困難な警察組織の特性を分かった上で他機関との検討に臨むことができるし、執行権限発動について

---

[34] 少年法6条の2第3項及びこれを受けた国家公安委員会規則において、少年補導職員に触法調査をさせることができると定められているが、犯罪事実を明らかにするものは含まれず、また押収等の処分を行うことはできないことが明記されている。

[35] 国の機関の職員は、同一地域に長期にわたって勤務することができず、人的ネットワークの構築に至らない。警察の中では、警察官でも立ち直り支援に積極的な者はいる(例えば、押田良光「独白警察署長第5回」(月刊警察2011(平成23)年8月号)は、補導した多くの少年に毎晩11時に食事をしたかを聞き、まだであれば誘って食事を一緒にしている巡査部長(故人)のことを紹介している。)が、警察官の場合は人事異動もあり、常にそのような人を確保するのは困難であるほか、場合によって捜査等の権力行使をしなければならないという基本的な性格を有しており、専門職員と同様な存在にはなりにくい。

連絡を取り合うことも可能である。さらに、優先して処理しなければならない義務的な業務がほとんどないので、柔軟性があり、すぐに外に出て行動をすることができる[36]。これらはいずれも、非行系の子どもの立ち直り支援に向けた多機関連携の基軸役としての機能を果たす上での利点である。

なお、行政機関やボランティアが非行系の子供たちの立ち直り支援を行う場合に、当事者である子どもが拒否的な態度をとり、参加を得ることが難しいという問題があるが、少年補導職員が子どもを説得し、支援につなぐことができる能力をもっている場合だけでなく、保護者ないし子どもにとって「警察の言うことは断りにくい」という存在である（権力的な行使に対する怖さだけでなく、非行系の子どもにとって警察は一種のあこがれの対象的な面もある。）ことも、実質的に他機関から期待されることの一部となっている。

**（参考）**

警察職員と福祉機関職員の心理的距離を図示すると、以下のような関係がある。

**一般の警察官＞少年係警察官＞少年サポートセンター警察官＞少年補導職員＞福祉機関職員**

隣接する者との間では相互理解が比較的容易であるが、中間の存在がないと理解をすることが難しくなる。重大な非行事案の場合や、児童虐待事案の場合には、刑事部門の警察官（図の左端）が事件の捜査を行うことになるため、福祉機関職員にとってその行動の理解が困難な対象となる。児童虐待事案が刑事事件の対象とされるときには、少年係、少年サポートセ

---

36) 第1次シンポジウムにおいて、阿部敏子氏（神奈川県警察本部少年相談・保護センター所長）は、「スピード・連携・あたたかさ」を同センターのモットーしていることを述べている。また、中嶋氏も、同センターが「タイムリーに、丁寧に、スピーディーに支援に入」っていることを横浜市の中学校におけるサポートチームの活動に関して述べている。

ンターがその距離を縮める努力をすることが求められることになるのはこのためである。

### (4) 北九州少年サポートセンター

　北九州少年サポートセンターは、少年補導職員を中心に少数の警察官を含めて構成され、市の子ども総合センター（児童相談所）と同じ施設の同一フロアにある（教育委員会の機関で、元校長及び元警察官で編成されている学校支援を任務とする「少年サポートチーム」も同じフロアに置かれている。）ことに加え、市教育委員会指導主事が少年サポートセンターに派遣されており、物的にも人的にも、文字通り常時連絡可能な体制が構築されている。関係する機関の職員同士で、スタンドミーティングが日常的に行われ、行動連携が常に展開されている。活動は、相談、立ち直りのための継続的支援、講演に特化している。

　北九州少年サポートセンターの最大の特徴は、少年補導職員が非行系の子どもと向き合って、その子と心を通わせることができる高い専門性を有しており、「子どものため」を最優先にして、行動力を発揮していることにある[37]。非行系少年を支援のテーブルにつかせ、枠にとらわれない支援を関係機関の間を駆け回って実現させている。それまでの成果の積み重ねが、地域の非行系の子どもたちとの信頼関係を築き、子どものために行動する他の機関（学校、児童相談所だけでなく、家庭裁判所、保護観察所も含まれる。）からの信頼にもつながっているといえる。

　さらに、講演会をはじめとする情報発信に意欲的に取り組んでいることも北九州少年サポートセンターの特色である。学校の児童生徒に自尊心の

---

37) 第1次シンポジウムにおいて、安永氏は「いくら連携を他機関にしたいと言っても役に立たない、使ってもらえないところでは意味がないのです。（中略）非行系の子どもたちは自発的に相談には来ません。そういった大人の支援、相談を拒否する子どもたちと誰がつながるのか、誰が相談のテーブルに着かせるのか、それをサポートセンターがやりたい、やるのだという、そこの点を動いていくことがサポートセンターの特色になります。」と述べ、実際に非行系の子どもとつながる役割を担っていることと、機動力を駆使した動く相談をしていることを強調している。

大切さを語りかけることで、子どもたちの魂を揺さぶり、問題を抱えた不幸少年として非行・被害少年の相談を受けるきっかけを作っている。幼稚園や保育所では、保護者に向けて「今子どもを大事にすることの大切さ」を語ることで、子どもが非行に至ることを防ぐ先制活動としている[38]。警察署の側からも、非行系少年の立ち直り支援、深刻な問題を抱えた学校の支援、福祉犯被害少年のケア、さらには学校等からの講演依頼への対応など、多くの面において、少年サポートセンターの有用性が認識されている[39]。これらの成果の蓄積もあって、福岡県警察では、少年サポートセンターが公安委員会委員の視察先とされ、非行少年の立ち直り支援を重視する方針が公安委員会から示されている（2010（平成22）年度から公安委員会の定める県警の運営重点に「少年の非行防止と立ち直り支援の強化」が定められている（2009（平成21）年度までは「少年の非行防止」のみ。なお、2012（平成24）年度は「少年非行の抑止と立直り支援の強化」となっている。）。

#### (5) 望ましい少年サポートセンターの姿

少年サポートセンターがインターフェースにより適した組織となるには、立ち直り支援を中心的な任務とするのに加えて、警察官主導のものとしないこと（少年補導職員を中心に少人数で構成し、上位階級にある警察官を置かないこと）、行き来しやすく積極的な行動が可能な職場環境を作ること（警察外の施設に置くこと）、他機関との間で個別のケースにおける良い経験を積み重ね、相互理解と信頼につなげること、といった点が求められる。

このうち、施設の面については、警察本部・警察署と異なる施設に設けることが、他機関・非行系少年が出入りし易い環境とし、閉鎖的でない機関とする上で、非常に重要である（同じ建物である場合には、最低限、別個

---

38) 安永智美『言葉ひとつで子どもは変わる！』（PHP 研究所、2011（平成23）年）参照。
39) 北九州少年サポートセンターとともに学校の立ち直りに尽力した警察署の課長が、転勤先の警察署において、係員である警察官をその地域の少年サポートセンターに派遣し、研修を受けさせた例があることは、有用性の認識の現れであるといえる。

の独立した出入り口を設けるべきである。)。児童相談系の機関と同一施設とすることができれば、より有意義である。

　警察組織においては、警察官が組織の中心でそれ以外の職員は補助的な位置づけとされることが多いが、神奈川県警察では、専門職員である少年相談員が、少年サポートセンター（少年相談・保護センター）のリーダーとなっている（現場である方面事務所は3人の少年相談員と警部補とで構成され、警部級の少年相談員である主幹が統率している。県警察本部においても、警視級の少年相談員が、専任主幹として、センター所長となり、全体を統轄している。)。このような組織形態は、少年補導職員の専門性を継続的に発揮させる上で、有効性が高いものといえる。

　少年サポートセンターでは、高い専門性と行動力のある専門職員を長期的に勤務させ、関係機関職員と人のつながり、顔の見える関係を構築することが求められる。そのためには、組織として立ち直り支援を重視し、1人1人の子どもに合った活動を広く行えるように、職員にある程度の行動の自由度を認めるものである必要がある。少年サポートセンターが、家庭裁判所、保護観察所を含む地域の諸機関、子どもたちのために活動する様々な地域の人々と、実質的な人的ネットワークの構築ができてこそ、警察の少年サポートセンターが多機関連携の真の基軸役となれるといえる。

　特に重要なのは、少年補導職員の専門的な能力の確保である。立ち直り支援に関して明確な任務が与えられても、それを実現できる能力が職員側になければ、他機関との共通施設を設け、あるいは人事交流を行ってもその効果は限定的である。専門性の強化と内外の評価獲得が警察の少年サポートセンターの発展の鍵を握るといっても過言ではない。他機関との連携が警察自体にとっても極めて重要であるという認識と他機関とのインターフェースの必要性の認識が広まることが望まれる。この点、先進的な少年サポートセンターによる優れた取組に対する認識が警察組織の内外に広まることが、他の多くの都道府県警察における少年サポートセンターの位置づけの改善、機能発揮につながるものといえる。

　また、講演活動のようにインターフェースとは異なるものも含めて、少

年サポートセンターの活動が広く知られることは、少年警察が「不幸少年である非行系少年」たちの幸せを願う存在であることが社会的に認知され、「専ら強制力を使って子どもに罰を与えようとする存在」といった誤った認識を払拭させる（ひいては警察という組織全体に対する社会のイメージを改善する）上でも、重要な意味がある。

## ㈣　学校との連携方策
### (1)　現況

　学校と警察との間では、以前から学校警察連絡協議会（一般に「学警連」と略称で呼ばれている。）等が設けられ[40]、1990年代末以降にさらなる充実、活性化が図られている。主たる調査対象である３地域においては、地域の学警連の会合をはじめとする様々な場において、中学校の生徒指導担当と警察（警察署少年係及び少年サポートセンター）勤務員との間での情報交換、連携が図られている。各地の少年サポートセンターを対象とする聞き取り調査では、他機関との関係の良さの説明の典型として、教員がセンターを訪れて情報交換をしていることが紹介されることが多い。制度的な仕組みに加えて、熱心な教員の存在が、連携を進める力となっているといえる。

　学校は校長の権限と責任で運営がなされるため、校長個人の考えの違いが反映するほか、地域ごとの違いも大きい。このため、学校と警察との連携状況の評価は一概にはいえないが、概ね、非行系の少年の問題が深刻な学校、地域では、連携関係が形作られていると評価することができる（非行系少年の問題が常時あるような学校では、警察との連携が強く意識されてい

---

[40]　国のレベルでは、1963（昭和38）年に警察庁保安局長通達「少年非行防止における警察と学校との連絡強化について」及び文部省初等中等教育局長通知「青少年非行防止に関する学校と警察との連絡について」によって、学校警察連絡協議会等の組織を設立し、これらの組織を通じて学校と警察とが情報を交換し、協同して非行防止計画の策定と実施に当たることが望ましいとの考え方が示されている。なお、この通達以前から、同種の枠組みが一部の地域で設けられていた。過去の状況に関して、中村徹「少年非行防止のための諸制度の沿革（中）」警察学論集65巻６号（2012（平成24）年）参照。

る。一方、非行系少年の問題が平素はあまりないような学校、地域では、警察との連携の必要性に対する認識が高くないこともあり得る。)。警察署での調査では、刑事事件とする場合に被害届の提出が遅く捜査に困難をきたしたことや、早期の連絡がないことで事態の深刻さを招いたとの指摘もしばしばあったが、その種事例があることで少年の立ち直りに向けた連携ができていないと評価することは適切でない。

　学校と警察の連携に関しては、近年のスクールサポーター制度と協定の締結が重要なトピックと考えられるので後述するが、それ以外にも様々な制度的な努力がなされている。

　都道府県警察のほぼ半数では、教育委員会との間で人事交流を行っている。警察から教育委員会に送り出しているのは警部又は警部補級で、生徒指導、非行対策の部門の場合が多いが、現場の少年補導センターの例もある。一方、教育委員会から受け入れた者は、少年サポートセンター又は少年課の企画・対策部門に配置されている。人事交流は、インターフェースとしての機能の発揮につながっている（連絡会議の開催等を通じてそれぞれの機関同士の良好な関係作りを行うことや、勤務先の他の者に出身元のものの考え方を伝え行動の予測等を可能にすること、出身元からの人的つながりによる相談に対して適切なアドバイスをすることなど。)が、その効果の程度は、与えられた職務内容、周りからの信頼（相談先としての有効度の評価)、本人の熱意によって異なる。

　このほか、関係機関による共同の研修も行われている。もっとも、警察庁と文部科学省で共同の研修会が開催されているが、大人数での1日研修では、講演を聞くだけとなり、深い理解に至ることはできない。相互にディスカッション可能な、少人数での研修が多く行われることが期待される。

(2) **スクールサポーター**

　スクールサポーターは、警察と学校との橋渡し役として都道府県警察が雇用する非常勤の職員である。少年の非行防止と立ち直り支援、学校にお

ける児童等の安全確保対策、非行・犯罪被害防止教育の支援等、地域安全情報等の把握と提供、という4つの任務が想定されている[41]。国においては2006（平成18）年度の地方財政計画に計上されたが、実際に制度を創設するかどうか、どのような制度とするかは、都道府県の予算によって定まる。2012年4月現在、43都道府県で約620人がスクールサポーターとなっている[42]。警察署の数と同数以上であるのは、警視庁、茨城県警察、神奈川県警察、京都府警察、岡山県警察などである。岡山県警察では、各警察署に2人又は1人のスクールサポーターが配置され、人数分の車両が配備されている（2010年12月の調査当時）。これに対し、大規模府県でも、数人にとどまるところもある。ほとんどが退職警察官であるが、元少年補導職員、元学校教員も少数含まれている。退職警察官の場合、少年警察部門に長期間勤務していた者は一部であり、専ら刑事部門や警備部門を経験し、少年警察の経験がない者も含まれている[43]。

　スクールサポーターの運用は、警察署に配置[44]して、管内の学校を回って、非行防止や被害防止に関する情報の提供、相談などに当たるものと、サポートセンター等に配置して、非行が深刻な状況にある学校からの要請を受けて、その学校の支援に当たるもの、そのほか特定の任務に専従するもの、がある。

　警察署配置型の典型は、神奈川県警察で、学校のない水上警察署を除く53署に各1人（学校の多い2署には2人）が配置され、管内の中学校及び小学校を定期的に訪問して、学校やその周辺における防犯対策上の問題点や子どもに関する犯罪情報等を把握し、助言・指導を行うことをはじめとする、子どもの安全確保、非行防止・立ち直り支援のための活動を行ってい

---

41) 2006（平成18）年1月11日付警察庁少年課長・生活安全企画課長通達「スクールサポーター制度の拡充について」参照。
42) 制度の経緯等と人数については、中村・前掲注(40)参照。
43) 2010（平成22）年8月から2011（平成23）年5月にかけて行った福岡県警察及び神奈川県警察の4警察署における調査において面接したスクールサポーターのうち、少年警察部門に勤務経験のある者は1人だけであった。
44) 一部の警察署のみに配置している場合もある。例えば、福岡県警察では14警察署に配置し、それぞれの警察署管内の学校への連絡等を任務としている。

る。地域のボランティアとの連携役を担うことも含まれる。警察署の少年係に所属しているが、実際の活動は、本人の考えと技能に応じて異なり、非行防止教室としての講演活動に意欲的に取り組む者や、毎朝学校の登校時間に校門に立って子どもたちに声をかける活動を行っている者もいる。

スクールサポーターは、警察官ではないこと（捜査権限と責任がないこと）が本人及び学校側に強く意識されている。学校側責任者と気楽に相談できる関係が作られたこと、特に小学校との間でそれまでほとんどなかった人的な関係ができたことが警察側で評価されている。学校関係者からすれば、自分が警察に行って話すようなことではなくとも、学校に来たスクールサポーターに相談することは容易である。学校側の調査でも、子どもの安全確保のニーズに対応できることに加えて、連携が深まったとの認識がもたれている[45]。

一方、派遣型の場合には、必要性の高い状況に至った学校側からの要請で、スクールサポーターが派遣され、関係者へのアドバイスを行うほか、学校内の状況を改善するために、学校と連携した各種活動を行う。北海道警察では、少年警察部門に長く勤務していた3人のスクールサポーターが、学校に行き、学校側やその他の関係者との連携を図りつつ、過去の経験を生かし、問題生徒に直接声をかける活動を継続するなどして、学校内の問題状況の改善に寄与していることが、警察側学校側の双方で評価されている[46]。

---

45) 学校側の認識について、第1次シンポジウムにおいて中嶋氏は「学校側の『安心感』ということに尽きます」「小学校はまだ警察というのは敷居が高い状況にあると思われますが、見慣れた警察の方という雰囲気が何回も顔を出していただくことによって、顔の見える関係がその体質を変えていきました。スクールサポーターの方が毎回来てくださることによって、小学校のさまざまな情況や課題を把握してくださります。ある小学校はスクールサポーターの方の訪問によって、子どもたちが安心して登下校できています。安心、安全性が高まったということです。」と発言している。
46) 警察側の見解については、北海道警察少年サポートセンターにおける調査（2011（平成23）年4月）による。学校関係者の見解については、第1次シンポジウムにおいて、赤塚氏が「それで道警サポートセンターに連携を依頼しまして、2名の男性の方ですが、スクールサポーターを派遣していただけることになりました。週2回程度定期的に来ていただきましてここに書いてあるような活動をしていただきましたけれども、一番良かったのは学校、サ

第4章　警察(少年サポートセンター)を起点とした多機関連携の仕組みの分析・提言　　*133*

　このほか、サポートセンターに配置され、専ら特定の任務に当たる例もある。大阪府では、知事部局（青少年課）、警察、教育委員会が連携して、小学校5年生を対象とした学級単位の非行防止・犯罪被害防止教室を毎年約900校で行っているが、少年サポートセンターに配置されたスクールサポーターがこれに専従している[47]。なお、警視庁では、各警察署に配置されたスクールサポーターのほかに、一部の少年センターに、専ら薬物乱用防止教室を担当するスクールサポーターを配置している。

**(3)　個人情報の連絡を含む協力協定**

　近年、個人情報保護制度との関係で、情報を交換する枠組みの設定が重要となってきている。個人情報保護法制の考え方からすれば、秘密保持義務のある行政機関への個人情報の提供は、相手方行政機関の法令の定める所掌事務の遂行に必要な限度で利用する場合であって、その保有個人情報を利用することについて「相当な理由」があり、本人又は第三者の権利利益を不当に侵害するものでなければ、本人の同意がなくとも可能である（行政機関の保有する個人情報の保護に関する法律8条2項）。自治体の中には、国又は他の団体の機関に対する提供に関して、それより限定的な定めが置かれている場合があるが、非行少年の立ち直り支援など、正当な目的で関係機関が情報を共有することが否定されることにはならない[48]。しかし、一部で同意のない目的外利用がほとんど許されないものであるかのような主張があり、関係者がクレームをおそれて過度に慎重になっている場合も存在している。情報提供を行う対象や取扱い等が明確にされること

---

　　ポートセンター、所轄署間の緊密な情報交換ができたことです。」と発言している。
47)　同じサポートセンターにある府の青少年課育成支援室の出先に勤務する青少年健全育成推進員と2名1組となって、行っている。
48)　サポートチームにおいて情報を共有し利用することについては、「少年の健全育成という公共性の高い事務を適正に遂行するに当たり、問題を抱える少年等に対する指導・支援の向上を図る観点から必要である」ので、少年本人及びその家族等の利益を不当に侵害しないことを前提に、個人情報保護法の目的外利用・提供の原則禁止の例外として認められると解されることが、関係省庁の少年非行対策課長会議申合せ（「関係機関等の連携による少年サポート体制の構築について」2004（平成16）年9月10日）で明確にされている。

は、関係者の負担を軽減するとともに、危惧の念を抱かれないようにする上でも意味がある。このため、本来の趣旨にのっとって適切な情報共有ができるように、関係機関間で協定を締結することが望まれる。

神奈川県警察と横浜市教育委員会の間で、相互連携のための協定（2004（平成16）年11月1日締結「児童生徒の健全育成に関する警察と学校の相互連携に係る協定書」）を締結し、公表しているのはその好例である。横浜市教育委員会の側では、締結前に個人情報保護審議会の承認を得ている。内容的にも、「両者が児童生徒の非行防止、犯罪被害防止及び健全育成に関し、緊密な連携を行うこと」を目的に、犯罪行為及び不良行為に係る事案[49]であって、児童生徒の非行防止、犯罪被害防止及び健全育成に関し、相互連携を必要と認めるものを対象とし、秘密の保持と「この協定の目的を逸脱した扱いは厳に慎む」ことを定め、児童生徒への対応に当たって「この協定の目的を踏まえ、教育効果及び健全育成に配慮した適正な措置を行うよう努める」こととしている。協定に直接の文言はないが、学校は警察からの情報提供をもって生徒に不利益な処分を課すことはできない、警察は学校からの情報提供を犯罪捜査に利用することはできない、ということが協定の意味するものと理解されている。他機関への情報の提供に保護者の同意は要しないが、保護者に通知をする扱いになっている。なお、捜査への利用禁止や学校側の不利益処分の禁止に関しては、協定自体に明記することがより好ましいといえ、その後に締結した他の市の教育委員会との協定では実際に明記されている（例えば、横須賀市教育委員会と神奈川県警察が2009（平成21）年7月に締結した「児童・生徒支援のための学校と警察との相互連携に係る協定書」9条参照）。

もとより、制度は実際に情報の交換が行われてこそ意味がある。学校と

---

49) 警察署から学校には、i児童生徒を逮捕又は身柄通告した事案、ii非行集団による犯罪行為等（犯罪行為及び不良行為）で児童生徒による事案、iii児童生徒の犯罪行為等のうち他の児童生徒に影響を及ぼすおそれのある事案、iv犯罪行為等を繰り返している事案、v児童生徒が犯罪の被害に遭うおそれのある事案、学校から警察には、i犯罪行為等に関する事案、iiいじめ、体罰、児童虐待に関する事案、iii暴走族等非行集団に関する事案、iv薬物等に関する事案、v児童生徒が犯罪の被害に遭うおそれのある事案が該当する。

警察との間では、警察に情報を提供することへの危惧感が一部関係者に存在することもあって、学校側からの情報提供が警察の側に比べて消極的になりやすい傾向があるが、神奈川県警察と横浜市の学校との間では、情報の提供を受けた場合に警察署で指導する（必要に応じ、少年サポートセンター（少年相談・保護センター）で立ち直り支援を行う。）など速やかに対応し、提供した学校にとって有意義になる実績を積み重ねることにより、相互に活発に情報提供がなされるようになっている[50]。単に、情報交換が違法視されることを防ぐというのではなく、子どものために警察と学校が一緒になって対応するという基本的な考えが基にあり、機関同士の相互信頼関係の蓄積があってこそ、情報交換制度も有効に機能するといえる[51]。

### (五) 児童相談所との連携方策
#### (1) 現況と課題

多くの警察においては、児童相談所との間では、要保護児童に係る法的権限行使を求め、あるいは法の規定に基づいて通告等をするだけで、連携に関する意識は高くない。児童虐待に関しては、おそれのある事案の通告

---

[50] 神奈川県警察の警察署と横浜市教育委員会の学校との間で、2004（平成16）年11月の運用開始から2011（平成23）年3月までの間に、学校からの連絡事案は416件あり、警察からの連絡事案360件を上回っている。当初は、学校からの連絡は少なかったが、2010（平成22）年以降にほぼ同数になり、その後も増加している（藤平敦「平成22年度児童生徒の問題行動等の調査結果」教育委員会月報2011（平成23）年10月号は、このような警察との連携が同市の「暴力行為」減少につながったと高く評価している。）。また、第1次シンポジウムにおいて、中嶋氏は、「横浜では警察との連携を本当に大事にしています。警察と学校がしっかり連携することで子どもたちを守ることができるという発想の中で、実践しております。」と述べ、警察署の指導や招致補導が功を奏した事例を紹介し、少年相談・保護センターのきめ細やかな対応も成功の要因となっていることを挙げ、さらに横浜市教育委員会がバックアップしていることも大きな要因となっているとして、生徒指導専任協議会や研修会での研修、手引への記載、さらに小学校における児童支援専任教諭の配置といった取組みを紹介している。
[51] 滋賀県では、警察から学校に対してのみ連絡する制度を2003（平成15）年1月から実施し、その後学校から提供を可能にする制度を求める声を受けて、双方向とすることに改めた新制度を2009（平成21）年5月から実施している（若林隆生「滋賀県における少年非行防止と立ち直り支援のための機関連携について」早稲田大学社会安全政策研究所紀要3号（2011（平成23）年）参照）。形式的な双務性にこだわることなく、信頼関係を積み重ねて発展させた例として評価できる。

に対して児童相談所が近年迅速に対応するようになったとする見解が一般的である[52]。

しかし、児童虐待以外の事案における児童相談所の対応に関しては、様々な批判が多く存在している。最も多いのが問題行動をとる児童であって要保護性のある者に対して一時保護を行わない点である。都道府県警察の少年課を対象とした調査（警察経験者が配置されている児童相談所に対応する都道府県警察少年課に対する2011（平成23）年8月から9月にかけてのアンケート調査）では、24庁のうち20庁から児童相談所に問題があるとの回答があった（特に問題はないとの回答は3庁、他に無回答が1庁。）。一時保護の必要性があると思える子どもを保護しないことが8庁と最も多く、迅速な対応が得られない（夜間・休日の問題を含む）が6庁、非行系の少年に対する対応不足が4庁、権限行使に対する積極性がないが3庁などとなっている[53]。

一時保護をしない理由が要件に該当しないことなのであれば、警察側の誤解ということになるが、実際には児童相談所側の受け入れ態勢の問題で拒否されるケースが多い。施設の不十分さによる定員上の問題（本来の定員のほか、勤務員の負担の観点から事実上の上限が設けられている場合も多い。）、虐待等で在所している児童の安全確保、当該児童に対する物理的対応能力の限界（直接的な強制力行使ができないとされている中で、問題行動をさせないようにすることは極めて困難である。）といった理由から、問題行動をする中学生年代の少年に対して、必要な一時保護がなされないことは、警察や学校などその子どもの健全な育成を願う立場の他の機関から見て極めて大きな問題である。警察の少年係からは、共同で問題行動を行った複数の子どもの場合、1人しか受け入れられないとされていることへの批判も強い[54]。関係機関が集まった場合に、児童相談所に他の機関からの批

---

52) 改善したことを認めつつ、事案に対する迅速な対応のために、児童相談所が有する情報を警察に提供することを求める意見が一部にあったのにとどまる。
53) 調査と回答に関して、田村・前掲注（2）参照。迅速な対応がない、権限行使の積極性がないとする見解には、一時保護の問題も含まれていると思われる。これらのほかに、保護のための移送を警察に頼りきることを批判する見解もあった。

判が集中するといった現象も起きている。

　児童を保護する権限と責任が児童相談所に集中しているにもかかわらず、権限を行使し、責任を全うするだけの態勢がないことに問題の本質があり、その改善が必要である[55]が、連携によってある程度まで不都合さを減らすことは可能である。例えば、一時保護された子どもに対する児童相談所の対応の限界を警察側が認識することで、児童相談所内での問題行動を起こさせないように、警察側が本人に入所の十分な動機付けをするといったこともその一つである。一時保護の必要性が特に高い事案の場合に、児童相談所がそのことを十分に認識できるようにすることも、平素のコミュニケーションによって可能となる。これらは、実際に北九州少年サポートセンターで行っていることであり[56]、児童相談所と警察との相互理解の場面で、警察の少年サポートセンターがインターフェースとしての機能を十分発揮できるようにすることが重要であることが示されている。

　警察側の問題に関しては、児童相談所から警察に明確な指摘がされることはほとんどなく、警察署等の調査において問題点が自らにあるという認識が回答された例はなかった。しかし、警察経験者所属児童相談所を対象としたアンケート調査では、何らかの点で警察の行動に問題があるとする回答（「特にない」とした上で「一部の場合」として問題行動が記述されたものを含む。）が27庁のうち15庁からあった。一時保護の要請が過大であるとする5庁のほかに、児童虐待通告の要件該当性判断が異なるとするもの、非行事案の通告が遅いとするものなどが回答されている[57]。児童虐待に

---

54) 児童相談所間で相互委託を可能とすれば解決が可能であるはずである。設置主体が異なっていることで解決できないとすることは、児童相談所側の努力不足と評価すべきものといえる。
55) 人員不足の改善だけでなく、権限ないし制度運用に係る改善も必要である。特に、逃走しようとする少年を確実に保護し、他の少年に対する問題行動を起こさせないようにするのに適した施設への一時保護委託を可能にする必要性が高い。柔軟な発想による解決策が検討されるべきである（この点、警察が逮捕した被疑者が病気の場合に、釈放して入院させると逃走防止に多数の警察官を配置するなど大きな困難があったが、警察病院の一画を留置施設としたことで問題を解消させたという例も参考になり得ると思われる。）。
56) 一時保護中の子どもと面接して、ストレスを軽減させることも行っている。
57) 田村・前掲注（2）参照。一時保護に関連して、非行の身柄付通告を含めて、子どもにその

関しては、警察が捜査を優先することで子どもの福祉にマイナスな場合があるとする見解が3庁からあった。児童虐待事件の捜査自体は、通常の刑事部門が担当するので、警察署の少年係や、少年サポートセンターを介した情報連絡（警察捜査の特徴、子どものために必要な活動の考え方の相互理解）の必要性が高いといえる。

　児童相談所の側も、自らの機関の抱える問題状況、行動の枠組み等について、他機関の理解を求めるための努力を積み重ねる必要がある。その過程で、他機関側の問題を指摘することも、お互いの認識共有化の努力として行うべきものであると考える。今回、調査の終わりの段階で、児童相談所側から、一時保護所内での子どもによる暴行事案等について、被害届を提出しようとしても、警察が触法調査に消極的であることが指摘された。指摘に対応した警察側の調査ができていないので当否の判断はできないが、表面化されていない警察側の問題点について明らかにし、相互理解を高めていく過程として評価できる。

### (2) 警察経験者の配置の効果

　児童相談所と警察との間では、学校と警察との間のような緊密な連携関係はこれまでほとんど存在していない。一方で、児童虐待への対応のように、連携関係を強化することの必要性自体は明確になっている。このような場合には、連携関係の構築を目的にしたインターフェースの設定が重要な意味を持つと考えられる。

　近年、児童相談所に、主として児童虐待への対応強化のために、警察経験者を配置することが進められている。2011（平成23）年8月から9月に行った警察経験者配置児童相談所調査で判明した警察経験者は72人である[58]が、勤務する児童相談所47庁のうち、2008（平成20）年度以前から配

---

　　後のことを説明しておいて欲しいとの意見もあった。
58) 田村・前掲注（2）参照。なお、警察庁のデータでは2011（平成23）年4月現在で48庁、73人であるが、調査で回答の得られた47庁、72人を対象に属性等の分析を行うので、以下ではこの数値を用いる。

置されていたのは 8 庁に過ぎず、2009（平成21）年度からが16庁、2010（平成22）年度からが 5 庁、2011（平成23）年度からが18庁と、近年急速に広がっている[59]。

　児童相談所に勤務する警察経験者の多くは、警部補級[60]の退職警察官で、「児童虐待対応協力員」等の名称で、児童虐待対応又は緊急な事態への対応を主たる任務としている（一時保護所での夜間指導、非行の子どもへの対応（非行相談を含む。）を主たる任務とする者も少数ではあるが存在している。）。現職の警察官（派遣 5 人・出向 4 人）の場合、階級は警部又は警部補で、児童虐待対応の現場的な任務よりも、連絡調整ないし指導を主な任務とする者が多い。

　警察経験者が配置されている児童相談所で、調査に回答のあった27庁の全てが、配置の効果があったとする見解であった。多かった回答は、警察との連携が円滑・迅速になったことが16庁、児童相談所職員の負担を軽減させていることが10庁、警察の経験を児童相談所の業務に活かしていることが 9 庁であった（重複あり）。警察との連携に関しては、「警察への連絡や相談が行いやすくなった」、「警察からの通告内容がより具体的に確認できるようになった」、「警察との情報共有が緊密になった」、「窓口となる部署、警察が必要とする情報等の助言を得ることで情報交換がスムーズになった」といった回答があった。関連する回答として、警察側の考え方や対応方法を理解できるようになったことを挙げたものが 2 庁あった。なお、職員の負担の軽減に関しては、攻撃的・暴力的な言動の保護者との対応に

---

59) 厚生労働省の定める児童虐待防止対策支援事業実施要綱が2008（平成20）年 3 月末に改正され、一時保護機能強化事業として、児童指導員 OB、元教員 OB 等と並んで警察官 OB を一時保護対応協力員の対象とすることを定めたほか、法的対応機能強化事業、スーパーバイズ・権利擁護機能強化事業にも専門家として弁護士と並んで警察官 OB も対象となることが明記された。警察庁では、厚生労働省の依頼を受けて、2008（平成20年） 4 月に少年課長名で都道府県警察に対し、警察官 OB の採用について相談があれば、協力するように求めている。
60) 平均的な警察官の退職時階級は警部補であることが多い。なお、警部補は活動する現場でのリーダーという位置づけであり、警部以上は組織の管理者側に位置づけられる（警視の場合は警察署等の組織の長に当たる。）。回答のあった者のうち、警部以上は 4 人で、うち警視は 1 人であった。

際しての心強さ、心理的負担の軽減を挙げたものが目立つ。その他としては、虐待以外の非行対応にも効果があったと回答したものが2庁あった。児童相談所が当初期待した効果としては、警察との連携の強化、児童虐待通告対応における警察経験者の知識技術の活用、暴力的なケースにおける児童や職員の安全確保が挙げられており、警察経験者を配置した児童相談所にとっては、概ね当初の期待に合った効果が得られているといえる。

　警察経験者本人の回答（回答者43人）も概ね同様で、効果があったのは、保護者への対応18人、警察との連携9人、職員の安全確保と負担の軽減5人、法的な面での支援5人、非行児童への対応と支援4人、その他の警察経験の反映8人などとなっている。保護者への対応に関しては、威圧的な者への対応能力という面に加えて、保護者側の信頼を得るという面が挙げられている。警察との連携に関しては、「警察とのパイプ役になっている」、「警察との連絡調整、援助依頼、通告内容の確認等がスムーズになった」といった回答があった。連携に関連するが、「警察活動の諸手続を説明することで、通告書だけでは読み取れない背景も伝えられ、児童相談所と警察との相互理解を得られるようになってきた」として相互理解に寄与できているとの回答が2人からあった。

　一方、警察の側も、警察と児童相談所との連携に効果があったとする回答が、24庁のうち20庁からあった。児童虐待に関してのみ記述があったのは2庁だけで、多くは、「警察と児童相談所のパイプ役になっている」、「相互の情報交換がスムーズになった」など、全般的な連携に役立つとするものであった。連携に関連して、警察が虐待を刑事事件として処理する場面での貢献について記述されたものが2庁あった（「児童虐待事案についてパイプ役になり、警察は捜査して事件化し、児童相談所は児童を保護することがスムーズに進んだ」）。また、児童福祉法に基づく要保護児童の通告に関して記述のあったものが4庁あった（「身柄付児童通告について、事前連絡ができ、一時保護先等の準備ができた」など）。連携に役立つ理由が記載されたものとしては、相互理解が進んだことのほか、児童相談所に警察と連絡をしやすい者がいることを挙げたもの（「共通の言葉で話をできるため、

遠慮せずにものを言いやすい」、「警察署から児童通告に関することを質問しやすい」、「双方の業務に理解があり、情報交換しやすい」）が最も多く、その他としては、早期の時点でのより幅広い情報共有ができることを挙げたもの（「それぞれの機関のみがもっている情報を総合的に活かすことで事案対応にプラスの面が大きい」）、警察の実情を児童相談所側が認識できることを挙げたもの（「警察に関して児童相談所内部での理解が促進される」、「一時保護所での勤務であるが、説明等をしていることで警察に対する理解が広がり、担当者同士の人間関係づくりから現場対応まで様々な場面での連携がよくなった」）、警察側が児童相談所についての実情を認識できることを挙げたもの（「出向警察官の講話により、生の声を警察官に伝えることができる」）があった。派遣・出向者に関しては、警察に帰任した後も、連絡役としての機能を果たしているとする回答もあった。なお、児童の安全確保の迅速化、威圧的保護者等への適切な対応、非行系少年の相談に的確に対応など児童相談所の事務の遂行自体に効果があったとする回答が7庁からあった。

　警察経験者の配置は、調査結果からみて、保護者との対応といった児童相談所自体の事務に加えて、警察との連携に大きな効果を発揮していることが明らかである。退職者の雇用は、比較的低予算で実行可能であり、未導入児童相談所での早期導入が望まれる。

## Ⅲ　小括（補足と展望を兼ねて）

　本稿では、非行系少年の問題に対処する上で警察を含めた多機関の連携が必要である一方で、他機関の側から警察を理解することが困難であることを踏まえ、インターフェースとして機能し得る存在を設けることが警察の場合には特に重要であることを明らかにし、主として、少年サポートセンターの機能強化と人的交流の拡大（他機関による警察経験者の採用を含む。）等の施策が望まれることを述べ、提言として10項目の施策を列記した。

　以下、補足的なものとして3点を述べておきたい。1点目は、「他の地

域・機関間における連携の状況を知る」ことの重要性である。今回の調査研究の過程において、参画した各地の実務者が、他の地域での連携状況、あるいは同じ地域でも他の機関同士の連携状況を知らなかったことに気づかされた、との感想を述べている。他の機関の実情を知ることは、具体的な改善の第一歩であり、実際にも、例えば神奈川県の学校・警察連絡協議会に児童相談所の代表がオブザーバー参加をするきっかけとなっている[61]。

2点目は、調査結果の現実政策への反映である。上記のような研究参加機関における改善に加えて、政策当局の施策にも、調査結果が様々に有益な知見を提供していると考えられる。2012(平成24)年4月には、児童虐待に関して、警察庁と厚生労働省の担当課によって、警察と児童相談所の連携強化を求める通達・通知が発せられているが、研修への積極的な協力、人事交流の促進、少年サポートセンターの移転に関する配慮(児童相談所と同一施設内に設置することにも配慮すること)などを明らかにしている[62]。いずれも直接的には虐待対応のためのものであるが、今回の調査結果を踏まえ、全体として両組織の連携につながることが強く期待される。

---

61) 2011(平成23)年度から神奈川県学校・警察連絡協議会の役員会に、県と政令指定都市等の児童相談所5か所の代表がオブザーバーとして参加し、2012(平成24)年度の総会には県中央児童相談所長が代表して、この参画が「非行問題・児童虐待問題等への対応を図る上で極めて良い機会となる」等の発言を行っている(神奈川県警察少年育成課「学警連だより24号」参照)。

62) 2012(平成24)年4月12日付警察庁少年課長等通達「児童虐待への対応における取組の強化について」は、児童虐待への対応に関し、平素からの連携強化が必要であるとし、児童相談所における研修への積極的な協力、人事交流促進(退職者の児童相談所非常勤職員採用に協力し、現役職員の派遣も必要性が認められる場合には検討する旨を記載するほか、児童相談所の実情等の理解を促進させる観点での人事交流のメリットを組織として活用することも述べている。)、少年サポートセンターの移転に関する配慮(児童相談所と同一施設内に設置することにも配慮することを述べている。この点が警察庁の通達等に記述されたのは初めてである。)などを明らかにしている(このほか、児童の安全の直接的な確認、迅速的確な事件化判断などの警察部内の的確な取組も求めている。)。厚生労働省の同日付通知「児童虐待への対応における警察との連携の推進について」でも、相互連携に関して、研修等における相互協力推進、警察職員等の知見の活用、施設移転に際しての配慮等を求めている。

3点目は、「人」の面の重要さである。関係者間の信頼関係が重要であり、困難を乗り越えるには何よりも「この子のために」という現場担当者の気持ちと努力が基になっている。しかし、機関間の協力においては、現場担当者だけでなく、組織管理者の在り方も問題となる。組織管理者が、現場職員の努力と他機関側の事情を理解するものでなければ、関係機関間の円滑な連携は図られない。一方、現実には、警察運営の問題点に関して他の機関が意見を述べることが少なく、警察組織の内向き体質もあって、他機関からどのように見られるのかについての着眼を持たない警察幹部も多い。組織の統率を重んじ、現場の自由な活動を認めず、職員による対外発信を嫌う者すら存在する。子どもの幸せを願う職員の思いを大切にし、「組織の都合の押し付け」でなく現場を大切にする発想を持つことのできる上級警察幹部の育成が、警察を含めた多機関連携の鍵となると考えられるのである[63]。

---

63) 警察幹部としての他機関からの信頼獲得に関して、田村正博「新しい警察幹部の在り方(6)完」警察学論集65巻11号（2012（平成24）年）参照。なお、個人としての情報発信を嫌う幹部の問題性に関して、田村正博「新しい警察幹部の在り方(3)」警察学論集65巻8号（2012（平成24）年）参照。

**章末資料　少年サポートチーム運営のコツ**（JST石川プロジェクト公開シンポジウム（第1次）における龍島秀広氏配布資料）

（龍島秀広＝梶裕二「非行における臨床心理的地域援助―関係機関の連携方策について―」
『臨床心理学』2巻2号（2002（平成14年）から抜粋）

## 連携時によく起きる問題

1　普段から関係がある機関どうしでも、実際には、互いに相手の業務内容についてよく理解しておらず、お互いに「あそこが担当できるはずなのに、どうしてやらないんだ！さぼっているんじゃないのか？」などという「相互不信」
2　各行政機関が自らの職務権限を限定的に解釈して「それは、うちの権限では対応できかねる」などとして、お互いに、ケースへの対応を回避する、いわゆる「たらい回し」
3　守秘義務を盾にして、ケースに関する情報を全く提供しない「情報の囲い込み」

## サポートチームの特徴

1　個別の具体的な「ケース」を対象としてケース毎に編成する
2　「ケース」の必要性に対応できる機関の実務担当者の集まり
3　各機関の独立性を尊重する（参加、不参加は各機関の判断次第等）
4　各機関が「サポートチーム」において行なうのは、その機関の本来の業務であり、それ以外のことはしなくてよい（というより「できない」）
5　相互の業務について理解不足（そのために「相互不信」に陥る）があることを前提にし、相互理解を深める

「相互不信」：連携して対応していく際に、協力しようとしている機関どうしでも、先に述べたような相互不信がよく起きる。例えば、学校と警察の連携では、学校から、「生徒玄関に素行不良な生徒がたむろして、他生徒が怖がっているので何とかして欲しい」と警察に依頼があったりするが、そのような「単にたむろ」しているような時に、警察官や警察の補導員が行ってもほとんど何もできない。せいぜい「早く帰宅しなさい」と言うくらいである。それを承知で呼ぶのならかまわないが、往々にして

「不良生徒を連れていってもらおうと警察を呼んだのに何もしてくれない」などということになる。一方、呼ばれた警察側からすれば、「こんなことで呼ばれても何もできない。学校も警察に頼ってばかりいないで自分たちで何とかして欲しい」などと思ったりする。サポートチームでは、このような相互不信が生じることを前提というか、起きて当たり前と考えて運営しようということで「各機関のできることできないこと、できないわけではないが難しいこと、場合によってはできること」を話しあうことを予定している。先ほどの例でも、それこそ「場合」によっては、例えば、生徒が喫煙をしていれば、その場で補導できるし、以前その子を補導していて「ちょっと交番まで話しにおいで」などと言えるような関係ならば、また違った展開になったりするのだが、その違いまでわかる関係になるためには、かなりの相互理解が必要になる。

## サポートチーム会議で行うこと
1 これまでの経過や情報を確認し各機関が共有する
2 援助方針を決定する
3 援助についての各機関の役割分担を行なう
4 各関係機関間の連絡体制を確認する

## チーム会議の運営について（司会者又はコーディネーターの姿勢として）

　このチーム会議の運営に関して、わたしたちは「知らない姿勢"not knowing"」という技法を重視している。これは、直接には「ソリューション・フォーカスト・セラピー（SFT）」（Berg, I. K 1994, Dejong, P et al 1998）から学んだものだが、いわゆるノンディレクティブなセラピーで使われている「クライエントのことはクライエントに聴く」というセラピストの姿勢を徹底させたものである。すなわち、チームを構成している各機関の担当者はそれぞれ担当業務についての専門家なので、「専門のことは専門家に教えてもらう」という謙虚な態度で、各機関の担当者にその実務の実際について話を聴くということである。当然のことだが、聴く側に、「この件は、そっちの仕事だから何とかしてもらいたい」などというような意図があると、担当者の姿勢や回答が非常に防衛的になってしまうのは、個人療法におけるセラピスト―クライエント関係と同じである。「わからないので教えて欲しい」という謙虚で強い興味と関心をもって、担当者の話を聴いていくと、実務者でなければ話せない本当に興味深い話が聴け

ると同時に、「そうだったのか」と相互理解が深まることを何度も経験している。

　注：「知らない姿勢 "not knowing"」という考え方、姿勢のオリジナルは、ハロルド・グーリシャン、ハーレーン・アンダーソン達の「コラボレイティブなセラピー」である。（H. アンダーソン著「会話・言語・そして可能性」（金剛出版）（同書では「無知の姿勢」と翻訳）等

　また、同じ逸脱行為について、教育関係者は「カンパ」「カツ上げ」、司法関係者は懲役10年以下の「恐喝」、心理関係者は「行為障害」「反抗挑戦性障害」等、各々が使い慣れた「フレーム」でとらえているという視点も非常に有効である。お互いの「フレーム」が異なるために、話が噛み合わないことがよくあるので、会議の運営者としては、"not knowing" の姿勢で……各メンバーの「フレーム」を相互に理解できるように明確化していく作業を行なう。

　さらに、チーム会議では、特に、悪役を作らないように気をつけている。話し合いの中で、「あの親じゃ子どもがかわいそう」と親を悪役にしたり、明言しなくとも「あんたのところがちゃんと動かないから問題が解決しない」と特定の機関の担当者を悪役にする雰囲気になったりということがよく起きる。そのようになってしまうと、責任の押し付け合いが始まってしまい、システム全体のエネルギーが、解決ではなく保護者や担当者の責任追及に向けられてしまう。確かに、子どもの虐待などのケースでは、抵抗のできない子どもに対して極めて残忍な暴力を振るう保護者がいるし、チームに参加はしているが、できるだけ自分のところへ仕事がまわって来ないようにふるまう担当者もいないわけではない。

　そのような時は、必要に応じて、メンバーの中の専門家に、例えば、虐待する保護者やそれに対応する援助者が陥る心理状態などについて解説してもらうなどする（説明のために、虐待、家庭内暴力、薬物等の専門家に参加してもらうこともある）。さらに、特定の担当者が悪者にされそうな方向へ話が向かった場合、その担当者に「……とか……は可能なんですね」「……の場合は……が出来るんですね」と担当者の話の肯定的な部分を強調したり、他の機関の担当者に「ところで、……さんのところでは、どんな支援が可能ですか？」などと問いかけるなどして方向転換をはかる。「出来ない」「難しい」という話しにこだわるより、小さなことであっても「可能な」支援策について話し合った方がよりよい解決に結びつくことが多いし、チームが活性化して、あまり積極的ではなかった担当者も、周りの動きにつられて動き始めるということも起きる。

# 第5章

## 家庭裁判所から見た多機関連携の仕組みの分析・提言

棚　村　政　行

I　はじめに——家庭裁判所と子どもの問題（非行・児童虐待等）との関わり
II　家庭裁判所における少年事件の処理と関係機関の連携
III　児童虐待における児童相談所と市町村のネットワーク
　㈠　2004（平成16）年、2007（平成19）年の児童虐待防止法と関連児童福祉法の改正
　㈡　2007（平成19）、2009（平成21）年の児童相談所運営指針、市町村児童家庭相談援助指針、要保護児童対策地域協議会設置・運営指針の改正
IV　家庭裁判所における児童虐待事件の処理と関係機関の連携
V　児童虐待事件における家庭裁判所の役割
VI　子どもの問題（非行・児童虐待等）をめぐる家庭裁判所の取組み状況（福岡家庭裁判所、札幌家庭裁判所、横浜家庭裁判所）
　㈠　福岡家庭裁判所小倉支部での取り組み
　㈡　福岡家庭裁判所本庁での取り組み
　㈢　札幌家庭裁判所での取り組み
　㈣　横浜家庭裁判所での取り組み
VII　おわりに——今後の役割分担と連携に向けて
　㈠　家庭裁判所から見た関係機関との連携の可能性
　㈡　子どもの問題に関わる多機関連携のあり方
　㈢　多様な連携モデルの提示

## I　はじめに——家庭裁判所と子どもの問題（非行・児童虐待等）との関わり

家庭裁判所は、1949（昭和24）年に少年審判所と家事審判所を統合し

て、少年事件と家事事件を有機的総合的に取り扱う専門裁判所として発足した。その創設の経緯をみると、1948（昭和23）年の家事審判法の制定により、従来の人事調停法にもとづく人事調停は廃止され、地方裁判所の支部に設置された家事審判所が家事調停・家事審判を処理する機関とされていた。しかしながら、家庭の問題は重要であり、家事調停や家事審判を扱う機関が地方裁判所の支部という位置づけでよいのかどうか、独立性、専門性という点から見ても地方裁判所と同格の家事裁判所を設けるべきではないか、また旧少年法にもとづいて非行少年に保護処分を行う少年審判所が戦後17か所も設置されていたが、裁判所でない行政機関で少年の身柄を拘束できるのは問題ではないか、少年裁判所の構成が妥当でないのではないかなどの議論があった。

そこで、家事裁判所と少年裁判所という二つの独立した裁判所を設けることも検討されなかったわけではないが、当時の終戦直後の逼迫した国家財政の状況下ではきわめて困難であったこと、少年の健全育成や保護と家庭の平和や健全な親族生活の維持、つまり少年の非行問題と家族問題との間には密接な関連性があり、両者を有機的に関連付けて総合的専門的に扱うアメリカのファミリー・コートに倣って、家事審判所と少年審判所を統合し、1949（昭和24）年1月1日から新たに家庭裁判所が発足することになった[1]。

家庭裁判所には、その担い手として、司法裁判所であるために、2011（平成23）年12月現在で、740名の裁判官がおり、1,600名の家庭裁判所調査官という調査・調整活動を行う専門的補助機構が用意されている。家庭裁判所は、司法機関である以上、法的な判断をするという司法的機能を果たすとともに、調査官や医務室技官などの教育・福祉・人間関係調整機能を果たすというところに大きな特色がある。家庭裁判所は、福祉やケースワーク的な機能をもった専門裁判所として、少年保護事件や家事事件を扱

---

[1] 棚村政行「家庭裁判所の新たな役割」『家事・人事訴訟事件の理論と実務』（民事法研究会、2009（平成21）年）5頁、沼邊愛一＝野田愛子＝佐藤隆夫＝若林昌子＝棚村政行編著『現代家事調停マニュアル』（判例タイムズ社、2002（平成14）年）8頁参照。

っている[2]。

　家庭裁判所で扱う少年保護事件の新受人員は、1966（昭和41）年に、109万4,339人と100万人を超えてピークに達し、1983（昭和58）年にも、68万4,830人と第2のピークを迎えたが、以後、少子化も影響して、2010（平成22）年には、16万3,023人と減少傾向を示している[3]。少年保護事件に関して、家庭裁判所は、非行があるとされる少年について、非行事実の有無を確定することと（非行事実の認定）、併せて、その少年の性格、家庭などの環境の問題点を十分に踏まえたうえで、少年院送致等を含む保護処分かその他の処分を行うのか決定する（要保護性の判断）[4]。家庭裁判所は、家庭裁判所調査官を通じて、外部機関と協力をしながら、少年の調査・調整などを通じて保護者や少年に対して「保護的措置」と言う教育的働きかけをする。近年は、保護的措置の多様化と充実という傾向が見られ、比較的自己完結的でクローズであった家庭裁判所が関係機関との連絡協議会や情報連携に努めるなどしている。

　また、2010（平成22）年に全国の家庭裁判所が新たに受理した家事事件・人事訴訟事件数は、81万5,052件であり、家事審判事件が63万3,337件、家事調停事件が14万557件、人事訴訟事件が1万1,373件と、約4分の3は、家事審判事件であり、過去最高を記録している[5]。そのうち、たとえば、2009（平成21）年で5万7,389件、2010（平成22）年で5万7,362件の夫婦関係調整調停事件を受け付けており、その約85％に未成年の子が存在していた。また、2009（平成21）年の親権者の指定・変更事件は、新受件数が2009（平成21）年には1万857件、2010（平成22）年は1万844件、子の監護に関する処分事件（養育費、面会交流、監護者の指定、子の引渡し

---

2）　家庭裁判所の機能と性格については、野田愛子『家庭裁判所制度抄論』（西神田編集室、1985（昭和60）年）54頁以下に詳しい。
3）　最高裁判所事務総局家庭局編「家庭裁判所事件の概況―少年事件」家月64巻2号（2012（平成24）年）3-5頁参照。
4）　田宮裕・廣瀬健二編『注釈少年法（第3版）』（有斐閣、2009（平成21）年）39頁以下、澤登俊雄・高内寿夫編『少年法の理念』（現代人文社、2010（平成22）年）6-7頁参照。
5）　最高裁判所事務総局家庭局編「家庭裁判所事件の概況―家事事件」家月64巻1号（2012（平成24）年）1-5頁。

事件）は、2009（平成21）年3万3,198件、2010（平成22）年3万4,841件と増加しており、紛争も複雑化、困難化している[6]。家庭裁判所は、家事事件の処理においても、専門的補助機構としての家庭裁判所調査官による人間行動諸科学の専門的な知見にもとづく事実の調査（旧家事審判規則7条の2第1項、家事事件手続法58条1項）、事件関係人の家庭環境等の環境調整が必要なときは、家庭裁判所調査官に社会福祉機関との連絡その他の措置をとらせることができる（旧家事審判規則7条の5第1項、家事事件手続法59条3項）。児童虐待との関係で言えば、親権喪失宣告審判事件、児童福祉法28条事件等の事件処理においては、保護者、保育園・幼稚園・学校、児童相談所、病院、保健所などの関係機関との連携協力が不可欠である。夫婦関係調整調停事件、離婚調停などでは、DVや児童虐待、家庭の暴力の問題が深刻化してきており、そのリスクアセスメントや関係機関との連携協力の要請はますます強まってきている[7]。

そこで、本報告では、まずはじめに、家庭裁判所における子どもの問題との関わり、少年事件の処理と関係機関との連携、児童虐待における児童相談所と市町村ネットワーク、児童虐待事件の処理と関係機関の連携を概観したうえで、児童虐待事件における事件処理と家庭裁判所の役割、子どもの問題をめぐる福岡家庭裁判所、札幌家庭裁判所、横浜家庭裁判所などの取組みについて紹介することにしたい。そして、最後に、家庭裁判所から見た関係機関との連携の可能性、子どもの問題に関わる多機関連携のあり方、多様な連携モデルの提示と家庭裁判所など関係機関の独立型連携を円滑にするための視点や条件について明らかにしたうえで、若干の展望を試みたいと思う。

---

6) 最高裁判所事務総局家庭局編・同上16頁、25頁。
7) 坂野剛崇「家庭裁判所調査官の調査の特質について―家事事件・少年事件における専門的機能の担い手として」家月64巻3号（2012（平成24）年）19頁。

## Ⅱ 家庭裁判所における少年事件の処理と関係機関の連携

　少年保護事件は、家庭裁判所の審判手続で処理されるものをいい、少年審判の対象となるのは、犯罪少年、触法少年、ぐ犯少年である。ただし、触法少年及びぐ犯少年で14歳未満の者は、都道府県知事または児童相談所長から送致された場合にかぎり審判の対象とすることができる（少年法3条2項）。対象少年の年齢は、原則として20歳未満の者であるが（同2条1項）、少年法24条1項1号で保護観察に付された者については、新たに少年法3条1項3号のぐ犯事由が認められるとして、保護観察所長から家庭裁判所に通告された場合には、20歳以上の者でも審判の対象となる（更生保護法68条1項、2項）。準少年保護事件とは、少年法26条の4第3項、27条の2第6項、更生保護法72条5項及び少年審判規則55条により、その性質に反しない限り、少年保護事件の手続が準用される施設送致申請事件、保護処分取消事件、戻し収容申請事件、収容継続申請事件をいう。

　少年保護事件には、一般保護事件と道路交通事件とがある。2009（平成21）年における少年保護事件の新受人員数は、17万3,946人で、2010（平成22）年には16万3,023人で[8]、毎年減少傾向を示している。1966（昭和41）年、1983（昭和58）年をピークにして少年人口の減少に対応して減少しつつあるといってよい。刑法犯でも、粗暴犯だと傷害、凶悪犯では強盗、窃盗、横領、住居侵入が比較的多く、特別刑法犯では軽犯罪法違反が多いが、いずれも減少傾向を示している。道路交通事件は全体の5分の1程度を占めている。

　家庭裁判所における終局処理の状況をみると、強盗、覚せい剤取締法違反では少年院送致の占める割合が高い。傷害・暴行では、保護観察が最も多く、少年院送致は10％前後である。窃盗では、審判不開始、不処分の比

---

8)　最高裁判所事務総局家庭局編『家庭裁判所事件の概況―少年事件』64巻2号（2012（平成24）年）7頁。

率が高く、保護観察20％前後、少年院送致が4～5％程度であった。ぐ犯は、少年院送致20％、保護観察が30～40％台を推移している。これに対して、児童自立支援施設送致人員は、毎年300～350人程度で、その大半は15歳以下であるが、13歳以下の送致人員は1993（平成5）年と比べると、約3.6倍に増えている[9]。しかし、少年犯罪や非行は顕著な減少傾向を示すものの、家庭裁判所の一般保護事件における児童自立支援施設送致人員で13歳以下が増えるなど、非行の低年齢化、非社会化などはむしろ強まっており、少子化を加味しても予断を許さない[10]。

　少年保護事件において、家庭裁判所調査官が中心となって、調査から審判までの全過程において少年の非行性を除去し、再犯を防止するための教育的な働きかけを行うことを「保護的措置」という[11]。この保護的措置は、非行への認識を深めること、自己理解を深めること、問題解決力を養うことなどに分けられる。これまで、家庭裁判所では、保護的措置として、個別面接を柱として、助言、指示、知識付与等で自己洞察を深めさせたり、社会規範等を理解させたり、家族関係等の調整や修復を図るなどの働きかけをしてきた。個別面接以外で、薬物乱用者に対する薬物講習、ぐ犯の女子少年に行われる思春期講習、交通事故・違反者に対する交通講習など講習型保護的措置も行われている。最近では、個別的働きかけだけではなく、グループワークの技法を用いたり（グループワーク型）、清掃作業など社会奉仕などの社会体験をさせる（社会体験型）などの教育的啓発的な働きかけを組み合わせることも行われるようになってきている[12]。

---

9）　廣瀬健二「少年・若年犯罪者の実態と処遇」法律のひろば64巻11号（2011（平成23）年）12頁参照。
10）　高山佳奈子「平成23年版犯罪白書を読んで―治安の暗転と好転と」法律のひろば64巻11号（2011（平成23）年）7-9頁参照。
11）　村松励「家庭裁判所における『保護的措置』について―非行臨床心理学の視点からの一考察」家月58巻4号（2006（平成18）年）1頁以下では、非行理解のために、①非行行動のアセスメント、②非行を犯した少年の人格・発達のアセスメント、③動機のアセスメント、④家族アセスメントの4つの視点から、少年や保護者への面接その他の「保護者会」「社会奉仕活動」「被害をかんがえる教室」「少年や保護者のグループワーク」などの新たな試みを紹介し、調査官が中心になって児童相談所、病院、児童自立支援施設、学校、補導委託先の専門機関のネットワーキングの活用について説く。

たとえば、グループワーク型では、東京家庭裁判所での「被害を考える教室」で、万引き等の事件を起こした少年を集めて、調査官の講義と被害体験をもつゲストスピーカーの講話を組み合わせ、それを踏まえたグループ討議をさせて、被害の実態や被害者の心情について学ばせている。被害者の生の声に接することで、被害者側の思いや気持ちに配慮させ、自らの行為やその社会的意味を考えさせる効果がある。社会体験では、特別養護老人ホームや障害者施設、乳児院などで入所者に対する介護やケア等を実際に体験してみて、弱い立場の人の現状を知り、共同作業を通じて達成感を修得し、自信を取り戻したり、意欲をもって物事に取り組むことの大切さを学んだりする。公園の清掃や落書き消しなどの地域への貢献や奉仕活動を通じて学ぶ社会奉仕型も盛んになってきた。

　家庭裁判所調査官の少年調査の結果が処遇機関でも十分に活用されるためには、精度の高い調査とその結果がきちんと少年調査票に盛り込まれることが必要であると同時に、少年調査記録が執行機関に引き継がれていくことも大切である。最近では、年少少年が発達障害等を抱えており、コミュニケーションや対人関係に障害のある少年との面接技法、発達障害の評価・スクリーニング、処遇機関への適切な引継ぎ等が課題となっている[13]。発達障害を抱えた少年の処遇に関しては、少年院でも積極的な取組みが行われており、家庭裁判所調査官としても、執行機関に対する適切な情報提供に努めなければならない[14]。

---

12)　須藤明＝宮崎聡「家庭裁判所における少年調査の現状と課題」犯罪と非行152号（2007（平成19）年）36頁。

13)　藤川洋子『発達障害と少年非行―司法面接の実際』（金剛出版、2009（平成21）年）18頁参照。

14)　須藤＝宮崎・前掲注(12)41頁参照。安藤成行ほか「家裁調査官の行う保護的措置の実証的研究」家裁調査官研究紀要2号（2004（平成16）年）1頁以下は、少年の再非行防止のための最も効果的な保護的措置のあり方について、助言・指導・確認・支持・知識付与・課題付与・心理テスト・被害者の視点、交通・シンナー・思春期講習、少年合宿、保護者会、被害を考える教室等グループ・ワーク型、社会参加や対人援助の社会奉仕活動型、親子・家族関係等の家族関係調整型、学校・職場・保護関係、医療機関関係、福祉関係機関等の地域環境調整型の各種保護的措置の効果について論じる。増田幹生＝江口朋子＝福井太一「プロセスモデルによる保護的措置の体系化」家裁調査官研究紀要4号（2006（平成18）年）15頁以下

試験観察は、家庭裁判所が有しているプロベーション機能であり、保護処分の決定を行うため必要があると認めるときは、決定をもって相当期間、少年を家庭裁判所の調査官の観察に付すことができ（少年法25条）、数か月間の期間において観察指導を加えたうえで、最終的な処分を決定する手続である。試験観察は、少年を自宅で生活させながらの在宅試験観察と、少年の身柄を適当な施設、団体または個人に委託する補導委託に大別される。補導委託の多くは、従来の環境から少年を引き離し、生活指導や職業訓練をしながら、試験観察をより効果的なものとするため実施される。補導委託は、健全な大人との出会いや社会との繋がりを教える意味で、かなりの教育的効果や大きな意義があり、少年の立ち直りや再非行の防止の大きな契機となることが少なくない。

　少年鑑別所は、少年の資質の鑑別を行うとともに、主として家庭裁判所での観護措置の決定を受けた少年を収容し身柄の保全を行う国立（法務省所管）の施設で（少年院法16条、17条1項）、現在、各都道府県県庁所在地などに51か所設置されている。少年鑑別所では、少年鑑別所技官が医学・心理学・教育学・社会学その他の専門知識を駆使した面接・心理テスト・行動観察などの技法を用いて少年の素質・経歴・環境・人格その相互関係など、少年が非行にいたった原因や背景、今後どのようにしたら立ち直りが図れるかなど科学的方法で調査・診断し解明する[15]。鑑別の結果は、鑑別結果通知書として、家庭裁判所に送付され、審判や少年院、保護観察所での指導・援助に活用される。鑑別には、少年を収容して行う「収容鑑別」、家庭裁判所の要請により収容せず在宅で行う「在宅鑑別」、少年院、刑事施設、保護観察所等の法務省の関係機関の依頼で行う「依頼鑑別」、問題を抱える少年の保護者や学校の教員などの一般人からの依頼で行う「一般少年鑑別」などがある。少年鑑別所での鑑別や一般相談は、非行やDV・虐待など複雑で困難な問題を抱える少年の問題の原因を把握し、今

---

　　は、適切な保護的措置を安定的効率的に実施するための処理モデルを提唱している。
15)　石川正興＝小野正博＝山口昭夫編『確認刑事政策・犯罪学用語250』（成文堂、2007（平成19）年）68頁参照。

後の処遇方針や援助方針を立てるうえで大切な参考資料となり、家庭裁判所をはじめ、子どもに関係する機関との連携は重要課題であるといってよい。

　被害者が死亡するような重大な触法事件が起こると、児童相談所が関ったり（少年法18条1項での都道府県知事・児童相談所送致）、家庭裁判所によって送致されたりするが（少年法24条1項2号の家庭裁判所の保護処分としての送致）、児童相談所と家庭裁判所の情報交換や連携が必要とされる。児童自立支援施設に子どもが入所する場合には、すべて児童相談所の措置によって行われる。たとえ、家庭裁判所の審判で児童自立支援施設の送致が決定されても、子どもに関する書類（執行指揮書及び少年調査記録）は、児童相談所に送られ、児童福祉法27条1項3号の措置がとられる。子どもの身柄は、児童福祉司によって児童自立支援施設に措置される。

　児童自立支援施設は、不良行為をし、不良行為のおそれのある児童、家庭環境等の理由で生活指導が必要な児童を入所させたり、通わせて指導し、自立支援や相談援助を行う児童福祉法上の施設である（児童福祉法44条）。全国に58か所設置され、施設長のほか、児童自立支援専門員、児童自立生活支援員、心理担当職員、精神科医、家庭支援専門相談員等のスタッフがいる。施設では、児童に適切な環境を与え、情緒の安定を図り、社会に適応した人間形成を図る目的で、生活指導、学習指導、職業指導が行われる[16]。古くは、「感化院」と呼ばれ、戦後は「教護院」とされてきたが、1997（平成9）年の児童福祉法の改正で、「児童自立支援施設」と改められた。施設で暮らす子どものうち、開放的なかかわりに限界のある子どもは、国立の児童自立支援施設や少年院に措置変更がなされる場合もあるが、家庭裁判所が関わりをもつことになる[17]。また、児童自立支援施設に家庭裁判所が送致するという処遇を選択するに当たり、開放処遇と言う施設の性質、指導方針、運営上の問題から、受け入れの可否、時期など

---

16) 石川他・同上81頁。
17) 梶原敦「児童自立支援施設における処遇の現状について―国立きぬ川学院を中心に」家月59巻10号（2007（平成19）年）7頁。

の調整も必要になり、児童自立支援施設送致を決定したときに、少年本人や保護者に決定の理由や趣旨を分かり易く伝え、動機付けや円滑な入所・教育効果をあげるための働きかけが必要であると言われている[18]。

　少年院は、少年院法にもとづいて設置された法務省所管の矯正施設であって、家庭裁判所での保護処分として少年院送致決定のあった少年について、社会不適応の原因を除去し、健全育成を図ることを目的とする矯正教育を実施している。少年院には、初等少年院、中等少年院、特別少年院、医療少年院の別があり、全国に51か所設置されている。2012（平成24）年2月に、広島少年院での法務教官による暴行事件をきっかけに、少年院や少年鑑別所の運営を大幅に見直す少年院法、少年鑑別所法の改正が提案されている。たとえば、施設ごとに外部の意見を取り入れるために、「少年施設視察委員会」を設置するとか、少年が直接に法務大臣に救済を申し立てる制度を導入するとか、許可を得れば、両親や親族等への電話連絡が可能になる。さらに、初等少年院（原則12歳以上16歳未満）と中等少年院（原則16歳以上20歳未満）の区別を廃止し、また、偏見をなくすために、「特別少年院」「医療少年院」などを「第2種」「第3種」などと呼ぶなどの改正を予定している[19]。

　保護観察所は、法務省設置法及び更生保護法にもとづき設置された法務省の出先機関であり、犯罪を犯した者や非行のある少年が社会の中で更生するように、国の責任において指導監督及び補導援護するものである。保護観察は、専門知識をもつ常勤の国家公務員である保護観察官と、ボランティアとして協力する保護司との協働体制で実施し、遵守事項を守らせることを重点とした指導監督と就学支援、就労支援、対人関係調整の両面に及ぶ。全国に50ある保護観察所では、保護観察処分となった少年について、家庭裁判所調査官から社会参加活動をさせてはどうかとの意見が付されることもあり、保護観察所としても、調査官の調査結果等を参考にし

---

18) 山口家庭裁判所調査官有志「特集③よりよき連携を求めて」非行問題203号（1995（平成7）年）40頁以下参照。
19) 2012（平成24）年2月29日付朝日新聞東京本社夕刊1頁参照。

て、対象少年に対して、地域を巻き込んだ形で、犯罪や非行防止の作文コンクール、スポーツ大会、社会奉仕活動など有益なプログラムを受けさせるようにしている[20]。家庭裁判所としても、非行少年の再非行防止や立ち直り支援との関係で、保護観察所や少年院など関係機関との情報交換や連携もきわめて重要であると考えている[21]。

児童相談所は、児童福祉法にもとづき、都道府県、政令市及び児童相談所設置市（2006（平成18）年から中核市にも設置できるようになった）に設置された行政機関であり、子どものあらゆる問題に対して相談し援助をする機関である[22]。児童相談所は、全国で206か所あり、市町村と適切な役割分担・連携を図りながら、子どもに関する家庭その他からの相談に応じ、個々の子どもや家庭に最も効果的な援助を行い、子どもの福祉と権利擁護をすることを目的としている。児童相談所は、その設置目的を果たすために、児童福祉に関する高い専門性を有していること、地域住民に浸透した機関であること、児童福祉に関する機関、施設等との連携が十分に図られていることが必要とされている[23]。

児童相談所の主要な機能としては、児童の福祉と権利擁護のために、①市町村援助機能、②相談機能、③一時保護機能、④措置機能、⑤民法上の権限行使機能などの強大な機能が付与されている。①の市町村援助機能というのは、2004（平成16）年の児童福祉法の改正により、児童家庭相談の第一義的窓口に位置づけられた市町村に対して、市町村相互の連絡調整、市町村に対する情報提供、その他必要な援助を行うことになったことを指す。②の相談機能では、児童相談所の相談の柱として、虐待や育児放棄を含む養護相談、発達障害・身体障害・精神障害等の障害相談、非行相談、

---

20) 久保貴「保護観察所における社会参加活動について」家月59巻9号（2007（平成19）年）16頁参照。
21) 須藤＝宮崎・前掲注(12)43-44頁参照。
22) 大津泰子『児童福祉―子どもと家庭を支援する』（ミネルヴァ書房、2010（平成22）年）74-76頁。
23) 財団法人日本児童福祉協会『子ども・家族の相談援助をするために―市町村児童家庭相談援助指針・児童相談所運営指針』（2007（平成19）年）156頁。

不登校等の育成相談がある。最近では、養護相談の中では、児童虐待・放置などが多く、また、障害相談の件数が増加している。児童や家庭に関する相談のうち、専門的知識や技術を必要とするものについて、必要に応じて、子どもの家庭、地域の状況、生活歴や発達、性格、行動等について専門的な角度から総合的に調査・診断・判定をして、それに対する援助方針を定め、自ら又は他の関係機関を活用して一貫した子どもの援助を行うことになる。

　③の一時保護機能は、必要に応じて子どもを親や家庭から引き離して一時的に保護できるもので、保護者や子ども本人の同意もなく児童相談所長の判断でできる強大な権限であるといってよい。一時保護には、緊急保護、行動観察、短期入所指導の3つがある[24]。④の措置機能は、子ども又は保護者を児童福祉司、児童委員、児童家庭支援センター等に指導させ、または子どもを児童福祉施設、指定医療機関に入所させたり、里親に委託する措置権限があることを指す。⑤の民法上の権限行使機能としては、親権の喪失・停止、未成年後見人の選任・解任等の請求を家庭裁判所に申し立てる権限を有していることを指す。しかしながら、児童相談所では、児童虐待や発達障害等への対応が増加しており、人員や相談体制の現状からみて、非行問題への対応が手薄になりつつある[25]。

## Ⅲ　児童虐待における児童相談所と市町村の　ネットワーク

### ㈠　2004（平成16）年、2007（平成19）年の児童虐待防止法と関連児童福祉法の改正

　児童家庭相談体制を大きく変革することになったのは、2004（平成16）年の児童虐待防止法と関連児童福祉法の改正であった。この改正では、児

---

24)　安部計彦『一時保護所の子どもと支援』（明石書店、2009（平成21）年）23頁参照。
25)　津崎哲郎「児童虐待への介入と援助」『児童虐待と児童相談所』（金剛出版、2004（平成16）年）15-16頁参照。

童家庭相談体制に市町村を巻き込んで裾野を広げ、児童相談所と市町村の二元的体制のもとで業務の分担と連携を図り、両者の有機的な連携により全体的援助の具体化を目指した[26]。すなわち、児童虐待の通告先に新たに身近な市町村を加えるとともに、地域に密着した市町村に児童家庭問題の対応相談援助の機能を担わせたといえる。ここで、対処困難なケース、権限発動や保護に絡むケースは児童相談所が対応し、在宅での指導助言が可能なケースは、主として市町村の地域ネットワークを活用して援助するという基本的な援助体制の枠組みが形成された。

しかしながら、市町村も財政基盤は弱く人材も十分でないなど援助体制に限界があるところから、むしろ、地域ネットワークを組織化し、実際には、保健所、保育所、医療機関、学校、民生委員、児童委員などの人材を活用したチーム支援が目指された。そして、個人情報保護法との関連で、ネットワーク内の情報共有や意見交換をとれるようにするために、自治体がネットワーク自体を要保護児童対策地域協議会と位置づけ、そこに守秘義務を課して、ネットワーク内部での情報共有を図った[27]。さらに、市町村レベルでの児童家庭相談の実務や知識のノウハウが整っていないことを考慮して、児童相談所には市町村の相談体制をバックアップさせることにした。

また、児童福祉法28条事件にかかる施設入所措置に対する承認審判の更新制度も新設された。これまでは、児童福祉法28条の施設入所に対する裁判所の承認は期限があるわけでなく、措置解除の権限は都道府県知事（児童相談所長）の裁量的判断に委ねられていた。しかしながら、保護者の同意が得られない場合の強制的な措置入所の開始に際しては、司法的な関与のもとに慎重な親子分離の手続きが保障されているのに対して、措置入所の解除にあたっては裁判所の関与が一切なく行政側の判断でできるというのは均衡を失している。そこで、施設入所の承認期間は2年とし、その後

---

26) 津崎哲郎「児童家庭相談体制の課題と展望」社会福祉研究104号（2008（平成20）年）13頁。
27) 津崎・同上13頁。

は更新がなされるという制度が導入された。その結果、更新の判断の際に、児童相談所には、保護者指導の実績や経過、保護者には監護養育状態の改善の努力と実績、児童福祉施設には子どものケアと回復の成果が問われることになった[28]。

　また、2007（平成19）年5月には、2度目の児童虐待防止法と関連する児童福祉法の改正が行われた。第1に、児童虐待にかかる通告を受けたときは、児童相談所や市町村は、児童安全確認のための必要な措置をとらなければならないものとされた。なお、「児童相談所運営指針」（平成19年1月改正）でも、児童虐待の通告があった場合には、児童相談所は48時間以内に児童を直接目視することによりその安全を確認すべきことが明記されている。また、市町村等が把握した事案について、立ち入り調査や一時保護の実施が適当であると判断した場合にはその旨を児童相談所長に通知することとされた。

　第2に、裁判所の許可状もとづく臨検・捜索制度の導入が挙げられる。保護者の拒否による児童の安全確認が困難なケースでは、現在、必要に応じて警察の援助を受けて立入り調査を実施してきた。これまでの立入調査は、拒否した場合の罰則による間接強制であり、直接強制したり実力行使が認められていたわけではない。そこで、改正法では、裁判官の許可状を得た上で、解錠等の実力手段でもって保護者の住居内に強制的に立ち入ることができる臨検・捜索が導入された。

　第3に、保護者に対する児童への面会・通信等の制限の強化が図られた。つまり、虐待を行った保護者から、児童相談所や施設に対して、児童との面会を強要したり、連れ帰ろうとしたりしトラブルになることが多いために、一時保護や施設入所をしている場合に、保護者に対して児童の面会・通信を制限できること、児童の住所・居所を明らかにしないこと、都道府県知事が6ヶ月を超えない期間、児童へのつきまとい、児童の学校・住居付近を徘徊しないことを罰則をもって禁止することができるものとし

---

28)　津崎・同上15頁。

た。そのほか、保護者指導の勧告に違反したときの都道府県知事の、一時保護、施設入所措置、親権喪失宣告の請求等がとれるようにしたり、国及び地方公共団体の医療の提供体制の整備、虐待事例の分析、要保護児童対策地域協議会の設置、児童虐待防止の資料や情報の共有化なども明記された[29]。

## (二) 2007（平成19）、2009（平成21）年の児童相談所運営指針、市町村児童家庭相談援助指針、要保護児童対策地域協議会設置・運営指針の改正

　第1に、外部から虐待にかかる個人を特定できる情報はすべて虐待通告として受理し、組織的に児童相談所が対応することを要請するとともに、虐待通告から48時間以内に児童相談所が目視による安全確認をするように明確な指針を示した。時間制限が入れられたことは迅速な対応を促す反面、実務上は児童相談所側にケースに応じた特性の把握やアプローチの工夫をするゆとりが失われ、機械的な介入型アプローチが一般化し、保護者との摩擦や軋轢が多くなると懸念もされている[30]。本来、保護者への指導助言という援助機能を考えると、児童相談所と保護者の関係は第三者による調整機能、改善目標設定などで対立しやすいが、これを調停する措置は存在せず、合意調整型アプローチはますます困難化している。

　第2に、市町村と児童相談所との相互の役割分担と連携を明らかにするために、市町村には、保護者の出頭要求、立入調査や一時保護の実施が適当であると判断した場合には、その旨を都道府県知事または児童相談所長に通知できるものとした。これにより、市町村と都道府県がもつ権限やリソースのスムーズで有効な連携活用を促した。

　第3に、関係機関相互の情報提供についても定めた。つまり、地方公共団体の機関は、市町村長等から児童虐待防止等に関する資料または情報の

---

29) 仁田山義明「虐待防止のため、立入調査を強化し、面会・通信等の制限を強化」時の法令1803号（2007（平成19）年）21頁以下参照。
30) 津崎・前掲注(26)16頁。

提供を求められたときには、当該資料または情報が市町村の児童虐待防止の業務の遂行に必要な限度で利用し、利用に相当な理由があるときは、これを提供できるものとされた。関係機関の相互の情報共有、ケースの進行管理の徹底を図るとともに、在宅ケースなどのフォローアップのために、チームでの専門的対応を促す趣旨がある[31]。

児童相談所は、都道府県で設置され、広域行政であり機動性、迅速性に欠けるきらいがあり、児童虐待のあらたな通告先としてフットワークの軽い市町村が緊急ケースでの保護介入の端緒としての期待がかけられることも無理もない。しかしながら、権限をあまりもたない市町村に初期対応を委ねることは加重負担にならないか、自らで責任が負えないため勢い児童相談所に回すケースが多くならないか、ケースの選別機能や緊急対応、リスク評価のノウハウの蓄積があるかなどが今後も課題といえよう。

また、児童相談所としても、専門機関としての、立入調査、一時保護、児童施設入所措置、家庭裁判所への申立などの強制的な権限が定められているので、困難なケースへの対応が求められることになる。24時間の緊急通告体制で受理したケース、関係機関や市町村からの通告・送致されてきたケースへの迅速かつ専門的対応が求められるが、施設入所後のフォロー、保護者の養育状況の改善指導、親子再統合支援、施設退所後の見守りフォロー、在宅ケースへのフォロー、市町村や関係機関の連絡調整やバックアップなどが期待されている[32]。

なお、国及び地方自治体には、児童虐待により児童が心身に重大な被害を受けた事例について検証制度が義務付けられるとともに、地方公共団体には、要保護児童対策地域協議会（子どもを守る地域ネットワーク）の設置の努力義務が課せられた。また、2008（平成20）年3月の市町村児童家庭相談援助指針の改正で、妊婦、出産前のケースについても協議会で検討することや、施設入所中の子どもに対しても、対応、連携を図るよう促すなど、守備範囲の一層の拡大も求められている。

---

31) 津崎・前掲注(26)17頁。
32) 津崎・前掲注(26)15頁。

## Ⅳ 家庭裁判所における児童虐待事件の処理と関係機関の連携

　親権喪失宣告事件（民法834条）の新受事件数は、2000（平成12）年には108件であったが、2008（平成20）年には139件と増え、2009（平成21）年には110件となっている。そのうち、認容は21件で、却下が11件、取下げ74件、その他5件という処理状況であった。2010（平成22）年には199件に増加した。また、児童福祉法28条1項1号で、都道府県またはその委任を受けた児童相談所長は、保護者に児童を監護させることが著しくその児童の福祉を害する場合で、施設入所等の措置が保護者の意に反するときは、家庭裁判所の承認を得て、施設入所等の措置をとることができるとされている。いわゆる「措置入所等の承認」審判事件である。なお、保護者が親権者等でないときに、その児童を親権者等に引き渡すことが不適当であると認めるときは、家庭裁判所の承認を得て、施設入所等の措置をとることができる（児童福祉法28条1項2号）。
　2009（平成21）年の児童福祉法28条1項新受事件数は、202件であり、1999（平成11）年は97件で、2.1倍も増加した。既済事件のうち、認容が174件、却下4件、取下げが29件であった。対象となった児童は、男子51.2％、女子48.8％で、年齢的には0～3歳までが14.5％、3～5歳が18.6％、小学生39.5％、中学生21.5％、高校生が5.8％となっていた。虐待者は実父が28％、実母が57.8％と85％以上が実親によるものであった。虐待の態様は、身体的虐待が93件、性的虐待12件、心理的虐待63件、ネグレクト125件と、最近は、心理的虐待とネグレクトが増加している。認容は88.4％、却下2.3％、取下げが9.3％であった。審理期間は、2か月以内が36.1％、3か月以内が58.2％と2～3か月で終局している。
　児童虐待や放置のケースでは、児童相談所でケースワーカーが事実を調査したうえで一時保護をし（児童福祉法33条）、都道府県知事を通じて家庭裁判所の承認を得たうえで、親権者である父親の意に反しても強制的に児

童養護施設に入所させ、虐待をやめない親から子どもを引き離すことになる（児童福祉法28条）。児童福祉法28条１項事件は、2010（平成22）年には237件と、1989（平成元）年の17倍、前年より1.5倍という急激な増加をみせている[33]。

これを見ると、対象児童の男女比は、男子45.5％、女子54.6％で、対象児童の年齢は０〜３歳未満が11.6％、３歳〜就学前が17.4％、小学生が40.6％、中学生が22.7％、高校生その他が7.7％であった。虐待者は、実父が31.5％、実母が50.2％と８割を超えており、養父10.1％、継父2.0％、継母1.4％と続く。虐待の態様としては、身体的虐待が最も多く38.6％、ネグレクト32.6％、心理的虐待15.4％、性的虐待6.7％その他となっている。平均審理期間は、２か月以内が29％、３か月以内が60.9％となっている。家庭裁判所は、児童福祉法28条１項にもとづく入所措置又はその更新を承認する審判を行う場合において、当該措置の終了後の家庭その他の環境調整を行うため保護者に対して指導措置をとるべきことを都道府県に勧告することができる（児童福祉法28条６項）。2010（平成22）年には、認容審判176件に対して22件の勧告が出されている。

また、児童福祉法の改正により、児童福祉法28条１項の承認を得てとられた施設入所等措置の期限は２年を超えてはならないとされ、ただし２年を超える場合は家庭裁判所の承認が必要とされた（児童福祉法28条２項）。2010（平成22）年に、児童福祉法28条２項の更新承認事件は129件にのぼり、小学生が42.9％と多く、中学生28.5％、３歳以上就学前児童が11.0％であった。更新の回数は、89件中１回目は50件、２回目15件、３回目が24件で、97.8％は認容されていた。一時保護が加えられている児童について、児童福祉法28条１項の事件の申立てがあり、かつ、児童虐待防止法12条１項による保護者と児童の面会通信が制限されているケースで、家庭裁判所は、審判前の保全処分として、保護者に対して、住所、居所、学校等

---

[33] 最高裁判所事務総局家庭局「児童福祉法第28条事件の動向と事件処理の実情　平成21年１月-12月」（2010（平成22）年）1-15頁、同「児童福祉法第28条事件の動向と事件処理の実情　平成22年１月-12月」（2011（平成23）年）1-15頁参照。

へのつきまとい、徘徊を禁止する命令が出来る（特別家事審判規則18条の2）。2010（平成22）年は、3件のつきまとい・徘徊の禁止が命じられた[34]。

家庭裁判所は、児童福祉法28条1項に基づく入所措置の承認またはその更新を承認する審判を行う場合において、当該措置の終了後の家庭その他環境の調整を行うため当該保護者に対して指導措置を採ることが相当であると認めるときは、当該保護者に対して、指導措置を採るべき旨を都道府県に勧告することができる（児童福祉法28条6項）。この保護者に対する指導措置の都道府県への勧告件数は、2009（平成21）年で、認容審判152件中20件において、勧告がされていた。

児童福祉法28条1項の承認を得て採られた施設入所等の措置の期間は2年を超えてはならない。ただし、2年を超えた施設入所の継続が必要な場合には、家庭裁判所の承認を得て期間を更新することができるとする（児童福祉法28条2項）。これは、強制的な親子分離や施設入所であるために、2年を原則とし、必要であれば期間更新の承認が必要として、司法的チェックをかけることにした。2005（平成17）年には、43件であったが、2009（平成21）年には92件と2倍以上に増えている。これも認容が87件で、却下2件、取下げ8件であり、90％以上が認容されていた。児童福祉法28条2項事件の認容審判77件中、1回目の期間更新は60件で、2回目は17件にとどまった。このケースでの都道府県への指導勧告件数は22件であった。

また、家庭裁判所は、一時保護が加えられている児童について児童福祉法28条1項事件の申立てがあり、かつ、児童虐待防止法12条1項により、当該児童の保護者について、児童との面会及び通信が制限されている場合において、審判前の保全処分として、つきまといや徘徊の禁止を命じることができる（特別家事審判規則18条の2）。この規定は、2007（平成19）年の児童福祉法、児童虐待防止法の改正に伴って導入された制度であるが、2008（平成20）年、2009（平成21）年に申し立てられたケースはなかった。

---

34）最高裁判所事務総局家庭局「児童福祉法第28条事件の動向と事件処理の実情　平成22年1月-12月」（2011（平成23）年）9頁。

## V 児童虐待事件における家庭裁判所の役割

　家庭裁判所は、児童相談所と比べると、児童虐待の問題に対しては、司法機関として判断したり、事後の問題解決を図るなどの間接的事後的な法的判断を中立公正に行わなければならないという立場にある。そのために、関係機関との役割分担や連携とは言っても、情報交換やネットワークへの参加と言う一般的個別的協力はできても、具体的な事件処理や問題解決、判断にあたっては司法機関としての独立性、中立性、公正性などが厳正に要求される結果、司法機関としての限界や制約に服する[35]。たとえば、虐待親が施設入所に同意しない場合に、児童相談所から児童福祉法28条1項の審判や親権喪失宣告が申し立てられるケースでは、児童相談所の関係者が事前に判断の見通しを求めてきたり、直ちに認容の審判をだしてほしいと求められることもないわけではない。しかしながら、調査のプロセスで同意が得られる場合もあったり、子の引渡し請求事件では調停のプロセスで合意が成立することもありうる。関係機関との連携では、むしろ保全処分や本審判申し立ての事前準備段階での情報収集という要素が強く、本案では、事件解決に向けた関係機関との協同作業という要素も加わることがないわけではない。

　また、親権喪失宣告事件の約1割弱が児童相談所長の申立てに係るもので、後は、親族が申し立てたケースであり、たとえば、2010（平成22）年の新受事件数は147件で、既済が136件、そのうち認容は16件であった。却下が32件、取り下げが84件であった。これに対して、児童福祉法28条1項の措置入所の承認事件は、2010（平成22）年の新受事件は237件で、既済234件、認容が192件、却下8件、取り下げ32件であった。親権喪失宣告事件の動向をみるかぎり、認容は12％、却下又は取り下げが86％となっており、児童相談所長が申し立てたケースは、深刻で重篤な児童虐待ケースと

---

35)　山本恒雄・佐藤和宏「児童相談所と警察・家庭裁判所等の司法機関との連携について」日本子ども家庭総合研究所紀要45号（2008（平成20）年）365頁参照。

医療ネグレクトケースに大別され、児童相談所でのケースワークや説得を尽くしてもなお親子の再統合が困難な事例や、性的虐待や生命・健康に危険がある親子分離が必要で、関係修復の見込みが困難なケースに、親権喪失宣告が行われているといえる[36]。親権喪失宣告事件の9割強は、親族からの申立てで、そのうちの約8割は取り下げ又は却下で終わっており、未成年者の適切な保護を目的として、親権者の親権行使に親族が介入したケースと、他の目的を達成したり、子どもをめぐる紛争がこじれて申立てにいたったケースとを見極める必要があろう[37]。

もっとも、親権喪失宣告事件で取り下げられたものは、ネグレクトで祖父母等が子の監護を引き受けているケース、医療ネグレクトのケースなどで、未成年者の安定した監護状態や必要な手術や医療行為を実施できた場合に、目的を達成したために、実質的な問題の解決にいたったケースも含まれている。これに反して、児童福祉法28条1項事件は、8割以上が認容され、却下や取り下げは15〜20％程度しかなかった。虐待やネグレクトが重大かつ深刻で、親子分離の必要性がきわめて高いケースが対象になっているものと考えられる。2012（平成24）年4月からは、児童虐待防止のための民法の一部改正法が施行され、家庭裁判所が2年以内の期間を定めて、父母による親権行使が困難又は不適当で子の利益を害するときには、親権停止ができるようになった（民法834条の2）。これにより、親権喪失の要件には当たらないが、子の利益を害するケースで、新たな親権停止制度が利用可能になった。この点で、親権はく奪ではないため、柔軟かつ弾力的な運用が可能となり、虐待行為の事実を厳密に認定しなくても、親権行使の困難さ、不適切さ、子の利益の侵害を総合的に判断することができるようになった[38]。また、施設入所中又は里親委託中の児童に対する施設長との権限について、親権者等が不当に妨げてはならないとか、迅速か

---

36) 田中智子「親権喪失宣告等事件の実情に関する考察」家月62巻8号（2010（平成22）年）17頁。
37) 田中・同上26頁参照。
38) 古谷恭一郎「児童虐待における家事事件の概況と今後の展望」法律のひろば64巻11号（2011（平成23）年）33頁参照。

つ適切な医療を施すなど緊急的措置がとれるとか、親権者や未成年後見人が決まるまでの間、児童相談所長が親権を代行できるという児童福祉法の改正も行われた[39]。これにより、児童相談所や児童養護施設等の施設長の権限も強化され、家庭裁判所は、児童相談所等の関係機関との一層の連携強化と保護者、子どもとの関係での調整・介入機能を期待されることになった。

さらに、司法機関としての家庭裁判所では、当事者の手続保障という視点は重要で、保護者は権利を制限されたり、子どもと暮らせないとか、親としての権利を制限されるなど不利益を受けたり激しい対立関係が生ずる可能性があるため、いきおい、不利益を受ける当事者（親）に対しては弁明や反論をする機会も十分に保障されなければならない。裁判所は、司法機関として、関係機関の見解や方針が子どもにとって必要かつ最善かどうか、保護者にとってやむをえないことかどうか、冷静かつ客観的に事実を確認し公正に判断することが求められている。とくに、親権制限の判断は、子どもの権利擁護の観点から、迅速な解決が求められると同時に、子の意思や心情を適切に配慮するとともに、親権者の手続保障や陳述聴取の機会も十分に与えなければならない[40]。虐待親の意向や反論にも耳を傾けることで、親を納得させたり、別の角度から子どもの問題を考えるきっかけを提供することさえありうる。このように、児童相談所、学校、親、保健所、病院など関係する機関や当事者とそれぞれの立場や役割を理解したうえで協議や意見交換、情報交換などを重ねて、家庭裁判所としても児童相談所、児童養護施設など関係機関と親と子の橋渡しを図っていく必要があろう[41]。

---

39) 髙松利光「『民法の一部を改正する法律』における児童福祉法の改正の概要」法律のひろば64巻11号（2011（平成23）年）25頁以下参照。
40) 古谷・前掲注(38)32-33頁参照。
41) 阿部潤「児童虐待に対する家庭裁判所の取り組み」子どもの虐待とネグレクト5巻1号（2003（平成15）年）6-7頁、中村昭代ほか「児童虐待に関連する家事事件の調査及び関係機関との連携について」家月51巻6号（1997（平成9）年）134頁。

## Ⅵ 子どもの問題(非行・児童虐待等)をめぐる家庭裁判所の取組み状況(福岡家庭裁判所、札幌家庭裁判所、横浜家庭裁判所)

### ㈠ 福岡家庭裁判所小倉支部での取り組み

　北九州市を管轄する福岡家庭裁判所小倉支部では、少子化の影響もあって、少年保護事件の件数は減少傾向にある。しかし、地域特性、貧困、暴力団等の影響で、恐喝、傷害、強盗などの粗暴犯、毒劇法違反事犯が多く見られ、他支部と比べて、少年院送致の比率が高い。家庭裁判所は、「少年友の会」との連携で、保護的措置として、社会体験型のプログラムとして「海岸清掃」、使用済み切手の整理(保護者の参加)、万引きの被害を考える講習会(書店の店主の講演)、薬物乱用者に対する講習(医務室の看護師)などを実施しており、とりわけ「少年友の会」との連携は緊密に図られていた。

　福岡家庭裁判所小倉支部では、試験観察をより効果的にするために補導委託を実施している。補導委託は、健全な大人との出会い、社会とのつながりを少年に実感させるために大きな意義があり、親身になって少年の面倒を見てくれる補導委託先の存在は大きい。北九州では、施設や団体よりも、圧倒的に個人での委託が多い。引き受けてくれる民間の篤志家が減少しつつある中で、北九州市では地域性や気質もあり、補導委託がきわめて有効に機能している。

　福岡家庭裁判所小倉支部では、2006(平成18)年に児童福祉法28条1項の措置の承認審判事件は13件もあったが、2007(平成19)年は5件で、2008(平成20)年、2009(平成21)年は0件であった。また、児童福祉法28条2項の期間更新の承認審判事件は、2009(平成21)年に2件あった。民法834条の親権喪失宣告事件は2006(平成18)～2009(平成21)年まで0件であった。児童虐待で家庭裁判所が関与するケースは比較的少なく、子ども総合センター(児童相談所)が前段階・初期対応で適切な活動をして

いるからだと考えられる。とくに、子ども総合センターの担当者が、親子の再統合を図るために粘り強く親権者（保護者）の同意をとっていた。その結果、福岡家庭裁判所小倉支部における児童福祉法28条1項事件や親権喪失宣告事件はほとんどなく、家庭裁判所では、児童相談所の保護者に対する対応や早期発見・早期対応のための関係機関の連携がうまく働いていると評価していた。たとえば、北九州市では、ネグレクトを防止するため、乳幼児健診の未受診家庭に保健所の保健師がこまめに家庭訪問をしており、予防のための関係機関の連携もうまく機能している。また、2010（平成22）年に、北九州医師会は、学校と医療機関との連携を図るためにマニュアルを作成し、学校と病院との窓口として校医を活用するようにする取り組みを開始しており、校医が組織的に虐待対応に取り組む例は珍しい[42]。

福岡家庭裁判所小倉支部では、他の裁判所と異なり、北九州市要保護児童対策地域協議会の代表者会議が年1回開催されるが、担当調査官が出席していた。家庭裁判所は司法機関であり、法にもとづき公正中立な判断を求められる機関として、行政が開催する会議等には距離をおくことが一般的である。しかしながら、子ども総合センターが事務局となり、警察、医師会、幼稚園、保育所、学校などの子どもに関する全ての機関の関係者が代表者会議、実務者会議、個別ケース検討会議に出席し、きわめて高い緊密な連携がとられているという印象をもったという。

福岡家庭裁判所小倉支部では、毎年1回3時間程度で、関係機関との家事関係の連絡協議会を開催している。最近は、児童虐待関係のテーマが多く、2007（平成19）年には、児童虐待の予防策、関係機関の連携、各種法的手段に関する情報共有のあり方について取り上げた。また、2008（平成20）年は、児童虐待に関する事件処理での関係機関との協力関係を円滑かつ緊密にするための考慮事項を議題とした。参加したのは、北九州市保健福祉局子ども家庭課、各区の保健福祉課、子ども総合センター、福岡県児

---

42) 2010（平成22）年7月11日付朝日新聞西部本社朝刊32面参照。

童相談所の2支所、児童養護施設、乳児院、福岡県警、北九州市医師会、私立幼稚園連盟、保育所連盟などであり、どの機関も積極的かつ前向きであったという。

　福岡家庭裁判所小倉支部では、裁判所は中立公正な立場で判断する司法機関としては、いくら子どものためとは言っても、少年サポートセンター、少年サポートチーム、児童相談所のように、直ちに組織としての情報連携、行動連携とは結びつかないという限界はある。しかしながら、北九州モデルと呼ばれる全国的に見てもレベルの高い機関、組織的連携がとられていることは、家庭裁判所としても十分に認識し、その活動の実績や効果についても高い評価を与えているという。家庭裁判所としては、他機関からの相談にはできるかぎり親切に応じるように努めており、家庭裁判所のとる関係機関との連携の密度や方法も個別ケースごとに異なっていた。北九州市では、子ども総合センターという一部機関・組織統合、建物の共有ということをきっかけに、児童相談所・学校・警察などの機関ごとのハードルがきわめて低く、自由裁量の幅を広くとって、子どものためにということで、各機関相互の緊密なネットワーク化が進んでいる。家庭裁判所調査官の目から見ても、北九州市は成年後見においても、民生委員、区の保健福祉課、市の関連部局などがじつにうまく連携し協力しながら高齢者の支援にあたっており、これまでの歴史や実績があるからできるのではないかと感じられたという。

㈡　**福岡家庭裁判所本庁での取り組み**

　福岡市の福岡家庭裁判所本庁では、少年保護事件は、ピーク時の2003（平成15）年の17,554件から毎年減少し、2009（平成21）年は10,335件となっている。全国と比べ、遺失物横領等（自転車盗）、シンナーなどの毒劇法違反が多い。とくに、炭鉱の町として栄えた田川・飯塚・大牟田・久留米等は、同和問題、貧困、犯罪等の悪循環で、複雑で困難な少年保護事件が比較的多い。少年事件、家事事件ともに、古典的田舎型と現代的都市型のものが混在している。家庭裁判所で取り組む保護的措置としては、公園

清掃活動（NPO グリーンバードによる清掃活動に参加）、万引き防止（書店店主による取組み）、生活改善プログラム（家裁医務室の看護師によるもので、保護者も参加）、思春期指導（性教育）、禁煙指導等を実施している。公園清掃活動（天神、大濠公園等）、親子合宿等のプログラムでは、「少年友の会」との緊密な連携のもとに実施し、再非行や立ち直り支援に効果をあげている。

　福岡家庭裁判所では、警察の県警少年課・少年サポートセンターと毎年1回連絡協議会を開催しており、少年の犯罪・非行・立ち直りについて相談協議をしている。また、児童相談所とも少年関係保護機関との連絡協議会については呼びかけをしており、たとえば、「児童相談所における触法少年への指導の実情について」をテーマとし、少年院などの関係者も参加するという。学校については、年1回中学校の生徒指導担当者との連絡会を開催しており、学校との連絡協議会では、家庭裁判所の組織・手続・連携や相談の窓口などについて説明し、理解と協力を求めていた。児童相談所との虐待関係での連絡協議会が多く、2004（平成16）年、2005（平成17）年、2007（平成19）年、2010（平成22）年は、児童虐待が連絡協議会のテーマとして取り上げられた。2010（平成22）年の児童虐待をテーマとした連絡協議会では、福岡県・福岡市の担当部局、福岡県警、福岡県医師会、県内6か所の児童相談所、児童養護施設等の関係者が出席し活発な意見交換がなされていた。

　福岡家庭裁判所管内での児童福祉法28条事件の新受申立件数は、2005（平成17）年が9件、2006（平成18）年が29件、2007（平成19）年が16件、2008（平成20）年が11件、2009（平成21）年が6件と減少傾向を示している。全国の家庭裁判所の28条事件数と比較しても、福岡は少なくなっている。その要因としては、児童相談所におけるケースワーカーのスキルアップ、子どものための緊密な連携システム、一時保護時からの親との関係を再統合する努力、地域による子どもの見守りがある程度期待できるため子どもを家庭に戻せるケースが少なくないことなど、家庭裁判所に28条審判を申し立てる前段階での対応が充実していることなどがあげられた。

㈢ 札幌家庭裁判所本庁での取り組み

札幌家庭裁判所本庁では、少年保護事件は、2003（平成15）年が6,329件で、2009（平成21）年は2,738件と減少傾向にある。非行別新受人員でいうと、2009（平成21）年には、窃盗が最も多く40.4％、次いで遺失物横領が26.9％、業務上過失傷害が14.7％、粗暴犯が5.8％、ぐ犯が0.6％、覚せい剤が0.5％、凶悪犯が0.4％となっている。札幌市では、地域性もあり、自転車盗など遺失物横領等の事件が全国と比べるときわめて多い。札幌家庭裁判所では、中学校の生徒指導担当者との連絡協議会を毎年１回、警察との間で隔年で犯罪・非行がらみで開催し、児童相談所、少年院、保護観察所、児童自立支援施設等の少年保護関係機関との連絡協議会も年１回開催している。話題になる点は、発達障害で指導困難なケースが増加しており、かつまたぐ犯の事件が減少していて、ぐ犯の認定が難しいとの指摘があった。保護的措置の取組みとしては、保護者も参加する清掃活動、少年たちのグループワークである再非行防止セミナー、立ち直り推進のための講演（車椅子バスケットボール協会会長による挫折と立ち直り）、保健教室、刑事法廷傍聴などさまざまなプログラムを実施している。

覚せい剤取締法違反容疑で逮捕され、中等少年院送致が決定した16歳の少女の事件では、覚せい剤に依存する母親と再婚相手の男性と暮らし、生活保護費で覚せい剤を購入したり、少女は小学６年生から母親に強要されて売春をさせられていたという。母親が覚せい剤取締法違反で逮捕されたときには、この少女は１年６か月ほど児童自立支援施設で生活をしていた。この事例では、売春強要、虐待、貧困、生活保護など複雑な家庭環境が非行の背景にあり、関係機関が連携協力して、客観的科学的にその原因や背景を突き止め、子どもを守るとともに、困難を抱える家族の支援もしなければ、問題の根本的な解決にはいたらない。警察や学校、児童自立支援施設、裁判所などでの少女や家族からの面接や調査のあり方を含めて、関係機関の情報連携・行動連携により、未然に防止ができたかどうかを精査する必要がある事案と言えよう。

札幌家庭裁判所では、児童相談所を含めた家事関係の連絡協議会を年１

回開催している。テーマは、2005（平成17）年が離婚調停に関連して、生活保護・福祉・DVを取り上げ、2006（平成18）年が成年後見、2007（平成19）年が児童虐待、2008（平成20）年、2009（平成21）年が成年後見であった。札幌家庭裁判所での児童虐待に関する児童福祉法28条関係事件数は、毎年3～7件程度で、2009（平成21）年は3件であった。児童虐待の相談及び認知件数は、2008（平成20）年相談621件、通告582件、2009（平成21）年相談620件、通告736件、2010（平成22）年相談478件、通告814件と、札幌市児童福祉総合センター（児童相談所）で多くなっているようだが、保護者との信頼関係を壊さないように同意を得ているケースが多いようだ。要保護児童対策地域協議会の代表者会議に、札幌家庭裁判所もオブザーバーという形では出席して、連携を図っている。市児童相談所、中央児童相談所とも年1回は協議し組織的に意見交換をしているということであった。

札幌市学校教護協会は、1926（大正11）年から設立され85年の歴史をもつが、市内の公立・私立中高168校の校長・生徒指導担当等の教員が自主的に運営している任意団体である。各学校間の情報交換や連携を進め、子どもの問題を研修したり話し合ったりして学校を起点とした相互協力と連携を図っている。2011（平成23）年より教護協会に、札幌家庭裁判所の調査官もオブザーバーで参加するようになった。

㈣ **横浜家庭裁判所での取り組み**

全国の家庭裁判所における少年保護事件の総数（新受人員）は、2010（平成22）年には163,023人であって、刑法犯が121,275人で、そのうち窃盗が58,515人、業務上過失致死傷等が25,326人、横領・遺失物横領等が17,905人、傷害・傷害致死が5,944人と続き、特別刑法犯では、道路交通法違反が31,123人、軽犯罪法違反が4,567人と続く。少年保護事件の総数は、横浜家庭裁判所では、2001（平成13）年に17,863件、一般保護事件13,773件と最も多かったが、その後年々減少し、2010（平成22）年は12,025件と3分の2程度に減り、一般保護事件も9,880件と4分の3程度

に少なくなっている[43]。

横浜家庭裁判所では、道路交通法関係の保護事件も、2000（平成12）年に4,490件であったのが、2010（平成22）年には2,145件と半減している。全国平均と比べ、窃盗は全国平均が35.9％、横浜家庭裁判所は34.6％、遺失物横領の全国平均が11.0％であるのに対して、横浜家庭裁判所は12.2％と若干高くなっている。これに対して、住居侵入は全国が2.0％であるの対して、横浜家庭裁判所は3.1％、軽犯罪法違反が2.8％であるのに対して、横浜は6.57％ときわめて高くなっている。軽犯罪法違反事件は、2001（平成13）年には32人であったのが2010（平成22）年には781人と24倍にもなった。これは電車の自動改札を小児用切符ですり抜けようとして大量に検挙された事件の影響による。横浜では、遺失物横領事件、住居侵入、傷害、軽犯罪法違反事件が比較的多く、都市型非行が目立つ。

少年法6条の7にもとづいて、児童相談所から家庭裁判所に送致があったケース（児童福祉法27条1項4号の家庭裁判所送致）は、2010（平成22）年は3件、2009（平成21）年3件、2008（平成20）年0件であった。この種の事件は、少年に発達障害があり、ひとり親家庭などで保護者の監護状況に大きな問題があって、審判・調査がスムーズにゆくように関係機関との連携協力をしている。児童相談所運営指針で、児童相談所が家庭裁判所と十分な連絡をとるとしているが、事案の概要、指導内容、家庭状況、書類や資料の準備、通所措置にするか、入所措置にするかも含めて、児童相談所に出向いて協議したりしている。また、少年法18条1項により、都道府県知事または児童相談所長への送致とする場合にも、児童相談所とどのような処遇が必要で適切か相談する。さらに、少年法24条1項2号にもとづき保護処分として児童自立支援施設や児童養護施設に送致する場合にも、本人の要保護性や施設の状況などについて協議しながら判断をする。神奈川県では、児童自立支援施設として、大磯学園、横浜家庭学園、向陽学園の3か所があり、処遇困難なケースで、どの施設がよいかは関係機関と協

---

43) 最高裁判所事務総局編『平成22年版司法統計年報　少年事件編』（2011（平成23）年）4頁参照。

議しながら決定する。2007(平成19)年の少年法の改正により、警察による触法事案に関する調査権限が明文の規定で付与されたが、警察の触法事実についての調査と家庭裁判所調査官が行う社会調査や要保護性の調査は別であるため、事実の調査にとくに影響はない。

　横浜家庭裁判所では、年1回、学校、警察、鑑別所、保護観察所など少年保護関係機関との連絡協議会を開催している。また、公立中学校の生徒指導主事や警察との連絡協議会なども開催している。家庭裁判所では、非行少年や保護者に対する保護的措置として、個別面接のほかに、グループワーク、少年友の会の協力を得た大通公園の清掃などの社会奉仕活動、被害を受けた書店主などから話を聞く万引などの被害防止教室、保護者を巻き込んだ親業インストラクターの講演会などに積極的に参加してもらっているという。

　たとえば、小田原少年院では、15歳から20歳までの70人余りの少年が、窃盗、傷害、恐喝等の非行で収容されている[44]。法務省によれば、少年院を出て5年以内に再入院するのは16％前後で、刑務所への入所を含めると25％前後は、また犯罪や非行を繰り返す。少年院では、立ち直りや再非行の防止のために、被害者の立場になって考える被害者理解授業、悪友との関係を断ち切り、社会で生きるための人間関係の教育、薬物の危険性を教える薬物講習や暴走族・事故など交通講習などのプログラムを用意している。家庭裁判所と少年院、保護観察所との少年の立ち直りや再非行の防止のための連携も重要であろう。

　また、子どもについての調査をどうするか調査官の自庁研修をしたり、児童虐待やDVについて調停協会での合同研修なども行っている。児童福祉法28条1項の措置入所の承認事件は、全国の2010(平成22)年の新受事件は237件であるが、横浜家庭裁判所では、2008(平成20)年11件、2009(平成21)年11件、2010(平成22)年には10件であった。児童福祉法28条2項の期間更新の承認事件数は、2008(平成20)年2件、2009(平成

---

44) 2011(平成23)年2月13日付朝日新聞横浜版朝刊37面参照。

21）年２件、2010（平成22）年３件であった。さいたま家庭裁判所が15件、神戸家庭裁判所が９件、千葉家庭裁判所が16件であるので、横浜家庭裁判所はこれとほぼ同じくらいといってよい。2010（平成22）年１月に実施された家事関係機関連絡協議会では、児童福祉法28条事件がテーマとされ、親子再統合、福祉職、弁護士の関与などについて取り上げた。2012（平成24）年１月には、「家事事件の実情と関係機関の連携のあり方」というテーマで開催予定であり、民法の親権停止制度の創設などについても触れる。個別事件処理の連携や協力では、横浜家庭裁判所は、児童福祉法28条１項の事件では、児童相談所とは嘱託弁護士がいるため、主として担当調査官が同意がないこと、虐待・育児放棄等の子の福祉を害する監護状況があること、親子分離の必要性があることなどを調査し、必要によって、児童相談所、医療機関、学校・保育園・幼稚園等のスタッフから話を聞くこともあるということであった。

## Ⅶ　おわりに──今後の役割分担と連携に向けて

### ㈠　家庭裁判所から見た関係機関との連携の可能性

　少年事件や非行の問題について、家庭裁判所は、家庭裁判所調査官を通じてさまざまな教育的働きかけを伴う保護的措置を行い、調査と処遇との有機的な連携をとるための取組みが徐々に進み始めている。保護的措置の中でも、従来からの個別面接型、講習型だけでなく、グループワーク型、社会体験型、社会奉仕型など他の機関とも連携した多彩なプログラムが展開していた。また、保護観察中の少年が再非行に走り試験観察に付されると、試験観察と保護観察が競合することもあり、家庭裁判所と保護観察所との情報連携だけでなく、相互の役割分担と「行動連携」が必要になる場合もある。発達障害を抱えた非行少年に対しては、診断・治療・対応などをめぐる基本的知識、スクリーニング、専門機関の把握など家庭裁判所での保護処分の可否を判定する際にも、児童相談所、少年鑑別所、少年院、児童自立支援施設、保護観察所などでも情報交換、学習会・研修なども必

要であろう。また、少年の立ち直りのための少年院教官の熱心な個別処遇と、集団の力を活用した少年相互の自己啓発を図る集団処遇についても、より高い処遇効果を上げるための取組みにも学ぶ必要があろう。児童相談所の非行ラインはかなり縮小しつつあるが、児童相談所の児童福祉司との連携も重要であり、一時保護所の混合処遇や施設面や人的な面での制約はあるものの、子どもの問題の背景や原因についての専門性は高く、共通の理解と丁寧な情報交換を進めることで、家庭裁判所と児童相談所の非行防止面での連携協力もかなり進むのではないか。

児童虐待に関して、家庭裁判所と児童相談所との連携についても、家庭裁判所の公正中立性を確保しなければならない立場から、事件当事者の一方と近い関係になることは好ましくないとか、保護者との関係からも児童相談所との間には一定の距離をおくべきであるとの慎重論もなくはない。しかしながら、家庭裁判所の公正で中立的な立場で法的判断をするという司法機関としての役割と、子の福祉を実現し児童の権利擁護のために児童相談所等の関係機関と連携協力すべき機関としての役割のバランスと調和をどのように工夫して取るべきかを検討しなければならないと言えよう。

親権の停止制度を導入する民法の一部改正が2011（平成23）年5月に成立し、4月から施行の運びとなった[45]。親権の一時停止の制度が入れられると、児童虐待の緊急的な判断に当たっては、これまでのようなオールオアナッシングの対応でなくなるために、家庭裁判所は、より迅速かつ適切に個別的な親権停止という問題解決・司法介入の機能を果たせるようになるであろう[46]。そして、児童相談所や児童養護施設なども、対抗措置をとり攻撃をしかけてくる虐待親に対して、裁判所が司法的に関与して、親子分離が決定され、指導措置の勧告がなされるということで、家庭裁判所が法的判断機関として、児童相談所と虐待親との間のクッションになることが期待される。児童相談所は、虐待への迅速かつ適切な対応を求めら

---

45) 飛澤知行『一問一答平成23年民法等改正—児童虐待防止に向けた親権制度の見直し』（商事法務、2011（平成23）年）1頁以下参照。
46) 飛澤知行「民法等の改正の概要」法律のひろば64巻11号（2011（平成23）年）20頁参照。

れて、安否確認や虐待事実の確認、介入・保護などで、強制的な立入調査や権限発動というこれまでのケースワーク的アプローチとはちがった対応を迫られている。

　最近では医療ネグレクトをめぐるケースでの親権喪失宣告事件が増えているが、もう少し弾力的で柔軟な親権の一部停止、一時停止の制度化が望まれていた。たとえば、先天性の心疾患のある新生児について、親が宗教上の理由から手術に同意せず、医療同意の拒否に合理的理由が認められず、親権を濫用し、未成年者の福祉を著しく損なっているとして親権者としての職務執行停止と、その停止期間中の職務代行者の選任を認め手術を実施したケースがある[47]。この種の親権喪失宣告事件では、未成年者の疾患や病状、医療行為の種類や内容、効果とその危険性、医療行為の必要性・緊急性、医療を拒否する理由の合理性等を総合的に勘案して、親権濫用の有無が判断されている[48]。親権停止制度は、父母による親権行使が困難または不適当で子の利益を著しく害するときに、子、その親族、未成年後見人、未成年後見監督人又は検察官の請求により行うことができる（民法834条の2第1項）。家庭裁判所は、親権停止の審判に当たり、原因消滅がみこまれる期間、子の心身の状態及び生活の状況その他一切の事情を考慮して、2年を超えない範囲内で、親権を停止する期間を定める（民法834条の2第2項）。親権停止制度が導入されても、ほぼ同様の判断基準のもとに運用がされ、親権喪失とは異なってオールオアナッシングではないため、親権停止は使いやすくなるであろう。

　また、貧困、孤立、家族問題など複合的な問題を抱えた家族への専門的多職種間の対応が求められている。したがって、関係機関の支援や協力が不可欠であって、司法機関である家庭裁判所としても、子どもの問題の根本的な解決のためには、他の関係する機関との情報連携だけではなく、場

---

[47]　名古屋家審平成18・7・25家月59巻4号127頁、類似事例として、大阪家岸和田支審平成17・2・15家月59巻4号135頁参照。
[48]　吉田彩「医療ネグレクト事案における親権者の職務執行停止・職務代行者の選任の保全処分に関する裁判例の分析」家月60巻7号（2008（平成20）年）1頁以下に詳しい。

合によって、行動連携にもつながるような協力と協働が必要とされる場合があろう。とくに、北九州の少年サポートセンター（警察）、子ども総合センター（児童相談所）、少年サポートチーム（教育委員会）では、同じ建物内で、人事交流を含む緊密な連携がとられ、家庭裁判所も、調査官を中心に、非行の防止、立ち直り支援、問題解決に必要な範囲で協力し合える関係が形成されつつあった。

また、札幌では、警察の少年課が音頭をとって、非行、いじめ、暴力、虐待などの連携システムとしての少年サポートチームを発足させ、警察、児童相談所、教育委員会、少年育成センター、保健所、保護観察所等のほか、少年鑑別所、学校教護協会など20を超える構成機関、助言・協力機関で、個別問題ごとにチームを編成しながら対応をしている。家庭裁判所は、基本的に、独立した司法機関であるために、構成機関・助言・協力機関には入っていないが、個別ケースでの協力が必要な範囲では、調査官がオブザーバーとして参加することがあった。

連携の段階及び必要性については、①情報伝達レベル（主張の聴取や相互の事務連絡等）、②進行管理的な協力レベル（事件処理に関する要望等を聴取し、事件処理の方針や時間調整等も行う）、③事件処理に関する協議のレベル（意見交換を行い、部分的な共通認識を形成し、事件処理上の関与や役割を認識する）、④総合的な協力のレベル（ケース理解と援助の方針を共有し、関与や援助についても協力し合う）というものが考えられ、多くの調査官で①②のみという人と③④もかなり行っているという人が相半ばしたという[49]。しかしながら、お互いの専門機関としての立場の違いや役割の相違はあっても、非行・DV・暴力・児童虐待に対する問題の解決や予防のためにはかなり高度なレベルでの連携が必要になってくると思われ、今後はより具体的な問題ごとテーマごとの連携協力のあり方を模索しなければならないと言える。

---

49) 塩見准一「児童虐待が問題となる家事事件における家庭裁判所と児童相談所との連携の実情及びその在り方」調研紀要75号（2000（平成12）年）63頁参照。

## ㈡ 子どもの問題に関わる多機関連携のあり方

　それでは、子どもを犯罪の被害者や加害者としないために、家庭、学校（教育委員会）、児童相談所、警察、家庭裁判所、保護観察所、民間団体等の関係機関は具体的にどのような役割分担と相互連携をすべきであろうか。まず、子どもに関わる問題としては、犯罪・非行、児童虐待・家庭内暴力、いじめ・校内暴力・体罰・不登校・ひきこもり等のさまざまな問題があり、それぞれ、警察・裁判所・児童相談所、学校等の関係機関が主体的に介入関与したり、それぞれの守備範囲の中で、法令で定められた権限を行使し責任を負担することになっている。しかしながら、子どもたちの年齢やその置かれた状況、地域性、文化性、社会性などの変数もあり、また問題が発生した場所・時間軸等に応じて、これに関係する機関の性格・機能・組織の特性などの諸要因も加わって、関係する機関の果たすべき具体的な役割や連携の在り方についてもかなり流動的可変的であると言わざるをえない。

　本研究においては、政令指定都市の北九州市、札幌市、横浜市における警察の少年サポートセンター、児童相談所、教育委員会（学校）等関係機関のご協力とご理解を賜ることができた。この三政令市に焦点を当てたのは、北九州市が機関統合も含めた顔の見える緊密な連携モデルを採用していたからであり、また、札幌市も、少年サポートチームという注目すべき取り組みを展開していたからであった。そして、横浜市は、いわば東京を支える首都圏を構成しながら、大都市型の重層的な機関連携の取り組みを実施しており、この三政令都市を比較しながら、他の都市の取組みも勘案して、多機関の連携のあり方とモデルを分析検討することが有益だと考えたからである。本研究は、2年半ではあったものの、それぞれの都市の規模・人口、地域特性、社会的文化的状況、経済事情等の違いはありながらも、子ども安全や非行防止、立ち直り支援等では、上記3機関を中心にしたいくつかの有効かつ適正な多機関の連携モデルを看取することができた。

　北九州市は、人口96万人の政令指定都市で、非行・犯罪・虐待などの世

代間連鎖が著しく、複雑かつ困難な事例を多数抱えている。そこでは、少年サポートチーム、少年サポートセンター、児童相談所が同じ「ウェルとばた」というビルに結集し同じフロアで、人事交流も交えながら、顔の見える、話がすぐできる距離で、緊密な連携を制度的にも実現し、子ども総合センターという組織を形成して情報連携だけでなく、行動連携まで含めて緊密な協力関係を形成している。北九州モデルは、顔の見える、すぐ話しができる緊密な機関連携に取り組んでいた点が特色である。たとえば、実際に、数週間前に少年院を仮退院した中学3年生（14歳）が学校に登校して、対教師暴力をふるい暴れたというケースで、北九州少年サポートセンターに、中学校長から連絡と相談があって、所轄の警察との協議、学校からの被害届けの提出、スクールサポーターの派遣、学校から保護観察所への情報提供と指導、戻し収容の可能性、家庭裁判所の調査官とのぐ犯への対応の検討などの関係機関との緊密な連携と協力を図りながら、校内暴力等の問題の適切かつ迅速な解決を図った事例などが数多く報告されている。

　これに対して、人口186万人の主要都市である札幌市では、場所も人も別々で、お互いの機関の独立性・自主性を尊重しながら、必要なケースごとに、道警本部の少年課が事務局をしながら、構成機関・助言・協力機関としての少年サポートチームが構成され、関係する機関が個別的具体的な問題ごとのケース・カンファレンスを経て情報連携、ケアの連携を行っていた。札幌モデルは、お互いの機関としての独立性を前提として、子どもの問題に対する柔軟でスムーズな対応を可能にする仕組みとして、1996（平成8）年に創設された。北九州とは異なるモデルであって、近くにいることのメリットだけでなく、近すぎて仕事上の役割分担や権限の配分があいまいにならないか、できることとできないことを相互に理解し、子どものためになることをできることから実践するという取り組みである。たとえば、札幌市児童福祉総合センター（児童相談所）では、中学2年生女子の家庭が父子家庭で、ネグレクト系で、10数人の不登校・非行少年のたまり場になっており、近隣住民からの苦情と中学校からの相談があったケ

ースを適切に処理していた。このケースでは、学校と児童相談所、警察の少年サポートセンターとが連携協力して、保護者である父親を説得し、一時保護につなげ、女子生徒の振り返り、親子関係調整、保護者の転居などで、少女の生活の立て直しと非行グループの解散が実現していた。札幌市は、非行を端緒とすれば、虐待・ネグレクト事案にも、少年サポートチームが編成されて、関係機関の迅速なチーム対応が可能である。

　このような北九州市や札幌市のような取組みに対して、人口360万という大都市横浜市では、都市型の問題が起こっており、地域や家庭の再生を図りながら、関係機関が連携して問題の解決や予防、アフターケアをどのように行うべきか、具体的な都市型・非社会型非行や今日的な家族の機能不全に立ち向かう具体的な取り組みを展開していた。たとえば、非行では、学校と警察・少年相談・保護センター（少年サポートセンター）との連携により、対教師暴力に発展しそうな中学生男子生徒の招致補導、暴力の無意味さや原因へのケアなどきめ細やかな協力と役割分担が行なわれていた。また、児童生徒間の性被害のケースでの被害者の保護と加害少年に対する児童相談所への送致などの一連の迅速な対応で、保護者への手当、被害少女の保護などをし、学校・教育委員会、警察、児童相談所など関係する機関とのチームワークと継続的なケアにより、これらの複雑な問題のスムーズで迅速な解決が行われた事例も報告されている[50]。さらに、横浜市児童相談所では、非行や虐待で傷つきつまずいた子ども・若者について、一時保護所に自立支援部門を設けるなどして、青少年相談センターとも連携して、18歳を過ぎてからの切れ目のない自立支援を目指していることも、その特色としてあげることができる。

　また、横浜市では、2009（平成21）年12月に当時 1 歳であった女児が木箱で窒息死させられた重大事件があり、区役所と児童相談所の役割分担が不十分であり、同居していた男性の調査も不十分であったこと、地域の民

---

50)　2011（平成23）年 5 月20日開催のJST 石川プロジェクト公開シンポジウム（第 1 次）において、「横浜市の連携の実情紹介」として、JST 石川プロジェクト研究協力者の中嶋孝宏氏および阿部敏子氏が報告した内容による。

生委員や児童委員に情報が十分に伝わっていなかったこと、組織的な情報共有が不足していたことなどの反省から、再発防止策として、事例を共有化できる仕組みづくり、未然防止や早期対応が可能な人材育成・体制整備、記録や進行管理の電算化などが提言され、2011（平成23）年度からは虐待対応の児童福祉司を8人増員したり、情報共有と進行管理の電算化などの対応をとった[51]。さらにまた、横浜市では、児童虐待に関する医療機関や医師用の早期発見への心構えや親や子と面接するときの注意点などを書いたマニュアルなどを作成し[52]、その結果、最近は警察、学校のほかに、医療機関からの虐待の通報が増えており、関係機関との連携が機能しはじめているという成果も報告された。

(三) 多様な連携モデルの提示

　ところで、子どもの安全や青少年の健全育成を促進するためには、関係する機関それぞれの権限、責任、特質を尊重しつつ、これを前提とした可能な範囲での相互の役割分担と連携の在り方が模索されなければならない。問題をどこの機関が発見したり通告・処理できる権限や責任を負っているか、これに対して具体的に誰がどのように問題に介入し、どのような判断やリスクアセスメントのもとでケア・援助・問題解決の方針を立てるか、子どもたちをどこの機関が保護し自立支援をしていくことが適切かなど、虐待であれば、発見・通告・介入・保護・自立支援の各段階で関連機関は何をすることが可能か、また、非行であれば、学校、警察、児童相談所などがどのように発見・送致・審判・矯正・保護など予防、問題解決、アフターケアのどの段階で各機関が適切な介入とケアの実現ができるのか、できることとできないことの区分は行われているのか、できないことをどこの機関や人が補充することになるのか、それぞれの機関の限界と可能性について誰がどのように判断評価することになるのか、機関相互の接続をどこがコーディネートするのか、問題点と課題はコストベネフィット

---

51) 2011（平成23）年2月16日付朝日新聞横浜版朝刊29面参照。
52) 2011（平成23）年12月1日付朝日新聞神奈川全県版朝刊34面参照。

の観点から適切に検証されているのか等が明らかにされなければならない。児童虐待における要保護児童対策地域協議会のスキームは、代表者会議、実務者会議、ケースカンファレンス（ケース検討会議）の三層構造での会議体の全体的構造をとっている。子ども・若者支援地域協議会も、ニート・不登校・非行・虐待などの困難な問題を抱える家族や子ども・若者を支援するための地域における関係機関のネットワークである。問題ごとに、組織の情報収集調査機能、リスク判断評価機能、ケアプラン策定機能、問題解決機能、連絡調整・コーディネート機能、人材育成・研修教育機能など、もっとも適切な機関が、責任の所在と職分の限界を意識しつつ、機能分担と職責の範囲を明確にしてゆかなければならない。

　公的機関は、それぞれの活動の根拠や範囲を法令に依拠しているために、規制や介入についても、権力性、厳格性、強制性、画一性、公式性等を特色にしている。これに対して、民間の組織は、介入における非権力性、柔軟性、任意性、個別性、非公式性等の特徴をもつ。これら組織が独自に持つ集団としての特性や自主性を生かしつつ、実施可能かつ適切な介入や支援を決定していくことになろう。たとえば、少年の非行に関して、家庭裁判所は、保護観察や少年院送致、不処分などの判断をするために、調査官による調査や試験観察等を行うが、少年の行動や生活の様子をみるために、民間団体である「少年友の会」のメンバーや学生ボランティアとの短期合宿型補導委託、特別養護老人ホーム等の社会奉仕活動、公園の清掃作業等の地域美化活動など社会体験を通じた教育的働きかけで、再非行の防止や少年の立ち直り支援に大きな成果をあげていた[53]。「少年友の会」は、家事調停委員を中心に組織された民間機関であり、少年の立ち直りのために、地域社会の資源を有効に活用して、集団的個人的に教育的働きかけをしており、行政や司法の隙間を埋めて、柔軟かつ弾力的な活動を展開しているといってよい。

　連携という言葉についても、組織内連携と組織外連携があり、同一組織

---

[53] 落合卓「東京少年友の会に期待するもの―民の力を生かして」ケース研究310号（2012（平成24）年）87頁以下参照。

内でも、関係する部局どうしの連携協力が案外進んでいない場合も少なくない。ましてや、独自の責任と権限で拘束されている独立した機関同士が相互に連携していくためには、それぞれの機関の役割とその限界を見据えたうえで、情報レベルの連携と進行管理上の連携、ケアの指針の決定や具体的な処遇レベルでの行動の連携まで幅広い連携が考えられうる。具体的な問題、当事者、介入の段階や性質によっても多様な連携モデルが考えられうるが、多様化・多元化の著しい現代社会においては、むしろ固定的かつ静止的な連携よりも、弾力的動態的な連携モデルが求められているといってよい。

真の意味で制度を可動させるためには、組織、ヒト、モノ、カネが必要である。しかし、ヒト、モノ、カネは無尽蔵にあるわけではなく、社会的リソースには限りがあると言わなければならない。この有限の社会的リソースをいかに効率的かつ効果的に配分し活用していくかどうかという観点も、具体的な連携モデルの選択や提示にあたっては重要な考慮事項となりうる。

本研究においても、上記のような多彩な次元でのモデルを具体的な事例や実際の取り組みの中から抽出し、それぞれの地域や場所、組織形態において選択しうる複数のモデルの組み合わせにより、子どもの安全を守るための多機関連携モデルの実相とその再構築が求められているといえる。農山村地域、地方都市、大都市など、日本の国内におかれた地域、人口規模、産業区分、地理的社会的文化的背景など多様な社会状況に応じて、具体的に当該地域で必要とされている機関相互の役割分担と連携の在り方について、できるかぎり適正かつ有効に働くための基本的条件・作動条件や具体的な成果を出しうる情報、行動、組織連携のモデルの提示に努めたいというのが本研究の目的であった。

機関や組織の連携にはいくつかのモデルが考えられる。たとえば、家庭裁判所や保護観察所・少年院などのように、機関や組織としての独立性、公平中立性、画一性（統一性）が強く求められ、その権限や責任が法令により厳格に制限されている関係機関もある。しかも、中央で司法サービス

や組織としての活動内容が統一的にコントロールされている。そのため、これらの機関は、組織の性格から他機関との役割分担を明確にしたうえで、相互の尊重・相互理解を前提とした独立型連携（お互いの距離や限界を意識した個別ケースの協力や会議の主催・参加）にとどまらざるをえない面がある。

これに対して、警察の少年サポートセンター、教育委員会・学校、児童相談所は、子ども・少年と直に接して子の利益や子の福祉を図り、父母やその家族や地域社会との連絡協力をとりつけながら、子どもの安全や福祉を実現する機動性、協調性、併存性（非排他性）、柔軟性を旨とした弾力的な対応が可能である。もちろん、警察と学校・福祉との間に全く障壁や垣根がないわけではないが、組織、建物（場所）、人事（ヒト）の交流や統合を可能にする統合型連携（京都府や北九州市など）の連携モデルも可能であれば、独立したそれぞれの機関が個別ケースごとにサポートチームを形成したり、要保護児童対策地域協議会のような重層的な検討チームを立ち上げて取り組む併存型連携（札幌市、横浜市など）もありうる。結局、独立型連携も、統合型連携も、併存型連携も、当該組織のあり方、歴史、文化、意識、県と市の地方レベル、国家機関か地方機関かで、相当なバラエティーがあり、一概に優劣がつけがたい。それぞれのメリットは、デメリットにもなりうる。

さらには、東京、大阪、横浜のような大都市には、多数の職員、医師等の専門家、専門部門の立ち上げが可能であるが、地方の政令都市では、民間機関やボランティア、開業医、校医、一般の篤志家、民生委員、児童委員など、民間の力や行政の他の部門の力（補完型連携、支援型連携、たとえば、児童相談所が24時間の通報での対応のために、警察・消防等の夜間の応援を受けるなど）を借りてまかなわなければならないこともある。たとえば、北九州市のように、児童相談所の非行対応ラインと少年サポートセンターが緊密な情報行動連携をとるケースもある。また、北九州市のように、児童虐待との関係で、校医を学校と医療機関をつなぐ要として利用する例もある。足りない機能や部分を他機関や他の専門職種が充足する補完型、支

援型連携は、DVや高齢者虐待、家庭内暴力（子が親に震う暴力）でも必要性が高い。

たとえば、京都府家庭支援総合センターや沖縄県石垣市の中央児童相談所の八重山分室などでは、同じフロアで、児童虐待とDVの担当部署もあるため、児童虐待とDVとの間でかなり緊密な情報連携・行動連携がとれていた。これが縦割りの行政や独立した対応であり、場所も別々のか所に分かれて存在していると、タライ回し、責任のなすりあい、関係機関の連携不足で、重大な被害を引き起こしかねない。都市化、過密化、無縁化、貧困化で、家族のきずなや地域のネットワークが切断されつつある現代社会では、補完型・支援型連携も重要なテーマと言えよう。なお、東京都は、2013（平成25）年2月より、東京都児童相談センターが、「子供家庭総合センター」として新庁舎に教育相談センター、警視庁新宿少年センターも入って、児童虐待、不登校、非行などの子どもと家庭の問題に三つの相談機関が提携協力して対応して行くことになった。

最後に、家庭裁判所から見た、子どもを守るための関係機関の連携の作動条件としては、以下の4つをあげることができる。一つ目は、それぞれの機関独自の性格、固有の役割、組織としての特色や特殊性に対する相互理解とコミュニケーションの促進である。家庭裁判所は、司法機関として、適法な手続保障のもとに、法的判断を基礎にした公正中立な判断を求められる。そのために、組織としての独立性、公正中立性が何よりも強く要請され、日常的な連携、緊急時の連携、情報連携、行動連携、ネットワークの形成のいずれの点でも、制約と限界が存在する。しかしながら、警察・学校・児童相談所・家庭裁判所などお互いの組織や機関としての性格、組織の目的や法令上の権限と任務などを十分に理解し尊重しつつ、他方で、同じ地域で子どもたちを守るという共通目標のために活動している以上、日常的な情報交換、情報共有、連絡体制の整備、役割分担の確認、子ども支援関係機関の一覧表、担当者・連絡先などの作成が必要である。

二つ目は、地域での子どもを守るネットワークの構築や形成である。各機関の代表者レベルはもちろん、実務担当者や部門責任者レベルでも、顔

つなぎのための情報交換会、連絡協議会、研修会など名目はどうであれ、人と情報の交流やコネクションやネットワークは大切である。お互いの組織の特性や仕組みなどを十分に理解し尊重し合うことで、真に息の合った無理のない協力と連携体制が生まれてくる。家庭裁判所においても、家事関係、少年関係の連絡協議会が年1回程度開催され、学校や警察、児童相談所などとも連絡協議会が複数回開催されている。ここでも、機関の相互理解と地域ネットワークが形成されている。最高裁判所事務総局家庭局では、関係機関との協議や連携を進めており、かねてから注目されてきた北九州少年サポートセンターにつき、2011（平成23）年2月に視察を行い、北九州市子ども総合センターという建物も一緒にし、学校・警察・児童相談所の三者の人事交流もしている、いわゆる北九州モデルにつき、高い評価をしている。これに伴い、2011（平成23）年7月には、福岡家庭裁判所小倉支部での調査官研修では、少年サポートセンターの少年育成指導官ら職員が講師を務めた。また、三政令市の家庭裁判所では、学生ボランティアや「少年友の会」会員らによる社会奉仕活動や社会体験活動型の教育的働きかけが強力に推進されており、民と官の連携が相互のコミュニケーションと役割分担により、じつにうまく機能していた。

　三つ目に、個別ケースをめぐる連携であり、個々の子どもに関する問題の解決、予防、アフターケアのために、人員や体制が限られている中で、いかに有効かつ適切な機関連携ができるかどうかは、まさに、日頃のネットワーク、フットワーク、チームワークがモノを言う。もちろん、統合型連携を実現し、人の交流や場所の共有のほかに、情報や行動の連携まで緊密に実現できていればよいが、併存型連携、補完・支援型連携、独立型連携でも、個別ケースでの関係機関の縦割りと縄張り意識を超えた連携協力が不可欠である。そのためには、電話・メール・ファックス等のOA機器を使用し、相互に出向いたり、緊密に連絡を取り合い、カンファレンスや個別面談を機動的に実施して、お互いのできることとできないことを相互に確認し、事件の進行管理や問題解決のプロセスでの役割分担の確認を怠らないことである[54]。

四つ目には、各種の制度や問題の全体像を幅広く見渡すことができ、関係機関からの情報や意見をうまく引き出し、これを束ねることができるコーディネーターの存在は大きい。コーディネーターは、オールマイティーにすべてのことができる必要はない。むしろ、コーディネーターの役割としては、集まった関係機関の担当者から問題解決に役立つ情報やアイディアをうまく引き出せればよい。もちろん、コーディネーターは、関係機関の役割分担と連携の要であり、キーパーソンである。しかし、コーディネーターがすべてを取り仕切り、トップダウン型で細かい指示を出して、関係機関を動かすようなことはかえって連携をスムーズに進める障害となる。コーディネーターは、非行・虐待・いじめ・暴力など主たる具体的な問題を抱えた機関が中心となりつつも、必要な関係機関の担当者に連絡をとり、個別のケース検討会議やミーティングを立ち上げ、相互に出向いて、問題点の析出、具体的な援助や支援ニーズの把握、問題解決のための社会的リソースの確認、担当者や連絡先の紹介、援助や支援の計画の策定・実施、問題処理後の継続的フォローなどを行う。

　以上が、本研究での子どもの問題について、ともに家庭裁判所から見た多機関連携モデルとしての成果である。今後とも、限られた社会的なリソースの中で最大限に効果を発揮できる関係機関の連携のあり方と相互の役割分担について、一層の研究を続けて行きたいと思う。最後に、このような共同研究の機会と刺激を与えていただいた早稲田大学の石川正興教授とプロジェクトのメンバーの皆様に心より御礼を申し上げて、擱筆することにしたい。

---

54）　文部科学省国立教育政策研究所生徒指導センター『学校と関係機関等との連携』（2011（平成23）年）6頁以下参照。

# 第6章

# 研究成果の総括と提言

石 川 正 興

　Ⅰ　研究の目標と対象〜何を目標として、どのようなことを研究したのか〜
　　㈠　研究目標
　　㈡　研究対象
　Ⅱ　研究成果〜何が分かり、それをどう評価したか〜
　　㈠　はじめに
　　㈡　三政令市における特徴的な機関連携の仕組み
　Ⅲ　提言
　Ⅳ　社会実装へ向けて〜何が実現できたか？〜
　　㈠　三政令市三機関において機関連携の新たな仕組みや新たな制度を考案・導入
　　㈡　少年鑑別所が関与する機関連携の構築
　　㈢　児童相談所における現職警察官派遣ないしは警察官 OB の非常勤採用
　　㈣　警察庁通達および厚生労働省通知における石川 PJ 提言の反映
　　㈤　福岡市における「少年支援室」設置
　Ⅴ　石川 PJ のその後の活動について

## Ⅰ　研究の目標と対象〜何を目標として、どのようなことを研究したのか〜

　以下で述べることは、第1部第1章で触れたが、重複をいとわず今一度確認しておきたい。

### ㈠　研究目標

　本研究の目標は、主として中学生の被害者化・加害者化を防止し、立ち

直り支援を促進する適正かつ有効な機関連携の仕組みを解明することである。被害者化と加害者化の両方に焦点を当てたが、その理由は以下の2点である。

①中学生になると親からの虐待件数は全般的には減るが、ネグレクトや、女子に対する性的虐待が少なからず見られる。他方、学校におけるいじめなどの被害は未だ存在する。

②少年院や児童自立支援施設の被収容少年に関する調査（【資料1】参照）によれば、被収容少年（加害少年）の多くに親からの被虐待経験があると指摘されている。つまり、「被害者が転じて加害者になる」という反転ケースがみられる。

【資料1】少年院および児童自立支援施設被収容者の被虐待経験の有無に関する調査

(1) 児童自立支援施設入所児童に関する被虐待経験の有無に関する調査
厚生労働省雇用均等・児童家庭局調査「児童養護施設入所児童等調査結果の概要」(2009（平成21）年)
①平成21年7月現在児童自立支援施設の入所児童うち、虐待を受けたことがある子どもの割合…65.9%
②受けた虐待の種別内訳
　(ア) 身体的虐待…59.5%　　(イ) ネグレクト…45.4%
　(ウ) 性的虐待……32.1%　　(エ) 心理的虐待…21.0%

(2) 少年院入院者に関する被虐待経験の有無に関する調査
　　　　　　法務総合研究所研究部報告11「児童虐待に関する研究」(2000（平成12）年)
①平成12年7月現在全国少年院の中間期教育過程に在籍する全少年について、
　(ア) 身体的暴力（軽度）…「たたかれる、つねられる、物を投げつけられるなどの暴力」
　(イ) 身体的暴力（重度）…「殴られる、蹴られる、刃物で刺される、首を絞められる、火傷を負わされる
など、血が出たり、あざができたり、息ができなくなるような暴力」

(ウ)　性的暴力（接触）…「自分の意思に反して、性的な接触を無理強いされたこと」
　(エ)　性的暴力（性交）…「自分の意思に反して、性交された（されそうになった）こと」
　(オ)　不適切な保護態度…「1日以上、食事をさせてもらえなかったこと」
上記(ア)～(オ)のうち、家族から身体的暴力、性的暴力及び不適切な保護態度のいずれか1つでも受けた経験がある者…約70％
②受けた暴力の内訳
　家族から身体的暴力(ア)(イ)のどちらか又は両方の経験がある者…約50％
　家族から性的暴力(ウ)(エ)を受けた者…男子で約1％、女子で約15％
　家族による不適切な保護態度の経験者…男子で8％、女子で約11％

## (二)　研究対象

　加害者化・被害者化のプロセスのうち主として、(i)加害/被害が発生した段階で、その拡散を沈静化する場面と、(ii)加害/被害後の事後処理の初期段階における対応場面に焦点を絞り、学校・教育委員会、児童相談所、警察（特に少年サポートセンター）を中心とする機関連携の仕組みとその活動を研究対象とした。

　近年、学校・教育委員会、児童相談所、警察（特に少年サポートセンター）の三機関は、少年の健全育成のために相互に連携する必要性が叫ばれるとともに、それぞれの機関内部において相互の連携を促す動きが見られる。

①　学校（中学校）側の事情
　【資料2】のとおり、生徒による校内暴力事案（対教師・生徒間暴力/器物損壊など）は依然として増加を続けている。こうした中、学校内では警察の強制力を背景にした権力的介入を極力排除しようとする傾向が依然として存在するものの、暴力事案への対応に経験豊かな警察の協力を求める声が上がっている。

**【資料2】中学校内における校内暴力発生件数の推移**

1989（平成元）～2010（平成22）年度

| 年度 | 発生件数 | 生徒1,000人あたりの校内暴力発生件数 |
|---|---|---|
| 1989（平成元） | 3,222 | 0.6 |
| 1990（平成2） | 3,090 | 0.6 |
| 1991（平成3） | 3,217 | 0.7 |
| 1992（平成4） | 3,666 | 0.8 |
| 1993（平成5） | 3,820 | 0.8 |
| 1994（平成6） | 4,693 | 1.1 |
| 1995（平成7） | 5,954 | 1.4 |
| 1996（平成8） | 8,169 | 1.9 |
| 1997（平成9） | 18,209 | 4.3 |
| 1998（平成10） | 22,991 | 5.6 |
| 1999（平成11） | 24,246 | 6.1 |
| 2000（平成12） | 27,293 | 7.1 |
| 2001（平成13） | 25,769 | 6.9 |
| 2002（平成14） | 23,199 | 6.4 |
| 2003（平成15） | 24,463 | 7 |
| 2004（平成16） | 23,110 | 6.8 |
| 2005（平成17） | 23,115 | 6.9 |
| 2006（平成18） | 27,540 | 7.6 |
| 2007（平成19） | 33,525 | 9.3 |
| 2008（平成20） | 39,161 | 10.9 |
| 2009（平成21） | 39,382 | 10.9 |
| 2010（平成22） | 38,705 | 10.8 |

（注1）2010（平成22）年度「児童生徒の問題行動等生徒指導上の諸問題に関する調査」による。
（注2）校内暴力とは、「対教師暴力」「生徒間暴力」「対人暴力」「器物損壊」の4種類を指す。
（注3）1997（平成9）年度からは調査方法を改めている。
（注4）2006（平成18）年度からは国私立学校も調査。また、中学校には中等教育学校前期課程も含める。

② 児童相談所側の事情

【資料3】のとおり、近年児童相談所では児童虐待相談対応件数が大幅に増加している。これに対し、非行（触法）相談件数は大きな増加は見られないものの、1万6,000件から1万7,000件の間の高水準を維持しており、公的機関の対応を求める声は依然として高い。こうした状況下にあって、児童相談所は児童虐待相談に多くの労力を割かなければならず、非行

**【資料3】児童相談所における虐待相談・非行相談対応件数および全相談件数に占める比率の推移**

| 年度 | 総数 | 虐待相談 | | 非行相談 | | その他 | |
|---|---|---|---|---|---|---|---|
| | | 件数 | 比率(%) | 件数 | 比率(%) | 件数 | 比率(%) |
| 1992（平成4） | 276,823 | 1,372 | 0.4 | 18,004 | 6.5 | 257,447 | 93.1 |
| 1993（平成5） | 281,430 | 1,961 | 0.7 | 16,850 | 6 | 262,619 | 93.3 |
| 1994（平成6） | 291,904 | 2,722 | 0.9 | 15,512 | 5.3 | 273,670 | 93.8 |
| 1995（平成7） | 312,453 | 4,102 | 1.3 | 15,585 | 5 | 292,766 | 93.7 |
| 1996（平成8） | 316,531 | 5,352 | 1.6 | 16,121 | 5.1 | 295,058 | 93.3 |
| 1997（平成9） | 325,925 | 6,932 | 2.1 | 16,921 | 5.2 | 302,072 | 92.7 |
| 1998（平成10） | 335,182 | 11,631 | 3.4 | 17,631 | 5.3 | 305,920 | 91.3 |
| 1999（平成11） | 346,183 | 17,725 | 5.1 | 17,057 | 4.9 | 311,401 | 90 |
| 2000（平成12） | 361,124 | 23,274 | 6.4 | 17,073 | 4.7 | 320,777 | 88.9 |
| 2001（平成13） | 381,843 | 23,738 | 6.2 | 16,841 | 4.4 | 341,264 | 89.4 |
| 2002（平成14） | 398,025 | 26,569 | 6.6 | 15,670 | 3.9 | 355,786 | 89.5 |
| 2003（平成15） | 341,629 | 33,408 | 9.7 | 16,508 | 4.8 | 291,713 | 85.5 |
| 2004（平成16） | 351,838 | 34,472 | 9.7 | 18,084 | 5.1 | 299,282 | 85.2 |
| 2005（平成17） | 349,911 | 37,323 | 10.6 | 17,571 | 5 | 295,017 | 84.4 |
| 2006（平成18） | 381,757 | 40,639 | 10.6 | 17,166 | 4.5 | 323,952 | 84.9 |
| 2007（平成19） | 367,852 | 42,664 | 11.5 | 17,670 | 4.8 | 307,518 | 83.7 |
| 2008（平成20） | 364,414 | 42,664 | 11.7 | 17,172 | 4.7 | 304,578 | 83.6 |
| 2009（平成21） | 371,800 | 44,210 | 11.8 | 17,690 | 4.8 | 309,900 | 83.4 |

（注1）厚生労働省が毎年発表している「社会福祉行政業務報告（福祉行政報告例）結果の概況」を基に作成。
（注2）「その他」は、「虐待相談以外の養護相談」「障害相談」、「育成相談」、「保健相談」、「その他の相談」を含む。

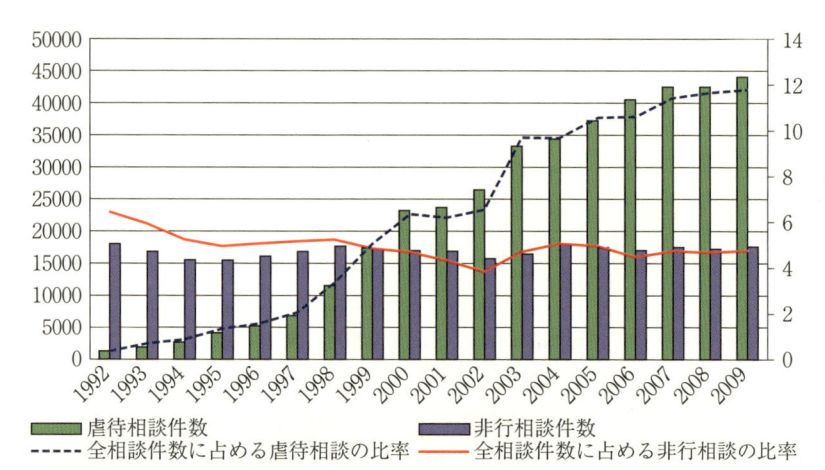

児童相談所における**虐待相談・非行相談**の対応件数および全相談件数に占める比率の推移（1992［平成4］年～2009［平成21］年）

相談事案に対しては手厚い対応ができにくいという事態が続いている。

こうした学校や児童相談所側の事情もあり、1997（平成9）年、都道府県警察の組織内に少年サポートセンターが設置された。少年サポートセンターは警察本部の少年課（方面本部の場合は生活安全課）に置かれる組織で、少年補導職員を中心に構成され、少年相談、継続補導・立ち直り支援、街頭補導活動、広報啓発活動などを行う。少年警察活動規則上、「専門的知識及び技能を必要とし、又は継続的に実施することを要する少年警察活動について中心的な役割を果たすための組織」と位置付けられている（少年警察活動規則2条12号）。

簡単に言えば、少年サポートセンターは、警察の一組織でありながら、警察の捜査部門のような強制力を背景にした権力的色彩が希薄であり、市民がアプローチしやすい部門として設置されたわけである[1]。すなわち、少年サポートセンターは、第一に少年が犯罪・触法行為を行った場合に、

---

1) 2011（平成23）年4月1日現在全国に197か所の少年サポートセンターがあり、うち68か所は警察施設外に置かれている。しかし、大半のセンターは警察施設の中に置かれているため、市民のアプローチが困難な状況にある。

警察の捜査部門のように事件化の方向で対応（ハードな対応）するのではなく、可能な限り事件化の前に福祉ケースワーク的介入（ソフトな対応）を行い、第二に少年が犯罪・いじめ・虐待等により被害を受けた場合、その心身に有害な影響を与え、その後の健全育成に障害を及ぼすおそれが大きいという認識の下に、被害少年への支援をも行う部門であるという点に特徴がある。

　これらの特徴を備える少年サポートセンターは他の機関からも受け入れやすく、それゆえ連携を築きやすくしていると言えるだろう。

　こうして、学校・教育委員会、児童相談所、警察（特に少年サポートセンター）の三機関の連携を考案・導入する都市が見られるようになっており、その実態を探り、連携の実現可能性を考究することが重要な課題となってきている。私どもはこのように考えて、三機関の連携の仕組みを研究対象にし、なかでも北九州市、札幌市、横浜市の三市を取り上げた。

　三市はそれぞれオリジナリティに富み、極めて示唆的な機関連携の方式を採用している。
すなわち、
　①北九州市では、「**三機関同居型連携と機関相互の活発な人事交流**」を導入した。
　②札幌市では、少年サポートセンターがコーディネート役を担う「**少年サポートチーム**」を常設化した。
　③横浜市では、「学校警察連携制度」における警察側の担当部局を少年捜査課ではなく、**少年育成課に設置**するとともに、その運用面においても、「**生徒の学内外の問題行動**」に関する活発な情報の共有化を図ってきた。

　以下では、これらの特色ある機関連携の仕組みを説明するとともに、それに対する私どもの評価を示したい。

## Ⅱ 研究成果～何が分かり、それをどう評価したか～

### ㈠ はじめに

　二年半に及ぶ三政令市の調査研究により解明した「学校・教育委員会、児童相談所、警察（特に少年サポートセンター）」を中心とする機関連携の仕組みについては、既に各リーダーたちの論述の中で部分的に説明されており、またその詳細については本書第3部資料編に収めてあるので、そちらをご覧いただきたい。ここでは、上述した三政令市の特徴的な機関連携の仕組みを中心に論述し、それぞれに関する評価を行う。

　私どもが行った評価には、実務担当者による評価と、私ども早稲田大学研究グループによる評価の二通りのものがある。実務担当者による評価は、さらに**三政令市の実務家による「内部」評価**と、**三政令市以外の自治体の実務家による「外部」評価**に分かれるが、これらについては第3部資料編のなかで紹介する[2]ことにして、以下では、早稲田大学研究グループによる評価についてのみ触れる。

　三政令市における機関連携の仕組みに関して各論的評価を行う前に、総論的な事柄を説明しておこう。早稲田大学研究グループが評価に当たって重視したのは二つの評価基準、すなわち第一に機関連携の「適正性」という法的評価基準であり、第二に機関連携の「有効性」という経験科学的基準である。

**適正性に関する法的検討**

　適正性に関しては、以下の点を考慮した。
　①連携を組む各行政機関の活動が、それぞれの行政機関を規制する学校教育法・児童福祉法・警察法や国家公務員法・地方公務員法等の根拠法令に違反していないか。

---

2) 本書第3部資料編【Ⅱ】「機関連携の仕組みに関する実務担当者による評価」を参照。

②行政機関の連携活動における個人情報の取り扱いが、個人情報保護法や個人情報保護条例に則って行われているか。

③連携を組む各行政機関の活動により、対象者である少年や保護者の人権を不当に侵害していないか。

### 有効性に関する経験科学的検証

機関連携の「有効性」に関する経験科学的検証は、①機関連携による個別対応ケースの有効性の検証（ミクロな立場からの検証）と、②機関連携に関する大量観察による有効性の検証（マクロな立場からの検証）という二つの手法を採用した。

ところで、機関連携により「少年の被害者化・加害者化の防止」が有効に達成されることが重要なことは論をまたないが、その検証には困難が付きまとう。とりわけ、機関連携による個別対応ケースの有効性の検証については、そうである。

① 機関連携による個別対応ケースの有効性の検証（ミクロな立場からの検証）

まず、有効性の検証においては、機関連携を行うにあたって達成すべき目的を何に求めるかを明らかにする必要がある。例えば、学校内で現に生じている加害行動に対して学校と警察が協力して対応する場合、そこでの当面の目的は「加害行為による被害を最小限にとどめること」であり、この目的との関係で機関連携の有効性を評価することにはさしたる困難が伴わないであろう。問題は、加害行動を行った生徒に対する事後処理の場面において行われる機関連携の目的である。この場面で考えられる目的には、大きく分けて二つのものが考えられる。

一つは加害少年による「加害行為の再発防止（社会の安全）」であり、他は「加害少年の立ち直り（個人の福祉）」である。連携の現場ではこの二つの目的の両立を図るべくたゆまぬ努力をされているものと推察するが、ややもすると二つの目的はバランスを失い、一方の目的が暴走する可能性が

ある。すなわち、「加害行為の再発防止」の面ばかりが強調されると、加害少年を社会から一方的に排除する方向への力が働き、他方「加害少年の立ち直り」の面を強調しすぎると、加害少年により被害を受けた個人や社会の安全が犠牲にされることも生じうる。

加えて問題になるのは、有効性を検証する場合の期間をどのくらいに設定するかである。PJ が対象とした中学生の場合、中学在学中に限定するか、中学卒業後の高校在学までか、あるいはもっと長期に設定するか、いずれにせよ「加害行為の再発防止」も「加害少年の立ち直り」も短期間での効果検証ではあまり意味がない。しかし、対応の現場に対して長期にわたるフォローアップを求めることは、至難の業と言わざるを得ない。

PJ では、このように考えて、機関連携による個別対応事例の有効性を図るために、以下の二つの指標を設けた。

【指標ⅰ】中学生の期間において、当該問題を引き起こした中学生の心情の安定が図られ、問題行動が沈静化したこと、

【指標ⅱ】中学生の期間において、当該中学生少年が復学や就労に向けて歩み出したこと。

こうして、三政令市から「機関連携によって対応した個別ケース」についてかなり詳細なデータの提供を受け、上記の指標に照らして有効性の評価を行った。提供を受けたケース数は、以下のとおりである。

・北九州市の三機関同居型の機関連携の対応ケース：11例
・札幌市の少年サポートチームによる最近の対応ケース：3例
・横浜市の某中学校を中心に構成されたケースカンファレンスによる対応ケース：1例

個別ケースと評価結果の詳細を掲載することは、対象少年の個人情報保護の観点から許されるものではない。ここでは概略の記載に留めたい。

a) 提供を受けた対象少年の多くは、「適切な機関連携」により、児童相談所の一時保護所や児童自立支援施設収容という「一時的隔離」を受けていた。したがって、機関連携だけで**指標ⅰ**が達成されたわけではなく、「一時的隔離」の影響も大きく作用しているとも言える。しかしながら、

一時的隔離が関係機関によって不適切に行われていれば、隔離は心情の安定を阻害し、問題行動をかえって進行させる可能性があるから、**指標ⅰ**が達成されたということは、やはり「適切な機関連携」が大きく作用していると判断すべきであろう。

　b）これに対して、**指標ⅱ**の達成には、指標ⅰの達成よりも多くの困難が付きまとう。例えば、対象少年に対する機関連携が適切に行われた結果、少年が児童自立支援施設への収容を肯定的に受け入れて、そこでの処遇も良好に推移した結果、再び家庭に戻され、復学するという事例を考えてみよう。

　この場合、帰住先の家庭環境が依然として非行誘発的な環境であれば、**指標ⅱ**の達成は難しい。もとより、関係諸機関の連携により家庭環境の調整が行われるのは言うまでもない。しかし、提供を受けた事例の中には極めて劣悪な家庭環境で、少年を当該家庭から引き離して里親などに委託すべきケースも見られる。また、復学先の学校の受け入れ態勢の整備という問題もある。

　PJが提供を受けた機関連携のケースでは、適切な里親等の開拓、学校の受け入れ態勢の整備もまた多くの労力を費やして行われていた。**指標ⅱ**の達成は、こうした多くの困難の克服の結果であることを指摘しておきたい。

　　②　機関連携に関する大量観察による有効性の検証（マクロな立場からの検証）

　機関連携の有効性を客観的に評価する方法としては、既存のシステムに当該機関連携の仕組みを導入した結果として、加害者化・被害者化防止のうえで意義のある数値の変化が生じたかどうかを図る方法がある。ただし、この方法についても、社会的事象はそれを取り巻く複数の事象との相互作用によって日々変化するものであり、ある事象と事象の間に明確な因果関係があるかを断言することは不可能に近い。したがって、当該機関連携の仕組みが導入されたこと以外に数値に影響を与える大きな要因が無い

という仮定に基づいて、事象間に一定の相関関係があるという指摘ができるにとどまる[3]。

## (二) 三政令市における特徴的な機関連携の仕組み
### A. 北九州市（人口97万人、7区）における特徴的な機関連携の仕組み

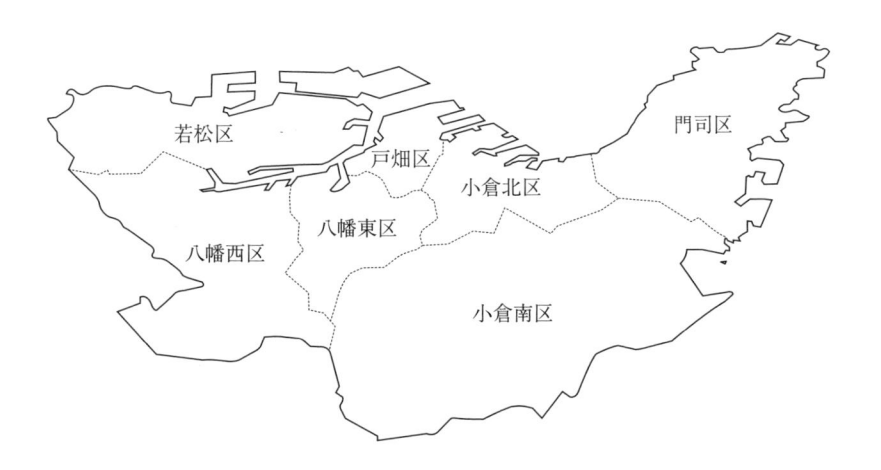

（若松区、戸畑区、門司区、小倉北区、八幡東区、八幡西区、小倉南区）

### (1) 三機関同居型連携について

#### 1. 三機関同居型連携の実態

【資料4】のように、北九州市では、児童相談所、少年サポートセンター、教育委員会指導第二課が所管する少年サポートチームが「ウェルとばた」という建造物の同一フロアにそれぞれの事務所を構える。こうした物

---

[3] ある機関連携の有効性を厳密に測定するとすれば、当該連携を導入した実験群と導入しない対象群とを設けた「比較対象法による実験」が必要となろうが、迅速・的確な対応を求められる人を対象とする加害・被害の事後処理場面でこれが可能であるか疑わしい。ある所が採用した機関連携のうち、他所でも支持され、採用されるに至った仕組みは、言うなれば、実務家の「蓄積された経験知」による検証を経たものであると考えられる。例えば、「要保護児童対策地域協議会」という機関連携の仕組みを導入した2004（平成16）年の児童福祉法改正や、同じく「子ども・若者支援地域協議会」という機関連携の仕組みを導入した子ども・若者育成支援推進法の制定などは、その好例であろう。PJでは、こうしたことも視野に入れて、「有効な」機関連携に関する提言を行った。

理的・空間的な基礎的条件が、普段からの情報の共有化を促進するとともに、緊急対応時における迅速・的確な行動の連携を容易にさせている。

**【資料4】ウェルとばた5階の平面図**
(北九州市ウェルとばたHP「フロアーガイド」から転載)

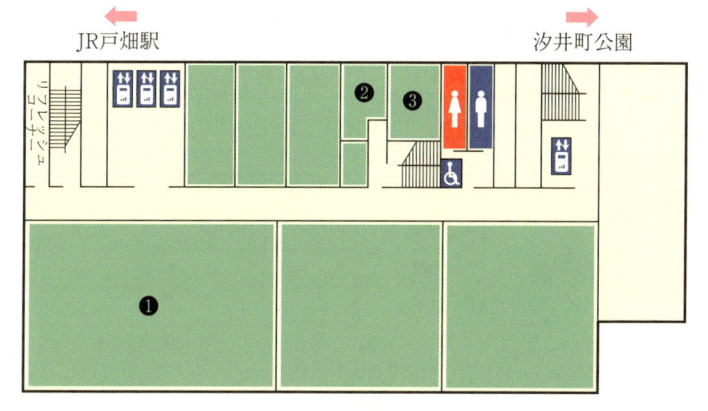

❶北九州市子ども総合センター（市児童相談所部門）
❷少年サポートチーム（市教育委員会指導第二課の機関）
❸北九州少年サポートセンター（県警察少年課の機関）

　しかし、北九州市の三機関連携の仕組みの特徴は、三機関が同一建物の同一フロアに同居するという物理的・空間的な点にだけあるのではない。【資料5】のとおり、三機関相互における教員・警察官の人事交流が、札幌市や横浜市に比べて数多く実施されている。北九州市の三機関における情報の共有化と迅速・的確な行動連携を支えるもうひとつの条件が、この人事交流の活性化にあることは言うまでもない。
　ところで、本章【Ⅲ】提言の箇所で触れることになるが、異種機関相互間の情報の共有化と迅速・的確な行動連携を図る上でのキーとなるのは、機関と機関との連携をコーディネートする有能な人物である。こうしたコーディネート役は簡単に発掘できるものではなく、中長期的な視野からその候補者を意図的・計画的に育成しておかねばならない。その育成の際の

重要な方法の一つが、人事交流である。本属での勤務経験のみならず他箇所での勤務経験は、機関連携のコーディネート役を果たすうえでの不可欠な条件であることを指摘しておきたい。

**【資料5】三政令市三機関における人事交流の現状**

| (a)児童相談所における他機関からの人事交流 | | | | |
|---|---|---|---|---|
| | | 派遣 | 出向 | 退職者の雇用 |
| 教育委員会⇒児童相談所 | 北九州市 | 0 | 10 | 7 |
| | 札幌市 | 0 | 1 | 2 |
| | 横浜市 | 0 | 0 | 0 |
| 警察⇒児童相談所 | 北九州市 | 0 | 0 | 4 |
| | 札幌市 | 0 | 0 | 1 |
| | 横浜市 | 0 | 0 | 0 |

(注) 北九州市では子ども総合センター内に「児童相談所部門」が設置されているが、ここではセンター全体での数値を計上している。

| (b)少年警察部門（少年サポートセンターを含む）における他機関からの人事交流 | | | | |
|---|---|---|---|---|
| | | 派遣 | 出向 | 退職者の雇用 |
| 教育委員会⇒警察 | 北九州市 | 1 | 0 | 0 |
| | 札幌市 | 0 | 0 | 0 |
| | 横浜市 | 0 | 1 | 0 |
| 児童相談所⇒警察 | 北九州市 | 0 | 0 | 0 |
| | 札幌市 | 0 | 0 | 0 |
| | 横浜市 | 0 | 0 | 0 |

| (c)教育委員会における他機関からの人事交流 | | | | |
|---|---|---|---|---|
| | | 派遣 | 出向 | 退職者の雇用 |
| 児童相談所⇒教育委員会 | 北九州市 | 0 | 0 | 0 |
| | 札幌市 | 0 | 0 | 0 |
| | 横浜市 | 0 | 0 | 0 |
| 警察⇒教育委員会 | 北九州市 | 0 | 0 | 3 |
| | 札幌市 | 0 | 0 | 0 |
| | 横浜市 | 0 | 0 | 4 |

## 2．三機関同居型連携で扱った事例に関する評価
### ① 評価の対象事例
　私どもが評価の対象として提供を受けたのは、加害少年の事例が8例、被害少年の事例が3例、計11事例である。加害少年の事例の中1例は過去に被虐待経験、1例はいじめを受けた経験があり、被害少年の事例中1例は非行、1例は家庭内暴力があった。

### ② 有効性の評価
　11例中7例において、児童相談所の一時保護所や児童自立支援施設を活用して、非行誘発的な環境からの「一時的隔離」を行った後、施設退所後のアフターケアを実施した。この一時的隔離の決定にあたっては、各機関間で十分な検討を行い、隔離期間中も対象少年と密接に関わることによって対象少年の心情が安定し、健全育成に向っての前向きな歩みが見られた。このように、機関連携は効果的に機能していたと評価したい。
　ただし、施設退所後の家庭環境が旧態依然であれば、再び非行へと誘発される可能性があるから、社会復帰後の環境調整の側面でも機関連携が重要になる。この点についても、北九州市では対象少年の家庭環境が劣悪だと判断した場合には、家庭に代わる新たな受け入れ先を確保する努力を行っていた点でも評価に値する。

### ③ 適正性の評価
　個人情報保護の観点では、個人情報保護条例に則り機関相互間での個人情報の取り扱いが適正に行われていた。また、法令上原則2か月とされる児童相談所への一時保護のケースにおいて（児童福祉法33条）、それを超える長期の一時保護も見られたが、その場合も後見人である弁護士の同意を得て、適正に行われていた。

## (2) 少年支援室について
　北九州市では1990年代後半からシンナー等の吸引少年の増加が見られ、

市教育委員会が所管する「北九州市少年相談センター（現在の「かなだ少年支援室」）」は、小倉北警察署の少年補導職員、児童相談所のケースワーカー、教育委員会指導主事との連携のもとに、少年の継続補導を実施した。しかし、市教育委員会が所管するのは市立の小中学校が主であり、したがって、継続補導が中学生以降まで及ぶことが困難であった。

そこで、2002（平成14）年に、市教育委員会が所管する3か所の少年相談センター（所謂「少年補導センター」）と2か所の教育センター教育相談室（所謂「適応指導教室」）が児童相談所と合体し、市長部局としての「子ども総合センター」に統合され、そこに新たに「少年支援室」が設置されることになった。少年支援室の対象少年は満20歳未満とされており、これにより中学卒業後20歳未満までの切れ目のない補導・立ち直り支援が可能となった。これに加え、市教育委員会所管の「少年相談センター」と「教育センター教育相談室」が市長部局としての「子ども総合センター」に移管されたことにより、現職教員の児童相談所への出向や、教員OBの児童相談所・少年支援室での再雇用という人事交流の活発化がもたらされたことも、多機関連携を一段と加速した。

こうした少年支援室の設置とそこでの機関連携は、【資料6】のとおり、北九州市におけるシンナー等乱用少年の検挙・補導人員の減少の大きな一因となったものと評価できよう。

**【資料6】北九州市におけるシンナー等乱用少年の検挙・補導人員の推移（平成8年～22年）**

| 件数（件） | 平成8年 | 平成9年 | 平成10年 | 平成11年 | 平成12年 | 平成13年 | 平成14年 | 平成15年 | 平成16年 | 平成17年 | 平成18年 | 平成19年 | 平成20年 | 平成21年 | 平成22年 |
|---|---|---|---|---|---|---|---|---|---|---|---|---|---|---|---|
| ■総数 | 257 | 300 | 263 | 157 | 174 | 228 | 219 | 349 | 238 | 163 | 90 | 60 | 37 | 31 | 16 |
| ■児童・生徒 | 78 | 86 | 60 | 58 | 74 | 68 | 84 | 108 | 96 | 45 | 21 | 13 | 9 | 13 | 7 |
| ■一般少年 | 179 | 214 | 203 | 99 | 100 | 160 | 135 | 241 | 142 | 118 | 69 | 47 | 28 | 18 | 9 |

（注）福岡県警察本部提供資料を基に石川PJが作成

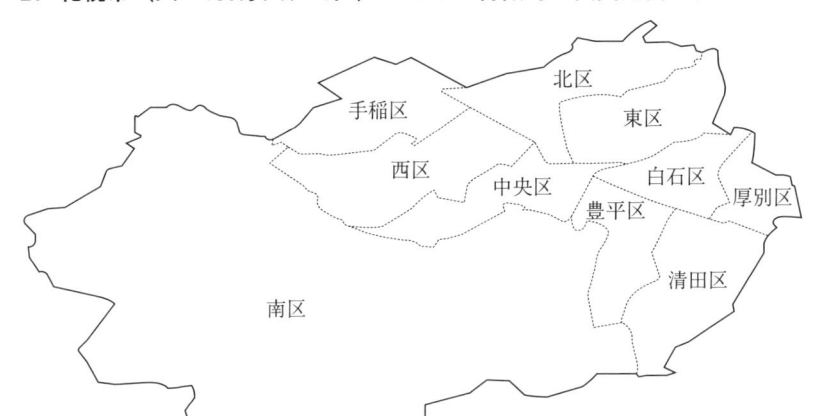

## B. 札幌市（人口189万人、10区）における特徴的な機関連携の仕組み

[札幌市の区分地図：手稲区、北区、東区、西区、中央区、白石区、厚別区、豊平区、清田区、南区]

### (1)「少年サポートチーム」について

#### 1.「少年サポートチーム」の仕組みと活動

「少年サポートチーム」は、1996（平成8）年に設置された。当初は少年課が事務局を担当していたが、翌年に北海道警察本部に少年サポートセンターが設置されたのに伴い、事務局は少年サポートセンターに移行し、現在に至っている。

「少年サポートチーム」の目的は、その実施要領（【資料7】参照）に「チームが対象とする少年の問題について、複数の機関が連携して支援する必要があると判断されるケースについて、必要とされる関係機関の実務担当者による『チーム』をつくり、各機関の業務内容に基づき相互に連携して対応すること」と明記されている。この「多機関連携問題解決チーム」ともいうべきチームが扱う事例は、いじめの加害少年・薬物乱用少年・暴走族少年・校内暴力少年等のほかに、いじめ・虐待・その他の犯罪被害少年も含まれる。

重篤な問題を抱えた被害少年・加害少年に対応するための機関連携は他の都市でも見られたが、札幌市を中心とする北海道の場合は、実施要領に

より「制度化された機関連携の仕組み」にした点にあり、2003（平成15）年の「青少年育成施策大綱」以降、「少年サポートチーム」が全国展開されるのに先立つ先駆的な試みであった。

---

**【資料7】北海道警察本部の「少年サポートチーム実施要領」**

1　「少年サポートチーム」の目的
　「少年サポートチーム」は、チームが対象とする少年の問題について、複数の機関が連携して支援する必要があると判断されるケースについて、必要とされる関係機関の実務担当者による「チーム」をつくり、各機関の業務内容に基づき相互に連携して対応することを目的とする。また、同チームは事務局及び各機関の要請等に応じて、事例研究会の開催、連携した広報活動等も実施する。

2　チームが対象とする少年
　チームが対象とする少年の範囲は、「いじめ」、「虐待」、その他の犯罪被害少年及び「いじめ」の加害少年、薬物乱用少年、暴走族少年、校内暴力少年等で事件として措置することができない少年とする。

3　事務局
　「少年サポートチーム」の事務局は、警察本部生活安全部少年課に置く。ただし、将来、少年課の付置機関として「少年相談・補導センター（仮称）」が設置された場合には、同センターに事務局を置く。
　事務局は、少年課及び警察の各部署において取り扱っている少年の相談・補導等のケースについて、「少年サポートチーム」を編成することが必要と判断した場合、及び連携機関が扱っているケースについて同チーム編成の要請があった場合には、必要な関係機関に連絡して「少年サポートチーム」を編成し、チーム会議を開催する。なお、チームの編成要請及びチーム会議の開催は、別紙の様式1-3により行う。

4　チーム担当者
　「少年サポートチーム」を構成する各機関はチーム担当者を置き、その所属、氏名等事務局からの連絡に必要な事項を事務局に登録し、担当者の変更があった場合は、その都度事務局に通知する。
　事務局からチーム編成の連絡を受けた各機関のチーム担当者は、当該ケ

ースに対応できる実務担当者を指名してチーム員に指定し、事務局へ通知する。1つのケースについて各機関が指定するチーム員の人数は、各機関の必要に応じてそれぞれの機関が決定する。また、各機関は、事務局からチーム員の指定を要請された場合であっても、各機関の判断によりチーム員を指定しないことができる。なお、各機関のチーム担当者の名簿は、事務局において整備して各機関へ配布する。

チーム担当者は、各機関の実情に応じて決めることとし、場合によっては、「学校長」、「……課長」など役職を指定してチーム担当者とすることもできる。

### 5 チーム員となる実務担当者

「少年サポートチーム」の構成員である各機関の実務担当者は、原則として、担当するケースの少年に対して、直接の関わりが持てる者とする。すなわち、「少年サポートチーム」は、対象少年を直接処遇できる者で構成する。また、チームが編成されたケースについての情報等の交換は、チーム員間で行う。なお、各機関内において必要な業務は、その機関に属するチーム員が行う。

### 6 チーム会議

事務局は、チームが編成され次第、対処方法等を協議する場であるチーム会議を開催する。

チーム会議の開催場所は、当該ケースの「少年サポートチーム」に参加する関係機関に都合のよい場所を適宜選定する。チーム会議は、事務局及びチームに参加している関係機関の要請があった場合、1つのケースについて何度でも開催することができる。

### 7 守秘義務等

「少年サポートチーム」関係者は、取り扱うケースについて、各機関の職種に応じた守秘義務を有する。また、民間ボランティア等の協力を得る場合にあっても、協力を要請する機関は、協力先に対してケースの秘密を守ることを要請しなければならない。取扱のケースは対象が未成年者であることから、保護者による虐待など特殊なケースを除き、関係機関が連携して対応することに関し、保護者の承諾を得ることとする。なお、この承諾要請は、原則としてチーム編成を要請する機関が行う。

### 8 チームの解散

「少年サポートチーム」の解散については、特に規定しない。

9　その他
「少年サポートチーム」の運営上の問題は、各機関相互の協議によって解決を図る。

【資料8】のとおり、少年サポートチームの結成件数に大きな増加が見られないが、これは、機関連携の必要性が減じたためではなく、チームを結成しなくとも機関相互間の連携がスムーズに行われ、事案が解決へと向かったためであると考えられる。

【資料8】札幌市における年間「少年サポートチーム」の結成件数の推移及び内訳

(1) チーム結成件数の推移
1996（平成8）年10月から2010（平成22）年4月までの間に50チーム結成

| 年 | 平成8年 | 平成9年 | 平成10年 | 平成11年 | 平成12年 | |
|---|---|---|---|---|---|---|
| 編成件数 | 5 | 4 | 4 | 2 | 3 | |
| 年 | 平成13年 | 平成14年 | 平成15年 | 平成16年 | 平成17年 | |
| 編成件数 | 6 | 2 | 4 | 3 | 2 | |
| 年 | 平成18年 | 平成19年 | 平成20年 | 平成21年 | 平成22年 | 平均 |
| 編成件数 | 3 | 4 | 3 | 4 | 1 | 3.4 |

（注）平成8年は8月以降の件数、平成22年は4月までの件数である。

(2) 問題行動別内訳
　非行・不良行為　33件
　虐待　5件
　家庭問題（保護者の監護状況の問題や精神疾患、家庭内暴力）　5件
　いじめ・犯罪被害　4件
　学校問題（対教師への暴言や不遜態度、授業妨害が中心）　3件

(3) チーム結成の発議機関
　教育委員会（学校）　35件
　少年サポートセンター　9件
　児童相談所　5件

| 保健センター　1件 |
|---|

## 2．「少年サポートチーム」で扱った事例に関する評価

### ① 評価の対象事例

評価の対象として提供を受けた事例は、中学生を中心とする合計4例で、うち2例は子から親への家庭内暴力、2例は中学生の集団非行事案である。いずれも「警察の捜査機関による立件」にはなじまない事例で、親ないしは学校からのSOSを受けて「少年サポートチーム」が結成された。なお、4例中3例において、対象少年に現在又は過去の被虐待経験（ネグレクト）が認められた。

### ② 有効性の評価

上記の4例のすべてにおいて、サポートチームを構成する機関相互で十分な検討を行ったうえで、問題行動の沈静化を図る一方、対象少年に対し健全育成への前向きな努力を促す措置が講じられていた。

集団で行われた非行事例では、当該集団の中核的な生徒を他の付和雷同的な生徒から引き離すことによって事態の沈静化を図るばかりでなく、その後の立ち直り支援においても両者を別々に取り扱うことでそれぞれの生徒に前向きの姿勢が見られるようになった点は評価できる。

他方、家庭内暴力事案では、加害少年と被害者である親を引き離す措置を講ずることで家庭内暴力のさらなる深刻化を食い止める措置が講じられていたが、その後の健全育成についての立ち直り支援については、まだ検証されてはいない状態であった。

### ③ 適正性の評価

【資料7】の「少年サポートチーム実施要領」第7項の規定に見られるように、

第一に、関係機関の担当者がそれぞれの職種に応じた守秘義務を有する

点、
第二に、民間ボランティア等の協力を得る場合には、「協力を要請する機関」が「協力先」に対してケースの秘密遵守を要請しなければならない点、
第三に、対象者が未成年者であることから、保護者による虐待など特殊なケースを除き、関係機関が連携して対応することに関して保護者の承諾を得る必要がある点

など、「少年サポートチーム」の活動は規則上適正性が確保されており、また過去の運用においても問題はなかったと評価できる。

## (2) 「札幌市学校教護協会」の仕組みについて

１　【資料９】の表１のとおり、札幌市は他の政令市と比べ、少年の一般刑法犯の検挙人員の少年人口比は少ない。2009（平成21）年の全国政令市の少年人口1,000人あたりの検挙人員平均が14.9人に対し、札幌市は10.4人である。また、**表２**のとおり、触法少年についても、全国政令市の14歳未満人口1,000人あたりの補導人員平均が1.36人であるのに対し、札幌市は0.83人となっている。

その一因として私どもが注目したのは、大正時代からある「札幌市学校教護協会」の存在である。

### ２．学校教護協会の実態

学校教護協会は1926（大正15）年に設立されたが、その加盟団体は旧制の学校制度下の中学校が主力であった。戦後、新制の学校制度に改まってからは、市内のほぼ全ての公立・私立の中・高等学校が加盟するようになった。

昭和30年代には、道警・市教委などが合同で不良行為少年や非行少年の補導を実施する「札幌市青少年補導センター」が、学校教護協会の事務局がある建物に同居して情報の共有化と行動連携が図られていたという。その後、少年補導・相談機能は、子どもの権利条約等子どもの人権を重視する現市長が就任するに伴い、市役所に新設された「子どもの権利救済課」

## 【資料9】 政令指定都市における一般刑法犯少年検挙人員、触法少年補導人員

### 表1　一般刑法犯少年検挙人員および14歳以上20歳未満の少年人口1,000人あたりの検挙人員

(2009（平成21）年)

| | 一般刑法犯少年検挙人員 | 14歳以上20歳未満の少年人口 | 少年人口1,000人あたりの一般刑法犯検挙人員(‰) |
|---|---|---|---|
| 1．政令市（総計） | 21,431 | 1,429,219 | 14.99 |
| 札幌市 | 1,145 | 109,286 | 10.48 |
| 仙台市 | 555 | 65,743 | 8.44 |
| さいたま市 | 1,120 | 72,418 | 15.47 |
| 千葉市 | 917 | 50,760 | 18.07 |
| 横浜市 | 2,598 | 200,623 | 12.95 |
| 川崎市 | 1,029 | 73,400 | 14.02 |
| 新潟市 | 584 | 48,119 | 12.14 |
| 静岡市 | 368 | 38,712 | 9.51 |
| 浜松市 | 489 | 43,522 | 11.24 |
| 名古屋市 | 2,050 | 122,755 | 16.70 |
| 京都市 | 1,561 | 83,806 | 18.63 |
| 大阪市 | 2,264 | 132,088 | 17.14 |
| 堺市 | 772 | 46,587 | 16.57 |
| 神戸市 | 1,629 | 86,611 | 18.81 |
| 岡山市 | 686 | 42,184 | 16.26 |
| 広島市 | 1,104 | 68,525 | 16.11 |
| 北九州市 | 1,153 | 54,859 | 21.02 |
| 福岡市 | 1,407 | 89,221 | 15.77 |
| 2．政令市を除く市町村(総計) | 68,851 | 5,817,124 | 11.84 |
| 3．全国 | 90,282 | 7,246,343 | 12.46 |

(注1)　「大都市比較統計年表」を基に作成。
(注2)　14歳以上20歳未満の少年人口は、「平成22年国勢調査結果」を参考にした数値である。
(注3)　「一般刑法犯」は交通関係業過および特別法犯は除く。

表2　政令指定都市における触法少年補導人員および14歳未満の少年人口1,000人あたりの補導人員

(2009（平成21）年)

| | 触法少年補導人員 | 14歳未満の少年人口 | 少年人口1,000人あたりの触法少年補導人員(‰) |
|---|---|---|---|
| 1．政令市（総計） | 4,189 | 3,075,401 | 1.36 |
| 札幌市 | 173 | 207,823 | 0.83 |
| 仙台市 | 48 | 127,660 | 0.38 |
| さいたま市 | 155 | 155,456 | 1.00 |
| 千葉市 | 27 | 115,802 | 0.23 |
| 横浜市 | 178 | 453,801 | 0.39 |
| 川崎市 | 107 | 174,122 | 0.61 |
| 新潟市 | 151 | 95,901 | 1.57 |
| 静岡市 | 48 | 85,318 | 0.56 |
| 浜松市 | 49 | 104,363 | 0.47 |
| 名古屋市 | 418 | 270,299 | 1.55 |
| 京都市 | 250 | 159,117 | 1.57 |
| 大阪市 | 695 | 287,152 | 2.42 |
| 堺市 | 255 | 109,919 | 2.32 |
| 神戸市 | 435 | 181,611 | 2.40 |
| 岡山市 | 224 | 93,462 | 2.40 |
| 広島市 | 476 | 156,608 | 3.04 |
| 北九州市 | 345 | 117,749 | 2.93 |
| 福岡市 | 155 | 179,238 | 0.86 |
| 2．政令市を除く市町村（総計） | 13,840 | 12,545,057 | 1.10 |
| 3．全国 | 18,029 | 15,620,458 | 1.15 |

(注1)　「大都市比較統計年表」を基に作成。
(注2)　14歳未満人口は、「平成22年国勢調査結果」を参考にした数値である。

が担当することになったが、学校教護協会は札幌市の全区で「地区幹事研修会」を設けて、区内の学校の生徒指導主事の間で子どもに関する情報交換を実施している。

「地区幹事研修会」には、オブザーバーとして児童相談所・警察署・少年サポートセンター・少年鑑別所の職員の参加が認められているが、ここ数年は、試験的に家裁調査官のオブザーバー参加も認められている。

## C. 横浜市（人口367万人、18区）における特徴的な機関連携の仕組み

### (1) 学校警察連携制度の仕組み

#### 1. 学校警察連携制度の仕組みと運用

警察本部と県や市町村教育委員会との間で結ばれる「学校警察連携制度」は他でも見られるが、横浜市を含む神奈川県における学校警察連携制度の第一の特徴は、県警側の事務局を少年捜査課とは別立てに設けられている少年育成課が担っている点にある[4]。「少年捜査課」では少年の犯罪行為に対する捜査に主眼が置かれ、ときに強制力を背景にした措置が取ら

れる。これに対して、「少年育成課」では少年の不良行為や虞犯行為などの前犯罪行為に対する予防に主眼が置かれ、強制力を用いない活動に終始する。この点に両者の大きな相違があり、強制力を背景にした警察の介入を極力排除したいと考える学校などでは、「少年育成課」とであれば比較的協力関係を築きやすいというメリットがあると考えられる。

　神奈川県における学校警察連携制度の第二の特徴は、神奈川県警察本部と横浜市教育委員会との間で「協定」を締結するに当たり「横浜市個人情報保護審査会」の許可を得ている点、しかもその協定書を市教育委員会のHP上に掲載して市民に公開している点にある（「協定書」の内容については、【資料10】を参照）。

　このような特徴を有する協定の下で、学校と警察との間で問題のある生徒に関する情報の双方向的な提供が行われているのであるが、【資料11】の表のとおり、神奈川県警察本部と横浜市の中学校との間の情報提供件数は、近年「中学校から警察への情報発信件数」の方が上回っている状況にある。この傾向は、学校側の警察に対する信頼の増大を物語っていると推察される。

---

【資料10】神奈川県警察と横浜市教育委員会の間での児童生徒の
　　　　　健全育成に関する警察と学校との相互連携に係る
　　　　　協定書　　2004（平成16）年11月

（目的）
第1条　この協定は、未来を担う心豊かでたくましい児童生徒を育成するため、神奈川県警察本部（以下「甲」という。）と横浜市教育委員会（以下「乙」という。）が児童生徒の非行防止、犯罪被害防止及び健全育成に関し、緊密な連携を行うことを目的とする。
（定義）

---

4）　神奈川県警と同様の組織編成を行うのは、警視庁と埼玉県警である。警視庁は「少年育成課」と「少年事件課」という名称で別組織に、埼玉県警は「少年課」と「少年捜査課」という名称で別組織とする。

第2条　この協定において次の各号に掲げる用語の意義は、当該各号に定めるところによる。
(1)　非行集団継続的に非行を繰り返す集団をいう。
(2)　犯罪行為等違法行為及び不良行為（飲酒、喫煙、深夜はいかいその他自己又は他人の徳性を害する行為をいう。）をいう。
（連携機関）
第3条　この協定において連携を行う関係機関（以下「連携機関」という。）は、次に掲げるとおりとする。
(1)　甲
(2)　乙
(3)　神奈川県に所属する警察署（以下「警察署」という。）
(4)　横浜市立の小学校、中学校、高等学校、盲学校、ろう学校及び養護学校（以下「学校」という。）
（相互連携の内容）
第4条　連携機関は、一般的な連携はもとより、個々の児童生徒に対する非行防止、犯罪被害防止及び健全育成について、相互に情報の提供を行うなど緊密な連携を図るものとする。
2　甲及び乙は、それぞれの所管事務において、相互連携が円滑に行われるよう配慮するものとする。
（情報提供事案）
第5条　この協定により提供する情報は、児童生徒の非行防止、犯罪被害防止及び健全育成に関し、相互連携を必要と認める次の事案に係るものとする。
(1)　警察署から学校へ提供する情報
　ア　児童生徒を逮捕及び身柄通告した事案
　イ　非行集団による犯罪行為等で児童生徒による事案
　ウ　児童生徒の犯罪行為等のうち他の児童生徒に影響を及ぼすおそれのある事案
　エ　犯罪行為等を繰り返している事案
　オ　児童生徒が犯罪の被害に遭うおそれのある事案
(2)　学校から警察署へ提供する情報
　ア　犯罪行為等に関する事案
　イ　いじめ、体罰、児童虐待等に関する事案

ウ　暴走族等非行集団に関する事案
　　エ　薬物等に関する事案
　　オ　児童生徒が犯罪の被害に遭うおそれのある事案
2　前項の情報について必要な事項は、次のとおりとする。ただし、第3号にあっては、学校から警察署に提供する情報に限る。
(1)　当該事案に係る児童生徒の氏名、学年組等の学籍
(2)　当該事案の概要
(3)　学校が行った指導

（相互連携の範囲）
第6条　この協定に基づく相互連携は、情報提供事案に関する児童生徒の非行防止、犯罪被害防止及び健全育成に関する範囲に限るものとする。

（情報提供の方法）
第7条　情報提供の方法は、情報提供事案を取り扱った警察署長又は警察署長が指定する者及び校長又は校長が命ずる者が口頭又は文書により行う。

（秘密の保持）
第8条　相互連携に当たっては、秘密の保持を徹底するとともに、この協定の目的を逸脱した取扱は厳につつしむものとする。

（相互連携に関する配慮事項）
第9条　この協定に係る相互連携に当たり、理解と信頼を保持するため、次の事項に配慮するものとする。
(1)　相互に提供する情報は、正確を期するものとすること。
(2)　児童生徒の対応に当たっては、この協定の目的を踏まえ、教育効果及び健全育成に配慮した適正な措置を行うよう努めること。

（協議）
第10条　この協定を円滑に実施するため、第3条に規定する連携機関は、必要に応じて、必要な単位で協議を行うことができる。

この協定の成立を証するため、協定書2通を作成し、双方に署名押印の上、各自1通を保有する。

平成16年11月1日

　　　　　甲　神奈川県警警察本部長　伊藤茂男　印
　　　　　乙　横浜市教育委員会教育長　伯井美徳　印

**【資料11】神奈川県警察本部と横浜市教育委員会との協定に関わる情報提供件数**

|  | 横浜市内の全中学校 ||
|---|---|---|
|  | 警察へ発信 | 警察から受信 |
| 2004（平成16）年度 | 1 | 8 |
| 2005（平成17）年度 | 4 | 37 |
| 2006（平成18）年度 | 33 | 26 |
| 2007（平成19）年度 | 47 | 50 |
| 2008（平成20）年度 | 44 | 61 |
| 2009（平成21）年度 | 115 | 103 |
| 小計 | 244 | 285 |
| 合計 | 529 ||

（注）神奈川県警の資料を基に石川PJが作成。

## 2．学校警察連携制度の評価

### ① 有効性の評価

【資料12】が示すとおり、横浜市の中学校における対教師暴力・生徒間暴力・器物損壊等の件数が2010（平成22）年はかなり減少した。この減少

**【資料12】横浜市の中学校における暴力行為等発生件数**

(ｱ) 全暴力行為の発生件数

|  | 平成19年度 | 平成20年度 | 平成21年度 | 平成22年度 | 増減件数 | 増減率 |
|---|---|---|---|---|---|---|
| 中学校 | 2,464 | 2,826 | 2,755 | 2,174 | －581 | －21.10％ |

(ｲ) 対教師暴力の発生件数

|  | 平成19年度 | 平成20年度 | 平成21年度 | 平成22年度 | 増減件数 | 増減率 |
|---|---|---|---|---|---|---|
| 中学校 | 313 | 361 | 393 | 258 | －135 | －34.40％ |

(ｳ) 生徒間暴力の発生件数

|  | 平成19年度 | 平成20年度 | 平成21年度 | 平成22年度 | 増減件数 | 増減率 |
|---|---|---|---|---|---|---|
| 中学校 | 1,232 | 1,334 | 1,439 | 1,300 | －139 | －9.70％ |

(ｴ) 器物損壊の発生件数

|  | 平成19年度 | 平成20年度 | 平成21年度 | 平成22年度 | 増減件数 | 増減率 |
|---|---|---|---|---|---|---|
| 中学校 | 883 | 1,070 | 907 | 579 | －328 | －36.20％ |

（注）横浜市教育委員会人権教育・児童生徒課資料を基に石川PJが作成

の一因としては、前述した「中学校から警察への情報発信件数の増加」があると考えられる。

② 適正性の評価

第一に、神奈川県下で最近結ばれている学校警察連携制度の協定では、学校から警察へ提供された情報は、犯罪捜査のために利用しないという旨の条項を設けているが、この点は適正性の観点から極めて望ましい。2004（平成16）年に締結された横浜市教育委員会との協定にはこの条項が存在しないが、運用上は同様のことが遵守されているという。

第二に、前述したように、学校警察連携制度の協定書が個人情報保護審査会の許可を得たばかりではなく、横浜市教育委員会のHPで一般公開されていることは、適正性の観点から極めて大きな評価を与えることができる。

(2) 中学校卒業後の少年に対する自立支援の仕組みについて

① 横浜市中央児童相談所の一時保護所における「自立支援部門」の設置

児童相談所に設置される一時保護所は、通常は中学生年齢の者までを収容することになっている。しかしながら、一時保護所収容の児童を中学卒業後保護者の下に戻すことが不適当なケースもないわけではない。横浜市ではこうしたケースを想定して、市内4か所の児童相談所のうち中央児童相談所に「自立支援部門」を設置し、中学校卒業後の児童を対象にした一時保護を実施している。

② 横浜市中央児童相談所と「青少年相談センター」の同居

横浜市中央児童相談所と同じ建物の中に「青少年相談センター」[5]が設置されていて、15歳から20歳代のひきこもり、不登校、家庭内暴力、不良

---

5) なお、1963（昭和38）年当時の「青少年相談センター」は、主として青少年の補導を行う機関であり、当時は教育・警察・民生の三機関連携により運営していた。その後市の発展に伴い、それぞれの機関が専門分化しながら現在に至っている。現在は補導よりも青少年の自立支援を中心に業務を行っている。

交友、家出、怠学などの問題がある若者を対象に、社会参加に向けた支援のための相談・コーディネートを行うとともに、就労支援や地域での自立支援を実施している。すなわち、前述した「自立支援部門」とも連携をとることで、中学卒業後の者の就労支援等を行う体制が整備されているわけである。

中学校卒業年齢である15歳を超えた時点、児童福祉法上の児童年齢の上限である18歳を超えた時点、少年法上の少年年齢の上限である20歳を超えた時点など、少年の健全育成を図る上で「年齢の切れ目」が障害になることがかねてから指摘されていたが、横浜市の上記①・②の取り組みは、「少年に対する切れ目のない自立支援」を行ううえでの適正かつ有効なモデルであると言えよう。

## Ⅲ　提言

A．子どもを犯罪から守るための「有効な」機関連携に関する提言
　(1) 緊急事態における「迅速・的確な行動連携」を容易にするための基盤整備
　(2) 児童相談所をはじめとする関係諸機関全体の非行相談機能強化策
　　1．児童相談所の「非行相談ライン」の強化策
　　　　☛参考例：北九州市子ども総合センター
　　2．少年サポートセンターの積極活用
　　　　☛参考例：北九州市・札幌市・横浜市において少年サポートセンターが果たす役割

(1) について

　1、緊急事態における「迅速・的確な行動連携」を容易にするための基盤整備の一つとして、三機関の事務所が同一の建物に同居する北九州市の「同居型機関連携」は大いに参考になる。この「同居型機関連携」に関しては、「北九州市・札幌市・横浜市の研究協力者へのアンケート」や「全国政令市のアンケート」において肯定的に評価する声が多かった[6]。また、2012（平成24）年4月12日付で警察庁と厚生労働省から発出された、「児童虐待への対応における取組の強化について（警察庁生活安全局少年課長等通達）」と、「児童虐待への対応における警察との連携の推進について（厚生労働省雇用均等・児童家庭局総務課長通知）」において、「少年サポートセンターと児童相談所との同一施設内設置」が推奨されていることは、わが意を得たりの感がする[7]。

　2、関係機関相互間の人事交流（現役の出向・派遣／OBの雇用）も、「迅速・的確な行動連携」を容易にするための基盤整備の一つとして欠かせない。これらの人事交流形態では前任機関との関係を一定程度維持することが可能であり、したがって平時からの情報交換や非常時における行動連携において前任機関との連携が取りやすい。

　3、平時に実施される関係機関の合同研修会も、緊急時における「迅速・的確な行動連携」を容易にする。まさに、「常時対応こそが、危機対応である。」というべきであろう。これに関連して、札幌市学校教護協会の「地区幹事研修会」のように、中学から高校へと連結した生徒に関する情報を入手できる場は極めて有用であり、参考に値する。また私どもは北九州市や札幌市の「子ども・若者支援地域協議会」（子ども・若者育成支援推進法第19条）の個別ケース会議にオブザーバー参加する機会を得たが、

---

6)　本書339-343頁参照。
7)　警察庁と厚労省の通達・通知については、本書230-232頁参照。なお、2013（平成25）年2月東京都において大規模な「三機関同居型の機関連携」が実現したことを付記しておこう。それは新宿区内に設置された「東京都子供家庭総合センター」で、同居する関係機関は、東京都教育相談センター・東京都児童相談センター（いわゆる中央児童相談所）・警視庁新宿少年センター（いわゆる少年サポートセンター）の三機関である。

そこでは実例を基に熱心な事例分析を実施していた。こうした会議は、関係機関の権限と機関相互の関係を学習する場として極めて有意義だと感じた。

(2) について

1、【資料9】のとおり、北九州市では、触法少年の補導人員の少年人口比が全国政令市の平均に比べ極めて高い。その対応策として、北九州市児童相談所では2010（平成22）年度から新たに「非行相談担当課」を設けた。その職員構成は、出向職員として校長職1名（担当課長）教頭職1名（担当係長）のほか、嘱託職員として校長OB1名と警察官OB1名である。こうした職員配置により、児童相談所と学校・教育委員会と警察との間の情報共有・行動連携の促進が期待される。また、公務員削減という厳しい財政事情において、こうした人事配置上の工夫は他の市町村にも参考になるだろう。

2、福岡県警少年サポートセンターが同居する北九州市の「三機関同居型連携」、北海道警少年サポートセンターが事務局を担当する札幌市の「少年サポートチーム」、神奈川県警少年育成課（少年サポートセンターを含む）が担当する横浜市の「学校警察連携制度」のような少年サポートセンターの際立った活動例を参考にし、他の自治体でも少年サポートセンターの持ち味[8]を活かした非行防止のための機関連携の仕組みを考案していただきたい。

---

B．子どもを犯罪から守るための「適正な」機関連携に関する提言
　(1) 機関連携の際の個人情報保護の徹底
　(2) 人事交流を促進するための法律・条例の制定

---

8) 本書196-197頁参照。

**(1)について**

　連携を組む機関と機関（連携に民間団体が加わる場合にはその民間団体も含む。）との間で、ある機関が保管する個人情報が共有されることになる。その個人情報の保護の方法としては、既に述べた横浜市教育委員会と神奈川県警察本部とが「協定書」を締結するに当たり採用した方法[9]が参考になる。また、機関相互間で取り交わす協定書の内容については、札幌市の「少年サポートチーム実施要領」第7項の規定のように、きめの細かな配慮[10]が必要である。

**(2)について**

　「出向」や「派遣」という形での人事交流は、機関連携の基盤整備においても、機関連携のための有能なコーディネーター育成においても極めて重要である。このうち「派遣」形態の人事交流に関しては、派遣元と派遣先の業務の「利益相反」の問題を法的に解決しておくこと必要がある。可能なかぎり、法律や条例で「併任」を認める根拠規定を定めるべきであろう。

---

**C．多機関連携の「社会実装」へ向けての提言**
　(1)　機関連携のコーディネーターの意図的・計画的育成
　(2)　実務家たちの研究交流会の実施

---

**(1)について**

　多機関の連携を円滑かつ効果的に遂行するにはいくつかの条件があろうが、なかでも大切なのは関係諸機関を繋ぐコーディネーター役である。こ

---

9)　本書215-219頁参照。
10)　本書209頁参照。

の点は、私たちが調査した三政令市の方々が口をそろえて強調していた。コーディネーターに求められる要素としては、①関係諸機関の法的根拠・権限・機能などに関する正確な知識、②短期的、中・長期的な見通しと、多元的な視点に立った分析力、③迅速かつ的確な判断に基づく行動力、③子どもの健全育成を願う情熱などであろうが、これらの要素を兼ね備えた人物は、関係機関相互の人事交流や研修会などを通して意図的・計画的に育成することが必要である。

(2) について

私どもは2年半の期間において三政令市三機関の実務家の方たちと数回に及ぶ研究交流会を実施したが、彼らはその体験を通じて、それぞれの都市で以下に掲げる機関連携の新たな仕組みや新たな制度を実現していった。(以下の「☛」は「第3部資料編【Ⅰ】」の記載箇所を指す。)

**北九州市**
①児童相談所における非行相談ラインの強化と学校・警察との人事交流
　　　　　　　　　　☛㈠北九州市(3)③
②少年支援室における警察退職者の増員
　　　　　　　　　　☛㈠北九州市(3)③

**札幌市**
①警察と教育委員会との間での「子どもの健全育成サポートシステム」の実施
　　　　　　　　　　☛㈡札幌市(1)② a
②制服警察官と教員とが共同で実施する「ティームティーチング方式」による非行防止教室の促進
　　　　　　　　　　☛㈡札幌市(1)② b
③児童相談所における警察退職者の配置
　　　　　　　　　　☛㈡札幌市(3)②
④児童相談所における「子どもホットライン」の新設
　　　　　　　　　　☛㈡札幌市(3)④

⑤児童相談所における「インテーク部門」の新設
☛㈡札幌市(3)④
⑥若者支援総合センターへの「ひきこもり地域支援センター」統合に向けた検討
☛㈡札幌市(4)③

**横浜市**
①「横浜市学校警察連携制度」による学校と警察との情報連携の活性化
☛㈢横浜市(1)①
②「学校警察連絡協議会」における児童相談所長のオブザーバー参加
☛㈢横浜市(1)③
③横浜市中学校校長会及び小学校校長会への児童相談所長の参加
☛㈢横浜市(1)④
④児童相談所と警察との「連絡会」の実施による連携の促進
☛㈢横浜市(3)④
⑤横浜市「青少年総合相談センター」の構想
☛㈢横浜市(4)②
⑥「神奈川県地域連携研究会」の開催による機関連携の活性化
☛㈢横浜市(4)③

このように、各都市で行われている多種多様な機関連携の仕組みを実務担当者が相互に見聞し、意見交換を行うことの効果は大きい。この種の研究交流会を全市町村参加で実施することは無理だろうが、20ある政令市の機関が参加する規模であれば必ずしも不可能ではないでないと思われる。その実現を望みたい。

## Ⅳ 社会実装へ向けて～何が実現できたか？～

㈠ 三政令市三機関において機関連携の新たな仕組みや新たな制度を考案・導入

　これに関しては、【Ⅲ】提言のC-(2)で触れたので、そこを参照いただきたい。

㈡ 少年鑑別所が関与する機関連携の構築

　法務省では、これまで少年鑑別所の従たる機能として位置付けられていた「一般少年鑑別業務」を本来業務として位置付けるべく、少年鑑別所法の制定を進めている。その方針の一環として、2011（平成23）年5月20日に千葉市で行った私どもの公開シンポジウム終了後、法務省から石川PJに対して研究協力の申し出がなされ、それ以降法務省の担当官もPJの研究協力者として研究に参加していただくことになった。

　PJ解散後も、法務省では一般少年鑑別部門の充実を図るべく、関連諸機関との連携を進めており、以下のことが実現したとのことである。

　①内閣府の委託事業であるパーソナル・サポート・サービスを実施する横浜市の「生活・しごと∞わかもの相談室」と横浜少年鑑別所とが連携して、心理検査や犯罪・非行の問題を抱えた若者の援助、ケース検討会議による対象者への心理的援助と、研修による知見の獲得を促進することになった。その後、法務省は、本事業を参考に全国的なパーソナル・サポート・サービスとの連携を進めるための通知（【資料13】参照）を発出した。

　②全国の少年鑑別所長会同において、法務省矯正局長から各鑑別所長に要保護児童対策地域協議会への積極的参画が指示され、その後、静岡少年鑑別所では、静岡市児童相談所がコーディネートする要保護児童対策地域協議会の個別ケース会議への参加が実現する運びとなった。

## 【資料13】法務省矯正局少年矯正課長通知

「少年鑑別所とパーソナル・サポート・サービス等との相互連携強化について」（抜粋：下線は筆者）

　内閣府のセーフティ・ネットワーク実現チームが提唱し、実施しているパーソナル・サポート・サービス モデルプロジェクトは…平成22年度以降現在まで全国27地区において展開されています。…（中略）…このモデル事業のうち、横浜市においては、様々な分野の団体や専門家が集まり立ち上げた一般社団法人「インクルージョンネットよこはま」が同市から委託を受け、「生活・しごと∞わかもの相談室」として相談支援業務を展開していたところ、横浜少年鑑別所は、少年矯正を考える有識者会議提言にある…（中略）…提言を実現すべく、当局の指導の下、昨年度から同相談室と調整を進め、今年度からは別添の相互連携実施要領に基づき、地域社会の若者の自立に向けた協働作業に取り組み始めています。…（中略）…ついては、全国の少年鑑別所においては、横浜少年鑑別所の本取組も参考とし、最寄りのパーソナル・サポート・サービスはもとより、地域の関係機関、特に子ども・若者への支援を実施している諸団体との積極的な連携強化について、これまで以上に意を注ぎ、具体的な行動連携や多機関連携のネットワークを構築していただくようお願いします。

**1　基本方針**
　横浜市の委託を受け、内閣府のモデル事業として様々な生活上の困難を抱える者に対する個別的・包括的・継続的な支援を行う「パーソナル・サポート・サービス」を展開している生活・しごと∞わかもの相談室の取組に、横浜少年鑑別所が専門的知識及び技術を提供し、相互連携の下、協働して若者の自立支援に当たる。

**2　支援対象者及び業務協働依頼者**
(1) 支援対象者は生活・しごと∞わかもの相談室に登録し、支援を受けている者とする。

**3　業務共助の内容**
(1) 対象者に係る業務共助の内容は以下のとおりとする。
　ア　心理検査等の実施
　イ　犯罪・非行領域の問題を抱える対象者についてのコンサルティング

ウ　心理的援助
　　エ　その他適当と認められる方法による援助
　6　ケース検討会議
(1)　心理的援助実施に係るケース検討会議は、次のいずれかに該当する場合に実施する。
　　ア　心理的援助の実施方針を設定するとき
　　イ　実施方針を変更するとき
　　ウ　その他援助を実施する上で必要があるとき
　7　職員研修の実施
(1)　目的
　　円滑な相互連携及び業務共助に資するため、当所職員に対する研修を実施し、生活・しごと∞わかもの相談室における「パーソナル・サポート・サービス」の事業内容及び必要とされる支援・援助について十分に理解させ、それらを実施できるだけの知識及び技能を習得させる。
　8　連携実施簿への記載
　　生活・しごと∞わかもの相談室との相互連携に係る業務共助を実施した際は、連携実施簿に必要事項を記載し、心理検査等結果、共助記録、研修記録等をつづる。

## ㈢　児童相談所における現職警察官派遣ないしは警察官OBの非常勤採用

　児童虐待事案への対応を強化するために、2012（平成24）年4月から、千葉県警察本部から現職警察官が千葉県児童家庭課（警視）と千葉県中央児童相談所（警部）へそれぞれ1名ずつ警察の身分を保持した形で派遣されたほか、県管轄の柏児童相談所、市川児童相談所へ警察官OBが非常勤で採用されることになった。聞くところによれば、この構想は以前からあったが、2011（平成23）年5月20日に私どもが千葉市の協力を得て同市で開催した「石川PJ公開シンポジウム（第一次）」がその導入に拍車をかけたとの話である。
　また、東京都では、2005（平成17）年4月1日から警視庁から東京都児童相談センターへ現職警察官が1名2年任期で、警察官の身分を保持した

形で「派遣」されている（児童虐待関係を主に担当）ほか、2012（平成24）年4月1日から東京都管轄の10の児童相談所において警察官OBが非常勤採用されることになった[11]。

### (四) 警察庁通達および厚生労働省通知における石川PJ提言の反映

児童虐待への対応に関して、警察庁と厚生労働省から2012（平成24）年4月12日付で、「児童虐待への対応における取組の強化について（警察庁生活安全局少年課長等通達）」と、「児童虐待への対応における警察との連携の推進について（厚生労働省雇用均等・児童家庭局総務課長通知）」という二つの通達・通知が発出された（【資料14】参照）。

これら通達・通知中の1(2)イ・ウには、石川PJが児童相談所と警察との連携方策として提言した以下の事項[12]が反映されている。

・「OBまたは現職警察官の児童相談所との人事交流促進」
・「検討会の開催による警察と児童相談所の相互理解の促進」
・「少年サポートセンターと児童相談所との同一施設内設置への配慮」

なお、警察庁少年課の児童虐待対応担当者の話では、私どもの提言内容を参考資料の一つとして反映したとのことであった。

---

【資料14】

【Ⅰ】警察庁少年課長等通達「児童虐待への対応における取組みの強化について」（抜粋：下線は筆者）
1 児童相談所との連携の強化
(2) 児童相談所との平素からの連携の強化
　イ 人事交流の推進
　　児童相談所への警察官OBの配置等人事交流は、警察実務の経験が生か

---

11) 具体的には墨田児童相談所、品川児童相談所、世田谷児童相談所、杉並児童相談所、北児童相談所、足立児童相談所、八王子児童相談所、立川児童相談所、小平児童相談所、多摩児童相談所である。
12) 本書221-223頁参照。

されるとともに、児童の安全確保に向けた<u>警察と児童相談所との相互理解や円滑な連携を促進するための有効な方策の一つ</u>と認められる。このため、警察としては、<u>警察官OB等が児童相談所の非常勤職員として採用されることによる連携強化</u>を目的とした厚生労働省所管の「児童虐待防止対策支援事業」に引き続き協力していくこととしていることから(「厚生労働省が所管する「児童虐待防止対策支援事業」への協力について」(平成20年4月21日付け警察庁丁少発第102号))、都道府県の児童福祉担当部局から相談があった場合等には積極的に協議を行うとともに、現役職員の派遣についても、必要性が認められる場合には検討を行うこと。

さらに、既に実施している都道府県警察にあっては、児童相談所に採用等されている職員の協力を得て、部内教養により児童相談所の業務や現状等についての理解促進を図るなど、人事交流のメリットを組織として活かすこと。また、管区警察局にあっては、管区単位での同様の検討会等の開催に配意すること。

### ウ 少年サポートセンターの移転に関する配慮

各都道府県警察の少年サポートセンターについては、少年や保護者等の心情に配慮して警察施設以外の場所への設置が進められているが、関係機関との緊密な連携という観点から児童相談所と同一施設内に設置し、被害児童の早期発見や継続支援に効果を上げているところもある。したがって、今後、<u>少年サポートセンターの移転を検討する場合は、児童相談所との円滑な連携を推進する観点から同一施設内で設置することにも配慮すること。</u>

## 【Ⅱ】厚労省雇用均等・児童家庭局総務課長通知「児童虐待への対応における警察との連携の推進について」(抜粋:下線は筆者)

### 1 警察との連携の強化
#### (2) 平素からの連携
##### イ 警察職員等の知見の活用

児童相談所では、虐待対応の場面において警察実務の経験に基づく知見が有効であることも多いことから、都道府県警察との協議により、「児童虐待・DV対策等統合支援事業」における「児童虐待防止対策支援事業」を活用した<u>警察官OB等の非常勤職員採用を進めること。</u>

なお、本件については、警察庁から都道府県警察に対し、「厚生労働省が所管する「児童虐待防止対策支援事業」への協力について」(平成20年4月

21日付け警察庁丁少発第102号）が発出されているので参考とされたい。また、現職警察官に係る警察との人事交流についても、地域の実情に応じて検討し、都道府県警察に相談すること。

　　ウ　施設移転に際しての配慮
　　児童相談所等を移転する場合には、関係機関との連携促進という視点も考慮に入れ、子どもを非行や犯罪被害から守る活動等を行い、児童虐待の対応においても密接に関連する警察施設である少年サポートセンター等と同一施設への移転を検討するなど、立地面からも警察との円滑な連携に資するよう配慮すること。

### ㈤　福岡市における「少年支援室」設置

　福岡市では目下、北九州市子ども総合センターの少年支援室を参考に、非行系少年に対する居場所作りや通所指導が行える「少年支援室」の設置を進めている。この少年支援室導入の動きは、石川 PJ に研究協力していただいた福岡県警察本部から福岡市教育委員会側への働きかけが一因となっているとの話である。

## Ｖ　石川 PJ のその後の活動について

　石川 PJ は2012（平成24）年度をもって終了したが、その後の活動について二点ほど触れておきたい。
　第一は、2012（平成24）年6月16日から7月14日までの毎週土曜日、計5回にわたって実施された「横川敏雄記念公開講座」である。本公開講座は早稲田大学法学部の主催で毎年行われるもので、2012（平成24）年度は石川 PJ の成果について私を含む5人のリーダーたちから報告がなされた。
　第二は、非行・虐待防止のボランティア団体の活動に関する調査研究のことに関連する。石川 PJ では、当初非行・虐待防止のボランティア団体も視野に入れて研究を始めたが、時間の関係で中途から除外せざるを得なくなった。しかし、PJ 終了後、独立行政法人日本学術振興会に対して

「子どもの非行・虐待防止のための地域社会ネットワークの実証的研究（科学研究費助成事業基盤研究C)」というテーマで申請したところ、2012（平成24）年度から3年間の予定で本研究が採択された。目下、神奈川県警察本部少年育成課の協力を得て、①学校内での暴力やいじめ、②学校外での非行・不良行為、③児童虐待の防止に関係するボランティアのネットワークの調査研究を実施しているところである[13]。

---

13) 早稲田大学社会安全政策研究所では、独立行政法人日本学術振興会（JSPS）科学研究費助成事業の基盤研究（C）「子どもの非行・虐待防止のための地域社会ネットワークの実証的研究」（研究代表者：石川正興、2012年度〜2014年度）を実施している。これについては、以下のホームページ参照。
http://www.waseda.jp/prj-wipss/kaken_24530074_index.html

第2部

# 座談会
~JST 石川プロジェクトに参画したことの意義~

# Ⅰ 座談会（2012（平成24）年2月29日実施）

**参加者**

①石川正興（早稲田大学社会安全政策研究所所長、同大学法学学術院教授／JST 石川プロジェクト研究代表者）

②石堂常世（早稲田大学社会安全政策研究所研究所員、同大学教育・総合科学学術院教授／JST 石川プロジェクト学校教育行政機関調査担当グループリーダー）

③棚村政行（早稲田大学社会安全政策研究所研究所員、同大学法学学術院教授／JST 石川プロジェクト少年保護司法機関調査担当グループリーダー）

④田村正博（早稲田大学社会安全政策研究所研究所員、同大学研究院教授／JST 石川プロジェクト警察行政機関調査担当グループリーダー）

⑤小西暁和（早稲田大学社会安全政策研究所研究所員、同大学法学学術院准教授／JST 石川プロジェクト児童福祉行政機関調査担当グループリーダー）

⑥石田英久（北九州市子ども家庭局子ども総合センター教育相談担当課長）

⑦安永智美（福岡県警察本部生活安全部少年課北九州少年サポートセンター係長）

⑧佐藤哲也（北九州市立折尾中学校教頭／前福岡県警察本部生活安全部少年課北九州少年サポートセンター係長・北九州市教育委員会指導主事〈併任〉）

⑨入江幽子（札幌市子ども未来局児童福祉総合センター相談判定課相談一係長）

⑩前田幸子（北海道警察本部生活安全部少年課北海道少年サポートセンター被害少年支援・育成係長）

⑪二ノ田仙彦（札幌市立栄南中学校教諭／元札幌市学校教護協会幹事長）

⑫清水孝教（横浜市南部児童相談所長）

⑬阿部敏子（神奈川県警察本部生活安全部少年育成課少年相談・保護センター所長）

⑭中嶋孝宏（神奈川県警察本部生活安全部少年育成課副主幹／前横浜市立東野中学校生徒指導専任教諭）

⑮東山哲也（法務省矯正局少年矯正課係長）

（所属・肩書きは座談会実施当時のもの）

## ㈠ 第1部：JST 石川プロジェクトに参加しての意義

**石川**：さて、すでにアンケート[1]を採って、昨日皆さんにお配りしています。これに基づいて第1部では、このプロジェクトに参加したことの意義などについてお話しいただきます。

　それでは昨日お配りしたアンケートに基づいて、ほかにも言いたいことがありましたら付け加えていただきたいと思います。私どもが研究してきた順番でいくと、北九州・札幌・横浜となるので、その順番でそれぞれご発言いただきたいと思いますが、石田さんからよろしいでしょうか。

**石田**：トップバッターということで、私の立場から申し上げたいと思います。初年度は私と小坪課長の2名が代表してこのプロジェクトに当たるということでした。ただ、人事異動等があり、議会への対応、人事的な対応があって、私もあまり出席できないことが多かったのですが、係長・課長級レベルほかの職員からこのプロジェクトに参加して非常に勉強になったという感想をいただいています。特に中学生に対象を絞ったことや、虐待との関係、子ども・若者支援地域協議会との関係、そういった部分について幅広く研究できたことは非常に意義深かった。役所というのはだいたい自分のラインのところしか守らないのですが、ほかのラインにも入って勉強するのは大変いいことだと思っています。

　北九州は警察 OB が多いとか学校の教員が多いとか目立っていますが、私どもは北九州がいいとは思っていなくて、今後、他都市のやり方、地域の特性がありますから、そういうのを参考にして、北九州でもできる連携のあり方をもっと工夫していかなければいけない。

　札幌の学校教護協会という仕組みにおいて、龍島先生[2]は七つのポイントを挙げていますが参考になる部分があります。他の機関の文句ばかり言うのではなくて、そこは何ができるのかを把握していかないといけない。その機関は制度、

---

1) 本座談会を開催するに先立ち、JST 石川プロジェクトでは研究協力者に対するアンケートを実施した。その内容は、① JST 石川プロジェクトに参加したことの意義、② JST 石川プロジェクトに参加した結果、各機関においてこれまでに導入された、または今後導入されうる機関連携の仕組み、③ JST 石川プロジェクトに協力いただいた貴所以外の都市の機関連携の仕組みに対する評価や意見、である。本回答の内容は、本書記載の研究協力者によるコラムに集約されている。

2) JST 石川プロジェクト札幌市研究協力者の龍島秀広氏（北海道教育大学教職大学院准教授、元北海道警察本部少年サポートセンター心理専門官）。

法律に基づいてやっていますから、それをどう乗り越えるか。児童相談所（児相）、警察、学校、そこで法律・制度上どうしてもグレーの部分が出てくるわけです。逆に言えば、制度、法律が実態に合っていない。そこをどう埋めていくかというところです。

　特に、うちが非行ラインを2010（平成22）年度に創設したことに触れると、子ども総合センターには、14人のケースワーカーがいますが、ほとんど虐待に対応している。例えば一時保護所、私は数日前に夜勤しましたが、1人のケースワーカーが一度に5人を一時保護した。家族再統合や施設措置に向けて日々親と連絡し関係機関と連携して動いている中、その地域からまた虐待の通報が来る。勤務時間はあってないようなもので、とにかく時間がない。まして地域の中から非行が上がってくると大変苦労する。一時保護日数が増えて加算していって2か月という制限の中で、2か月を超えてくる子も出てきます。

　非行ライン創設によって何が良くなったかというと、ものすごくスピーディーになった。軽い非行は地区担当のケースワーカーでいいのですが、児童通告から家裁送致する子どもは、非行ラインがピックアップして全部ケアしていきます。時間があれば地区担当ケースワーカーを帯同してやることがありますが、それはケースワーカーにとってもいいし、うちの部署にとってもいいし、学校にとってもいい。

　福岡の場合、福岡学園に入れるときにいろいろな条件があって、なかなか入れにくい状況がありますが、しょっちゅう児童自立支援施設に課長自ら行っています。寮長がOKと言わないと、福岡学園もうんと言わないから、課長をはじめ、寮長と直接交渉して、北九州の枠は7～8名といわれていますが、随意契約部分でいいという了解を取っています。

　こういう例がありました。そこで入って生活、定着すればいいのですが、福岡学園入所の日に帰ってきた子がいます。この子はだめだ、食事の仕方がなっていない、口の利き方がなっていないというので、連れて帰ってきた。非行ラインが本児を説得して、また福岡学園に連れて行く。2～3か月たって、無断外出・外泊する。精神疾患のある子ですが、福岡から北九州までタクシーで帰ろうとしたのでしょう、タクシーの運転手さんに説得されて、ラーメンを食わせてもらって、落ち着いて帰る気になって、福岡学園にもどる。非行ラインがすぐに呼ばれて、3時間学園内で懇々と話をした。なんとか持ち直すが、卒業間近になって、学園での生活も難しいから、児相に連れて帰ってくれと言われる。学園とのそういうやりとりを非行ラインが行う。最後まで面倒を見るわけ

です。

　いまのはほんの一例ですが、しょっちゅう非行ラインは動いています。年間230～240あった非行の事案を特化した中で、50～60毎年一本釣りしてやっているので、警察にとってもいいという感じでいます。

**石川**：もし非行ラインができていなかったら、いまのような子はもっとひどい犯罪をやった可能性がある。

**石田**：そうですね。ただ、高校という所属があるとうちは関われるのですが、そこをつくってあげる方向に行かないと。ファミリーホームといった部分も当たっているところですが、非行ラインの存在は大きいと思っています。

**石川**：非行ラインができたことは、例えばわれわれのプロジェクトが少しは力になったと考えていいですか。つまり石川プロジェクトの手柄にしたいのですが（笑）、そういうふうに挙げて構いませんか。

**石田**：構わないと思います。内情を言うと、2009（平成21）年度の段階で、福岡学園入所に関しては、様々な条件というのがあるため、その前に非行ラインを創設しよう、ということになりました。そして、現職の校長、教頭、校長OB、警察OBの4名が配属された訳です。

**石川**：非行ラインと少年サポートセンターの連携はありますか。

**石田**：連携する場合はほとんどないといえばない。あるときは、必然性がそうさせるのですが、苦労するときもあります。安永さんが関わった子をうちが一時保護して、福岡学園に行って、退所している。それから安永さん以外に、栗岡君という警察官が担当した中学生が一時保護所に入所して、その後、非行ラインが福岡学園に入所させました。福岡学園で野球して、児童自立支援施設の全国大会で優勝、高校に推薦入学する予定で、ファミリーホームに入るという良い例もあります。

　ケースワーカーは虐待とか養育相談にずっと関わる時間ができた。そうは言うものの、非行児童は非行ラインで関わるから、ケースワーカーが楽になったかというと、年々増えてきています。虐待報道で市民は敏感になっている。子どもが夜中の10時、11時、ギャーと泣いただけで、虐待ではないかとホットラインに通報があります。だからホットラインの業務、それから輪番制で主携帯、副携帯システムを構築して係長級以上が対応しているわけです。

　この間の土日、うちの係長が主携帯の当番で、虐待対応に奔走して1時間も休めなかった。入所は1名2名ですが、このケースは親子げんかでした。親子げんかで、お母さんが精神的疾患を持っていて、面倒を見られない。警察がい

くら説得しても、親が引き取らない。警察も苦労している。子どもに動機付けして、一時保護所に来る。昔は本人の同意も本来は取らないといけないのですが、入所した途端に一時保護所で暴れたりしていた。しかし、いまはきちっと動機付けされて入ってきているので、そんなことはないですね。親子げんかの処理は昔どうしていたのか。最終的には保護者が引き取るんですがね。

**石川**：その子は中学生？

**石田**：中学生です。あと、非行ラインのことで皆さん興味がおありのようですので、何かあったら後で聞いてください。

**石川**：第1部で話されたことを土台に第2部で意見交換するので、とりあえず石田さんの報告はこれで。では安永さんのほうへ移らせてください。

**安永**：今回こういう先生のプロジェクトチームに参加して、その意義を個人的なものとサポートセンターとしてのものと大きく二つについて考えてみました。

　私個人にとっては、先ほど阿部所長のお言葉にもありましたが、井の中の蛙だと気づかせていただいた。北海道さんとか神奈川県警のいろいろな制度を知ることができました。私は制度には否定的な見方をしていました。いま北九州では制度がなくても自由にやれているし、困り感がなかったのです。ただ、今回、情報公開の問題やサポートチームの制度を知る機会があり、両方要るということは私の中で大きな変化でした。個人的に人が頑張っても、制度がないと、人が替われば、そこの連携が断ち切れてしまうし、個人を守る意味でも制度は必要なものだと認識できました。

　今回のこのチームで、おこがましい言い方ですが、実務者を入れていただいたのは画期的です。こういうすばらしい会議にはだいたい偉い方が行かれます。私たち現場の人間は研修を受ける立場として参加させていただけるのですが、実務者の現場の人間の声を直接的に吸い上げ、これから先生方がつくるすばらしいものの中に入れていただけるのはすごいことだと思いました。また、いろいろな先生方からのご質問、ご意見をいただくことで、当たり前のように自分たちが行っていた活動の意義や重要性を改めて認識することになりました。私にとっては本当に有益な2年半になって、感謝の言葉しかありません。

　サポートセンターとしての意義についても考えました。このプロジェクトに入れていただいて、2年半の間に何が変わったかと振り返ったときに、それまで他府県から北九州方式を知りたいということで、北九州サポートセンターへの視察などは結構ありました。

　この2年間の中で、最高裁の課長さんが北九州に直接来て、偉い方の話を一

切聞かずに、私たち現場の人間の実際の立ち直り支援のあり方や事例を聞いていただいたのは、このチームの研究がお耳に入っているからこそではないかと思います。というのは、福岡といったら福岡市のほうが本家本元なので、そこではなく、あえて北九州に来て、現場の人間からの聞き取りをしていただいたことはそんなふうに感じています。

　また、小倉の家庭裁判所の調査官の方への研修の講師として招いていただいたのですが、家裁の方が警察の人間を講師として招くことは初めてだと言っていました。これも棚村先生経由だからこそだと思っています。それまでいろいろなところから講師依頼はありましたが、家裁からというのは初めてのことだったので、それも挙げたいと思います。

　保護観察所についても、口頭では保護観察所の対象少年に対して、これからもサポートセンターに行って先生方の指導、支援を受けるという指示はあったのですが、「生活行動指針」というきちんとした書類の遵守事項の中に、サポートセンターへの通所をしなさいということがこの期間の中で新たにありました。今日は保護観察所から松浦さんは来られていませんが、今回この研究チームに入れていただいたおかげで、サポートセンターへの家裁、保護観察所といった他機関からの信頼度は高まったと私たちなりに思っています。

　ほかには、いま石田課長が非行ラインのことを言ったのですが、非行ラインができたおかげで、私たちもすごく助かっています。ケースワーカーの方と協議するときに、立場も見方も違うので、非行からの立ち直り支援で意見が分かれることがあります。でも非行ラインの先生方とはすごくスムーズにわかり合えるし、議論も一気に進んで、同じ目標に向かっていくことができやすくなったと思います。

　2番目の今後の導入の仕組みは、これが終わって先生方の研究発表が出てからいろいろなものができてくることを大いに期待していますが、よそから北九州方式を評価していただいたおかげで、いまできていることがさらに継続、充実強化されていくと思います。うちも組織的に上が替われば逆行したり違う方向に行ったりというのは仕方ないのですが、今回この研究チームに入れていただいたおかげで、これが継続していくようには守られているので、すごくありがたく思っています。

石川：このプロジェクトの成果ではないけれども、本を出されましたね。また、『女性自身』から取材を受けたりもされたようですね。

安永：去年、PHP研究所から本を出版させていただきました[3]。それから先週、

『女性自身』という週刊誌ですが、「シリーズ人間」という、こんなのに出させていただいていいのだろうかという中で、家庭内暴力、非行、いじめの問題を取り上げて密着取材していただきました。その中で、こういうチームに福岡県警はどんなことをされているのですかとか、他府県のサポートセンター、教育委員会の方からも問い合わせ、ご意見をいただきました。全国で50万部ぐらいの読者がいるらしいので、この研究のこともご紹介しています。

**石川**：これはプロジェクトの成果ではなく、個人の成果ですが、そういうこともあった。では佐藤先生、お願いします。

**佐藤**：私も今年4月から学校現場に戻っていますが、このプロジェクトで多機関連携を取り上げていただいたおかげで思うところがあります。私のところだからかもしれませんが、いろいろ事件が起こったときに、恥ずかしい話、ガラスが割られたりして、少年課の課長自ら現場検証してくれたり、その事案に関して保護観察中の子どもが関わっていたということで、保護観察官がわざわざ学校に来て支援してくれたり、逮捕後は調査官がわざわざ学校に来て調査してくれたりと、北九州の各関係機関が連携を非常に意識するようになっているのではないか。現場に帰って、とにかく連携しようという意識が高まっている、いままでと違うと感じたのが一番大きいと思っています。

　あと意見交換していると、北九州は人に依存しているとつくづくわかりました。逆に言うと、先ほど石田課長もおっしゃったように、北九州の場合、組織や制度が現状に合っていないわけです。そこを埋める人間が必然的に必要になってくる。そうしないと機能しない。たまたま自由度の高いサポートセンターがそこを埋めていった。だから今後、根拠となる法令、条例等の整備をし、組織をつくって、きちんと後継者を育てていかなければいけないと改めて意識させられました。

　北九州市の連携のあり方は、私たちはここに来るまでは当たり前だと思っていたわけで、ここで比較して初めて、よそと違うということを認識させていただきました。特に、先ほど安永も言いましたが、実務者が集まって協議したのは非常に大きいことだろう。つまり、責任者が集まって協議しても、実際に具体的なところまではなかなか踏み込めない。ところが各地域の実務者を集めて協議したことは、私にとってもそうですが、実務者のスキルアップになり、そのことが今後のいろいろな場面、制度を変えていくといったところで役に立っ

---

3）　安永智美『言葉ひとつで子どもは変わる！』（PHP研究所、2011（平成23）年）。

ていくと思います。

　2番目の結果に関しては、いま私は教員なのでアンケートにはあまり書きませんでしたが、実は連携を一番うまくやれていないのは教員ではないかと思っています。それはなぜかというと、教員は業務の範囲が曖昧です。つまり、子どものことだったら何でもやってしまえというのが教員です。だから法的根拠がないと活動できない警察とはやや違います。この子は毎日家出している、好き勝手やっている、それなのにどうして警察は何もしてくれないのかと思うことがありますが、警察は法律に違反していなければできないわけです。児相に対しても同じことを求めてしまう。特に学校で中心となっているような生徒指導の先生は、子どものためだったら24時間何でもやってしまえという先生が多いので、相手にも同じことを求めてしまう。そうすると結果として、児相も警察も何もやってくれないと愚痴をこぼす。

　そのことが連携を妨げているのではないかということで、ここ2年間、教育センターで小中の生徒指導関係の先生方や教育委員会の生徒指導主事にも研修しています。今年は教頭会で、多機関連携にはお互いの職務をしっかり知ったうえで、やれることをやっていただこうという研修をしました。そういった姿勢でいかないと、教員は自分たちが何でもやらなければいけないと思っているので、他人にもそれを求めてしまう。そのことが非常に大きく連携を阻害している可能性が高いということで、いまいろいろなところでアプローチしながら教員の意識改革をやっているところです。

**石川**：そういうことを教員の方から言った時に、ほかの先生方にはすぐ納得してもらえるのですか。

**佐藤**：はい。例えば、少年4人が無免許運転して、警察が追跡しているというケースがありました。このケースでは、警察は、誰が運転しているかわからないから検挙できないというわけです。学校からしてみれば、4人とも無免許だ、なぜ逮捕できないのか。警察としては、3人はこの子が運転していると言っているけれども、実は保護観察中の別の子が運転していたのをかばっているのではないか。もしこの子を供述どおりに立件してしまったら、最後にひっくり返る恐れがある。今回は注意のみにしますという話です。

　しかし学校側には理解できない。先生が私に電話をかけて、警察はどうなっているのか。実はこういうことでできない。警察もやりたいのです。だから学校と警察で連携して、とにかく二度と無免許運転や深夜徘徊をさせないようにしましょう、きちんと注意しましょう、なにも検挙するだけがすべてではない

し、子どもの立ち直り支援を中心にやっていきましょうと言うと、警察もつらいのですねと初めて理解していただきました。
警察も何とかしたいけれども、供述どおりではない可能性が高いので、検挙に踏み切れない。それが理解できていると文句も言わなくて済むし、お互いに頑張りましょう、警察は警察で呼んで注意します、学校は学校で保護者等を呼んで注意しますというかたちで決着を見たわけです。お互いの組織を一つひとつ理解していかないと、今後も連携はうまくいかないということで、いまそこは学校の中で一生懸命広めようと思っています。

**石川**：それでは横浜の中嶋先生。

**中嶋**：私はいま神奈川県警の少年育成課に出向して2年目ですが、その前は中学校におりました。横浜には生徒指導専任教諭制度があり、そこで生徒指導専任を担当しておりました。いま学校警察連絡協議会（学警連）の県の事務局を担当しております。

　先ほどから出ていますが、多機関連携、学校、警察、児相に焦点を当てて、それも中学生というところをスポットにして、子どもたちを守るために何ができるかという本研究は有意義ではないかと思っています。

　その中で一番の根底にある考え方が、子どもたちを守るために何ができるかということです。例えば予防教室、それは攻めの生徒指導というか、未然防止をすることが結果的には問題行動を発生させないことにつながります。対教師暴力もそうですが、連携の取組によって、結果的にその子に暴力をさせない、加害者にさせない、被害者が出ない、こういう視点に本プロジェクトの発想があると思います。

　私が県警の少年育成課に出向して得られたものはたくさんありますが、来るまで横浜の子どもたちという視点しかありませんでした。それが神奈川県の学校警察連絡協議会の事務局をすることによって、神奈川の子どもたちに視点が広がりました。毎日ご苦労をなさり、成果がなかなか出ない学校で苦しんでいる先生方や、そこを何とかサポートしようとする少年相談・保護センターの支援、警察や児相の動きを見ることができて、一緒にやることができて、このプロジェクトでその意味を確認できることが私としては一番大きかったと思います。

　横浜市教育委員会と横浜市校長会の取組として、学警連の役員会との連携があります。県学警連は8方面にブロックが分かれているので、各方面代表校長、事務局、警察本部、それと教育委員会等ということで、政令都市の横浜、川崎、

相模原、中核市の横須賀のメンバーが集まり、役員会は25名ぐらいの構成でしたが、そこに神奈川県下の14ある児相のうちの5児相の所長に来ていただきました。神奈川県中央児相、横浜市中央児相、川崎市、横須賀市、相模原市、この5児相の所長に、年4回の役員会に、お忙しい中ご出席いただきました。

　その中で3機関の連携ができるのではないかということで、それを受けて、横浜市中学校校長会生徒指導部会（毎月実施）に2回、6月と11月に横浜市児相の4所長に来ていただいて協議をし、今日的な課題を検討することができました。それに続いて、横浜市小学校校長会児童指導研究部会（毎月実施）にも、1月に4所長に来ていただいて協議をする。いままでになく画期的な取り組みに結果的になることができて、来年に続くのではないかということが1点目です。

**石川**：名前も学警連ではなく、学児警連と、いち早く全国に先駆けて名前を変えるというのはだめですか。

**阿部**：検討中です。

**中嶋**：名前だけ急に変えても意味がなくて、本質的な実をつくるために、役員会でじっくり話し合っていく中で、本当の連携、情報連携から行動連携ということを考えています。

　2点目は学校警察連携制度です。これは個人情報保護があっていろいろ難しい中でも、きちんと連携する中で話をしていこうという制度ですが、基本観点は子どもを守るための未然防止です。横浜市は2004（平成16）年、県下に先駆けて神奈川県内で最初に教育委員会と県警本部が協定を結びました。最初は逮捕したことを警察から学校に連絡票を使って出すというのが圧倒的に多かったのですが、2008（平成20）年度から逆転して、学校からこういう事案があって警察と連携する必要があるので提供しますということで、警察から学校への情報よりも学校から警察への情報が多くなりました。

　5年前は神奈川県全体の検挙・補導された少年の中で、対教師、生徒間、対施設、この三つですが、6割ぐらいは横浜が占めていました。それが5年たった現在、約3割ということで、比重が減っています。神奈川県全体としては130件で、検挙・補導された人間は対教師も生徒間も対施設も増えているのですが、横浜の割合が6割から3割、半分になった。これは学校警察連携制度が未然防止の歯止めになっているのではないかというところです。

**石川**：始まる前に伺ったのですが、学校から行く情報は、例えば対教師暴力や違ったかたちでの器物損壊が起こっているという事案だけれども、これを事件化しないで、警察と連携して、それが拡大しないように立ち直らす働きをして

いく。運悪く事件化してしまう場合も中には出てくるけれども、できるだけ未然に防ぐことによって、子どもたちにも大きな傷がつかないし、立ち直ったケースが出てきている。そういうことをやっていると相対的に数が減ってくる。
中嶋：連絡票を出すことで具体的な動きを開始することになるので、結果的に事件化する前に収めることができる件数が増えている。
石川：個人情報との関係で、警察に情報を流す場合には、親御さんの同意を得てやるのですか。
中嶋：そこがポイントですが、同意は必要ではありません。ただ、協定に基づいて警察に情報提供するという連絡はします。同意を得ることは必要ないという制度です。
阿部：制度があることで保護者には説明しやすいというか、やりやすい。「こういう制度に基づいて」と言うことができます。向こうは、「えっ、そんな制度があるのか」ということを知り、「だから連絡しておきますよ、いいですね」ということで連絡する。
石川：納得しない親はいっぱい出ませんか。そんなことをやられては困ると。
中嶋：中にはそういうケースもあると思います。
石川：納得しなくても、通知でできる。
阿部：制度に基づいてと説明することで納得してもらう。
石川：神奈川県地域連携研究会でもらった資料に、協定の概要を書いたペーパーがあって、それを改めて見直したのですが、そこには学校から警察に行く情報について、犯罪の捜査には使わないという文言があります。しかし横浜と神奈川県警の協定書を見たら、そうは書いてない。その後いくつか学警の連携ができたけれども、新しいものには犯罪捜査に利用しないという文言が入った協定はあるのですか。
田村：入る予定で準備しています。例えば横須賀は明文がなかったのが明文化されています。
阿部：新たなところではそういう話になっていったと思いますが、横浜は最初だったので明文化はされていなかった。でも犯罪捜査には一切使わない。それを使うようだったら、これは成り立たないので、あくまで、子どもの健全育成に活用するものですよ、ということです。
石川：ただ、その子がさらに悪いことをやってしまったらどうなりますか。事件化せざるをえなくなる。
田村：それは別の話としてやる。

石川：新しい事件だということで扱うわけですね。
田村：扱いとしては、その情報は捜査に使ってはいけないということです。例えば性犯罪などで放置できない場合には、その情報は使わないで、被害届を出してもらうように働きかけることはあるかもしれない。
石川：つまり、学校からの情報が仮に事件化した場合、証拠としては使わない。
田村：証拠にも使わないし、情報としても使わない。
阿部：使ってはいけない。
中嶋：それが大前提で、事件化された場合、運用は一切停止ということです。
田村：補足すると、いまの点は最初の横浜市との協定には明文になっていませんが、神奈川県警察がほかの市と結んだ協定では明記されています。私はたまたま2009（平成21）年の横須賀市のものを持っていますが、そこには書いてあります。
石川：では阿部さん。
阿部：この研究に参加して、私たちが子どもの非行防止、健全育成のために働くのは当たり前の使命と思っていて、一生懸命やることで将来の犯罪予防につながっていけばと活動していますが、改めてスポットを当てていただいたことで、北九州、札幌の話を伺う、そこにいろいろな違いがある、しかし目標は一つだと感じられたり、自分たちが良かれと思っていても違う部分もあると感じました。また同じ組織内でも理解が進んだという大きな意義がありました。大変ありがとうございました。

　私が参加した中で意義を感じたのは、いま神奈川では非行の低年齢化が深刻です。性加害、小学生が性的な問題を起こすということが何件も発生していて、いま県内全体で低年齢化にどう対応していくかがテーマとなっています。

　そこでは家庭の養育力が非常に落ちているというところが挙げられると思います。もともと家庭に対して啓発、支援していくことは重要です。しかし、そうできない家庭もあるということで、学校、警察、児相という機関が連携し合って支援していくことが求められる、補完していかなくてはならないと思っています。

　そこで、少年相談・保護センターの役割とは何かを、意識の問題のところですが、再認識させられた。先ほどから出ているように、少年相談・保護センターの活動には法的な根拠はなく内規しかないので、その分、自由に動ける、柔軟な活動ができる。そういう点で、法的な根拠がある警察の活動、児相の活動には制限が出てくる。現場で困っている学校に、つなぎ役、コーディネーター

役で入ることが求められてくるし、センターがそれをやっていると改めて感じさせていただきました。

こうした連携の中で出てくることは、児相、警察署、学校それぞれの他機関に対する不満です。その大本はお互いを正しく知り合っているのかという話ですが、改めて思いました。法的な根拠、役割、限界などをもっと顔を突き合わせて話していかなくてはいけない、理解し合ってやっていかなくてはいけない。そのためには日頃からの丁寧なコミュニケーションが必要だと改めて感じ、既存の会議や連絡会をもっと活性化しなくてはいけないと痛感しました。改めて、役割意識の再構築ができたことを今回、意義として感じています。

では成果ですが、1点目はいま中嶋先生から出たように、県学警連の役員会の中に、14児相の代表所の所長さんに役員会に入っていただくことができたことです。

先ほど安永さんがおっしゃったように、私ももともとは少年相談員という専門職で入っています。現場が好きですが、現在は管理職になっています。本当は管理部門は苦手です。現場で子どもと向き合っていることが好きでやってきたので、制度なんて別になくてもいいと思っていたのですが、札幌市のサポートチームのお話で上から下からという関係、もともと連携は現場レベルではやっているけれども、現場レベルの個人の顔と顔というつながりでやっていることが多く、人が替わると関係が変わったり仕事が変わったりするというのも多く経験しました。その中で、組織対組織、組織の長のところがつながっていくことの重要性を非常に感じました。

この1年間、5児相の所長さんたちに来ていただいた役員会は、それぞれお互いに求めることがあったと思いますが、いない中で批判していても仕方がない。来ていただいた5児相の所長さんたちが、児相はいま虐待がすごく大変で、そのために職員が夏休みも取れないというお話をしたり、何百件こんなに動いているということで、さまざまな事例も発表していただいた。そういうお話を聴く中で、学校、警察も、児相の大変さを改めて認識させられたような感じです。そこでつながり合うことが下にも下りるし、下から現場でやっていることも上に上げていったときに、さらに強固な共通理解が図れると強く感じました。

2点目は横浜の児相、現在、4か所になっていますが、そこと県警本部の職員と管轄警察署の連絡会、以前からありましたが、これが、つっこんだ連絡をしていることです。以前はもうちょっと形式化していたような気がしますが、

ここのところの連絡会はお互いに、警察署から児相への質問で、「一時保護に連れていったけれどもすぐ帰されてしまった、どういうことですかね」とか、児相から警察署への質問で、「一時保護についてどう説明されたのか、ここに来たら話が違うと子どもが言っている」とか、本音の困っている話が出て突き合わせて、「これはこうですよ」という話ができている。これはすごくいい。それが非常に活性化している。それは両者が、会議のための会議ではなく、本当に子どものためになる会議をしようという積み重ねをしてきた結果です。このへんも成果として連携意識の強化が現れていると思います。

　3点目は、石川先生、石堂先生、小西先生に助言者になっていただいている地域連携研究会の開催です。これは渡辺前神奈川県警本部長の発案で先生方に来ていただいて、子どもたちを支え、守り、育てるための研究、協議を行ったものです。これも大きな組織対組織の話ですが、その研究、協議をし、提言をまとめて、去年、発行しました。今日は各団体1冊ずつお配りしてありますが、これは提言だけで終わらせてはいけないということで、効果検証、実際どうなのかという発表会をこの2月に行いました。

　構成機関はその下に書いてあるとおりですが、県警の少年育成課、学校現場、青少年育成課、県の教育委員会、4か所が発表しました。その中で、県警がいま進めているのは教育と児相と連携しながらのサポートチーム活動です。個人サポートチームと、学校の中の荒れている子どもたちをどう支えて解決に導くかという集団に対するサポートチームと二つあるのですが、個人サポートチームでは、子ども自身が学校で荒れている、保護者がなかなか協力してくれない、公的な支えもある中で、保護者が怒鳴り込んでくるような状況があったときに、それに関わる機関、具体的に言うと、児相、警察、少年相談・保護センター、もちろん学校もそうですが、生活保護の職員、保護観察所、付添人の弁護士も来て協議を行ったことが発表されました。

**石川**：そのカンファレンスに加害者の子どもの付添人の弁護士が入ってくれている。画期的です。

**阿部**：というサポートチーム活動も行っています。そうした実証の発表をしているということも、このJSTに関わらせていただき、そこを受けて私たちが児相、警察、学校との連携を広げていくことができたことも成果だと思っています。

**清水**：横浜市南部児相の清水です。先ほどから中嶋先生、阿部所長からお話がありましたが、別に連絡を取り合ってアンケートを書いたわけではないのです

が、中身が3人一緒でした。同じところに着目してきたと改めて感じました。

　私ども横浜児相がこの研究会に出席したきっかけは、阿部所長からご紹介がありましたが、地域連携研究会を神奈川県警でやられていて、そのメンバーとして横浜児相が参加しました。そのときの座長は石川先生で、横浜は一時保護所が自立支援部門をつくり、一時保護中だけれども、そこから学校に行ったり就労活動をしたりという取り組みをしていることをご紹介しました。それと施設後方支援という部分もあったのですが、そうしたところ横浜はおもしろいというお話があって、この研究会に途中から参加させていただくようになりました。

　また地域連携研究会が立ち上がるときに、神奈川県警本部長が自ら、県警と関連する機関ということで、横浜中央児相に足を運ばれました。そのときにさっと見られてお帰りになると思ったのですが、当初の予定よりも大幅に時間を使っていただき1時間余り、中央の所長と私がお相手したのですが、話をじっくり聞いていただく機会があり、「関係機関の連携は大事だね」というお話が出ました。そうしたところも地域連携研究会が立ち上がったゆえんではないかと思っています。本部長が関係機関との連携ということで非常に意識されていたと感じています。

　そうした二つのことが片やあり、もう一つは私ども横浜児相の管内で大きな事件が二つ、死亡事件と、傷害事件として実刑判決が出た事件がありました。

　その事件を契機に、市長直轄のプロジェクトチームで児童虐待の対策について検討しなさいという話があがりました。ちょうどその頃この会議に入れていただいて、他都市の取り組みなどをお聴きしていたので、その報告書の中には間接的に皆さんの理念などをいただいて発言してきた部分が少し入っていると思っています。

　例えば児童虐待の対策として、札幌では児相だけでなく、各区に人を配置して一緒にやっていくシステムを1年前からやられていたのですが、そういったことも話を聴いてきたので、このようなことはどうでしょうかと市長直轄のプロジェクトの中で話をしてきたところもあります。

　実際、組織は、自分の組織を大事にするわけで、自分の組織でいかに人を増やすかというようなところですが、発想は逆になってもいい。自分たち児相だけではできないというところをわかって、区に人を付けていくことも必要ではないかと再三訴えてきました。

　また、2012（平成24）年度から、横浜市の行政区18区のうち、8区には、専任

保健師と現在は仮称で呼んでいますが、養育支援の視点から児童虐待を主に対応する保健師を配置する。さらに6区には事務職を配置します。これは社会福祉職、ケースワーカーが保育園の入所の手続きなどでやっている部分を事務職がやって、その絞り出してきた社会福祉職が児童虐待に対応するという変則的なかたちを取っています。そのようなことで、保健師、事務職を全18区のうち14区に人員配置する。その社会福祉職を絞り出してきたところはモデル事業のような感じになるというところで、話が来年度どうやら付きそうです。人の話はなかなか難しいのでアンケートの中には書きませんでしたが、自分の組織に付けるのではなく、区を充実させて一緒にやっていこうという連携のかたちを取りたい。札幌さんからのお話も聴いて、そのようなかたちにもってきたというところもあると思います。

**石川**：これはこのプロジェクトの手柄といってもいいですか。
**清水**：間接的には。
**石川**：札幌市のモデルを参考にして。
**清水**：参考にして、意見を横浜市のプロジェクトの中で言った部分もあります。
**石川**：そういう構想がある。
**清水**：実際には、区に付いた人たちが児相に研修に来る。そして児相の児童虐待への関わりについてはこうだよというのを学んでいってもらう。一方、区ではどのように連携できるか、区の主な仕事の中でどうやって形成できるかをやっていこうというところで、2～3か月の長期にわたって、1週間のうち何日か来ていただいてやるということを考えています。

　直接石川プロジェクトのというところは言っていません。皆さんから意見をいただいたものを、私の口から言っている。それに賛同していただいた部分もあったし、児相の皆は、本当は自分のところだけでなく、区に付けたほうがいい、と思っていた部分はあると思います。要対協などの事務局をもっと充実させようと思っている部分はあるわけですが、忙しいから、ほかに付けるというよりも、自分のところに付けてほしいというのが当然です。しかし、それを言っていく勇気がとても大事ではないかと思いました。

　ただ、これは皆さんが賛同してくれるのが前提条件です。例えば札幌の所長とうちの所長は仲がいいので、札幌の所長が見えたときに、うちの所長が「札幌はどうやって区の人が動いているの」とか聞いたりしている。そのようなつながりがあって、下地をつくってという話が前提です。

　そのような場面が、間接的にはあります。このプロジェクトに参加した成果

としては、人を知り、己を顧みるというところが大事だと思いました。そこが一番の成果だったと思います。

あと阿部所長、中嶋先生にも書いていただきましたが、学警連に参加していったというところです。それはやはりここの中で意見をいただいて、いろいろ悩んでいる状況があるわけです。先ほど北九州の石田先生が言われたように、警察は動機付けもしないで一時保護に連れていって、すぐ出てしまうというのはどうなのとか、佐藤先生が言われたように、教員は子どものためだったらとやるけれども、実際には無理な部分だって限界だってある。安永さんが言われたように、制度、法律の中で動いている部分もあるということを、お互いに悩んでいる、共有しているというのがとても大事でした。

学警連に入れていただいて会議の中でいろいろな要望があって、非行の子どもも入れてくださいねとか、一時保護所から無外してうろうろしているのは児相が何もやらないからだ、警察と共同して捕まえないからだとか言われて、結局、またプレッシャーをかけられてしまうのではないかというのが現場レベル、児童福祉司の中にはあるわけです。

横浜児相は警察との連携の会議を毎年、年に1回やっていますが、そこで一つ変えてきたのは、昔は4所の全体会で行ってきたものを、ここ2～3年で各児相ごとにした。それが非常に良かったと思います。それは県警から、もう少し現場に即したナマの話を直にしましょうと案がでたこと。全体会で、県警本部、所轄の警察の係長や課長クラスが20人ぐらい、私ども児相が70人ぐらいいて、100人ぐらいの会議をやっている。それで共通議題を出して読み上げているけれども、それだけでは意味がない。もっとその地域、地域の悩みがあるというところで、児相レベルの連絡会を開いていただいた。私たちは各所1回だからいいわけですが、県警本部の阿部所長は場合によっては4所を回る。だから県警本部から提案されたのですが、本当に大丈夫ですかという話です。しかし、いまそれが続いている。ここのところ定着してきています。

**阿部**：横浜市児相が最初にやっていたのをモデルに、県域、川崎市、相模原市、横須賀、新しくできたので広めて、14児相ができたのは今年が初めてです。全部できましたと担当が言っていました。横浜市のやり方をモデルにして、どんどん広めたという感じです。

**清水**：例えば県警と横浜児相、教育委員会と児相というように会議は別々にありました。学警連ですから、入るにしてもあちらに共闘を組まれてやられてしまうという話はあるわけです。もともとできた会議の中に入っていくわけです

から。そういうところもあったのですが、結局、個別にして、もう少し小さいレベルでやりましょうよという下地があって、学警連に入っていく必要もあるでしょう、上のレベルの話も必要でしょうという意識付けがだんだんできてきた。そこでこのような場の中で、北九州さんも札幌さんも悩んでいるというのを改めてわかって、それを糧にして踏み込むかたちになったと思います。だから別に調整していないのですが、3人とも同じようなことをアンケートに書いているので、それが一番の連携のかたちだったと思います。成果ですね。

**阿部**：ここに出席して、出てきたものが同じだったということですね。

**石川**：横浜市の教育委員会が四つ学校教育事務所をつくりました。いろいろ調査しましたが、児相の管轄区域と対応したかたちで四つ出した。この前、地域連携研究会の事務局の方が来られたときに、その企画担当の人を紹介してくれと言って、改めて調査に行ってもらったら、案の定、意識的にやりましたと。結局、いまの児相単位でいろいろな会議ができているのは、学校教育事務所も入ってくれば、もっと細やかな連携になってきますね。

**清水**：そうですね。プロジェクトの報告の中でも、教育委員会との連携というかたちで、きめ細かいところを目指しているわけです。学校教育事務所には、新しくスクールソーシャルワーカー（SSWr）ができて、つなぎの役割をしてくださったり、もともと主事さんもいたのですが、新しい目で見た役割の人も出てきているので、そのへんはとても重要だと思っています。

**石川**：地域連携研究会ですが、2009（平成21）年5月ぐらいに、渡辺さん[4]から連絡があって、一度会ってくれ。恩返しのつもりで神奈川県警で一つ研究会を立ち上げようと思う。そのときに実はJSTの研究が採択されそうなので、それに関連するものをつくってくれませんかと言ったら、彼がわかりましたと言って、さっきの児相へ行ってということがあったわけです。だから目に見えない私と渡辺さんとの連携があった。

　私がすごく助かったのは、こちらから聞き取り調査に行かないで、あそこの研究会に出ただけで、横浜の実情が非常に詳しくわかった。最初のうちは言葉もよくわからなかったけれども、何回も出てくるとだんだんわかってきた。それでJST石川プロジェクトの方にも加わってくれませんかというので、横浜が加わった。横浜が加わったことで、われわれプロジェクトは厚みが増したと思います。二つだけの比較だとわかりにくかったけれども、三つというのはいい

---

4) 前神奈川県警察本部長、早稲田大学社会安全政策研究所客員教授の渡辺巧氏。

数字ですね。鼎の軽重を問うというけれども、三つがちょうどいい。

**清水**：虐待対策プロジェクトの横浜の報告書は、皆さんにお配りするのは持ってきませんでしたが、ホームページでアップされています[5]。どうぞ見ていただければと思います。

**石川**：それでは札幌市のほうに移らせていただきます。入江さんが1番でしょうか。

**入江**：最後まで参加できたことを、私個人としては本当にありがたく思っています。

　参加しての成果ということですが、横浜の清水所長もおっしゃっていましたが、行政はこういう研究に参加していいものを見てきたから、ではすぐ取り入れましょうと簡単にはいかなくて、何か新しいことを始めるには行政なりの手続きがありますので、プロジェクトの成果イコールですとはなかなか胸を張って申し上げられないのです。けれども、いろいろな場面で見てきたこと、聞いてきたことを意見として発言していく中で、ちょうど札幌市児童相談体制強化プラン策定作業などもありタイミングが良かったこともありまして、いろいろな状況がよい方向に作用したのだと思いますが、それがいくつか実現していったということがあります。

　百聞は一見にしかずという言葉がありますが、どこの児相には現職の警察官がいる、警察官OBが何人入っているというのは、資料を見れば全部わかります。組織がどのようになっている、職員が何人いる、児童福祉司は何人いて児童心理司が何人いる、そういったことは全部資料でわかるのですが、でも資料で見るのと現地に行って現場の職員に案内していただいてお話を伺いながら見せていただくのとでは大違いです。そういった中でホットラインを全国あちこちの児相でお持ちなのはわかっていたのですが、最初に北九州に行って、ホットラインの相談員さんとも直接お話をさせていただきましたし、相談室も見せていただき、深夜に何かあったらどうするのか石田課長に質問させていただいて、そんな中で札幌にもほしいと最初に思ったのはホットラインでした。そのホットラインも昨年秋から開設しています。

　また、横浜市には仕事のやり方としてインテークの係があって、そこから担当者のほうに振り分けられるというシステムも是非ほしいと考えましたが、こちらはまだインテーク部門がつくれるというところまでは行っていません。た

---

5)　横浜市こども青少年局HP「児童虐待対策プロジェクト報告書について」http://www.city.yokohama.lg.jp/kodomo/katei/gbpj.html 参照。

だ、インテーク要員として1名増員となる予定なので、何か効果を上げられる方法はないかと考えました。現在、10区にある家庭児童相談室では、経験が浅いためいろいろな相談を受ける中で困ることがよくあります。でもこんな些細なことで児相に相談できない等いろいろな悩みがあることも聞いていましたので、では気軽に相談できて、こんなふうにやったらいいという助言を受けながら区が動く。その中でここまで来たらやはり児相が出て行かなければいけないだろうという判断をして、地区担当に振り分ける。そういった区からのインテーク担当ともいうべきものを新年度からつくっていこうと考えています。

横浜でもう一つ、自立支援部門を見せていただきました。正直言いますと、その時は、一時保護所がそこまでやらなければいけないのかと思いました。一時保護所にいる子どもをハローワークに連れていくことはありますし、一方、自立援助ホームもありますし、自立支援部門をあえて一時保護所につくる必要があるのだろうかと最初はあまりピンと来なかったのですが、それが次第に自分の中で考えがふつふつと熟してきて、やはり一時保護所と自立援助ホームやほかの社会資源の間には、何かどこかすき間があることに気づいてきました。

残念ながら、札幌ではまだ自立支援部門をつくるところまでは行っていないのですが、一時保護所の使い方を考えてみると、もう少し自立支援部門に近い一時保護所に最近は若干シフトしてきたような気がします。たとえば小中学生を一時保護していても出席日数に問題はない。でも高校生になると、一時保護期間が長くなると出席日数が足りなくなってしまったりします。だけどなかなか処遇が決まらない、家に戻したいのだけれども調整がなかなかうまくいかないようなときに、学校をどうしようという話になります。学校の寄宿舎を活用させてもらって、平日は寄宿舎から学校に通い、土日は帰らなければなりませんので、では土日は一時保護所に戻ってきなさいということをしばらくやって、最終的には調整をして家に戻ることができたという事例もありました。

これまで一時保護所からは学校に通えないのが通常でしたが、ちょっと柔軟な使い方、考え方も新たに加わってきたところでもあります。これは私一人の考えではなくて、横浜にはこういうものができているということで、札幌市児相全体が横浜市のその影響の中で考え方が柔軟になってきたのではないかと思っています。以上のように、実践的な部分で非常に多くの意義があったと思っています。

こちらのプロジェクトのメインテーマが連携ですが、連携についても都市によってさまざまな形態があることに気づきました。北九州のような、同じフロ

アに同居しているのは、物理的な距離が心理的な距離の近さに繋がり、連携しやすい形なのだろうと思います。

　テーマに沿わないのであまりこの話はしなかったのですが、札幌市児相と同じフロアに保健福祉局障害福祉部の知的障害者更生相談所が入っています。通称「まあち」と言いますが、たとえば「まあち」と札幌市児相の間は、別に連携しようとか、連携するときはこういうルールに基づいてやろうとか、特に考えたことがありません。保護者の方のニーズを見極めて、場合によっては「まあち」で検査をしていただいて、手帳該当であれば家事援助のヘルパーさんを入れる等いろいろな福祉サービスが受けられます。そういった相談をさせていただいたり、中学生ぐらいのお子さんについて知的の手帳がいいのか、精神の手帳がいいのか、この子がいま中学生だけれども高校生、大人になったときにどういうサービスを受けるのがこの子にとっていいのだろうかと、大人になったときまでを想定して、いま何をすべきなのか、手帳を取得するとしたらどのタイミングがいいのか、ということなどを「まあち」の職員と相談しながら考えていく。そういうことはあえて連携と意識したことはなくて、協力しながらやれているので、きっと北九州はこんな感じなのだろうと想像しています。それはメリットとして本当に大きいことだと思います。

　札幌市は要対協に力を入れており、要対協やもう少し歴史のある少年サポートチームというシステムをきっちりつくって連携していくスタイルを中心にやっています。もちろんそれは大事なことですが、石田課長がおっしゃったと思うのですが、それぞれの機関がかっちりした枠組みの中で、私ができるのはここまでとそれぞれが言っていると、どうしてもそこのすき間に落ちてしまうものがあると思います。

　連携のときに一番大事なのが、そこをもう一歩踏み出して、境界線のすき間に落ちてしまうようなことがないように境界を重ね合わせてすき間を埋めていく作業だと思います。これはいくらシステムをつくっても、それだけでは解決できないことで永遠のテーマではないかとも思いますし、最終的に個人の資質、力量にも関わってきますので、それぞれの機関同士の連携の仕組みづくりと併せて、職員のスキルアップも必要だろうと思っています。

　以上のようにいろいろ考えさせられた、非常に意義深い2年間でした。

**石川**：引き続き、二ノ田さん。
**二ノ田**：学校教護協会は、具体的にどのような連携をしているのか、またその効果についてお話します。

札幌には10区ありますが、それを11地区に分けて（北区は学校数が多いので2地区に分ける）年5回の情報交換を目的とした地区研修会を開催します。中学校生徒指導主事、高校生徒指導主事、地区小学校長代表、それに関係機関の所轄警察署生活安全課の少年係、道警サポートセンター、児相、少年健全育成員、家庭裁判所が集まり、補導件数などを具体的にお話ししていただきます。学校側からは、喫煙の件数や暴力事件、いじめといった具体的な報告をします。学校からの報告を聞くことにより、情報を共有することで今後の指導の方針を決めることができたり、関係機関にとっても大変有意義な研修会となっています。

　例えば、自転車の占有物離脱横領のときに必ず使う特殊な鍵状のものがあります。そういう細かい情報をいただきます。学校でその情報を知ることで、生徒に別な角度から指導に入ることができます。補導され警察から連絡があったときに、「お前、これを持っているだろう。」と生徒に言えば、「この先生はいろいろなこと知っているただ者ではない。」と生徒間で評判が立つわけです。

　対教師暴力や自動車窃盗などのおそれ、その他困っているときに、所轄の少年係長に指導をお願いするときもありました。そのよう連携ができるのが、顔を合わせて会議を行った結果だと思いました。

　大正時代にできたこの協会は、昭和30年代から機関誌を作っています。その時代から読んでみました。昭和30年代、40年代は家出や不純異性間交友（桃色交遊と当時は言っていました）が多く、50年代、60年代は暴走族、校内暴力の話題でした。

　私が教師になった50年代は暴走族の話題が多くありました。当時の生徒指導の教護担当者が話していました。「関係機関から、『暴走族のバックには暴力団がついています。』という情報があった。」そこで、暴走族に関わるような生徒に、「お前、プレッシャーがかかっていないか」、「カンパかかってないか」という話をします。先ほどもお話ししましたが、そのような声をかけることで信頼関係を生徒と作ることができます。そして生徒からいろいろ話を聞くことができるようになるわけです。他校の教師にも情報を流して、対策や方針を立てることができました。

　平成時代になり、冬の大晦日の繁華街や夏の神宮祭で声だし暴走族が問題になりました。関係機関から情報提供ということで参加者の人物を特定する作業にも協力しました。そういう地道な活動が声だし暴走族を解散させたこともありました。

　ポケベル、PHS、ケータイで、援助交際が現れ始めたのもこのころです。あ

る出版社が「美少女図鑑」という実名入りのパンフレットを作成していたことがわかりました。これに、高校の先生が中心となって指導の方針を決め、各校に連絡を入れ、当該生徒に指導、家庭連絡、そしてその出版業者、関係機関などに連絡をして出版をやめていただいたこともありました。このような素早い対応は教護協会ならではと思います。

　また、情報交流の研修会だけではなく、年に4回、生徒指導に関する勉強のための研修会をやっています。例えば、性非行について、指導の法的根拠はどこにあるか、発達障害の指導について、カウンセリングについて等、その時代の生徒指導に合った研修会を実施しています。講師は、それぞれの専門家に依頼しています。

　札幌市でも以前はもぐら叩きのような対処法的な指導法が主でした。予防的な生徒指導に主眼をおいた生徒指導を目標に開催しています。

　ホームページも開設し、いつでも情報を取り出せるようにしました。まだうまく活用されていません。コンテンツを充実させ今後の運営に役立てて生きたいと考えていたところです。

**石川**：二ノ田先生の場合は、このプロジェクトに参加したのが去年の暮れぐらいからですから、ここに参加した意義はこれからです。学校教護協会の存在意義は宣伝させてもらおうと思っています。

　私がすごく注目したのは、中高が連携していることです。普通、教育委員会が入ってしまうと中学校まで、高校は県立がほとんどですから県の教育委員会ということになってしまうけれども、ここは大正の時代から中高の連携ができたわけで、それがずっとつながっています。非常に珍しいケースで、こういう仕組み方はほかでもつくれないわけではないのだろうと思うので、ぜひこのところは後半で議論させてもらおうと思っています。

　先ほど入江さんのコメントを聞いていて思い出しましたが、アンケートの中で、北九州がやっている同居の試み、これは非常に評価されて4人の方がいい考え方だと言っていました。現場の人がそう言っていることはものすごく大きなことです。では次に前田さん、お願いします。

**前田**：私がこちらに参加させていただいた入口であるサポートチームを一つのモデルとしてずいぶん大きく取り上げていただいて、私は龍島さんの後姿を見て育ってきたので、それなりのものだという自負もあります。大事な連携の理念はだいたい盛り込まれていると思っています。

　こちらに参加させていただいたことの一つの表れというか、こういうところ

に出ることがすごく大事だと思ったのは、たとえば今日であれば、横浜さんは横浜市の子どもの今の問題は何か、打ち合わせたわけではなくても共通認識がすぐ出てきましたが、札幌市はというと、短期間で担当者が入れ替わったり、テーマが変わったりしているなどがあり、いま札幌市の子どもの問題はどうかと問われても、すぐ共通認識が出てこない。こうやって話題にしてみると、現状の違いがすごくよくわかりました。

　それから北九州さんは最初から中心でお話が出ていましたが、たとえば北九州で安永さんと言ったら知らない人はいないよと、そういうふうになったのはどうしてか。札幌にそういう人物がいないのは何故かということなども考えさせられました。それが参加させていただいて、とても有意義だったと思います。

　システムは要対協なども上から下からというのも出ていますし、ひな形はもうずいぶんあるのではないかと思っているのですが、入江さんの話にもありましたとおり、それがどう実効のあるものになっていくかというところで、改めて気がついたこと、自分が思ったのはこういうことなのだというのは、たとえば1個1個のケース検討でいえば、この子のために何とかしたいとすごく一生懸命動く人がいる。そういう熱意が伝わる。

　この会議で言えば私のイメージでは、石川先生のように連携について研究し深めていきましょうというリーダーシップなり熱意が周りを巻き込むみたいな、そういう人がいる場合にはうまくいく可能性はもちろん高いとか、龍島さんが言ってきたように、連携のコーディネート役がいかに知恵を絞るかということの重要性も再確認しました。またそうでないにしても、たとえば日ごろの、ケース会議ではない会議場面、顔を合わせる場面などで一緒に動くこと、月に1回の打ち合わせでもいいから、それを継続していくこと、そういうものをうまく使っていけば、また卓越した人が仮にいなくても連携は脈々と続いていく可能性があるのではないか、そのようなことを考えました。

　もう一つが、よその機関とうちの機関みたいなことをずっと考えてきたつもりでしたが、実は自分の機関の中でその連携の大切さがどういうふうに伝わっているだろうと改めて考えました。私は龍島さんのあとを十何年間見てきたけれども、その理念みたいなことは、やはり意識的に伝えなければいけないのだと気がつきました。対外的なものだけ、ほかの機関の間だけではなくて、自分の機関の中でも連携とはこういうものだとか、そこの機関についてはこうだよということを、これまでは何か日常そばにいて一緒にやっていれば伝わっているだろうと思ってきてしまったところがあったのではないかと思いました。

この研究を通じて、連携の理念のどんな点を強調して伝えていくかや、伝えていくことの重要性を改めて感じて、連携をするために人を育てることは、機関同士だけではなくて、自分の機関の中でもそれは必要で、もしかしたら札幌の少年サポートチームのシステムにちょっと足りなかったのは、継続的にそれを担っていく人をどう育てるかという視点だったかもしれないと改めて気がつきました。これが今私の頭に浮かんでいるこちらに参加させていただいた私にとっての成果です。

札幌市における成果については市児相さんのほうで挙げていただいたとおりです。それともう一つ、すでに起きていることでシステムを新しくできるかどうかではないのですが、いま警察と児相で虐待を中心にした各児相単位の担当者ブロック会議を年1回やっています。虐待の死亡事案をきっかけに始まったものなので、どうしても虐待、虐待と話題にしがちですが、今後非行も含めて児相さんと警察の連携で、いままさにホットな話題などを話し合っていくように活用の仕方を変えていけるのかもしれないと思っています。

北九州さんや横浜市さんを見ていて、市教育委員会の方たちのエネルギー、子どもたちについてどういう方向で持っていこうかというところがあると、もしかしかしたら全然違うと思ったので、札幌でも現場の先生方とのやりとりはもちろん密ですが、市教育委員会との関係は何か考えようがあるのかなと思っています。

**石川**：話し足りなかった部分は、第2部がありますので、そのときにまたお願いします。安永さんは「女性自身」のインタビューを受けていましたが、私のほうにもそれが来て、そのときに北九州だけではないですよ、横浜市もすばらしいことをやっていますよ、札幌のほうにもすばらしい人がいますよ、暇になったら取材してくれと言ってあります。

では最後に東山さん、よろしくお願いします。

**東山**：法務省矯正局から参りました東山と申します。

このプロジェクトに呼んでいただいて、つくづく感じるのが、各地でこれだけすごい取り組みが各機関で連携してなされていることに、とにかく本当にびっくりしたところです。

全国的な傾向ですので、札幌、横浜、北九州の各地はまた別かもしれませんが、近年、少年鑑別所の入所人員は減少傾向にあります。各地で、こうした非行防止に関する素晴らしい取組がなされていることも、その一因と思われます。ただ、それだけに少年鑑別所まで来る子がすごくコアな子というか、問題の根

の深い子がやってくる状況になっています。こちらとしてはこれまで以上に難しい子を相手にしながら専門性も上げて、これまで以上の仕事ができる体制は整えているところです。

　現在法務省では、少年鑑別所法を制定するための作業を進めており、ちょうどまさにいまいろいろな詰めの段階で、話せるところと話せないところもあります。その中で、これまでも、一般少年鑑別として、地域の方のニーズや求めに応じて相談に対応したり、コンサルテーションをしたり、講演会をしたり、いろいろなことはさせていただいていましたが、基本的には受け身的な対応であった。また収容鑑別等の本来の業務の支障にならない範囲でやりましょうという枠でありました。少年鑑別所法案が成立・施行されましたら、地域の非行・犯罪の防止に関する援助について鑑別所の業務としてより積極的に、継続的に取り組んでいくことができる枠組みが整う予定ですので、そうなったときには今回いろいろ伺わせていただいた各地の取り組みにもっともっと参画させていただく必要があると思いました。

　いろいろなお話を伺う中で、たとえば清水所長が「人を知り己を省みる」とおっしゃっておられて、今回いろいろな機関の取り組みを勉強することができて、本当にありがたかったと思っています。私だけではなく、現場にいる少年鑑別所の職員が、もっともっと知っていかなければいけないと思っており、このことはきちんと伝えていきたいと思っています。

　そしてまた己を省みることで、鑑別所としてどういうことができるかを考えていったときに、今日も少し出ていたかと思うのですが、鑑別所としてはアセスメントの部分で専門性を発揮させていただくことが強いのではないかと思っています。虐待もそうですし、発達障害や知的障害の件もありました。そういった部分の検査等を実施することに関しては非常に高い専門性を持っていますし、また特定の障害等に関するケースでなくても、ケースの見立てや、それによって即効的に効果が上がるわけではないかもしれないけれども、限られた資源を効率的に皆さんに関わっていただくうえでの見立てみたいなところは、鑑別所としてはとても専門性を発揮させていただけるところではないかと思いますので、ぜひご協力させていただければと思っています。

　虐待の問題等が児相関係等で大きくなるところで、非行関係に対応するのがとても難しく、さまざま工夫しておられることは本当に勉強になったところですが、鑑別所では非行については確固たる専門性を持っているつもりですので、そういった問題については鑑別所を使っていただければと思って伺っていまし

た。

　皆さんのお話を聞く中で、調査官、保護観察官がしばしば出てくる中で、鑑別所の名前は出てこないなと思ってちょっと寂しく思っていたところですが、先ほど佐藤先生や安永先生に伺ったら、いや、鑑別所もよくやってくれていますということで、ちょっとストロークされて、ほっとしたところです。少年鑑別所法案が成立・施行されましたら、鑑別所は受け身の姿勢ではなくて、もっと積極的に地域の非行・犯罪防止に関する援助に関わっていくことができるようになりますので、もっともっと活用していただければと思っています。とりあえずのところとしては以上です。ありがとうございました。

**石川**：鑑別所という名前は、たぶん変わらないのだろうけれども、外に向けて発信する相談窓口のところは、新しくネーミングする可能性もあるということでしたね。

　学校教護協会は、そういった意味で札幌市は大変重要なことをやっていると思います。ぜひ札幌の少年鑑別所が参加するように誘導してください。

**東山**：家庭裁判所が入っていると聞きましたので、ぜひ鑑別所も。

**佐藤**：北九州でも2年続けて鑑別所の中で生徒指導の研修をしました。

## ㈡　第2部：ディスカッション

**石川**：第1部でご意見をいただきましたが、それについて質問等があったらしていただくことにしたいと思います。

　なければ私が口火を切ってもいいのですが、われわれは対象を中学生にしていますが、中学生の場合、家と学校が基本的な居場所で、両方からはじき出される子もいないわけではない。中学校はだいたいが市立です。教育委員会が管轄する指導対象の児童生徒は小学生と中学生で、高校生は県がほとんど管轄します。

　たとえば北九州が2002（平成14）年でしたが、少年支援室をつくろうと、あれはもともと教育委員会の所管だった二つの学習支援室と少年相談センターでしたが、それを児相とくっつけることによって、対象の少年を15歳で切らないで、そこから上の者も対象にできるようになった。児相だと18歳までだけれど、少年という名前にして20歳までを射程に入れています。その意味では中学校から高校に行くときの切れ目がない指導、支援ができるようになった。

　先ほど札幌のほうで教護協会の話をしていただいたのですが、教護協会が対象にしている加盟校は、中学校と高校で、札幌のほぼ全部の学校が入っている

わけですね。そこでいろいろな地区研修会をやって、中学校の生徒の情報も高校生の生徒の情報も、お互いに共有できる場ができている。学校の先生だけがそれを頼りにしているのではなくて、児相も警察署も、それからサポートセンターも最近では家裁の調査官も、二つの地区に入り込んで情報を得るような流れができている。つまりそういう会議に行けば中学から高校へ情報がきちんと行って、問題を起こすような子に一貫した対応が取れる場ができているというのが大きいと思います。

つまり市教育委員会の年齢の壁を取り払われるものが、いまつくられていると思うのだけれど、そういうことを札幌でも北九州でも、いま言った少年支援室と学校教護協会があるので、これをモデルにした切れ目のない支援の体制を工夫しませんかというような提言を一つ考えています。

たとえば少年支援室のようなものは、ほとんどの政令市などではどうなっているのですか。まだ教育委員会の管轄のままになっているのですか。

石田：一応「子ども家庭局」です。要するに子どもの相談は1か所にまとめてしまえと。

石川：政令市の子どもを扱う部局の再編を全部調べました。ほぼすべてが「子ども未来局」、「子ども家庭局」といった名前に切り替えて教育委員会が管轄していたあるところを、首長部局に持っていっているのです。

石田：そういうところもありますね。うちの少年支援室3室は、少年補導センターの機能を持っていますから、全国少年補導センター連絡協議会に出ていくときには、教育委員会の所管の都市も結構あります。それから「子ども未来局」とか、うちの「子ども家庭局」みたいな部署もあります。少年補導センターを管轄している局は教育委員会か、あるいはその他の局かといわれたら、半分半分ぐらいだと思います。いずれにしろ、教育委員会のほうがちょっと多いのかなと。

石川：教育委員会にしてしまうと、15歳止まりという問題が起こるでしょう。

石田：そうですね。

石川：切れ目のない指導、支援ということを考えたならば。

石田：ただ、うちも教育委員会が所管しているときは、社会教育部が発端ですから、いま生涯学習部、だから社会教育生涯学習の範疇で教育委員会が管轄していますから、未成年というかたちでは対応できます。

石川：あと学校教護協会のような情報を共有する場、教護協会だから権限を持って子どもの問題に対応するということはできないのですね。それは権限がな

いからやってはいけないのですね。だから情報の共有のために勉強会をする。それはほかの都道府県ではどういうふうにやるんですか。

**石田**：私は校長を7年しましたが、うちの生徒が問題を起こしたときに、全部見通してしまう。計算するのです。この子の家庭はこういうふうだから、ここと連携してと、頭出しして先に情報を提供しておく。管理機関はこことここだから、ここに相談してどうなるか、私だけかもしれませんが、管理職がみんな計算します。そのときに、何ごともなくて、いい方向に行く分にはもうまったく万歳です。ところが、これは予想したとおり最悪のパターンになってきたぞというときが結構ありますから、連携しますよという文書も出さないし、電話1本で集まってくれるし、だから言ったらすぐに集まってくれるから、どうしたらいいんですかと。そうするとここはうちがやりましょう、ここはうちがやりましょうというかたちで、それをずっとやっていくというのが北九州の連携です。

**石川**：それは問題を起こしている子のケースですよね。さっきの意見書の中で、いざことが起こったときに、急に連携を取るといっても大変だ。つまり日ごろからの情報共有が、いざ行動を起こすときには大事になってくる。そういう意味では、平時に、どういうことが起こっているかという情報を共有する場は大事だと思うのですが。

**石田**：それは教育委員会が主催している生徒指導主事主任会議とか、校長会もありますし、教頭会もありますし、毎月やっていますから。

**石川**：それは中学校だけで。

**石田**：いや、小中ですね。

**石川**：高校は入らない。

**石田**：北九州の場合、市立は一つしかないですから、県の校長会の組織に市立高校の校長が来ていますから、だから高校間では共有しています。

**石川**：高校間ではね。中高の連携の情報の場はつくれないのですか。教護協会の特徴は、中高の連携がそういう場でできているということになると思います。

**石田**：卒業時に、こういう子がいるのでと気になる子どもの情報提供は、中学校は高校に持っていくし、小学校は中学校に上げるし、幼稚園は小学校に上げていくという連携はやっています。

**佐藤**：北九州も一応進路保障があって、これは公立だけですが、必ず高校の代表者と中学校の代表者が集まって、中学校は順番に高校を回りながら気になる子の情報交換をする。これはもともと同和教育の視点からの発想で出たことで

すが。それで情報交換する機会はあるのですが、私学はそれに入っていないのです。

石川：教護協会は私学も入っているのですね。

二ノ田：私学も全部入っています。

佐藤：北九州で私学が入っているのは、学警連しかなくて、でも学警連は年に1回の総会でしかみんな集まらないので、事務局は集まりますが、情報交換を定期的にやっているということはありません。ただ、個別にやれるので、その必要性があまりないのかもしれません。それとどうしても進路のことが気になるので、補導情報などはどうしても高校に上げにくい部分もまったくないわけではない。

石田：本来は、中学校は指導要録の照合を進学する高校に持って行かないといけないのです。小学校も入学する中学校に小学校の指導要録書も、要するに学業や生活ぶり、その他ケアする部分はないかなどそういったものの書類は上がるようになっています。そしてなおかつこの子の家庭はこうだ、いまこういうふうに気になる家庭だということは個別に伝える。中学校も何かあったら協力しますという体制を取っています。実際高校から中学校への連絡はごく少ない。高校の先生は意地でも自分たちで頑張ってやるという部分もあるので、それは何かあったときにはいつでも対応しますが、担任が異動してしまっていることがあるので、そこの学年主任などが対応していることもあります。

石川：いま学警連の話が出ましたが、神奈川県の学警連はトップレベルの集まりを年に4回、もっときめの細かい実務者レベルの集まりをかなりやっていますね。

阿部：警察署管内、1署に1個学警連があって、それは多いところで年間12回やっています。

石川：12回。そういうところに学校側は小中高が出てくるのですか。

阿部：高校も入っていますね。中高部会というのもあります。全部ではなくて署によるでしょうけれど、中学校と高校だけの部会を年間何回かやっているところもあります。

石川：北九州はどうですか。

佐藤：基本的に組織はあって、区ごとにも学警連はありますが、区ごとでは補導などは月に1回集まって一緒に補導などをしています。補導の場では高校の先生とも会って、立ち話程度の情報交換はしますが、会議というかたちは年に1回、これは全市が集まりますから、400とか500人、ホテルの一番大きなフロ

アを貸し切ってというかたちになっています。その中で情報交換は行っていますが。

**石田**：北九州の場合、学警連では個別の対応はあまりないのです。個別の対応は、各学校同士でやってくれると思います。それをやってしまうと時間がいくらあっても足りないということがあるので、あまり個別の事例を扱うと、逆に警察が困ることもあります。

**佐藤**：とりあえず何かあったら、お互いにやりましょうということは確認できているので。

**石田**：このときはこうしてくれとか、今度こうなったときにはこうしてくれないのかと逆に言われたりもします。

**石川**：札幌には教護協会がある。そちらは少年支援室というかたちでやっている。では横浜はというときに、ないと困るから横浜は学警連を強調しようとは思いますが。

**中嶋**：学警連の他に、中学、高校の中高連絡協議会というのがありまして、そこではやりとりをしていますし、横浜市には18区あって、区ごとに専任会を毎月やっていますが、場所によっては区の中のシステムで独自に違うのですが、区によっては高校もお呼びして、毎月小中高特別支援学校というところで情報交換をしています。

**石川**：主催は。

**中嶋**：中学校の生徒指導専任協議会なので中学校が主催しています。

**石川**：そこに高校が出るのですか。

**中嶋**：はい。私がいたところは、小中高、特別支援学校、私立高校、毎月会っていました。

**石川**：その場合、県の教育委員会はむくれたりしないのですか。俺たちの指導する学校に対して何をやっているんだというようなことにはならないのですか。

**中嶋**：ならないですね。

**石川**：それはどこでもそういうことは起こりえないのですか。市教育委員会と県教育委員会がけんかになることはないのですか。

**石田**：指導上はないですね。政令市で全部任されていますから。

**中嶋**：専任会には県立高校も来ました。別にそういうシステムが必ず確立されているというのはないのですが、本当に実務者レベルの中ではそういうふうにやっている区は多いです。

**石川**：札幌の場合は、学校教護協会がちゃんとやっておられるから、市教育委

員会は出てこないのですね。
二ノ田：ただ関係機関が地区の研修会に出ていただくことが、やはり一番大きいところではないかと思います。ただの交流だけではなくて、いろいろ情報を教えていただける。年5回、常に新しい情報が来ますので。
石川：仮に少年鑑別所も入ると、なおさら情報が共有できるかもしれない。今度からは外に向かってもっと自由に動けるかたちになれば、当分の間は情報を得るばかりかもしれないけれど、いずれその情報は今度こういうふうに還元できるかたちになる。
二ノ田：教護協会は、鑑別所にも研修に行ったり、北九州のほうもやっていらっしゃいますが、少年院にも実際行って、少年院の所長からも講義を受けたりとか毎年やっています。そのような情報を得る活動はやっています。
石川：あと一つ、児相が虐待対応に忙しくて非行相談が非常に手薄になっているということは、だいたいどこでも似たような状況はある。その中で北九州は非行ラインを強化するために新しく立ち上げましたね。先ほどそのメリットなども話していただきましたが、当初私が参加していたときに気がついたことは、サポートセンターが非行ラインの弱い児相のある部分を肩代わりしているという認識がありました。

　その意味では少年サポートセンターは非常に重要だということで、たとえば横浜に行ったときなどは、横浜もそのようですが、そうだったらサポートセンターともっと連携を深めるようなことを考えませんかと、たとえば児相の職員をサポートセンターに送り込んで研修を受けさせるとかということで、非行相談の実力が下がらないように、一定水準を維持できるようなことも考えられませんかと言ってきました。

　先ほど前田さんからも話が出ましたが、私は少年サポートセンターがやっている少年サポートチームというのは、非常に存在意義があると思って、去年行ったときも、いまでも年に数件だけどある。あの枠組みは、いわゆる法的な枠組みはない。だけど要保護対策児童協議会のあの枠組みでやれないわけではない。
前田：そうですね。
石川：そのときに、だれがコーディネーターをやるかという問題は出てくるけれども、法的な根拠とすれば、児童福祉法の枠組みを使って、これが法的根拠でやっていますと持っていけないわけではない。

　そのときに、さっきちょっと話したけれども、少年サポートセンターが事務

局をやるというのは、ちょっとやりにくい。そのときに児相の非行相談部門が窓口になって、あるいは共催のようなかたちでチームをつくっていくというやり方はありえますよね。

**阿部**：実際にはやっています。

**石川**：いったい何の根拠があってこんなものをやっているのだと言われたときに、いや、これは児童福祉法上の規定を使って要保護対策児童協議会の個別ケース検討会議なのだと言えなくはない。

**阿部**：言えたら堂々とやります。

**石川**：非行ラインを強めることもあるけれども、それがかなわなければ、少年サポートセンターが児相と連携をして、個別ケース検討会議を実施する。そうすればその枠組みでできるわけだから、法的に何の裏づけがあるのだと後ろ指を指される必要はないと思うのだけれども、実現可能性はありますか。

**阿部**：児相、要対協の考え方でいくとどうなのでしょう。

**清水**：政令市の横浜の場合には、要対協の事務局は区も分担して持っています。児相だけが担当しているわけではないので、そのへんをどういうふうにくくるかという話はあります。要対協の場合には、虐待の防止の意味合いが非常に濃いので、いわゆる虐待防止法の絡みなどもあります。したがって非行系の子どもを扱うとなれば、非行の裏にはネグレクトがあるとか、そういうケースだったらできないこともないかもしれませんね。しかしいくつかハードルはある。

**石川**：厚労省の要対協の開設をしているホームページにはっきり書いてあります。要保護児童とはこうである、非行少年も排除するわけではなくて含まれるという書き方ではっきりしている。だから法律上は当然やってやれないわけではない。ただそのときに児相が扱えるのは、いわゆる犯罪少年ではなくて、触法と虞犯、不良行為であまり大きいのはできない。たとえばこの前、中学校で起こった対教師暴力も、表に出してしまえば犯罪、傷害罪です。年齢からしても上の子は15歳で下の子は…。

**阿部**：あれは兄弟ですが、上の子はたぶん家裁送致となって、下の子たちも心配だからそちらを中心にサポートチームをつくったと思います。

**石川**：そうであれば要対協でもできないわけではない。われわれのこのチームは、有効ばかりでなく適正な連携も模索している。だから法的に合法であること、適法性があること、さらに実質的な正当性があることも強調しなくてはならなくて、その意味ではいま言ったいろいろなところでやっている研修会、あるいは個別ケース会議が法的な根拠に基づいてやっているのだということを強

調したいのです。サポートチームについてうたおうとすると、いま言ったようなかたちでできないか。サポートチームが扱っているケースも、あれは当然刑事事件化してしまったものは扱っていない。

**前田**：はい、そうですね。

**石川**：だからその以前のものをやるわけだから、その意味では児相の管轄のケースではあるのですね。

**前田**：法務省に行ってしまったら手放します。その手前ということでは組んでいただけるとは思います。

**石川**：問題は、そのときに少年年齢は18歳、19歳も少年だけれど、児相で扱えるのは18歳までです。なので、18歳、19歳をどうするかという問題があるけれども、実際、少年サポートチームで、18歳、19歳の子を扱ったケースはあったのですか。

**前田**：おそらくなかったと思います。私の記憶ではないです。

**石川**：そのあたりのことを要対協の枠組みを使って少年サポートチームがやっているようなことをやったらどうかという提言になるかもしれませんが、それで困ると言われてしまうと困るのだけれど。学校教護協会の場合は勉強会をしており、別段法的な根拠がなくても開ける。教育委員会もあの存在を認めているわけでしょう。

**二ノ田**：そうですね。教護協会の会議の年度初めの会議には、市教育委員会の方がちゃんと来て挨拶をしていきますから。

**石川**：PTAは、何か法律上にその規定はありますか。PTAをつくることについて、学校教育法にあるのですか。

**石堂**：あります。

**石川**：そうすると、PTAは法的に根拠のある組織で、学校教護協会の場合はそういうものはないですね。まったく任意。

**二ノ田**：先ほども質問があったのですが、たとえば人数分、年35円を1回だけ集めて、それを各学校からいただいて、協会の活動資金としているのです。それが研修会や講師派遣等の活動資金となります。法的な根拠はないですけれど、札幌市の重要な生徒指導の会議だということで認めていただいています。

**石川**：私が聞きたかったのはそんなところですが、他にいかがでしょうか。

**佐藤**：少し離れるかもしれませんが、この多機関連携モデルを提唱する中で、そのコーディネーターの存在を常に僕らは意識していたのですが、そのコーディネーターを選任するということが不可欠なのかどうかを、僕らは検証しなく

ていいのか。つまりいまは自然発生的に、たまたま僕らがなっているとか、コーディネーター的になっているだけの話であって、多機関連携をするときに必ずコーディネーターを選任するほうがいいのか、それとも選任するとそこに責任が集中してしまう可能性がある。

　厳しい面もあるけれども、でもコーディネーターを選任すれば、その人のスキルが育つ可能性もあります。たとえば児相の中のあなたが今回はコーディネーターですよ、この連携に関してはあなたがコーディネーターですよ、この案件はサポートセンターがコーディネーターをしましょう、今回は学校がコーディネーターをしてください、校長先生、あるいは生徒指導の先生がコーディネーターをしてくださいと、そういう選任を行う。その人は各機関を這いずり回らなければならなくて当然大変だけれども、でもスキルアップにはつながっていくし、そういう人がどんどん地域に増えれば、ひょっとしたら僕らがやってきたことと同じことをやれる人が地域にたくさん増えるのかもしれないという思いもあります。

　だからコーディネーターを選任するということがベターなのだということを、僕らは言い切れるのかどうか、僕の中にはまだちょっと微妙なところがあって、でもせっかくモデルを提案するのであれば、コーディネーターは自然発生的ではなくて、こうやって選任したほうがいいのではないかという提案にするのか、そこはもうぼやかしておくという提案にするのか、そのあたりの皆さんのご意見を聞きたいと思います。

**石川**：コーディネーターのことは、全体提言の中でも入れようと思っています。石川プロジェクト自体が、これは社会実装への一つの道だった、三都市の三機関がいろいろ研究交流をしたことによって、今日もいろいろご意見も出て、実際ここは取り入れましたということもありましたけれども、その中で実装もできているわけですね。スキルアップにもつながりましたと大方の人が言ってくださっています。つまりこれは皆さんコーディネーターになっている人だけれども、将来的なやり方として、こういうプロジェクトを国が面倒をみてやる、あるいは政令市の中で主催市を決めておいて、今年はお宅がやれよと、春はたとえば北九州で、札幌は秋にやろうと、そういう研究を続けることによって、スキルアップさせていく。

　スキルアップさせる人は、あらかじめ選んでもらわなければならないから、たとえばまったくの新人をやるわけにはいかない。たとえば学校の先生を10年ぐらいやった人の中から指導主事として非常に能力の高い人を選び取って、「ち

ょっと児相で勉強してこい」とか、あるいは「警察に行って勉強してこい」という他流試合もさせて、そういう政令市のいろいろな研修会などにも出させる。そうするとだいたい20年ぐらい経つと、一人前のコーディネーターをやれるような人に育っていくのだろうと思います。だからだれでもがなれるわけではないと思います。素質的に難しい人がいないわけではないから、まず候補者を選んで、意図的に育てる仕組みはつくるべきだと思う。

**佐藤**：当然長いスパンで言うと、そういうところも必要なのだけれども、たとえばある事案でケース会議を開いたときに、そこでコーディネーターという方を選任すべきなのかどうか。要するに関係機関のみんなが集まっているわけですから、その関係機関がお互いの了解のもとで、今回はあなたにコーディネーターをお願いしますというと、責任者が来ているわけですから、あなたが来たときにはうちも積極的に対応しましょうと申し合わせてやっていくことで、いま僕らが人と人とでつくってきたものを、組織的につくり変えることがある程度できないかなと思います。

だから非行対応の要対協を開いたときに、では今回は児相のあなたがコーディネーターをしてください、その代わりあなたのことに関しては、こちらは全面的に協力しましょうという申し合わせの中でコーディネーターを選任してしまう。確かにここに負担はかかるけれども、そのことが人材育成にもつながるし、そういうシステムを活性化することにならないのかなというちょっとした疑問があります。

それが本当にいいかどうか、僕にもまだちょっとわからないので、そういうことをもし選任しなければいけない、あるいは選任すべきだという文章を仮につくるとしたときに、皆さんはどういうご意見をお持ちか。

**阿部**：現状では、問題を抱えているところ、あるいはその問題に気づいたところがやらなきゃ大変だと言って人を集めます。一番ニーズがあるところが動かしているという感じがするのですが、いまの提案でいくとニーズのない人、ニーズのない機関…。

**佐藤**：そうではなくて、外の人でいいのですが、僕らがその人をわざわざコーディネーターという呼び方できちんと選定しないじゃないですか。要するに提案者みたいな感じです。そういうキーマンをしっかり確立しておくことはどうなのか。

**石川**：たびたび引き合いに出して申し訳ないけれど、例の校内暴力のカンファレンスを開くときに、中心的に議事を進める人はどういう人。

阿部：あれは校長先生だったと思います。

石堂：聞いた限りでは、ただ校長は、相談をいろいろしたら、少年サポートセンターがカンファレンス会議を開いたらどうですかと言ってくれて、やはりサポートセンターが非常にイニシアチブを大きく取りました。もちろん校長が訴えて…。

阿部：そうです。一番最初のときの相談はうちに入ることが多くて、立ち上げのところのコーディネートはうちがやることが多い。ただ、実際に集めて動かしていくときは、たぶん校長先生ですね。

石堂：校長は事態をすべて報告しないといけないからお話はするけれども、佐藤先生、だから常時からある機関にそういうコーディネーターが要るというシステムもありうるし、何らかのケースが起こったときに、それはこの機関がやるといいとか、この人がやるといいと決めるやり方もある。

佐藤：僕が言っているのは後者のほうで、比較的事案が起こったときにコーディネーターを選任するという作業をまずやってみるということが必要なのかどうか。たぶんだれかがやるのだけれども、でもそれはあくまでも自然発生的なものなので、選んでしまうとそこに責任が全部覆いかぶさってしまうから、リスクもあるし、でもいまのままだと、だれがイニシアチブを取るのか、お互いにあいまいなまま中途半端で終わってしまうような事案もたくさんあるので、そのあたりがどうか。

　まず会議を開いたときに、あなたがコーディネーターですよという選任をやることがいいのか、そうではなくていまのように自然発生的にやっていくほうがいいのか。突出したコーディネーターがいるときはうまくいくし、でもいないときはうまくいかないこともたくさんある。

阿部：でも協議をすることは大事なことですね。

佐藤：協議は当然大事だけれど。

阿部：その中でどの方をコーディネーターにしようかという協議をしてでも、一番ニーズの高いところの人が動かすのかもしれません。

石堂：したがって、コーディネーター選任制は相互認識としては可能なのだけれど、また当然やらなければならないのであろうけれども、いざ、選任制で配置しておくといったシステムを立てるかどうかになると、そこはちょっと考えないといけませんね。

石川：札幌の少年サポートチームの場合は、必ずやっておられるのですね。

石堂：以前龍島先生が担当なさっていたということですね。

石川：児相の虐待の個別ケース検討会議の場合は、当然児相がコーディネートをやりますよね。

清水：そうですね、横浜児相の場合では4所に虐待対応の専任係長がいますので、その人がだいたいコーディネーターの役割になることが多いと思います。もっと養育という子育てに関するような部分だと、区でも事務局を担当していますから、区のほうの保健師なり、係長がやるようになる。何となく暗黙に振り分けができているような感じがします。

石川：要対協の場合は法の枠組みでまずそういうのができている。それから少年サポートチームは、法はないけれども、規則がありましたね。

前田：一応要綱があって、やり方が決まっています。

石川：そこにそういうふうに書いてあるのですね。だからある意味では定型化されたものだと、当然そこがやるだろうと思っているけれども、いま先生がおっしゃったような定型化されていないような検討会議などの場合ですね。

佐藤：そういった多機関連携を行おうとした場合に、コーディネーターという存在がある程度重要だということは、皆さん認識は同じだと思うのだけれど、でははたして本当に選定するという作業をきちんと明文化して提言をするのがいいのか、そこはぼやかしたほうがいいのか、自分の中でもまだわからない。というのは、僕らもやってきたけれども、では自分がやってきたことをシステム化してつくるにはどうすればいいだろうといろいろ考えたときに、ではそういうふうになれよと言われる人が何人か出ると、その人は努力するかなとかいろいろ考えることがあります。

石川：基本的には地位が人を育てるということもあると思います。

佐藤：だから多機関連携の場合は、コーディネーターを選任して始めることが、よりベターなのではないかという提言にするのか、いや、そこは多機関連携だけという話で提言するのか、自分の中ではまだ迷っています。

棚村：コーディネーターと言ったときに、いろいろな機関のつなぎ役になったり、呼びかけをしたり、案内をしたり、何かを記録を取ったりという事務局的な機能と、それともう一つは何かをやるときに議論の進行やケースの援助などを統括する機能とあります。コーディネートというときに二つあると思います。

　僕などは、予防的な話なのか、問題が起こっているからそれをどう解決するのかの話なのか、もう少しフォローアップするような事後処理的な部分で問題ごとにどこが中心で、付随的にどういうバックアップや支援が必要かというのは、可変的で流動的なのだと思います。

そうすると、要対協のようにあらかじめ事務局はどこがやって、どこが連絡をやって、議論の進行やとりまとめはどこがやるかというものが決まっているものと、たとえばアドホックにいろいろできてくるところは、たぶん変わっていくのではないかと思います。そしてやはり一番ふさわしいところがやる。一番主たる困っているところ、そしてその付随的なものに協力を求める。流動的で可変的な部分があるのではないでしょうか。いまのお仕着せの要対協や子ども・若者支援地域協議会とかは、上から押し付けているものだから、必ずしもその地域等の問題解決にはぴったりでなくて、下手をすれば看板を1個出しているけれども似たような、かたちだけになってしまう。

　いま私が報告するのも田村先生と同じようにご意見をいただければと思うのですが、最終的に連携のとらえ方、組織の中でも起こるけれども機関同士の間でも起こるし、学校とか児相と非行といったときに、予防的なところが非常に問題になる。問題が起こるにしても起こったことを未然に防止するのと、起こってしまってその解決や処理、もうちょっと立ち直りの支援もそうですが、フォローアップしなければいけないという段階があります。かなり流動的な要素があるのではないですか。

　家庭裁判所から見ていたときに、家庭裁判所というのはかなり独立性が高いし、法令とか組織としての自己完結的なものがあるから、連携といっても受け身の連携で、積極的に何かをやるのはだいたい連絡協議会年1回で顔つなぎするとか、その中で個別のいろいろな問題については適宜連携を図っていくという感じです。

　だからたぶんその協議会なりカンファレンスがさっき言った年1回の顔合わせみたいなものから、もう少し実務的なものから、個別の本当にいま抱えているこの問題をどう処理するかというレベルのものがあって、その個別のものについては固定的にだれかをやったときには動きが非常に悪くなる。

　逆に言うと大きいものはもう顔合わせだし、顔つなぎだし、担当者がどうで、どの問題のときはどこに連絡をすればいいかというのは、むしろ名簿や担当者の連絡先の一覧みたいなもの、子ども・若者支援マップではないけれど、ああいうものがあって、たぶん三層構造とか二層構造の中で普段の定例的な顔つなぎとか、情報交換のレベルと、それから個別の問題ごとのコーディネートはやはり必要になってくるのではないかと思います。

**石川**：問題は二つあるでしょう。いわゆる事務局はどこがやるかという問題と、実質上の人を束ねていく人材をどうするかという問題があって、事務局のほう

は事務は大変だけれども、ある意味ではどこでもできないわけではない。だけど人になると、これはなかなか難しい。基本的には、その人は多角的な目を持って、多元的に物事がとらえられる能力がある人でないと、絶対務まらない。だから視野狭窄の人はだめです。

　ではそういう人はどうやって育てるかといったら、素質もあるけれども、僕は人事交流が一番いいと思っている。たとえば学校の先生が、先生ばかりをやっているのではなくて、児相にも行ってみる、あるいは警察にも行ってみるということをやっていくと、やっている間に自ずと視点が多角的になっていく。出所は学校の先生でそこを本籍地にするけれども、いくつかの回路を持ってやることは、コーディネーターの強みになります。

　それぞれのところで、そういう人をつくっていかないと難しい。単発的にやってもだめだから、継続してそれをやるような仕組みをつくらなければいけない。いま北九州の場合は、そういう人事交流が非常にさかんにやられているから、そこに乗った人は将来的には…。

**石田**：石川先生がおっしゃるようにコーディネーターは自分の機関のことばかりわかってもしょうがない。児相のこともわかる、学校のこともわかる、鑑別所のこともわかる、家裁のこともわかる、そういう視点を持っておかないと、コーディネーターはできない。

　だから佐藤君が言っているように、コーディネーターの育成という表記はそれでいいのですが、事務と人に対しては、児相にいまかかっている子どもで、緊急ケースカンファをしなければいけない場合は、当然児相がコーディネートします。だけど大したケースではなくて、いきなり来たときに、ではどこがやりますかという話とか、そういう話から入るともう会議はしたくない。コーディネーターをだれか決めましょうと言って話をすることは絶対したくない。

　ずっと前から出ているように、自分のところでできることは何かということから始まって、ではどういうラインで行くほうがいいかというと、当然そのラインに乗るほうがコーディネートしてくるわけですから、別にコーディネーターというポストやシステムをつくらなくても、コーディネートしている現状がありますからね。

**石川**：コーディネーターが大事だということは、この三都市の三機関でいろいろやっている中でいろいろな人が言っていました。これはキーワードです。多機関連携の場合、連携の中心人物がいなければならない。それは、一つは中心となる機関という意味もあるけれども、実質それを動かせる多元的な脳みそを

持った人がいなければならない。それはある程度素質が必要だけれども、育てる仕組みをつくっておかないと難しい。先生の場合も、たぶんどこかでだれかに見抜かれて、お前、サポートセンターに行ってこいと。

　だから北九州の場合は、派遣されたりして、いろいろなところに交流している。横浜は、先生から警察というのはあったけれど、警察から先生はまずない。警察から児相はいろいろなところでやっているけれど、児相から警察というのもない。

田村：児相から警察が全国で3か所。

石川：ここではなかった。

田村：あと教育委員会には警察から行っていなかったですか。

佐藤：教育委員会はあります。学校現場にはないです。

田村：教員免許の問題があるからね。

佐藤：学校現場には行けないので、基本的に教育委員会に行っているのです。

石川：横浜も。

阿部：神奈川県教育委員会に警察官が行っています。

田村：全国で半分ぐらいの県で警察から行っていますね。

石川：県レベルでね。政令市の場合はないでしょう。

田村：政令市の教育委員会に行っているのは、京都がそうだと思いました。京都は教育委員会が京都府と京都市から一人ずつ来て、こちらから京都府と京都市の教育委員会に一人ずつ行っていました。

阿部：横浜市は特別指導委員という警察官OBが横浜市教育委員会にはいま4人入っています。

田村：OBが行くのは、お互いにわかり合える関係ではいいのですが、結局OBが行くときは、つなぎにはなるけれども、人材育成とか組織全体がわかるということにはなかなかならないという一番の問題があると思います。現職であれば、より意味があります。ただ、警察との間で併任にすることは、抵抗感があるところが多いでしょう。教育委員会がよく認めてくれた、という感じはありますが、どこかでお墨付きをとったりするのでしょうか。

佐藤：併任されましたと紹介されたぐらいです。あとは自分で両方に得になるような実績を、こういう人がいると、こういうことができるというような実績を上げていくしかないわけです。たとえば学校が困っているたまり場をつぶしたいけれど、学校の権限だけではなかなかつぶすこともできないし、犯罪でもないから警察もなかなか関与ができない場合に、僕は両方持っているわけです

から、僕は行ける。毎朝、毎朝そのたまり場に行って、少年補導職員の資格も持っていますから、「お前ら、次に来るときは補導するぞ」とか、あまりいい言葉ではありませんが、そんなことを言いながら必要な場合は保護するとか、いろいろしながらたまり場をつぶしていく。知らないところに入って行く時も、僕は資格を持っているから比較的強気で行けるし、場合によっては地域の交番の方について来てもらうこともできるわけです。

　だからそういうことをしながら、いままで学校だけではできなかったけれど、こういう人がいるとこういうことができるのだということがわかってくると認知をしていただけるのです。

**安永**：うちは五つサポートセンターがあって、五つとも同じように委員会に佐藤先生のような方をくださいとお願いして、４地区はまだ保留というか実現できていない。

　県内に五つのサポートセンターが同じようにあって、委員会から併任の派遣というのが北サポだけが実現しています。実現したあとに、先生のそういう動きによって、ああ、これはよかったというかたちで、いま２代目、３代目と続いていっているのですが、北九州だけが実現できて、あと四つはどういう理由で断られているのか私など現場の人間は知る由もないのですが、北九州の委員会が併任というかたちで派遣してくださったのは、それこそ田村先生が書いてくださったような、事例一つの講演などで、サポートセンターは警察だけれども警察署とは違う、まさに学校の先生と一緒になって子どものために動いてくれるというところを積み上げてきたと思います。

　だから同じように北サポがお願いをして、北九州だけがいま実現できていると思います。そしていまそれでよかったということを実績で成果を上げていってくださっているのだと思います。

**石川**：教育委員会が認めて、たとえば議会で佐藤をああいうようなところに派遣していいのかというような発言はなかったのですか。

**佐藤**：それは出なかった。だから一応立ち直り支援の実績を常に数として上げていくので、これはちょっとずるいかもしれないけれども、生活保護の関係と絡めてしまって、要するに就学支援、就労支援まで考えていくと、結局その子らがそのまま地域でフリーターになってしまうと、生活保護世帯を形成してしまうわけですから、それを補っていくコストは自治体として非常に高いわけです。そうすると就学支援、就労支援、立ち直り支援をやることは非常に重要だということです。立ち直らせて学校に行かせましたとか、学校に戻しました

いうことが非常に評価をしていただいた。

**安永**：それは議会でサポートセンターの活動を評価していただいたことも何度かあると聞いていますが、それはどこそこで啓発活動をする中で、地域のそういう会議などに議員さんが来られたりする。でも直接的にサポートセンターが教育委員会の先生も入って一緒にやって、非行防止と立ち直りをこんなにやっているということが直接的に議員さん等に入っているので、それをまた議会で紹介してくださるような議員さんもいて、あちら側の警察と学校が組んでどうなのかと思っていらっしゃるような党の方でさえ、評価していただいていると私は聞いています。

**石川**：一般的には、ほかの四つで送ってくれないというのは、利益相反するのではないかと懸念しているのではないか。

**安永**：そこはどうしてなのか、私はわからないのです。いまだにずっとお願いはしていると思いますが。

**田村**：児相には現役の警察官が全国で9人行っていますが、出向が4人、派遣が5人です。出向の場合は警察官の身分を失うのですが、5人は派遣だったから警察官の身分を持って児相の職員としても児相の職務をしている。もちろん児相にいる限りは、児相所長の指揮監督下にあるので、身分を併せ持っていることが特に問題だという指摘はありません。端的に言うと市長からわざわざ言ってきて送り出すのですから、市の側が問題とすることはないという感じではあるわけです。

　出向だと完全に切り替えるので身分を併せ持つことがそもそもないのですが、市の場合はどうしても退職して行くことになるという問題がある。これが県児相と市児相の違いです。県児相だと同じ出向と言っても退職しない出向ですが、市児相は退職して出向になりますから、ここはかなり違いがある。一身上の都合でと辞表を書かせますが、やはり一身上の都合でと辞表を書くのは、あまり気持ちのいいものではない。

**佐藤**：職を辞すると書くわけですから、退職なんだなと。

　やはりそのへんがあるわけです。身分を併せ持つこと自体に問題があるというのであれば派遣は全部できないことになってしまう。派遣でないとすると個人の重大な不利益は免れない。もっとも派遣でありながら不利益というケースもあって、これはもっと問題ですが。

**石川**：派遣で、身近なもので言うと、法科大学院の例の派遣法で、派遣された裁判官がいるけれども、彼は裁判実務をやっている。派遣法の中で、その項目

があるのだろうと思う。地方自治法にも派遣の規定があると思うが。
**田村**：地方自治法には、地方公共団体相互間の派遣の規定があります（252条の17）。これに基づいて、警察から自治体の首長部局に派遣することが一部の自治体で行われています。もっとも、この規定は、一般的な団体相互の協力のための規定であり、異なる機関の協力のための相互派遣を直接定めたものではない、という問題もあります。
**石川**：実務でそうするのは適法だと考えている。だけどまだそれを懸念する人もいるようだから、はっきりとそれを表す法律をつくれと言えますね。それでは、あと棚村先生から。
**棚村**：私は家庭裁判所という司法機関を中心としてヒアリングなどをして、現状で家裁が子どもとどういうふうに関わっているか、少年事件と家庭事件の両方を処理していますから、その手続きの中で子どもに関連する機関とどういうふうに関わりを持っているかを調査しました。連携の必要性は非常に高いのですが、家裁の一つの独立性、あるいは判断機関であるとか、司法的な機能のほかに、たとえば教育や福祉、人間関係を調整するなど特殊な機能を持っていて、調査官がやはりかなり重要な役割を果たしています。

　家裁の家事関係の事件の中では、児童虐待のことを少し挙げさせていただいて、特に児相との関わりがかなり重要になってくるということで、あとは福岡、札幌、横浜の家庭裁判所、北九州、福岡、横浜の聴き取りをさせていただいたところの少年関係の事件、少年の非行などに関わる部分、それから虐待に関わる部分を中心として、どんな取り組みがされているかを調べました。

　そして最後に、家庭裁判所から見た連携について、少し簡単にまとめました。特に親権停止制度が去年5月成立し、今年の4月から施行されますので、それから家事事件手続法がやはり施行されますので、ある意味では家裁の実務自体は家事関係についてはその手続きにのっとってやっていたのですが、さらに手続きのルールが明確になった。虐待に関して言うと、親権の停止の制度がネグレクトのケースなど、非常にオールオアナッシングだったものに対し少し中間的なものとして入ったのですが、どういうふうに運用されていくかまとめました。

　最終的には、それぞれの取り組みの特徴を考察しました。多機関モデルといったときに、一つは独立型で、それぞれの機関の独自性、法令上の根拠、組織としての特性で、かなり距離を置きながら連携をしていくものと、機関や組織の一部の統合や人事交流のかたちで、北九州などが少し念頭にあるのですが、

統合型の連携があって、それからどちらかというと主従の関係もなく、それぞれが併存しながら個別ケースごとに柔軟に必要に応じた連携を取るというのが、一応理念形としてある。

それにさらに二者や三者で個別に連携を取るだけではなくて、問題ごとに少し多段階的、重層的と表現をしたのは、これは予防的な段階もあれば、まさに問題を処理しなければいけないとき、あとフォローアップ、アフターケアみたいなことをしなければいけないとき、そのときに各機関がさっきの入江さんの話でイメージすると、すき間があるところに非常にダブるかもしれないけれども、すき間がないように重層的にやるという連携もある。

それからもう一つ、これは大きい都市で人員とか体制がある程度整えられるところと、そうではなくてなかなか難しいところにボランティアや民間の団体、他の行政部門がいろいろなかたちで代替したり補完したりする支援・補完型連携、このようなものを少しイメージして、最終的には月並みなことですが、家庭裁判所を基点として見たときの連携の条件は、これまでも出ていたようなものだと思います。やはりお互いの機関の性格や組織としてのあり方みたいなものを、お互い同士がきちっと理解をし合っていく。また個別ではなくて組織のレベルでコミュニケーション、家裁などと連絡協議会等を年何回とかいろいろなかたちでやっていることは、ある意味では顔をつないで、お互い同士が何をやっていて、いまどんなことが問題になっているかというレベルできちっと意見交換をやっていく。

もう一つは、ネットワークだと思います。子どものためにどの機関が、どんなことができるのか、そういう意味ではさっき言ったコーディネーターは当たり前のことですが、やはりつなぐことと、集まった人たちから何かを引き出すこと、そして最終的にはそれをまとめること、この三つの役割が必要になってくるので、だれでもできるわけではない。だからそれを育てなければいけないわけですが、そういう存在はネットワークの場合には非常に重要です。

そして個別ケースでは家裁などでも調査官がかなり緊密な連携を取っています。要するに福祉の関係を動かすため、虐待であれば、たとえば住民票を移してここの住民になってくれればサービスをやれるのだけれどもとか、場所を替えるとか、親権の停止とか喪失の前に、いろいろやらなければいけないものがあります。

たとえば乳幼児の健診など、それをどこでやるかというときに、ネグレクトされてしまっている子どもで児相が関わっていればいいのですが、おじいちゃ

ん、おばあちゃんとか、親戚が保護しているときなどは、保護者がいるからということで下手をすると全部すき間になってしまう。私は事件としてしょうがなくて弁護士をやったのですが、そのときに目的を達しつつあるので申し立てを取り下げるのですが、事件継続証明書を家裁の書記官から出してもらって、それを福祉の事務所に持っていくと、ああ、そうか、おじいちゃん、おばあちゃんはまだ親権を喪失して、後見人に選任されていないのだけれど、手続きをやっていいですよ、家裁にもかかっているのですからみたいなことで、そういうのも児相とももちろん連携してやりました。児相はこのケースはもうおじいちゃん、おばあちゃんがいて、ネグレクトだけれど家裁と児相も協力できる範囲ではやりますというかたちで、新宿区の子ども家庭支援センターなども協力してくれたことがありました。

　居所を転々とするからつかまらないし、どこで申し立てをすればいいかもわからないし、完全に警察の刑事事件になるようなものであれば全然問題はないのですが、そうでないような微妙なケースで、やはりそういう個別ケースでの連絡をやっていくためには、日常のお互い同士の連絡とかコミュニケーションをいろいろなところときちっと取れることが非常に重要です。

　フットワーク、ネットワークは個別のケースでは重要で、あんなに閉ざしていた家裁で、意見交換会、研修会、児長研修で先ほども言っていましたサポートセンターの方に来ていただいて話を聴くとか、そういうことがずいぶん積極的に始まりました。そういう意味では家裁はちょっと無理だろうというところも、もちろんここにも本当は参加もらったりできればよかったのですが、でも少しでも開かれて連携みたいなことが意識されてきたことが、すごく成果だと思っています。

**石川**：家裁に対して、たとえば一つの個別ケース検討会議のようなところに家裁が出ることは難しいと思います。司法機関として行政機関の中に交わってしまうのは、司法判断の中立性を保てなくなる。だけど研修会のようなところに出るのはおかしいわけではない。それを閉ざしているわけではないから、そういうものが、たとえば札幌には学校教護協会があって、北九州だと研修会みたいなもの。

**安永**：調査官の研修会に招かれたのです。

**田村**：安永さんが出て話した。それも一つの連携のスタートですね。

**石川**：それから横浜だと何がありますか。

**阿部**：横浜ではないのですが、支部だともう少し付き合いが密にできて、小田

原支部が、児相、青少年相談、少年相談・保護センターも入って、家裁が入っての四者研修会を持っています。
**石川**：学警連の区でやっているというやつ、一つの児相単位でやっているというやつに、調査官がちょっと加わりたいというのだったら、閉ざす必要はないでしょう。

児相と学警連で、児相も加わってやり出しているわけでしょう。それはトップレベルのものではなくて、中でもやっているわけでしょう。だけどこれは具体的な個別ケースを検討しているわけではないし、対応を検討しているわけではない。だから情報交換の場だったならば、家裁の調査官が出てくることはできなくはないですね。
**阿部**：そうですね。
**石川**：つまりそういう研修会の場が各地にある。そういうものを知って、オブザーバー参加して、普段から情報を共有する努力はするべきだという提言はしてもいいですね。
**棚村**：組織として何かそういうオープンなものに参加するというのはいいのですが、組織として正式に参加という話になると、やはりなかなか難しいのでしょうね。
**石川**：教護協会で二つの地区の研修会に家裁の人が出ているというのは、あれは個人で出ているわけではないでしょう。家裁のほうで認めているわけでしょう。
**二ノ田**：はい。オブザーバーとして参加しています。
**棚村**：だからすごいなと思うんですね。それはもう慣行化しているし、大正ぐらいからある…。
**二ノ田**：家裁については今年からです。これから毎年ご協力いただけるのではないかと思います。
**石川**：最高裁のほうは家庭局がそれでオーケーを出しているのだということがあれば、もう大っぴらに宣伝できる。
**棚村**：なるほど、わかりました。
**阿部**：家裁によって違ってくるのですか。それこそ横浜家裁、本庁はそういうことをしないけれど、支部はやっていますみたいな感じですが。
**石堂**：鑑別所でもおいでになっておられるのだから時代が変わりましたよ。
**棚村**：家裁と鑑別所は、非常に連携は取れています。
**石堂**：それはここに来ておられる。普通はおいでになれないもの。

棚村：法務省とかはね。
東山：いまは業務上から。
石堂：法的によしというのがお墨付きでしょう。
棚村：保護観察所もそうですね。
石堂：別に秘密を漏らすわけでないですからね。
棚村：そうなんです。
石川：ただ司法機関というのはすごくきつい。家裁は行政機能を初めから持っているところですからまだいいのだけれど。民事裁判だったらまだあれだけれど、刑事裁判の場合は、もう厳正な中立性が要求されるから大変です。
石堂：家裁だからいいのですね。
石川：石堂先生のほうから何か質問することはありませんか。
石堂：次元の違う質問で失礼ですが、今日横浜の新聞記事で、「子どもと向き合う学校」というのがあり、初任教員サポートボランティアの新規導入ということが書いてありました。教員の新任にOBの教員がさまざまなサポートをするというシステムだそうです。この制度は小中ですが、教員研修センターでの講習の中において、生徒指導力アップは、どの程度新たに組まれているのか、最近の傾向を知りたいのです。
　これは校内での力量アップシステムですね。一つの学校内にそれぞれやってくれと。そうすると教員研修センターでは、最近どのように多機関連携についての認識を新任教員や5年や10年の教員に周知徹底なさっているかなと思って、その点は中嶋先生、横浜の場合、いかがでしょうか。研修の中で連携の認識を教員の中につけているかどうか。
中嶋：研修について詳しいことは定かでない部分はあるのですが、基本的にはいまおっしゃられたような初任研をはじめ、研修は非常に重要なところであり、多機関連携の項目が独自に設定されているかどうかわかりませんが。
石堂：生徒指導の関係の講義は東京などでもしていますが、その中で多機関連携について最近非常に重点的にやっているのかどうかというところを調べなければと思いました。北九州は、先生ご存じですか。
佐藤：僕は2年続けてやりましたので。
石堂：先生が講師になって。それは何年目の教員たちにですか。
佐藤：若年教員というくくりであったので、新採とは限っていないです。指導主事ではないのですが、ただ生徒指導で研修したいという方を対象に、2年続けて私が講師で多機関連携ということでやりました。

中嶋：横浜でも初任者研修の中での生徒指導、児童指導は非常に厚くやっていますし、そのときに多機関連携の必要性は話しています。それから生徒指導専任協議会というところがありまして、専任が中学校に必ず1人います。その専任を横浜市の18区の中でまとめている区代表者会というのがあるのですが、その会に今度私も行き、そこで話をして多機関連携や生徒指導のあり方の研修は非常に深めているのが最近の傾向ではあります。

石堂：中学校段階と小学校段階は別々にやっていらっしゃるのですか。

中嶋：最近は小中連携が非行の低年齢化に必要があるということで、このあとお話ししようと思っていたのですが、小学校の専任制度ができましたので、小中一緒にやっています。いままで中学校で起きてきたような事案が、小学校でも学校間闘争とかが起きているので、その中学校のノウハウをしっかり小学校に伝えていく。小学校の課題を中学校も9年間のスパンで早期にしっかり見ていく。そういう仕組みづくりが横浜ではいま始まっています。

石堂：さっき佐藤先生のお話の中で、教員が何でもかんでもやらなければならないというのは日本の学校教員の宿命です。フランスではこの手のものはまったく別の国家公務員が養成されていて、生徒指導については教員が無関係です。日本は、しつけから何から、お母さんの役目から、もう何でもやる。これはこれとして、教員がすべてを請け負っていることで、連携のタイミングなどいろいろな問題があるのですが、私どもがずっと研究して、やはり初めから連携を当てにしているような学校教育ではだめではないかという、私なりの結論です。

　やはり学校でできることがもっとある。校内のいまのようなシステムもあるのですが、お互いにしっかりと一貫した体制をつくるとかいろいろな問題はあります。職員会議での周知徹底など、マニュアルづくりとか、そういうところを押さえ込んだ上で、どのようなタイミングで多機関に持っていくのか。先ほどの校長先生のあれは遅かったと校長先生が自戒の念で発表しました。8時間、子どもと争ったあとに警察を呼んだ。それが遅かったと言っておられるのですが、そのへんは初めに連携ありきではなくて、連携のシステムは常設的で望ましいのだけれども、学校がやれるところまではやるという体制づくりが先ず重要ではないか。その上に、ある段階からは連携を迅速に、というのではいかがか。

佐藤：北九州の場合は、連携のタイミングに関しては指導主事がかなりサポートをするので、学校長だけの判断には頼っていない。つまり北九州は各区に指導主事、生徒指導だけで14人もいます。要するに7区あるのですが、各区に1

人ずつ区担当という指導主事がいるので、学校を常に回っている。だから状況がいろいろあると、これはそろそろ警察に言ったほうがいいですよとか、そろそろこういうふうに多機関連携しましょうというのが、そのタイミングに関しては常に指導主事がフォローできるような体制になっています。その指導主事に関しては私もずっといましたが、だいたい生徒指導をずっと担当してきた人間ばかりなので、それがある程度学校にはサポートできる体制にはなっています。

**石堂**：それは教育委員会が。

**佐藤**：だから変な話、学校が売ったと言われることのリスクを回避するためにも僕らが校長先生に、教育委員会の指示で警察に連絡をしたと言ってくださって結構ですとはっきり申し上げました。教育委員会の指導で警察に連絡をしたのだ、だから保護者は学校に言ってきても、どうぞ教育委員会の指導なのだとおっしゃってくださいと言ってやっています。

**石堂**：そうすると区担当生徒主事ですか。

**佐藤**：区担当の生徒主事です。

**石堂**：この人たちが果たしている役割は、結構連携の上では大きいですよね。

**佐藤**：そうですね。だから僕らは御用聞きと言っていましたが。

**石堂**：でもその人たちの判断が結構ものを言いますね。それと校長先生の交渉ですか。

**佐藤**：そうですね。当然北九州の場合は僕を教育委員会に出しているぐらいですから、多機関連携をしなければいけないという意識は非常に高いわけです。特に「サポートセンターに言ったら」みたいなことは、当たり前に教育委員会のほうから言います。

**安永**：警察がやるというのも、警察署です。サポートセンターに売ったなどという意識は現場にはまったくないです。

**石堂**：サポートセンターという名前自体が、一般の親御さんはまず知らないので。

**安永**：まず警察色がないので、むしろ、親がこれは学校に言わないでくれとうちに言う相談のほうが圧倒的に多いような状態だから、もし万が一警察に売ったみたいなことが出るときは、事件化で学校がお願いをするときです。うちに頼むときには、まずそういうような文言や言葉は出ません。

**石堂**：さて、学校には管理職がいて、生徒指導主任の人たちは管理職ではないのですね。

佐藤：ありません。

石堂：そうすると、校長と教頭、ないし横浜だと副校長、それと生徒指導主事、このご三方の連携プレーは、やはり学校によってバラバラですか。

佐藤：やはり多少の違いはあろうかとは思いますけれど。

石堂：望ましいあり方というのは、先生はご経験から見てどのように考えていますか。

佐藤：やはり最終決定は校長が行うのですけれども、必要性の判断をある程度指導主事、生徒指導の担当にさせないといけないかなという気がします。要するに日本のシステムのいけないところは、役割は与えるけれども権限を与えない。だから結局最後は校長先生が判断する。そうするとそこにタイムラグが起こる。

　やはり指導主事が「こうやってやりたいので、校長先生、警察に連携してください」と言ったときに、「わかった。じゃあ俺から連絡しよう」と言える信頼関係が非常に大事であろうかと思います。「いや、お前、それはそんな警察にまで言わなくていいだろう」と言われると、なかなか厳しいところが出てくる。一番知っているのは現場にいる担任や生徒指導ですからね。

石田：私は、悪いことをしたら警察に言う、と子どもたちに全校集会で言います。保護者会のときにも、学校がそういう傾向にあったなら、板挟みになるから、悪いことをしたら警察に言いますよ、と言っています。所轄に行って、制服でいつでもいいから巡回してくれと頼み、学校に行ったら最初にそれを言います。いろいろな校長がいますけれど、そうしないと学校がもう行き詰ってしまうから、悪いことをした人間を何で学校がかばうのか、おかしいだろうと、逆手を取って先に言います。

石堂：親にも周知徹底されていますか。

石田：言います。だから卒業式に、「頼むから校長先生、被害届を取り下げて」と言うけれど、「いや、だめだ。その子のためにならないから家族も辛抱して」と言います。泣きついてきてもだめです。そういう学校経営を僕はずっとしてきました。

石堂：だから教育の場というのは、本当にその場、その場の一人ひとりに応じた対応をというのが、またありうることを考えた上で、行政的な措置をまたそこに被せておくという何重もの仕組みが必要なのですよね。

石田：昔は体罰があって抑止ができたけれども、いまは学校に抑止力がないでしょう。信頼関係と、あとは制度を使うしかない。だから１人、２人警察に委

ねると、あとトーンダウンしてくるから、ちょっと沈静化する。それしかないですね。手は出せないから。

石川：それは札幌では言えないでしょう。

二ノ田：そうですね。いや、うらやましいです。でも生徒とリレーション、信頼関係をつくるのは大事なことです。それはすごく大事なことだと思います。それとあと一つは、学校の先生は忙しいのですが、高校と比較すると高校の事務員は6人ぐらいいます。ところが中学校は、たとえば同じ20学級であると、1人です。だけど高校は20学級でもだいたい3人、4人はいるのです。たとえば願書の点検とか、本当はサービスでやっているようなことを僕らもやるのですが、事務的なところが非常に忙しい。子どものためですから何でもやるのですが、でももうちょっと整理整頓していただいたほうがと思います。

　高校の先生が臨時採用で中学校に来ると、「えっ、こんなことまでやるんですか」という仕事が多い。そのあたりをもう少し整理整頓していただけると、もうちょっと子どもに向き合えるかなと。僕は教員を増やすよりも、事務員を持ち回りで増やしていただいたほうがいいかなと、いつもそういう提言を言っているのですが、そういうところも考えていただきたい。そうすると教員が子どもに対して動きやすくなると思います。

　これは多機関連携とはまた違う話で申し訳ないのですが、教材研究をやる時間、本当に子どもに手を尽くす時間がもっと増えれば、橋下市長が言っているような留年というようなことも可能でしょうか。それがいいかどうかはちょっと別問題ですが。

阿部：いまのお話で、横浜市の新聞記事の「子どもと向き合う学校」ということで、本当に先生方はお忙しいということで、この施策を打ち出している。そのへんが横浜市の教育委員会はすごいなと思っています。いま石川先生のお話もありましたが、私も、部外からですが、ある校長先生が、校内暴力は絶対許さない、対教師暴力は絶対許さないという姿勢で臨むこと、学校内であろうが学校外であろうが、「暴力は犯罪」ときまりであり、それを破ればちゃんと社会的なところを経験してもらいますよ、ということは、最初の段階で保護者にも子どもにも常に言っている、と聞いています。起こった場合には、本当にひるまずに、ぶれないで、組織として対応する、と言っていました。

　先ほどから話題になっている暴力行為が発生したところの校長先生ですが、「警察を呼ぶのが遅かったと」は言いましたけれども、たぶんその前に教育委員会とは連絡はずっと取っていらして、学校内で対応しようとしていた中で、そ

ういう事態に至ったのでしょう。保護者が来てたぶん8時間だったと思います。それで警察を呼んだということですが、教育委員会の先生方とも非常によく連絡を取りながら、ではこれで多機関を入れてもっと協議をしましょうということになったのは、うちのスタッフが提案したためでもあるのですが、その前段階からつながってはいたと思います。

**石堂**：ありがとうございました。

**二ノ田**：警察に売るとか売らないのではなくて、入学説明会など保護者に周知する意味で「いろいろな関係機関と連携を取りながら進みます。」という話はします。だから警察にも何かあったときはそういう情報は行くだろうし、児相にも必要とあればやりますよということをきちんと伝えておきます。生徒指導の担当のときは言っていたので、多分どこの学校でも似たような話をしていると思います。

**石堂**：中学校が焦点になっている研究でしたので、学校訪問では、学校と児相の連携はそれほど事例がいただけなかったし、話にも出ませんでした。小学生を焦点にしていたら、あるいは幼児教育だったらあったと思います。その点でいかがでしょうか、中学校というのは児相とどのぐらいの関わりをもっておられるのか。

**佐藤**：基本的に要保護児童の場合はかなり連携することはあります。しかし、申し訳ないけれど非行のことに関しては、もう児相に言ったところでという言葉を使っていいのかどうかわかりませんが、要するに僕らがやれることを上回るようなことの期待を児相にできるとすれば一時保護だけです。それ以外の要素に関しては、申し訳ないけれども学校でも立ち直り支援とかできる。あと学校にできないさらに上のことをやれるのは、警察しかないので、頼るところは警察になっていくというかたちに、どうしてもなりがちです。

**石田**：非行系は、一時保護所もありますけれども、うちは少年支援室を持っていますから、それと中学生の虐待事案は、性虐とか身体的虐待とかあるので、結構多いです。養育相談も中学生の親が多い。

**佐藤**：特に発達障害関係とか、それですとやはり児相に関わっていただくことはたくさんあるのですが、非行関係に関しては直接児相へというのはなかなか。

**石堂**：警察のほうがむしろ。経験も豊富だし。

**安永**：そうですね、相談の一番対象者は学校の先生です。

**石川**：小西先生の方からはいかがですか。

**小西**：横浜市のお話の中に、学警連に児相の所長が参画されるようになった効

果として、学校と児相の間での連携が深まり、その例として校長会にも児相の所長が参加されるようになったというお話がありました。それ以外に先日の地域連携研究会で、学校と児相で共有する虐待に関する判別資料というのですか、何か資料を作成するようになったというお話も伺いました。詳しいことをご存じでしたらお話しいただけますでしょうか。

**清水**：実際には、先ほど申し上げました児童虐待防止対策のプロジェクトを市長直轄でやりましたので、いままで区と児相の間では、いわゆる進行管理をするために養育支援台帳をつくって、それをランク別に色分けしていました。そのランクに基づいて、今回はどちらが主体に動きましょうといった話を区との間ではやってきましたが、実際このプロジェクトの中に教育委員会のほうから参加をされて、そのランクなどを共有しましょうということで、教育版のランク表をつくられました。それで学校や各先生方のほうに配布されて、児相と区はこんな目安で動きますよというのを広げていただきましたが、そのような部分の話ではないかと思います。

**小西**：教育委員会のどの担当部署の方が参加されて、それをつくられたのでしょうか。

**阿部**：人権教育・児童生徒課。

**清水**：児相側としては、区と児相でプロジェクトの中に分科会をつくって、その分科会の中で児相と区のバージョンはつくっています。その分科会の中に人権教育・児童生徒課が参画をしていますので、そこでご意見をいただいたりしました。また教育のほうでも、できたものについて教育でどういうふうに活用できるかというところで共有しましょうという話なので、その分野別の検討会の中で双方ともできてきたという話です。

**小西**：そのランク表はいつぐらいにつくられたのですか。

**清水**：実際にこの報告書ができたのが2011（平成23）年の3月です。それから一部修正などをしていますので、配布されたのは夏ぐらいです。5月か6月ぐらいには教育版もできていたと思います。

**小西**：そのプロジェクト報告書の中のいまのお話にあった共有ランクについて、プロジェクト報告書の中では、実際に行政区以外にも、ほかの機関との間でそうした共有ランクをつくっていくということも書かれていたのですが、その一つの現れがいまの教育版の共有ランクということですか。

**清水**：そうです。

**小西**：今後、そのほかの機関との間でも共有ランクを新たにつくっていくとい

うことは考えていらっしゃいますか。

**清水**：基本的には共有ランクは、区と児相がつくっているものと教育さんがつくっているものは、考え方としては同じです。要は先生方にもうちょっとわかりやすくということで、教育版は工夫されてつくっているということなので、そのプロジェクトの報告の中で実際児相と区の要対協はこんなかたちで動きますよという目安ですので、それはほかの関係機関の中でも要対協の中で紹介させていただいたりはしています。ですからこの場合には、このケースは区のほうに通報すればいいのだとか、この場合には直接児相のほうにという話で、ある程度の目安を対外的には示しているというかたちです。

　一方、内部的にはそれに基づいて、たとえば概ね3か月ごとに区と進行管理をしたりするわけです。その中でランクを見直したりしていますので、実際にはOAシステムがあって、そこで区と児相でつくったものを区からもシステムを通じてアクセスすれば一部見ることができて、それを基本におのおのの記録に補完し書き込んでいくことになります。

**小西**：福祉保健システムですね。そのシステムだと、区の子ども家庭相談関係の部署以外の保護課、あるいは高齢・障害支援課とか、そういうところからも見ることができるのですか。

**清水**：保護課とかはあまり見られないですね。実際にはその世帯が生活保護を受給しているかそのものが秘密なので、だから児童部門と保護課のところが見られるかというと、見ることはできない。いわゆる同じ目的で問題を解決しようとしているこども家庭課と児相は一応リンクさせるという相互の取り決めの中でそのシステムの中に取り入れてきた。ですから実際にはこのシステムの中に取り入れないときには、片や児相で書き込んだものと、区で書き込んだものの台帳がありますので、それを双方で持ち寄って見比べて相互に情報交換するわけです。

　そうすると児相が書いていることが区のほうに伝わるし、区のほうのことが児相に伝わるというかたちで、ちょっと古典的なやり方ですが、そういうかたちで交換をして3か月ごとにランクや状況を見てきたというところです。福祉5法システムの開発が進んで、相互にリンクしてシステム上で見られるようになったり、同じ台帳であれば書き込みができるようになったり、そういうかたちです。

**小西**：情報は共有されて、オンラインで常につながっているというかたちになっているのですね。

清水:そうです。ただ実際には、では児相や区の記録がそのまま見られるかというとそうではないわけで、フェースシートなど限られた部分があります。そういったところでの共有が図られるというところです。
小西:共有が図られたのは今年の…。
清水:システムが2012(平成24)年1月に新しく稼動しましたので、たとえば児相と区が見られるようなかたちになったのが1月です。いまかなりシステムの部分で直したほうがいいところもあるので、本格稼動は本格稼動ですが、修正が入るというかたちになっています。
小西:今後、効果がどういうふうなかたちで出てくるかを見極めながら、さらに工夫していくと。
清水:そうですね。だけどいままでよりは非常に便利になりましたね。
棚村:保健関係の情報はリンクしていないのですか。養育支援台帳とおっしゃっていましたが。
清水:リンクはしていないのですが、一部については私たちがのぞける権限をもらっているところもあります。
棚村:たとえば乳幼児の健診時とか予防接種とか、そういうものを受けているとか受けていないとか、そういう保健情報は。
清水:アクセス権をもらって、こちらからのぞける部分もあります。
棚村:前橋などはそれを合体させて、そして養育支援事業と乳幼児に対する保健サービスの情報をリンクして、虐待の防止のための予防的な働きかけをすることをやっています。
清水:横浜の場合には養育支援台帳で共有している情報を基本に児相の部分に書き込むことができます。区のほうで、たとえば乳児健診をいつやったかという情報とか。
棚村:母子手帳の発行を受けていないとか。
清水:そうです。ですから直接それだけをということであれば、アクセス権をもらって見られる部分もあります。もともと区の情報なので、外からのぞくことはなかなか難しいわけですが、そういう特定の目的の部分ではのぞくことはできます。
小西:ありがとうございました。
中嶋:ちょっと前後するのですが、先ほどの石堂先生のお話の校内の学校長、副校長と専任の組織対応の部分ですが、先ほど石田先生がおっしゃっていたようにぶれない、子どものために出すことはしっかり出すという判断基準が非常

に大事です。先ほど所長がおっしゃったように、たとえば対教師暴力が発生したときに、最終的に校長の判断だけを仰いでということになると、おっしゃっていたように時間的なラグがすごくあります。どこにわれわれの立ち位置があるのかというところで行為と行為者をきっちり切り離して、「お前はだめじゃないけれど、やった行為は絶対だめなんだ。次は」という言葉が出た瞬間に、これはもうぶれてきて、出せなくなってきてしまう。

　したがって、しっかりと判断して、だめなものはだめとしっかり決めておくことです。対教師暴力についても、何が何でも全部外に出すということではないのですが、一貫性を持ってしっかりぶれずに出していくことが非常に大事になってきます。そういう意味で、専任生徒指導主事と学校長とのやりとりによって組織的に生徒指導部がすぐに機能し得ることがすごく大事になってきます。

　石川先生がおっしゃっていた人事交流の部分ですが、結局私はこちらのほうに参加させていただいたことで再認識したことがあります。つまり、警察のほうに配属されたことで学校と警察のお互いを知ることになり、問題行動対応の連携の必要性を日々実感してやらせていただいています。結局、警察に売ったとか売らないとかではまったくなくて、健全育成・非行防止という観点で、警察との連携は絶対必要だというところで勉強させていただいています。そして、これをまたさらに広げていくことが必要ではなかろうかと感じています。

**清水**：いま中嶋先生のお話があったので、佐藤先生のお話ともちょっと絡むかもしれませんが、なぜ児相がある意味では非行に力がないという話になるかについて一言。

**石堂**：学校側があまり連絡をしないということですが。

**清水**：というところなのですが、たとえば一時保護所の中でその保護所の職員に非行系の子どもが暴力をふるったときに、では被害届を出すか出さないかという話があると思います。入江さんにお尋ねしたいと思うのですが、実際には一時保護所でそういう暴力事件があったときには、基本的には児相の職員は被害届は出しません。そこのところが学校とは決定的な違いです。

　学校の先生方から言われるのは、学校のほうはそういうところでビシッと方針を決めてやっているのに、一時保護所ではそういう暴力をふるったことについて被害届を出さないのかという話になります。たとえば被害届を出すと、警察のほうからは一時保護所という場所の性質を考えてくださいね、という話も実際出るわけです。そうすると私たちのところは保護をする、子どもの側に立って考えるところの話が、どこの機関もそのように思われているのだなという

部分が非常にあります。そのへんは一時保護所の職員は、かなり悩んでいます。
　私が相談されて、所全体で、これはもう警察にお願いしようと言った事例がありました。保護所の個室の中に閉じこもって、保護所のベッドを全部壊して、木枠を取って棒にして中に入ってくる職員をそれで殴って怪我をさせた。それは、やはりこのままではよくないということで、実際には警察の方に保護所でこういうことになっているのだけれども、どうだろうかという相談をした事例がありました。そのときに、警察の方が来てくれて、我々はバックアップはしますけれども、そこに突入して保護をすることは、職員が暴力をふるわれた場合ならやります、けれども実際保護所の性質がありますよね、という話になりました。警察の方は後方で待機してくれました。
　それは児童自立支援施設でも同じです。たとえば児童自立支援施設の職員に暴力をふるって逃げて無断外出する、という事例もあるわけです。そうすると、そこで児童自立支援施設の職員が被害届を出すかというところで非常に悩みます。一方でまた、学校のほうできちんと指導しているにもかかわらず、自立支援施設や保護をする場所のそういう暴力などは見逃すのか、という話しになってくる。そうすると、一時保護が終わって地域に帰ってきてからの対応が、保護施設では被害届が出なかったというところでの見解の差は、非常に大きいかなと思います。

**石堂**：学校に戻ってきてから、こうだったとなるわけですね。そして教員に対してそういうのが出る。

**清水**：そうです。そのへんは非常に悩みどころです。結局は暴力をふるってものをぶち壊したりたり、けがをさせたりするような子どもさんも、一時保護所は虐待の子どもと一緒に処遇しています。虐待から養護から非行から何から何まで全部受けているわけです。横浜の場合には、割と個室化されていますが、たとえばほかの児相さんなどの場合には、一緒のフロアにいたりします。そうするとほかの子どもさんたちへの影響が非常に大きい。そうなるとそういう子どもさんの受け入れは非常に難しいというところにつながってきてしまう。
　では実際、石田先生が言われていた動機づけができていない子どもが入ってきたときには、まずそういう暴力行為があったり、さらに保護所の窓を破って出てしまったり、実際に出たあとは野放し状態でどうなっているのだという話は学校や警察からは来ます。けれど実際、探しに行きますが、見つかったら説得して戻すわけです。強制的に一時保護所には戻すことはできないので、動機づけと本人の同意があって、初めて成立するという状況にあります。

片や学校できちっとやっているというところが、一時保護所ではなかなかそのままでは通用しない。それはある意味では力不足といわれてしまいますが、やれる限界にきている。一時保護だけで、さらに一時保護ができなければそこがある意味では見えた限界となってしまっているのが現状です。ではそういう子どもたちを預けられるところはどこにあるのか、という話になってくるわけです。そのへん、入江さん、どうですか。

**入江**：一時保護所は閉鎖施設ではないので日中はカギをかけていませんし、課外活動もあります。逃げようと思えばいくらでも逃げられます。動機づけが本当にしっかりできていない子どもを一時保護するのは難しいです。警察から身柄で来るときは、警察でもきちんと話した上で連れてこられますし、保護者からの相談で来る場合は、保護者が子どもと話し合った上で連れてきます。もちろん児相の職員も動機づけはしますが、本人がだまし討ちのようにして連れてこられると、その後の処遇にも影響します。

**石田**：そのとおりです。うちの場合は、器物損壊は所長から警察にすぐ通報しようということになっています。どうせ警察にやっても、また一時保護でうちに来るのです。13歳の２人がうちの保護所を飛び出して、高低差４ｍのJRの駐車場に飛び降りて両足骨折しました。バーッと新聞に出てしまって、議会にも出ました。それは一番きつかったですね。

サポートセンターの対象になっている女の子が、保育士を羽交い絞めにしてカギを盗んで逃走したということもあります。サポセンの安永さんのところに行って、「ガス抜きを30分させて」と僕は頼みに行ったら、「ああ、いいですよ、いいですよ」と言ってくれました。サポセンには必ずコーヒーとお茶が待っている。

**安永**：それ以上のものがあります。

**石田**：食べさせていいよって。だけどその子がまた保護所に戻ったら、どこどこで何を食べたと自慢するのです。「課長、そんなことをさせたらいけんでしょう」、「ああ、ごめん、ごめん。俺、知らんけ」と、一応知らないふりをして…、それは工夫のしどころなのです。

私がいなくなっても、私の後任者がまた同じようなことをやるだろうし、学校の教員は子どもの扱いが上手ですから、こいつはいまガスがたまっているから抜いてやらなければいけないとかがわかっています。うちの保護所は、年間140日所外活動をやっていますから、それからの逃走とかもあるわけです。ほかの児相に聞いたら年間140日も行っているんですかと言われました。でも市議会

では、あんなビルの中に閉じ込めて、子どもの環境がよくないのではないかと言われます。「いや、そうではありませんよ」と言って、午後からいつも所外活動をさせて、夏は市民プールに行って泳がせるとか、もう、保護所の職員は必死です。

　だから私は、うちの所長に言うのですが、児相の生命線はどこですかと聞かれたら、一時保護所ですよ、所長もそういう認識を持ってください、そして新規の職員が来たら一晩でもいいから１回泊まってみてください、子どもと一緒に生活するぐらいの気概がないと務まりませんよと、言います。だからうちの係長級は、ほとんどみんな泊まっています。私は４日ぐらい前に保護所で徹夜をしました。私にとっては、子どもと接するのはやっぱり楽しい。どんな悪人でも子どもと接するのは楽しいです。以上です。

**石川**：いまのガス抜きの話は、一つの建物の中に違った存在がいる。昔家庭の中に親ではなくておじいちゃん、おばあちゃんなんかがいて、親とけんかをしたときには慰められたとか、そういうことがあったのと同じで、同居の効用ですね。

**安永**：うちが関わっているときは、毎日のように子どもを向かい入れて、ガス抜きをします。保護所の職員から直接にケースワーカーを飛び越えてガス抜きの依頼が入ったり、それも認めてくださっているので、そういうこともできています。

**石田**：私の所内の職員が胸ぐらをつかまれて、こうやって、大変でした。ちょうどそこに佐藤君が来て、連れて行ったんです。「お前、逮捕するぞ」と啖呵を切ってから、パッと手をつかまえてから放す。殴られてもいいと思うんです。僕らは体育会系で相当殴られていますから、別に痛くもかゆくもないのですが、それぐらいの気持ちを持っておかないと、ケースワーカーなんてできません。ある女の子はうちのケースワーカーをひっかいて、それが現在も１年いる子です。

**安永**：羽交い締めした子も精神的な問題を持っている子なんです。普通のヤンキーというか、やんちゃな子は、ガス抜きをしてあげれば、だいたいそれなりに落ち着いてくれます。でもどうしても精神的なものを持っている子は、ガス抜きだけではちょっと足りない部分がありますから、そういう事態にもなる。

　一時保護については、私も昔、児相の同居する大変さを知らないときは、先頭を切って何で受け取れないのというように、文句を言っていた人間です。でも同居してみると、保護所の中で本当に目の前で児相の先生方の大変さ、ご苦

労がわかります。

　警察官と親が身柄つきで連れてきても、この子はいま入所させられないと思ったときは、私が警察官とお母さんに引き取りをお願いしたこともあります。いまこの状態では入れられないよと言って、お母さんを説得して連れて帰ってもらったこともありますから、やはり一緒にいてお互いの仕事を見ることは本当に大事だなと思います。

**佐藤**：僕も最近現場で、「いや、それは無理だから」と、口であらかじめ言ってあげるのです。いよいよのときは、課長に「先生、僕つきで一時保護してください。僕も泊まりますから」と言うときもあります。

**安永**：アフターケアをしっかりしますからということでお願いしています。

**石田**：本来、児相は身柄つきで来たら断れないですから、どんな子でも受けますけれど、うちが受けないとほかに行き場がないのです。

**清水**：たとえば現在ですと、保護所の中で職員がそういう子どもに暴力をふるわれた段階で、児相の職員は被害届を出す、と言いますか。

**石田**：はい、出さなくても出しなさいと言います。これはどうせうちに来るのだけれど、一応手続きを踏んで警察が取り調べに入るという動きを見せないと、子どもは図に乗ってしまうからなのです。

**田村**：ちゃんと警察は受けていますか。

**石田**：でもいままで、うちから持っていったのは、例の羽交い絞めの事件だけです。

**田村**：それはちゃんと受けてくれましたか。

**石田**：受けて、捜査して、調書を取って。

**安永**：それは本人のためになりました。あとから聞いたら本人が、わからないから、何もかも許されると思っていた…、というのです。

**田村**：神奈川県警は、それについて問題があるのかな。

**阿部**：いまは、あうんの呼吸状態がありますね。だから児相も学校と同じで、多分姿勢を出すなら出せという方向を出すのでしょうけれど、でも受ける警察側との根回しがないとまずい、いきなり持っていくと厳しい。

**田村**：逆に言うと、まさに連絡会議みたいなところで、そういうのをちゃんと事件にしないから一時保護を受けられないのではないかということをちゃんと伝えていただけると、少しは改善するのではないでしょうか。

**阿部**：この間の連絡会でそれに近い話にはなったんです。

**田村**：なるほど、それが大事なことですね。

阿部：あとはもうちょっと、日常のことを話されたらいいと思います。
中嶋：いま清水所長がおっしゃっていたご苦労や日々の大変さは、ここに来させていただき、1年間ご一緒にやらせていただく中で、いままで見えなかったものが見えてきちょうに分かりました。児相側での本当にささいな喜びとか達成感、やりがいは、教師とはまた違う観点の難しさがあるのだということが見えてきて、お互いを知ることが大事なのではないかと思いました。

　一つだけ、横浜市教育委員会の施策ですが、児童支援専任教諭を2010（平成22）年から2014（平成26）年までの間で全校配置します。予算をしっかり取って、子どもと向き合うと先ほどありましたが、その時間をしっかり取るということで、実施します。いままで中学校の場合は、授業数は9時間以内という制限をつけており、小学校の場合はの児童支援はもう少し12時間以内でしたか、それで全校配置をしていきます。それによってスタッフを充実させて、組織的に対応していくというかたちをいま横浜では取っています。

　児童支援は、特別支援コーディネーターを兼ねるという意味があるので、そういう意味ではコーディネーター役を担うというところで、あと3年間で全校配置という流れになっています。その流れで小・中学校で児童生徒指導の専任がそろうので、一緒になって協議会を進めていって、多機関連携を強化していく方向です。

佐藤：専任をつくるというのは、非常に大事なことだと思っています。学校現場も忙しいので、授業がない先生というのは必要です。「先生、この事案に対応して」と、授業がないから簡単に言えるのです。要するに、授業を持っている先生にはどうしても言いにくいのです。そうすると学校中の事件は全部専任に集まる。ここにはスキルと経験がたまっていくからそこにノウハウが生まれてくる。そのノウハウがいろいろなところに広がっていくので、学校自体のスキルも上がっていくと思います。

　たとえばいま、特別支援のコーディネーターは発達障害などに対応していくコーディネーターですが、ほとんどの学校は専任化されていない。北九州などはまったく専任化していなくて、授業を持っている先生がたまたまあなた研修に行ってコーディネーターをしなさいと言われる。そうすると忙しいからそこに情報は集まらない。集まらないし、経験が蓄積しないので、スキルもアップしないので、結局そういう専任化するシステムは非常にうらやましいと思います。10年後、20年後は必ずすごい力になるだろうと思います。

阿部：一つの例ですが、ある地区の会議に行ったときに小学校の児童支援専任

の先生がいらして、「うちの学校で」という話をしたときに、小学校4年生ぐらいの男の子ですが、家庭事情があると思うのですがそのことは一切お話ししませんでしたが、朝は一人で起きる。家族はそのときはもういない。ご飯はそこに何かあれば食べる、なければ食べないで学校に行く。学校に行くとお腹がすいているからイライラして友だちをバーンとやるなど、落ち着かない状態がずっと続いて、児童支援専任の先生が非常に心配して学校長と相談したと思うのですが、ボランティアの支援要員さんをこの人に付けました。朝学校に来たら、授業が始まるまでの時間、その支援員さんが彼を別室に呼んでよく話を聞いて、「昨日何があったの。そうだったの、よかったね」とか必ず肯定的な働きかけをして教室に帰すと言うことを始めたそうです。

　それは支援専任さんが子どもたちを広く見ていた中でわかったことのようですが、それによって彼はどんどん笑顔が出てきたり、落ち着いて席に座ることができたり、意欲が湧いてきました、本当にうれしい、という話をされました。

　それはすごいと思います。やはり余裕をもった状況でないと子どもを見ることができないということであったし、もしそういう態勢を取れなかったら、この4年生の男の子が中学に行ったときに絶対に荒れるだろうと思われました。非行の予防の上でもものすごく効果があり、大変に重要な支援専任制度だなと思いました。こういうことも小学校で必要なのだということがよくわかりました。

**石堂**：支援専任は、どういうキャリア、どういう学識の人を採用しているのですか。心理学系ですか。何でもいいのですか。
**中嶋**：基本的には児童指導を担当していた人間を。
**石堂**：基本的には小学校で児童指導のキャリアのある人ですか。結局児童指導の主任をしていた人ですね。
**中嶋**：主任をしていた人が絶対ではないのですが、基本的にはそこの人です。
**石川**：ということで、だいぶ佳境になってきたのでここで打ち切ってしまうのももったいないような気がしますけれども、仕方がありません。

　どうもありがとうございました。

## Ⅱ JST石川プロジェクト　研究協力者からの一言
※所属・肩書きは研究実施当時のもの。

### ①石田　英久
（北九州市子ども総合センター教育相談担当課長）

　今回、石川教授をはじめ「法律のプロ・専門家」の皆様といっしょに「子どもを犯罪から守る」という視点で研究できたことをうれしく思っています。本市の取組の状況を様々な角度からご意見をいただく中で、北九州市子ども総合センターの所長以下職員も多くの知識を共有することができました。研究は、特に中学生に対象を絞ったことや、中学生の養育状況から見た虐待との関係、「子ども・若者育成支援推進法」の絡みから「子ども・若者支援地域協議会」等の役割についてなど多岐にわたって広がり、関係機関のあり方を模索してきたことは貴重な研究となりました。

　また、現在本市で実施している関係機関の連携のあり方について、新たな発想や工夫するところはないかと自問するとともに、他都市の状況も参考にできるよい機会を与えられたと考えています。このことは、大いに使命感を喚起し、いわゆる関係機関である学校、児童相談所、少年支援室、警察等の関わり方の見本となるのではないかと推測しました。さらに、自分や自分の職場を超えて、様々な人々が英知をしぼって取り組んでいることに感動し、このプロジェクトに参加できたことの喜びをかみしめています。

　端的に、職種を超えて関係機関の方々の人間性にふれ、本音の部分を知ることができたと思います。いま、「児童相談所」での3年間の勤務を振り返ってみると、警察から身柄付通告により非行少年を一時保護した時、一時保護所内で見られる職員への反抗や、他児への暴行等の言動が気がかりでした。無断外出等の問題も発生しましたが、多くのケースでは、所轄の警察官が一時保護所への入所の動機付けをしっかり行い、保護者への連絡をきちんと行っているため、児童が入所する際に「荒れる」ことが以前に比べ少なくなりました。一旦静養

室で内省を促し、集団合流となるが、非行児が幼児を抱っこしたり、低学年児童と戯れたりしている姿をみるとホッとします。まるで、親から自分にしてもらいたかったことをしているかのように……。

　なぜ非行に走ったのかについて、子どもの生育暦をみると、養育環境に問題があることが多いと感じました。自尊感情が不足し将来に対する夢や希望が見えてこない。発達段階に応じた体験やしつけ（教育）が節目で行われていないのではないか。非行児童の立ち直りについては、容易でないことは承知しているが、「立ち直らせて」いくには、いくつかのプロセスが必要となり、キーは、児童と支援者同士の「絆」「信頼関係」と考えています。そこの部分を、どう児童と向き合って獲得していくかがポイントです。反面、様々な業務の中で仕掛ける側に時間的な余裕がないのも事実であり、創意と工夫により、それぞれの立場で関係機関と協力しながら「子どもを犯罪から守る」努力を継続したいと思っています。

　最後に、これまで研究に携わっていただいた方々に心から感謝申し上げます。


②安永　智美
　　（福岡県警察本部北九州少年サポートセンター係長）

　今回、このプロジェクトに参加させていただき、自分の限られた活動の現場では到底知り得ない他府県の活動状況などを実際に見聞でき、他を知ることや比較することで、自分たちの活動のあり方を客観的に整理することができました。

　北九州における多機関連携では「この子のために」という熱意で繋がっている学校、児童相談所、保護観察所等の実務者が、必要に応じて適宜参集し、情報交換やケース会議、共同面接等を行うという行動連携が行われています。

　この連携についてプロジェクトで法律のプロである研究者の皆様からの質疑やご意見をいただいたことで、これまで当たり前の様に行っていた既存の仕組

み、制度(人事交流等)や連携のあり方等、少年サポートセンターとしての役割の重要性を改めて認識するとともに、多機関連携において「人(実務者個人)と制度の両面」がともに重要であり必要であるとの理解を深める機会となりました。

特に、このプロジェクトで学び、吸収できたことは今後、少年サポートセンターの活動における「子どもを犯罪から守る」ための活動の充実強化に資することができ、北九州方式の多機関連携の更なる発展に繋がる大変有益なものとなりました。

また、子どもを犯罪から守る多機関連携のための主要機関として少年サポートセンター(警察の機関)を取り上げていただいたおかげで当センターの活動や存在意義を組織内外に発信することとなり、理解と認識を広げることができた点からも大変ありがたく思っています。

このような貴重な機会と経験を与えて下さった石川教授をはじめ皆様方に心から感謝申し上げます。本当にありがとうございました。


③佐藤　哲也
　(北九州市立折尾中学校教頭/前福岡県警察本部
　生活安全部少年課北九州少年サポートセンター係長・
　北九州市教育委員会指導主事〈併任〉)

今回このプロジェクトに参加したことで、私たちが北九州市で実践してきた多機関連携を見つめ直す良い機会をいただけたと思いました。2年半を振り返り、プロジェクトに参加した意義を3点ほど挙げさせていただきます。

第1の点は、現在の北九州の連携の在り方について客観的に整理することができたと感じています。本市の連携の仕組みの特徴は、「ウェルとばた」というビルの5階フロアに関係機関が同居するとともに活発な人的交流を行っていること、いつでも情報交換ができる「FACE TO FACE」の連携が取られていること、また少年サポートセンターが連携のコーディネーターとして存在している

こと、などに整理できます。こうした仕組みは、これまで当たり前と思っていましたが、改めてその重要性を認識できたと思います。

　第2の点は、北九州市の諸機関からの代表者が研究の協力者という形で参加したことにより、今まで以上に互いの連携を意識して活動するようになったという点です。もちろん、本市ではウェルとばたを拠点に、学校・教育委員会、児童相談所、少年サポートセンターがこれまでも連携を行なってきました。しかし、このプロジェクトによって本市の様々な関係機関が連携を意識させられたことで、保護観察所や家庭裁判所などとも今まで以上に連携が取りやすくなったと思います。現場では今、非常に連携に対する意識が高くなったと感じています。

　第3に、他都市との意見交換や見学をさせていただいたことは、本市の連携の問題点や課題が明確にすることにつながりました「Face to Face」の連携や人事交流は効果的な面がありますが、他方で、本市では機関同市ではなく、「人による連携」に依存しすぎているのではないかということや、連携や情報交換（個人情報の管理、守秘義務）に法的な根拠があまり確立していないことなども明らかになったと思います。そのほかに、各機関の実務者を集めて、他地域との比較検討を行ったことは各実務者のスキルアップにつながるだけでなく、今後の連携の在り方や施策に大きな成果が期待できるのではないかとも感じました。

　最後に、私個人としても大変貴重な機会を与えていただき深く感謝しています。ありがとうございました。

④入江　幽子
　　（札幌市児童相談所相談一係長）

　このプロジェクトに参加したことで、数字や資料だけでは分からない他都市の現場の実情を見聞できたことが、今回の最大の意義であったと思います。

　児童相談所の間では、全国児童相談所長会議や東京都及び政令指定都市児童

相談所長会議等による情報交換が頻繁に行われており、また、厚生労働省の資料や他都市から送付される業務概要等からも、他の児童相談所の組織・形態、職員配置、人事交流、要保護児童対策地域協議会等の設置状況等の情報が得られる仕組みとなっています。しかし、これらの統計数字や文字での説明資料と違い、実際に現地を視察し、日々どの機関のどの職種の職員がどのような相談対応を行い、どのような機能を持つ他機関と具体的にどの部分で連携しているのか、という事柄を直接当事者から伺うことができたことで、単なる知識を超え実にすることができたものと思っています。

とりわけ、他の児童相談所での取組みを見聞きし、翻って自分たちのあり方についても客観視することができたことで、札幌市児童相談所ならではの強みに改めて気づくと同時に、もう少し工夫したいところも見えてきました。折りしも札幌市では、児童相談体制強化プラン策定の時期とタイミングが重なったこともあって、ホットラインの導入やインテーク部門新設に向けての準備を具体的に進めることができました。

他都市の取り組みでは、横浜市の児童相談所が実践している中学校卒業以降の子どもの支援を行う「自立支援部門」の取り組みも印象に残りました。札幌市では新設までには至りませんでしたが、一時保護所の使い方について新たな視点を持つことができたことにより、実際のケース対応が柔軟になるなど、実践面でも多くの意義があったと言えます。

また、多機関連携についても都市によりさまざまな形態があることを知り、2年に亘ってディスカッションを繰り返してきた中で、改めて連携とは何かを考えさせられました。

機関連携は、各機関がその機能と権限に基づき自らの役割を果たすことが前提となりますが、互いの役割の境界を超えて連携したり、機関連携を目指しつつも個人の資質に負う面が感じられる事例等に接する中、永続的な連携モデルであるためには、個人の資質に頼らずとも機能する組織連携の形が必要であるということを改めて強く意識するに至りました。札幌市における要保護児童対策地域協議会や少年サポートチームといった組織連携のシステムを活性化させるに当たって、今回の研究に参加した経験が生きると思います。

⑤前田　幸子
　（北海道警察本部生活安全部少年課北海道
　少年サポートセンター被害少年支援・育成係長）

　北海道警の少年サポートセンターは「少年サポートチーム」という連携の枠組みを全国に先駆けて構築し、継続的に運用していることから今回このプロジェクトの研究に協力することとなりました。このシステムは、龍島秀広氏（現北海道教育大准教授）が立役者となって構築されましたが、その後十数年間にわたり携わってきた担当者として、今回の研究は改めて生きた連携のために必要な具体的な行動や理念といったことを考える好機となったと思います。

　現在では、18歳未満の場合は「少年サポートチーム」に比べ一層法的根拠が明確な「要保護児童対策地域協議会」というシステムも確立され、連携を必要とする担当者が情報共有や事例検討を行うための枠組みはかなり整ったと考えられます。研究では、他の都市と札幌市の事情が異なる点も浮き彫りになりましたが、概ねケース会議の場で警察が学校や児童相談所と情報共有することについては、それぞれの機関で厳格に解釈されるべき児童記録の取扱や犯歴情報などを除き、以前に比べると大きな困難を伴いません。ところが、いずれの枠組みを利用しようとも、その情報共有やケース会議が最大の効果を生むかどうかとなると、それはまた別次元の問題となります。何回顔を合わせても、それぞれの機関が内向きな視点のまま「対応出来ない」という説明に終始し、「互いに何が出来るか」という議論にならないことが起こります。

　今回の研究プロジェクトを通して、こうした問題に対しては、対象となる子どものために何かしようとする熱意が他の参加者に伝播するような中心人物が存在することや、連携のコーディネート役が重要であること、或いは、特定のケース会議の場面だけではない日頃からの意思疎通や相互理解、協働の重要性、継続的な取り組みなどが必要であることを再認識できました。そしてさらに、実は他機関との間のことだけではなく、自分の所属する機関の中でも同様であって、他機関との連携についての考え方を伝え、連携を運用し、それぞれの機関の中で触媒になれるような人を育てることが必要であることにも、改めて気づかされました。

今回の研究プロジェクトが、問題行動の形でしか自己表現できない子どもたちのために役立つことを期待します。そして、現場で苦労している仲間に出会わせていただき、ありがとうございました。


⑥二ノ田　仙彦
　　（札幌市立篠路中学校教諭／
　　前札幌市学校教護協会幹事長）

　今回本プロジェクトに参加した最大の意義は、「札幌市学校教護協会」の存在が広く周知されたことです。本協会は大正時代に学校現場の生徒指導に関わっていた教師の発想からできた機関です。現在は公立・私立も含めた札幌市内の全173校の中学校・高等学校が参加しており、市内を11のブロックに分け、生徒指導の担当者が集まっての研修会を開催しています。研修会では、生徒指導のあり方に関する意見交換や、学校間での防犯情報の交換を行います。また、その研修会には少年サポートセンターや児童相談所などの関係機関もオブザーバーとして含まれるところが特徴です。
　私が採用された1982（昭和57）年度ですが、その頃は学校間抗争や暴走族に関わる生徒が多く、落ち着かない学校がほとんどでした。その後時代が進み、ポケベル、PHS、携帯、ネットの普及に伴い交友関係が広がると、これまでとは別な問題が出てくることになりました。
　情報連携組織が無い場合、関係する学校の間だけで情報交換のやり取りをしなければなりませんが、多数の学校がかかわる場合は大変時間がかかります。しかし、教護協会では情報交換を行い、時間のかかる事後処理を迅速に済ませることができます。いろいろな関係機関と情報交換ができ、とても有効な組織だと思います。
　また、教護協会の特徴として、「生徒指導を学べる研修会」というものがあります。毎年4回研修会を開催し、発達障害のこと、その対処法や教育相談の手法を取り入れた生徒指導等をテーマで開催し、それぞれの学校で実情に応じて

この内容を広めています。このような機会を確保していることや、新しい情報が伝達されることが札幌市の全体的な落ち着きを保っているのかもしれません。
　是非この組織の形式が全都市に広がり、少しでも非行防止や犯罪から子どもを守るモデルとなれば幸いです。

⑦清水　孝教
　　　（横浜市南部児童相談所長）

　横浜市児童相談所は2010（平成22）年10月から石川プロジェクトに参加させていただきましたが、参加のきっかけは、同時期に神奈川県警が主体となり、こどもの安全を守るための地域連携の在り方をテーマにした「神奈川県地域連携研究会」が発足したことでした。同研究会は2009（平成21）年11月に立ち上がりましたが、神奈川県警本部長が発案されたもので、委員長として石川教授が、委員として石堂教授と小西准教授がおられ、最後には提言もなされました。
　また一方横浜市では、2009（平成21）年12月に1歳の女児が児童相談所や区役所の子ども支援部門が関わりをもっていた中で死亡する事件や翌2010（平成22）年7月には児童相談所と学校の連携が十分でなかったため、児童虐待を早期に発見対応できなかった事件が相次いで起こり、改めて児童虐待の対応や関係機関との連携をどのように進めていくかが課題となっていた時期でもありました。
　こうした中、2010（平成22）年9月には市長直轄の「横浜市児童虐待防止対策プロジェクト」が発足し、児童福祉部門だけでなく学校や教育委員会、生活保護部門、障害部門や区役所など全庁横断型の組織で検討が始まり、警察や病院、民生児童委員、主任児童委員などの関係機関への意見聴取も行われ、報告書が翌2011（平成23）年3月に公表されました。記載者は児童虐待防止対策プロジェクトメンバー（事務局）ではありましたが、石川プロジェクトに参加されている他都市の現状や施策、検討されてきた考えを基本に発言できる機会があり、その一部は「児童虐待対策プロジェクトの対策案」にも反映されていると考えて

おります。

　その他、石川プロジェクトに参加できたことで有意義だったのは、①他都市の児童相談所や少年サポートセンター等の実践の場が直接見学でき、お話をうかがえたこと。②他都市の方々と同じテーマで議論でき、さらに他の専門分野の方々の意見がうかがえたこと。③こうした議論や意見交換の内容がその都市の状況で直接的には反映できないにしても実践的考察がなされたことであり、これらを踏まえ他都市の実践が横浜でも可能かなど検討の一歩を踏み出したことにあります。

　改めて、このような稀有な研究に参加できたことに感謝申し上げます。


## ⑧阿部　敏子
（神奈川県警察本部少年相談・保護センター所長）

　ここ数年子どもの非行の低年齢化は著しく、様々な課題を抱えた子どもたちがおり、学校、児童相談所、警察や少年相談・保護センター（少年サポートセンター）など、子どもを取り巻く関係機関の大人たちがその対応に追われています。

　非行の低年齢化は確実に家庭の養育力の低下を反映しています。したがって、今後も家庭に向けた啓発や支援は大変重要であり、欠くことはできませんが、様々な事情からそうしたことを家庭に求めても難しい場合もあり、学校や関係機関が相互に連携し合って補完していくことが切実に要求されている時代と考えています。

　特に、学校、児童相談所と、警察、少年相談・保護センターの連携は重要です。既に現場では、実質的な情報連携、行動連携が行われていますが、時代や社会の変化に伴いその質も変化しており、実は連携が希薄な面があったのではないかと感じる点もありました。

　そうした中で、今回のプロジェクトに参加させていただいて感じたことをま

とめてみました。

　まず、少年相談・保護センターは、比較的柔軟な動きができる機関であるため、児童相談所、学校、警察署との間をつなぐ大変重要な役割を担っていることを再認識し、今後の取組みに積極的に生かしたいと考えました。同時に、連携について改めて意識化し、滞っているところについては、どう活性化するか、また、良好な関係が築かれ、子どもにとって必要不可欠な展開ができているところは、その関係を大事にしながら、さらに効果的な連携のあり方についてどうあるべきかも考えさせられました。

　連携をうまく進めるには、それぞれの機関の持つ役割、法的な根拠、限界などの共通理解とそのための日々の丁寧なコミュニケーションが必要であり、日頃から相手の立場に立った連絡、協力が大事であることを痛感しました。そのうえで、既存の会議や連絡会の活性化に努めようと思いました。

　このたびの研究で、警察の少年サポートセンターの存在意義にスポットを当てていただいたことに感謝しております。自分たちは子どもの非行防止、健全育成のために活動することは当たり前の使命と感じており、それが将来の犯罪の予防につながっていくと考えてはおりますが、地道な活動であるので、目立たないことも多いというのが正直な感覚です。このたびのプロジェクトで焦点を当てて研究を進めてもらったことで、学校や関係機関のつなぎ役になっていることを再確認すると共に、組織内での理解や関心が高まったことも大きな意義があったと感じております。

⑨中嶋　孝宏
　（神奈川県警察本部生活安全部少年育成課副主幹、
　　前横浜市立東野中学校生徒指導専任教諭）

　昨今の非行をとりまく傾向の一つには、非行の低年齢化があり、ここ数年でその傾向は顕著にみられています。その背景や状況は複雑で多義に渡り、学校はその対応に日々追われているという現状があります。

非行の低年齢化への具体的取り組みには、今後更なる児童・生徒を適切に支援するために、家庭や地域との密な連携が必要と考えています。さらに、小学校と中学校間の連携が重要な取組みとなります。また、児童相談所との連携は今後一層重要となり、学校・警察・児童相談所の3機関が具体的に連携していくことが必須となるでしょう。そして3機関が連携することによって、「児童・生徒を犯罪から守る」ことにつながると思いますし、非行の未然防止の観点からもその必要性が極めて高いと考えられます。

　今回本プロジェクトに参加することにより、各機関の機能や根拠、実情と課題等を知ることができ、連携のための具体的な手立てや仕組みづくりを具体的に考えることができました。

　今回の研究を通して、どの都市の機関連携の仕組みや取組みも児童・生徒の健全育成に必要なシステムであり、意義があると感じました。特に、北九州市の3機関連携の組織は児童・生徒の非行防止、健全育成の観点から非常に有効であり、興味深い取組として参考になりました。また、札幌市では、「少年サポートチーム」の組織編制及び取組体制が非常に組織的に機能しており、各機関が組織的に関わって個々のケースに具体的に取組むうえで、非常に参考になりました。

　子どもたちは「認める」ことで大きく成長します。子どもたちが自ら考え、自らを律し、周りと協調して豊かに生きていくために、「行為と行為者とを分け、あなたのやった行為は良くないが、あなたはダメではない」というメッセージを毅然とした指導の中でも送り続けることが大切です。今後更に、私たち大人が様々な立場から連携をして少年の健全育成をする必要があります。

　中学生というところをスポットにして、子どもたちを守るために何ができるかという本研究は有意義であり、今後この研究成果が全国に展開していくことを願ってやみません。

⑩東山　哲也
　　（法務省矯正局少年矯正課係長）

　私は法務省の矯正局におりますが、現在、制定に向けて作業を進めている少年鑑別所法案においては、鑑別を通じて蓄積してきた関連知識及び技術を活用し、少年鑑別所が、地域社会における非行及び犯罪の防止に関する援助に積極的に取り組むこととしております。今回、石川プロジェクトに参加することを通して、札幌・横浜・北九州の各市での多機関連携の取組みについて学び、地域において必要とされている支援の内容とその効果的な方策について考え、また、各機関との間で人と人とのつながりを作ることができたことは非常に貴重であり、今後の少年鑑別所における施策の実施に大いに活用させていただきたいと思いました。プロジェクトへの参加は最終盤ではありましたが、現在進めている少年鑑別所法案制定作業は、機関連携の観点からも大きな改善と考えております。
　少年鑑別所では従前から、「一般少年鑑別」として、地域において青少年が抱える悩みについて御本人や御家族などからの相談に応じてきたほか、学校や青少年関係機関が主催する研修会・講演会などで非行や子育ての問題について分かりやすく説明したり、青少年に対する教育・指導方法についてのコンサルテーションを行ったりしてきました。
　現行法下においては、これらの業務は収容鑑別等の本来業務に支障がない範囲で実施することとされていましたが、法改正により本来業務の一つとなることで、より積極的に地域社会の非行・犯罪防止に関与できることになります。
　従前は、御本人や御家族などからの相談を待っての受身的な支援が中心でしたが、少年鑑別所法案では、本プロジェクトの構成機関を始めとした関係機関又は団体の求めに応じて、より積極的かつ柔軟に支援を行うことが可能になります。
　今回、子どもを犯罪から守るための様々な機関の取組を勉強することができて、本当にありがたかったと思っています。少年鑑別所においては、少年鑑別所法案の成立に先立って、広報を積極化し、一般少年鑑別の利用促進を図って

いるところですが、少年鑑別所法案が成立・施行されましたら、少年鑑別所は受け身の姿勢ではなく、より積極的に地域の非行・犯罪防止に関する援助に関わっていくことができるようになりますので、どんどん活用していただければと思っています。

# 第3部

# 資料編

## I　石川 PJ が解明した三政令市における機関連携の仕組み

　北九州市・札幌市・横浜市の三政令市では、「学校・教育委員会」、「警察（少年サポートセンター）」、「児童相談所」の三機関を中心に、かなり特徴的な連携の仕組みを採用している。そのいくつかは各リーダーの論説のなかで既に説明されているが、今一度全体を整理して説明しておこう。その際、以下の「イメージ図」を参考にしていただきたい。なお、説明文において小文字ローマ数字で記される番号は、この「イメージ図」の番号に対応する。

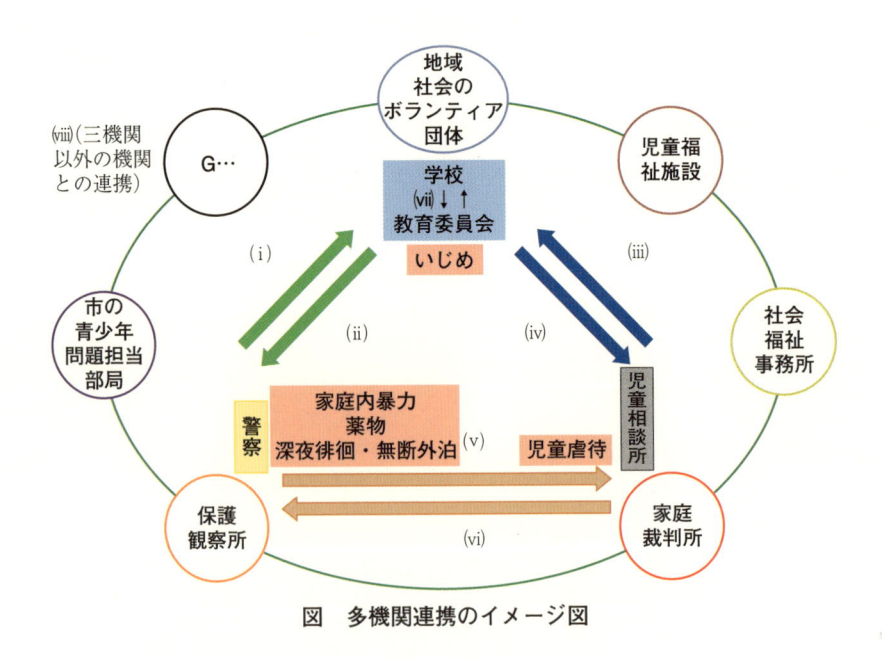

図　多機関連携のイメージ図

## ㈠　北九州市における機関連携の仕組み
### ⑴　学校・教育委員会を起点とした機関連携の仕組み
　①　北九州市教育委員会所管の少年サポートチームからみた北九州市子ども総合センター、北九州少年サポートセンターとの連携

☛「イメージ図」ii、iv、vii

　2004（平成16）年、北九州市教育委員会指導第二課の一部門として、北九州市子ども総合センターと同一フロアに「**北九州市少年サポートチーム**」の事務所が開設された。少年サポートチームの目的は、「学校・教育委員会、警察等の関係機関による相互の行動連携を強化し、問題行動の未然防止や早期の解決を図る」ことであり、校内における児童生徒の問題行動の終息が困難な事態に立ち至った場合に校長からの要請に基づいて学校に赴き、教員や児童生徒、保護者への指導・助言を行う。

　構成員は教員OB（3名）の他、警察との連携を想定して警察官OB（3名）が北九州市教育委員会の嘱託職員として配置されており、「学校と警察との連携チーム」という側面を有する。

　後述するように、北九州市子ども総合センターの同一フロアには「北九州市少年サポートチーム」のほかに、2003（平成15）年から福岡県警察本部生活安全部少年課に所属する「**北九州少年サポートセンター**」の事務所も置かれており、子ども総合センターと合わせて所謂「顔の見える連携」体制が組まれ、日常的な情報共有・行動連携が可能となっている。

　②　区担当指導主事が行っている中学校、警察、子ども総合センター（少年支援室を含む）等との連携　　　☛「イメージ図」vii

　北九州市教育委員会指導第二課内の「学校支援担当課」には、「区担当指導主事」が5名配置されており、学校支援の中核としての役割を担っている（北九州市には計7つの区があり、2区をまたいで担当する区担当指導主事もいる）。

　区担当指導主事は、日常的に中学校、警察、子ども総合センター（少年支援室を含む。）等を訪問・巡回し、学校における児童生徒の状況を把握す

るとともに、関係機関と情報交換を行い、必要な対応策を検討する。

　「北九州市少年サポートチームによる学校支援」の要請が学校長から教育委員会に対してなされる場合、区担当指導主事を介して行われるが、そればかりでなく、学校長が子ども総合センター（児童相談所）に対して虐待の相談・通告を行う場合にも、学校長は区担当指導主事へ連絡することになっている。こうした教育委員会（指導第二課）による児童生徒の状況把握を可能とするために、区担当指導主事には専用の携帯電話の携行が求められ、学校・子ども総合センター（児童相談所）・警察（少年サポートセンター）から昼夜を分かたぬ連絡を受けることになっている。

③　教育委員会と警察（少年サポートセンター）との人事交流
☛「イメージ図」i、ii

　北九州市教育委員会指導主事１名が、福岡県警察本部生活安全部少年課所管の北九州少年サポートセンターの少年補導職員（係長職）として常勤採用されている。この人事交流は、市と県という異なる自治体間での「**派遣**」という形態をとり、当該職員は**教育委員会指導主事と少年補導職員という二つの身分**を併せ有する。

　その任務は主に非行傾向のある児童生徒とその保護者への対応であるが、上記二つの身分を併有することにより警察（少年サポートセンター）と学校・教育委員会の連携の上で重要なコーディネーター役を担っている。

④　ふくおか児童生徒健全育成サポート制度による学校と警察との情報連携
☛「イメージ図」i、ii

　福岡県における学校警察連絡制度は、「**ふくおか児童生徒健全育成サポート制度**」と呼ばれる。本制度は、2006（平成18）年６月に、学校と警察との間で行う児童生徒の問題行動等に関する情報の相互連絡制度を整備し、児童生徒の更なる健全育成及び安全確保を図るために、福岡県警と北九州市教育委員会との間で締結された。学校と警察署のそれぞれが、児童

生徒の問題行動の未然防止や安全確保のために情報の共有を必要と認めるものについて、相互の情報連絡を行っている。

学校から警察署への連絡で挙げられるものは、非行や問題行動、またそれらによる被害の未然防止等のために校長が警察署との連携を必要と認めた場合に、連絡が行われる。もしくは、学校内外における児童生徒の安全確保及び犯罪被害の未然防止のために、校長が警察署との連携を必要と認める場合に、学校から警察署に連絡をする。

警察署から学校へ連絡する場合は、逮捕事案、もしくは逮捕以外の事案で、警察署長が継続的な対応を必要と認める事案、例えば、児童生徒が粗暴行為を敢行する非行集団の構成員である場合、他の児童生徒に影響が及ぶ場合が挙げられる。または、児童生徒の犯罪被害に関わる事案で、警察署長が学校への連絡の必要性を認める事案である。その他、児童生徒の善行行為でも警察署から学校へ連絡をしている。

⑤　学校警察連絡協議会における学校と警察の連携

☞「イメージ図」i、ii

各警察署管内に全部で8つの学校警察連絡協議会（学警連）が設置されている。それぞれについて、国・公・私立の小中高等学校、特別支援学校と警察が連携を取りながら、学警連を設置している。主な事業は、児童生徒の非行防止、犯罪による被害防止、安全確保等のために必要な情報交換及び調査研究、児童生徒の健全育成のための広報・啓発活動、地区学警連の連絡調整、その他、各地域により目標があり、その達成に必要な取組を行っている。

北九州市では、かなり減ってきているものの、シンナーの撲滅等が重点目標に掲げられてきた。また、暴走行為の撲滅、性非行につながる出会い系サイトへの指導、コンビニエンスストアの利用についての指導・対策等も目標としている。学警連での主な活動としては、学校区や市内での街頭補導が挙げられる。市内一斉街頭補導は、2010（平成22）年度は、学校関係者、PTA、警察関係者等、延べ2,799名の関係者が参加しており、チ

ラシの作成、ポケットティッシュの配布等が行われた。また、学警連では、非行防止に関する研修を実施しているが、その中に連絡協議大会における研修がある。この研修では、市内の全中学校に対して保護観察官を講師に迎え研修を実施している。

なお、福岡県においては学警連に学校と警察以外の機関が参加することはないが、北九州市においては子ども総合センターが主催で「非行相談連絡会議」を月1回開催しており、そこで、福岡県警察本部、少年サポートセンター、教育委員会指導第二課、市青少年課、子ども総合センターが情報交換等を行い、学校と警察間以外の連携体制を補完している。

(2) 警察（少年サポートセンター）を起点とした機関連携の仕組み
　① 北九州少年サポートセンターからみた北九州市子ども総合センター、北九州市教育委員会所管の少年サポートチームとの連携

☛「イメージ図」i、vi

2003（平成15）年に福岡県警察本部生活安全部少年課に所属する北九州少年サポートセンターが、翌年に教育委員会の「少年サポートチーム」が北九州市子ども総合センターの同一建物の同一フロアに同居したことにより、いわゆる3機関同居型の連携体制が構築された。平時から顔の見える関係を築くことができ、互いの機関に対する不信感を払拭し、積極的な情報・行動連携体制を実現している。

例えば、北九州少年サポートセンターは立ち直り支援に重点を置く体制を取っているが、一時保護が必要な非行系の児童について、「子ども総合センター」へ迅速・的確な保護依頼ができる体制が整っている。また、学校で問題のある子どもや保護者への対応については、「少年サポートチーム」に学校での見守りや生徒指導体制の強化、保護者の説得を働きかけることが可能となっている。

Ⅰ　石川 PJ が解明した三政令市における機関連携の仕組み

写真　福岡県警北九州少年サポートセンターと北九州市教育委員会少年サポートチーム（この向かいに北九州市子ども総合センターがある）

② ふくおか児童生徒健全育成サポート制度による警察と学校との情報連携　　　　　　　　　　　　　　　　　☞「イメージ図」ⅰ、ⅱ

前述(1)-④を参照

③ 学校警察連絡協議会における警察と学校の連携
　　　　　　　　　　　　　　　　　　　　　　☞「イメージ図」ⅰ、ⅱ

前述(1)-⑤を参照

④ 少年サポートセンター職員による小・中・高等学校での「非行防止教室」の実施　　　　　　　　　　　　　☞「イメージ図」ⅰ

　1999（平成11）年から、市教育委員会青少年課に「青少年非行対策担当課長」として現職の警察官が配置され、小・中学校におけるシンナー等薬物乱用防止教室・非行防止教室を実施してきたが、同時に北九州少年サポートセンターでも学校からの申し出に基づき、センター職員が市内の小・中・高等学校等に赴いての「非行防止教室」を実施している。実施回数は

年間約250回を数えており、子どもに対する将来の非行予防のうえで大きな効果を上げている。

### (3) 児童相談所を起点とした機関連携の仕組み

① 北九州市子ども総合センター（少年支援室部門）における児童相談所・教育委員会・警察の三機関連携　　☛「イメージ図」iii、iv

2002（平成14）年10月、北九州市教育委員会青少年課所管の「北九州市立少年相談センター（所謂少年補導センター）」と同教育委員会指導第二課所管の「北九州市立教育センター（所謂適応指導教室）」の２組織が統合され「少年支援室（市内５か所）」となり、さらにその「少年支援室」と北九州市児童相談所とが合体して「北九州市子ども総合センター」が開設された。

市教育委員会の所管を離れ、子ども総合センターに移管されたことにより、「少年支援室」は中学校卒業後から20歳未満までの対象者の支援も可能となり、他方「児童相談所」は市内５か所の「少年支援室」との統合により、地域の分室的組織をもつに至った。

なお、福岡県警察本部北九州少年サポートセンターが設置される前は、現在の「かなだ少年支援室」に現職の県警の少年補導職員が３名配置されており、同市のシンナー乱用事案等対策としても、学校・児童相談所との情報連携・行動連携の拠点となっていた。

② 北九州市子ども総合センター（児童相談所部門）からみた北九州少年サポートセンターや北九州市教育委員会所管の少年サポートチームとの連携　　☛「イメージ図」iii、v

児童相談所、少年サポートセンター、教育委員会指導第二課が所管する少年サポートチームが「ウェルとばた」という建造物の同一フロアにそれぞれの事務所を構える。こうした物理的・空間的な基礎的条件の他に、３機関相互における教員・警察官の人事交流が盛んに行われており、これら２つの条件により、普段からの情報の共有化を促進するとともに、緊急対

応時における迅速・的確な行動の連携を容易にさせている。

　例えば、少年サポートセンターとの関係では、子ども総合センターで一時保護中の非行系の子どもを少年サポートセンター職員が子ども総合センター職員と協働してクールダウンさせるなど、継続的に支援できる体制が整っている。他方、「少年サポートチーム」との関係では、学校で問題のある非行系の児童については、学校での本人の見守りや生徒指導体制の強化を依頼することが可能である。

　③　北九州市子ども総合センター（児童相談所部門）の「非行相談担当課」における多機関連携　　　　　　　☛「イメージ図」iv、vi

　北九州市子ども総合センターの児童相談所部門では、2010（平成22）年度から非行相談機能を強化するために「非行相談担当課（非行ライン）」を新設した。その職員構成は、出向職員として校長職1名（担当課長）、教頭職1名（担当係長）のほか、嘱託職員として校長OB1名と警察官OB1名である。こうした職員配置により、児童相談所と学校・教育委員会と警察との間の情報共有・行動連携の促進が期待される。

　またこれに併せて、少年支援室に配置される警察官OB（非常勤）が3名増員されたが、これらの一連の施策により、重篤な非行ケースは児童相談所の地区担当ケースワーカーから「非行相談担当課」へ移管し、児童自立支援施設、保護観察所、家庭裁判所、少年鑑別所等との連携がスムーズに行えるようになった。他方で、少年院仮退院・退院後や児童自立支援施設退所後の少年の立ち直り支援の一環として、非行相談担当課は少年支援室を利用した通所指導が可能となった。

　さらに、「**非行相談担当課（非行ライン）**」が主催する「**非行相談連絡会議**」が毎月開催され、関係諸機関からの活動報告や情報交換が行われるようになっている。

　なお、会議の構成員は、以下のとおりである。

　・北九州市子ども総合センター（児童相談所部門）の教育ライン
　・北九州市教育委員会指導第二課ならびに「少年サポートチーム」

・北九州市子ども家庭局青少年課
・福岡県警察本部生活安全部少年課ならびに「北九州少年サポートセンター」

(4) 三機関とその他の機関との連携
① 北九州市子ども家庭局による「20歳未満の者に対する総合施策」の企画立案及びそれを担保する関係機関との人事交流（現職教員の出向・現職警察官の派遣）　　　　　　　☛「イメージ図」viii

2007（平成19）年に、それまで保健福祉局にあった子ども家庭課・保育課と子ども総合センター、教育委員会にあった青少年課、総務市民局にあった男女共同参画推進部を再編した形で、市長部局に「子ども家庭局」が新設された。青少年課を教育委員会から市長部局の子ども家庭局へ移すことにより、おおむね40歳未満までの幅広い年齢層を視野に入れた健全育成施策が展開できるようになり、2010（平成22）年8月に設置された「子ども・若者支援地域協議会」の事務も子ども家庭局青少年課が管轄するに至っている。また、北九州市は同年10月に、「子ども・若者育成支援推進法」に基づく総合相談窓口として「子ども・若者応援センター『エール』」を設置し、就学・就労等に向けた自立支援を実施している。

青少年課には現在、「青少年非行対策担当課長」として警察官が派遣されているほか、青少年課育成係には2011（平成23）年度まで担当係長として現職教員が出向しているが、現在の子ども家庭局による施策の企画立案体制の背景には、こうした関係機関との活発な人事交流がある。

② 「北九州市子ども・若者支援地域協議会」における関係諸機関の連携　　　　　　　☛「イメージ図」viii

北九州市は内閣府による「地域における若者支援のための体制整備モデル事業」に2008（平成20）年から参加しており、「北九州市子ども・若者支援地域協議会」が2010（平成22）年から設置された。協議会では、子ども・若者育成支援推進法21条に基づく支援調整機関を「子ども家庭局青少

年課」が務めており、代表者会議を年1～2回、実務者会議を毎月1回開催する体制が採られている。実務者会議には学校教育、保健福祉・医療、矯正保護、雇用などの関係諸機関が参加し、中学卒業後からおおむね40歳未満までのニート・ひきこもりや、背景に非行や虐待等の問題を有する対象者のケースについて、初期対応のあり方とその後の経過等に関する意見交換が行われる。

## ㈡　札幌市における機関連携の仕組み
### ⑴　学校・教育委員会を起点とした機関連携の仕組み
①　札幌市学校教護協会における中・高生徒指導上の情報共有化、地区幹事研修会への児童相談所、警察・少年サポートセンター等の多機関参加　　　　　　　　　　　　　　　　☛「イメージ図」ii、iv

**学校教護協会**は、札幌市内のほぼ全ての公立・私立の中・高等学校が加盟する任意団体である。発足は1926（大正11）年で、80年近い歴史を有する。加盟校は総数168校で、その内訳は以下のとおりである。

- 市内の中学校、公立100校（うち分校4校）、私立7校、国立1校の計108校のうち、分校4校を除く全中学校（104校）
- 市内の高等学校、公立36校、私立20校（うち通信制1校）の計56校のうち、通信制1校を除く全ての高等学校（55校）
- 市内の定時制併設高校8校（公立7、私立1）のうち、6校の定時制課程が同校の全日制課程とは別に加盟、この他特別支援学校3校が加盟

学校教護協会は現在、市内を11区（札幌には10区あるが、うち北区をさらに北地区・南地区の2区に分割）に分け、運営している。各学校の校長が「理事」を、生徒指導担当教員が「幹事」を務め、常任幹事（20名程度）と地区代表幹事（11名）とが中心となって事務局を構成する。各区には地区代表幹事校があり、「地区幹事研修会」の日程調整を行う。

研修会には各区の中学校・高等学校の生徒指導担当教員のほか、オブザーバーとして各区の所轄警察署、少年サポートセンター、札幌市子どもの

権利推進課（補導担当）、札幌市児童福祉総合センター、小学校、札幌市に隣接する市の中学校・高等学校も参加する。なお、2011（平成23）年度は「家庭裁判所連絡会」が中止となった関係で、札幌家庭裁判所も参加するようになった。

　地区幹事研修会により、広い面積を有する札幌市において**地区単位での効率的な情報連携ネットワーク**が確立され、(i)学校間の情報連携、(ii)学校と他機関の情報連携、(iii)学校以外の他機関同士の情報連携が可能となっている。さらに、地区幹事研修会のメリットとして、近年の教員による校外巡視活動の規模縮小に伴う「校外における生徒に関する情報収集不足」を補うという点が指摘されている。

　他市では中学校と小学校間の情報共有や対策立案の推進が見受けられるが、札幌市のように中学校と高等学校とが連合する常設的組織は全国でも稀で、学校教護協会が実施する非行防止を目的とした生徒に関する情報連絡・研修会・巡視活動は、非行予防・対策のモデルケースとして評価したい。

②　学校からみた警察との連携

a.　札幌市子どもの健全育成サポートシステム　　☛「イメージ図」i、ii

　2010（平成22）年3月、北海道警察本部と札幌市教育委員会との間で、「子どもの健全育成サポートシステム（所謂「学校警察連絡制度」）」の協定書が取り交わされ、同年4月1日から運用が開始された。それ以降「学校側から警察への問い合わせ」、「警察から学校への問い合わせ」の双方向の情報提供が迅速・的確に行われるようになっている。

b.　ティームティーチング方式　　　　　　　　☛「イメージ図」ii

　警察の少年サポートセンターが窓口となり制服警察官が学校に出向き、学級担任等と協力して授業を行うという「**ティームティーチング方式**」による非行防止教室が実施されている。これは2001（平成13）年に江別市の中学校で試験的に実施されたのだが、2004（平成16）年度から札幌市内の中学校で、2008（平成20）年度からは全道の中学校で導入され、さらに

2010（平成22）年度からは札幌市の小学校で、2011（平成23）年度には全道の小学校へも導入されることになった。

③　学校・教育委員会と児童相談所との連携強化（「子ども支援推進会議」の定期的開催）　　　　　　　　　　☛「イメージ図」iii、iv

札幌市児童福祉総合センターが定期的に開催する**「子ども支援推進会議」**では、年3回、児童相談所と教育委員会が集まり、不登校児童に関して情報共有を行っている。

(2)　**警察（少年サポートセンター）を起点とした機関連携の仕組み**
①　少年サポートチームにみる「多機関連携問題解決チーム」

☛「イメージ図」i、vi

札幌市における**「少年サポートチーム」**は、北海道警察本部生活安全部少年課を事務局として、1996（平成8）年9月に全国に先駆けて発足した。道警少年サポートセンターがコーディネーターとなり、教育委員会・学校・警察・児童相談所・自治体の福祉部門などにより結成されるもので、各機関が業務内容に応じてできることとできないことを明確にしながら、連携して少年へのよりよい対応を実現しようとする取り組みである。この仕組みは、その後の2003（平成15）年の「青少年育成施策大綱」以降、「少年サポートチーム」が全国展開されるのに先立つ先駆的な試みであった。

「少年サポートチーム」の目的はその実施要領に「チームが対象とする少年の問題について、複数の機関が連携して支援する必要があると判断されるケースについて、必要とされる関係機関の実務担当者による『チーム』をつくり、各機関の業務内容に基づき相互に連携して対応すること」と明記されている。被害少年と加害少年の両者を対象とする理由は、子どもの被害と加害の問題が時に密接なかかわりを有しており、被害と加害を分離して処遇することが結果として功を奏さないことがあるという視点に基づくものである。具体的には、いじめ・虐待などの被害少年や、事件と

して措置する段階に至っていない非行系少年（深夜徘徊・校内暴力・シンナー等の薬物乱用・家庭内暴力等）を対象として結成される。

② 警察からみた学校との連携
  a) **札幌市子どもの健全育成サポートシステム** ☛「イメージ図」i、ii
  b) **ティームティーチング方式** ☛「イメージ図」ii
  a・bともに、前述(1)−②を参照

(3) **児童相談所を起点とした機関連携の仕組み**
  ① 児童福祉総合センターにおける児童相談所と発達医療センター・知的障害児通園施設との連携 ☛「イメージ図」viii

1972（昭和47）年4月同市の政令指定都市への移行に伴い、札幌市児童相談所は開設した。1979（昭和54）年9月、旧西保健所を増改修し、「札幌市肢体不自由児母子訓練センター」が開所されるが、1993（平成5）年11月の機構改革により、肢体不自由児母子訓練センターは「発達医療センター」に名称変更される。札幌市児童相談所は、上記発達医療センターとともに、同年現在の中央区北7条西26丁目に新築移転し、**児童福祉総合センター**として開設された。同時に、それまで障害福祉部所管であった、肢体不自由児通園施設（現在の医療型児童発達支援センター）である「みかほ整肢園」・「ひまわり整肢園」、並びに知的障害児通園施設（現在の福祉型児童発達支援センター）である「かしわ学園」も児童福祉総合センター所管となる。その後1994（平成6）年4月には、知的障害児通園施設（現在の福祉型児童発達支援センター）である「はるにれ学園」が開設され、札幌市児童福祉総合センターは、児童相談所、発達医療センター、福祉型児童発達支援センターが併設された複合的な機関連携施設となった。

なお、2002（平成14）年4月に児童福祉総合センターは札幌市児童家庭部の所属となるが、2004（平成16）年4月に同部は子ども未来局として独立し、同センターも同局内の単独の部となり現在に至っている。

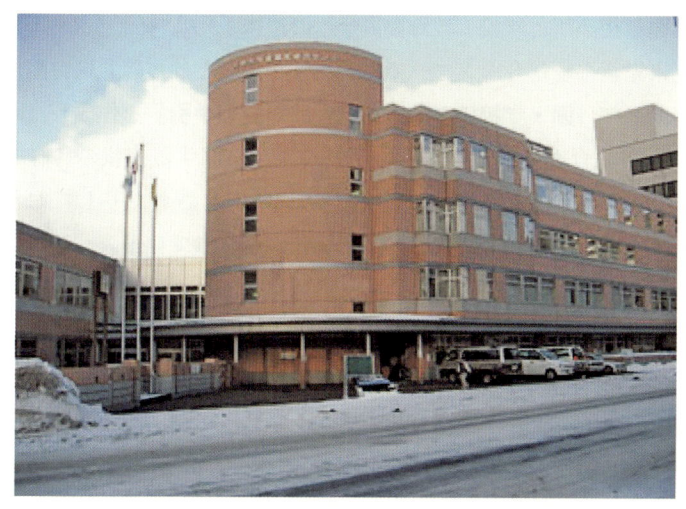

Ⅰ　石川 PJ が解明した三政令市における機関連携の仕組み　*327*

**写真　札幌市児童福祉総合センターの外観**

② 　児童相談所における他機関との人事交流　　☛「イメージ図」ⅴ、ⅵ

　2011（平成23）年4月1日現在、札幌市児童福祉総合センターの児童相談所（以下、「児童相談所」という。）には教員経験者3名が勤務している。雇用形態の内訳は「退職者の雇用」2名、「出向」1名である。これらの教員経験者の配置箇所は、相談判定課一時保護係（日課を通した必要な学習指導に関する業務）や緊急対応担当課調整担当係（児童虐待通報・通告に関する業務）である。こうした教員経験者の配置により、学校関係者への虐待対応等の情報伝達が容易になったという。

　また、児童相談所では2011（平成23）年度から緊急対応課に警察退職者1名（警視級）を非常勤職員として採用し、虐待への対応力の強化を図っている。警察の所管部門についての知識を有する職員の採用により、警察との間の迅速・的確な情報連絡が可能となったと言われる。なお、警察官（現職・退職者）を配置している全国50の児童相談所のうち、警視級の者を採用しているのは、2011（平成23）年7月現在札幌市だけである（因みに、全国の警察官中、警視の割合は5.5％である）。

③　児童相談所と学校・教育委員会との連携　　☛「イメージ図」iii

　札幌市児童福祉総合センターでは、児童相談所と幼稚園・保育園・学校とが共同して『園・学校における児童虐待対応の手引』を作成したり、児童相談所と教育委員会が集まって不登校児童に関する情報の共有を行う「子ども支援推進会議」が定期的に開催（年3回）されたりしており、児童相談所と学校・教育委員会との連携強化が図られている。

④　「札幌市児童相談体制強化プラン」における児童相談所と区役所
　　　（区家庭児童相談室）との機関連携　　☛「イメージ図」viii

　「児童相談所の将来構想策定事業」は、児童相談所における相談件数の増加や相談内容の複雑化を受け、2009（平成21）年に準備を開始し、翌2010（平成22）年度に着手された。その後、札幌市社会福祉審議会からの意見具申（「札幌市児童相談所のあり方について」）の趣旨を踏まえて、2011（平成23）年3月には、「**札幌市児童相談体制強化プラン―児童相談所と区役所の体制・機能強化及び地域との連携―**」が発表された。

　本強化プランでは、
　・「区家庭児童相談室」の設置、
　・24時間、365日の相談受付体制を備えた「子どもホットライン」の設置、
　・一時保護所の定員拡充、環境整備、
　・児童相談所の専門機能の向上と行政区の相談・支援機能の強化
等を図る児童相談体制強化策が示されている。このうち、2011（平成23）年度から開始された「区家庭児童相談室」には、家庭児童相談員1名に相談・支援主査1名が加わり、2名体制で運営されることになった。また2012（平成24）年度からは、新たにインテーク部門を担当する職員を児童相談所に1名配置し、児童相談所と行政区との間の連携において一層の円滑化を図る予定であるという。

## (4) 三機関とその他の機関との連携

### ① 札幌市子ども未来局における「20歳未満の者に対する総合施策」の企画立案　　　　　　　　　　　　　　　　☞「イメージ図」viii

「児童福祉総合センター」を所管していた「児童家庭部」が2004（平成16）年から局に格上げされ、「子ども未来局」に改まった。現在は子ども育成部、子育て支援部、児童福祉総合センター、子どもの権利救済事務局がその所管にあるが、子どもに関する部を統合することで、20歳未満の者に対する総合施策の企画立案を一手に引き受ける体制が確立されている。なお、後述の「子ども・若者支援地域協議会」について、その事務局は2011（平成23）年度まで札幌市教育委員会生涯学習推進課に置かれていたが、2012（平成24）年度以降は子ども未来局が担当することになった。

### ② 「札幌市子ども・若者支援地域協議会」における関係諸機関の連携
☞「イメージ図」viii

札幌市は2010（平成22）年度から内閣府のモデル事業「地域における若者支援のための体制整備モデル事業」に参画しており、同年9月から「**札幌市子ども・若者支援地域協議会**」が設置された。協議会は年に2度の代表者会議と、2か月に一度実務者会議を開催する体制を採っている。子ども若者育成支援推進法第21条に基づく支援調整機関を「札幌市若者支援総合センター」が務め、同第22条に基づく「指定支援機関」を「財団法人札幌市青少年女性活動協会」が担当する。

特筆すべきは、支援調整機関である「札幌市若者支援総合センター」が、厚労省の委託事業の「若者サポートステーション」事業も受託している点である。これにより、「相談」にとどまらず、「就労支援」までも実施できる体制が整備された。

実務者会議には学校教育、保健福祉・医療、矯正保護、雇用に関係する各機関等が参加する。この会議は「ユースアドバイザー養成講習会」の「専門研修」も兼ね、子ども・若者支援に関する基礎的な知識の習得を目的に、「発達障害」・「ひきこもり」・「不登校」・「非行」などのテーマごと

にモデルケースを使用した対応のシミュレーションを行う。またケーススタディでは、必ず各分野の専門家をスーパーバイザーとして招聘する。

「ユースアドバイザー養成講習会」の内容は、「総論」・「基礎研修」・「専門研修」の三つに分かれる。それぞれの検討課題は、以下のとおりである。

・「総論」：一般市民を対象とした子ども・若者支援の周知
・「基礎研修」：分野・手法別の学習を行うことによる地域支援者の連携向上とスキルアップ
・「専門研修」：機関連携を活用した実際の支援方法

なお、2011（平成23）年度の「総論」・「基礎研修」では特に中学校・高等学校の教員へのアプローチが強化され、学校との連携強化が意図されているという。

③　「ひきこもり地域支援センター」の「若者支援総合センター」への統合に向けた検討　　　　　　　　　☛「イメージ図」viii

2012（平成24）年度以降、「子ども・若者育成支援事業」の所管を「札幌市教育委員会」から「札幌市子ども未来局」へと移行し、事業の充実強化を図っている。その一環として、北九州市における「施設同居型連携」を参考にして、「ひきこもり地域支援センター」を「若者支援総合センター」へ統合する形の「施設同居型連携」の検討を開始した。

㈢　横浜市における機関連携の仕組み
(1)　学校・教育委員会を起点とした機関連携の仕組み
　　①　横浜市学校警察連携制度による連携の促進　☛「イメージ図」i、ii

2004（平成16）年11月１日に、神奈川県警察本部と横浜市教育委員会との間で児童・生徒に係る情報の提供を可能にする**協定**が締結され、それ以降「学校側から警察への問い合わせ」、「警察から学校への問い合わせ」の双方向の情報提供件数が増加している。

本協定の締結に先立って、横浜市は協定書の内容に関して横浜市個人情

報保護審議会の意見を聞いて了解を得ており、その協定書は HP でも公開されている。

神奈川県警察本部は、神奈川県個人情報保護条例の実施機関であるが、犯罪予防を目的とした個人情報の取り扱いについては、条例上の制限の「適用除外」となる。他方、学校は各自治体が制定した「個人情報保護条例」の実施機関であるとともに、本人の同意なくして個人情報を収集することが禁止され、さらに本人の同意なくして当情報を目的外利用したり、外部へ提供することが禁止される。こうした法的規制が存在する中で警察と学校とが情報共有に係る協定書を締結することは、子どもに対する権利侵害の防止、各種機関の職権濫用の防止につながるとともに、学校と警察が子どもに対する迅速・的確な指導・支援体制を構築する上で重要な意義を有する。

② 市内4か所に設置された「学校教育事務所」と市内4か所の児童相談所との連携　　　　　　　　　　　☛「イメージ図」iv、vii

児童相談所の市内4管轄区域に対応して、2010（平成22）年から横浜市教育委員会の「学校教育事務所」が4か所に設置された。各学校教育事務所には、横浜市教育委員会の指導主事とともに、2名のスクールソーシャルワーカー（SSWr）が配置されている。

学校教育事務所の管轄区域と児童相談所の管轄区域とを同一にすることにより、管轄区域に居住する児童生徒に関する情報の共有化が図られ、迅速な対応を行うことが可能となっているほか、それまで市教育委員会人権教育・児童生徒課に置かれていたSSWrを各事務所に置いたことで、それまで疎遠であった学校と児童相談所との個別ケース会議が活発化し、連携が進んでいるという。

③ 神奈川県学校警察連絡協議会における児童相談所（横浜市中央児童相談所を含む）のオブザーバー参加　　　☛「イメージ図」i、vi

神奈川県では、1996（平成8）年以降、県レベルでの「学校警察連絡協

議会」が組織されている。本協議会は、学校と警察の代表者が集まる「役員会」、神奈川県を8つのブロックに分けての「方面会議」、各警察署単位での個別会議の3層構造となっている。

近年の非行の低年齢化や質的な変化を受け、2011（平成23）年度からこの役員会に新たに県内13か所の児童相談所中4か所の児童相談所長の他、横浜市中央児童相談所長も加わるようになった。**学校と警察の二機関に児童相談所が加わった三機関の連携体制**を構築した結果、非行等対応の連携強化の進展が期待される。特に、代表者レベルでの協議が活発化したことで現場レベルでの意識も大きく変化しており、その士気にも大きな影響力を与えているという。

④　横浜市中学校校長会及び小学校校長会への児童相談所長の参加

☞「イメージ図」ⅲ、ⅳ

先に述べた「学校警察連絡協議会への児童相談所長の参加」という新たな三機関連携の仕組みの導入を受け、2011（平成23）年度より横浜市の4児童相談所の所長が、横浜市中学校校長会生徒指導部会（毎月実施）に年2回、横浜市小学校校長会児童指導研究部会（毎月実施）に年1回に参加することになった。この会議には神奈川県警察本部少年育成課職員及び少年相談・保護センター職員もオブザーバーで参加しており、ここでも三機関連携の仕組みが実現した。

## (2)　警察（少年サポートセンター）を起点とした機関連携の仕組み

①　神奈川県学校警察連絡協議会における児童相談所（横浜市中央児童相談所を含む）のオブザーバー参加　　　☞「イメージ図」ⅰ、ⅵ

前述(1)-③を参照。

②　スクールサポーターによる警察と学校との連携促進

☞「イメージ図」ⅰ

神奈川県警察本部は、2007（平成19）年4月以降、管内に学校のない水

上警察署を除く53署にスクールサポーターを各1人（学校の多い2署は2人）配置している。スクールサポーターのこうした積極的活用例は、全国でもめずらしい。

　スクールサポーターは、管内の小・中学校を定期的に訪問し、学校やその周辺における防犯対策上の問題点や子どもに関する犯罪情報等を把握して助言・指導を行うとともに、子どもの安全確保、非行防止・立ち直り支援のための活動も実施する。また、地域のボランティアとの連携役も果たしているという。

　スクールサポーターは警察署の少年係に所属するが、その活動ぶりは各人の考えと技能に応じて異なり、非行防止教室の講演活動に意欲的に取り組む者や、毎朝学校の登校時間に校門に立ち子どもたちへの声かけ活動を行う者もいる。スクールサポーターは身分が警察官でないため、学校としても気軽に相談することができ、警察と学校とのパイプ役として二つの機関の連携に大いに役立っている。

(3)　**児童相談所を起点とした多機関連携の取り組み**
　①　児童相談所と青少年相談センターとの連携　　☞「イメージ図」viii
　横浜市中央児童相談所の建物内には、**「横浜市青少年相談センター」** も同居する。当センターでは、15歳から20歳代のひきこもり・不登校、家庭内暴力、不良交友・家出・怠学などの問題がある若者を対象に、社会参加に向けた支援のための相談・コーディネート、就労支援、地域での自立支援を実施する。他方、横浜市中央児童相談所には**「自立支援部門」** がある。そこでは、中卒後から18歳に達するまでの児童を対象にして、（ⅰ）就労・就学支援、（ⅱ）他施設で問題を起こした際の一時預かり、（ⅲ）保護者と数日一緒に生活しながら行われる家族再統合支援などが実施される。18歳未満のケースに関しては、青少年相談センターと並行した支援活動が可能である。

　近年、児童相談所の支援・指導が終了する18歳以降における自立支援や、高校中退者の支援が課題となっているが、青少年相談センターや児童

相談所の自立支援部門の試みは、こうした子どもへの切れ目のない支援を実施する仕組みであると言えよう。

写真　横浜市中央児童相談所と横浜市青少年相談センターの外観

② 神奈川県学校警察連絡協議会における児童相談所（横浜市中央児童相談所を含む）のオブザーバー参加　　　☛「イメージ図」i、vi
前述(1)-③を参照。

③ 児童相談所と区役所（区福祉保健センターこども家庭支援課）との役割分担の明確化　　　　　　　　　　☛「イメージ図」viii

a) 2011（平成23）年3月に出された「横浜市児童虐待対策プロジェクト報告書～子どもの命と尊厳を守るために～」を基に、横浜市では、**児童相談所と区役所（区福祉保健センターこども家庭支援課）との役割分担**を明確化させるための諸施策が講じられている。例えば、児童相談所と区福祉保健センターこども家庭支援課との間で「共有ランク」として虐待進度評価尺度［A（生命の危機あり・重度）／B（中度）／C（軽度）／D（危惧

有）／E（育児支援）］の共通化が図られている。それに加えて、児童相談所と学校との間でも、区福祉保健センターこども家庭支援課との間で使用する虐待進度評価尺度を基にした所謂「教育版共有ランク」が各学校に配布され、虐待進度評価尺度の共通化が図られている。

　b)「要保護児童対策地域協議会における実務者会議」に該当する「各区児童虐待防止連絡会」とは別に、児童相談所と区福祉保健センターこども家庭支援課との間で情報共有のための連絡会議が3か月に1回開催される。

　c) 2012（平成24）年1月からは、児童相談所と区役所との間で進行管理台帳のオンラインの共有が図られ、進行管理台帳の情報を入力する「横浜市児童相談所進行管理サポートシステム」が、市の「福祉保健システム」に統合されることとなった。

　d) 2011（平成23）年4月から、市内4つの児童相談所を統括する部署である「虐待対応・地域連携課」が横浜市中央児童相談所に設置され、市役所のこども青少年局に新設された「児童虐待・DV対策担当」とともに、地域の諸機関との連携の調整を図っている。

④　児童相談所と警察との「連絡会」の実施による連携の促進
☞「イメージ図」v、vi

横浜市では、以前より市所管の4児童相談所と神奈川県警察本部、管轄警察署との連絡会を設けていたが、2009（平成21）年度からは年1回、横浜市所管の4児童相談所のほか、川崎市所管の2児童相談所と横須賀市所管の1児童相談所、神奈川県所管の5児童相談所を合わせた総計12の児童相談所との連絡会を実施するようになった。本連絡会にはその後相模原市所管の児童相談所と川崎市所管の北部児童相談所が加わり、2012（平成24）年度現在、総計14の児童相談所が参加する体制となっている。連絡会では、日頃各機関が他の機関に対して感じている疑問や不明な点について忌憚のない意見交換が行われ、相互理解が図られている。

(4) 三機関とその他の機関との連携
　① 横浜市こども青少年局による「子ども・若者に対する総合施策」の企画立案　　　　　　　　　　　　　　　☞「イメージ図」viii

　横浜市は「乳幼児から青少年期までの切れ目のないきめ細やかな支援」を意識した取り組みの一端として、各部局から児童・青少年に関する部署を集め、2006（平成18）年に市長部局として「**こども青少年局**」を新設し、子どもから青少年（おおむね40歳未満）までの支援を一貫して担当する部局とした。

　当部局の取り組みの一つとして、以下の三機関による「ユーストライアングル」支援体制が組まれている。
　・不登校やひきこもりの青少年の「社会的自立」のため相談支援を行う「青少年相談センター」
　・厚生労働省が事業化し、就労体験等の支援を含めた経済的（職業的）自立支援を行う「地域若者サポートステーション」
　・人口の多い同市において、上記双方の機能を有した支援の拠点として市内3か所に設置されている「地域ユースプラザ」

　なお、後述する「横浜市子ども・若者支援協議会」において、この「ユーストライアングル」支援体制の更なる充実策が検討されている。

　② 「横浜市子ども・若者支援協議会」における関係諸機関の連携
　　　　　　　　　　　　　　　　　　　　　　　　☞「イメージ図」viii

　横浜市は2010（平成22）年度から内閣府のモデル事業「地域における若者支援のための体制整備モデル事業」に参画しており、子ども・若者育成支援推進法上の協議会として2010（平成22）年7月に「横浜市子ども・若者支援協議会」を設置した。2011（平成23）年度は「思春期健全育成部会」と「若者自立支援部会」の2部会、及び神奈川県・周辺自治体とともに困難を抱える子ども・若者を育成支援する仕組みを検討するための「横浜・神奈川若者支援連絡会」を協議会内に設けて運用している。

　横浜市では、子ども・若者の立ち直り支援を実施するためのシステムが

既に相当程度整備されている。その代表的なものが、先述した**「ユーストライアングル」支援体制**である。この他にも、2008（平成20）年10月に設立された**「よこはま型若者自立塾」**がある。これは、個々の青少年に対して長期間寄り添う形での支援を企図する。さらに、横浜市は2010（平成22）年度から、内閣府による**「パーソナル・サポート・モデル事業」**にも参加した。当事業は、様々な要因により失業状態・不就労状態にある者に対して個別の就労支援を実施するものである。

　上記の一連の動きを受け、「横浜市子ども・若者支援協議会」は、子ども・若者支援の中核施設である「青少年地域支援プラザ」を市内全区に設置すること、より適切な支援につなげるための総合相談・調整窓口としての「青少年総合相談センター」をこども青少年局の下に設置することを盛り込んだ提言を行なった。横浜市では今後、「横浜市児童福祉審議会」・「横浜市次世代育成支援行動計画推進協議会」・「横浜市放課後子どもプラン推進委員会」と連携して、子ども・若者に対する一層の切れ目のない支援体制の整備を検討していく予定であるという。

### ③　「神奈川県地域連携研究会」の研究活動を通じての機関連携の実現
☛「イメージ図」i〜viii

　石川PJが開始された2009（平成21）年10月とほぼ同時期に、「神奈川県地域連携研究会」が発足した。本研究会には、石川PJの研究代表者である石川正興が委員長に、また学校教育行政機関調査担当グループリーダーの石堂常世と、児童福祉行政機関調査担当グループリーダーの小西暁和が委員として参加した。本研究会は、2009（平成21）年11月より2012（平成24）年2月までの間、計9回の研究会を開催し、2011（平成23）年5月には「地域連携研究会報告書—少年を支え・守り・育てるための提言—」と題する報告書を発行した。

　石川PJと並行して行われた本研究会を通して、石川PJは機関連携に関し多大な知見を得ることができた。また、本研究会が契機となり、2010（平成22）年10月からは横浜市も新たに石川PJのメンバーに加わることに

なったが、これによって機関連携の仕組みに関する「より客観的な比較検討」が可能になるとともに、横浜市では上記のような機関連携の動きが加速した。

## II　機関連携の仕組みに関する実務担当者による評価

　実務担当者による評価は、三政令市の実務家による「内部」評価と、三政令市以外の自治体の実務家による「外部」評価に分けて行った。

### (1)　三政令市の実務家による「内部」評価
　三政令市の実務家による「内部」評価は、以下の三つの方法で実施した。
　①上述した「現場視察」と「意見交換会」の場において、研究協力者が相互に表明する評価
　②2012（平成24）年2月29日に開催した「プロジェクト総括座談会」に際して、三政令市三機関研究協力者代表に行ったアンケート調査
　③2012（平成24）年3月15日に開催した第二次シンポジウムに招聘した研究協力者（ただし、上記座談会出席者は除く。）に対するアンケート調査
　以下では、上記②と③のアンケートの回答の中で印象的な回答について触れておきたい。

### ②について
　本アンケート調査は、「プロジェクト総括座談会」開催前の2011（平成23）年2月に三政令市三機関研究協力者代表の9名へアンケート用紙を送付して実施したものであり、回答は全員から回収した。なお、これらの研究協力者のほとんどが継続して本PJに協力いただいている方であり、他都市他機関の取組みを仔細に見聞しているばかりでなく、PJの趣旨にも十分精通している。
　回答のうち、北九州市の研究協力者を除く6名中4名が、下記のとおり北九州市の「三機関同居型」の連携の仕組みを肯定的に評価しており、否定的な意見も見られなかった[1]。このことは、北九州市における「三機関

同居型」の連携の仕組みが他都市においても参考となる証左といえるであろう。
〈回答〉
・敢えて会議等の場を設定しなくても顔の見える関係作りがすすむことによるメリットは大きいと感じた。
・北九州市のワンストップ機能は、人間関係的にも規模的にも行動連携しやすく、有効だと感じる。
・同一の建物内に児童相談所とサポートセンターがあり、身柄が警察から児童相談所に来た少年について、一時保護が難しい少年など対応が児童相談所だけでは困難な場合、児童相談所からの要請によりサポートセンターの職員が関わり、双方の機関での対応可能な状況を作っていること、また、児童相談所の一時保護所にも教員が配置されており直接的に児童をみていることは連携がスムーズになることでありよいシステムと考える。
・北九州市の三機関連携の組織は児童・生徒の非行防止、健全育成の観点から非常に有効であり、興味深い取組であり、参考になった。

## ③について

本アンケート調査は、上記三政令市三機関研究協力者代表以外で、第二次シンポジウムに招聘した自治体の実務家の方を対象に実施したものであり、三政令市の関係機関からは計13通の回答があった。

本アンケート調査に回答した者は、前述の各代表ほどの頻度で本PJに関わっていたわけではないこともあり、第二次シンポジウムに出席したことで他都市や他機関の取組みや仕組みを改めて知る者も複数存在した。そのようなこともあり、シンポジウムに出席しての感想を尋ねた質問への回答においては、

---

1) 本文中で指摘している「三機関同居型」の評価に関しては、「石川PJにご協力いただいた貴所以外の都市の機関連携の仕組みについて、評価や意見がございましたらご回答ください。」として、率直な評価や意見を得るべく行った質問に対するものである。

・客観的に多機関連携を考える機会ができた。
・他機関の実際はもちろんのこと、自らの所属の役割や限界、また他機関に映る自身を確認することができ大変有意義であった。
・他自治体の取り組みの中で、本市でも取り入れることができないか、早速検討している。

といったように、後述する「他を知り己を省みる」という意見が多数散見された。このような意見は、それぞれの自治体が関心を示しており、今後の成果の「社会実装」の萌芽になりうるものと言える。

(2) **三政令市以外の自治体の実務家による「外部」評価**

三政令市以外の自治体の実務家による「外部」評価は、以下の三つの方法で実施した。

①公開シンポジウム（第一次・第二次）の会場における質疑応答
②2012（平成24）年3月15日に開催した第二次シンポジウムに招聘した研究協力者（ただし、座談会出席者は除く）に対するアンケート調査
③北九州市・札幌市・横浜市を除く政令市と、全都道府県の関係諸機関（教育委員会・児童相談所・警察・市長部局）へのアンケート調査［2012（平成24）年3月28日〜4月13日の期間に、郵送により実施］

②のアンケート調査については、三政令市以外の自治体・国の関係機関等から計12通の回答があったが、その内容は先述した第二次シンポジウムに招聘した自治体の実務家の方を対象に実施したものと同様であった。したがって、以下では上記③のアンケートの回答の中で印象的なものを紹介する。

本アンケート調査は、回答期限が短期間であったこともあり、回答数は20機関（教育委員会4、児童相談所4、警察12）であった[2]。

---

2) 回答があった機関は、以下のとおりである。
　警察：千葉県・東京都・山梨県・静岡県・愛知県・大阪府・奈良県・和歌山県・島根県・岡山県・香川県・宮崎県、うち、政令市をもつ自治体：千葉県（千葉市）・静岡県（静岡

調査においては、第一次シンポジウム報告書及び第二次シンポジウム報告集を同封した上、「貴機関にて参考になるとお感じになられた多機関連携の仕組みがございましたら、ご記入下さい（複数回答可）。また、お差支えなければ、その理由もお書き添え下さい。」等の質問を行った。
　印象的な回答として、以下3点を挙げることができる。
　第一は、北九州市の「三機関同居型」の連携の仕組に対する肯定的な評価である。肯定的な評価は教育委員会、児童相談所、警察のどの機関からも寄せられ、回答数全体の約半数近くに及んだ。なお、否定的な評価は皆無であった。
　第二は、関係機関相互間の人事交流に対する肯定的評価である。人事交流に関しては特に、北九州市の機関連携の仕組みである、生徒指導主事の北九州少年サポートセンターへの派遣について指摘するものが多かった。
　すなわち、
・北九州少年サポートセンターは県警察少年課の機関でありながら、市教育委員会指導主事が勤務しており、非行問題を抱える少年の相談立直り支援に携わっており、学校での指導にも反映しうると思われる。
・北九州市のように、少年サポートセンターに教育委員会からの職員の配置があれば、教育委員会にとどまらず、学校との連携も深まり、個別ケースにも一層スピーディーな対応が可能となる。
　など、教育委員会・警察機関双方から肯定的に受け止められていた。
　第三は、他都市他機関の取組みや仕組みを知り、今後自らの都市での活用可能性を模索したいという意見である。
・多機関連携の多様な仕組みを知り、その効果、必要性、重要性を再認識しました。今後、この度の報告を参考に、実質的な多機関連携に向けた各種の取組を積極的に行っていきたい。
・今後、本県においても当てはまるケースや相談事等に出くわす場面も

　　　　　市・浜松市）・大阪府（大阪市・堺市）・岡山県（岡山市）
　　　教育委員会：群馬県・福岡県・川崎市・神戸市
　　　児童相談所：栃木県・大阪府・沖縄県・名古屋市

あるかと思われることから、その際は参考とさせていただきたい。
・本市においての連携のあり方の現状と課題を考察するきっかけとなりました。
・先進的に取り組んでおられる、他都市の状況が詳細に分かり、とても参考になった。現状と課題を本市と比較検討しながら、今後の本市の体制強化、取り組みに生かしていきたい。

など、さらなる発展可能性を示唆する回答が多数寄せられた。

## Ⅲ 用語解説

1. 一時保護所
2. 学校警察連絡協議会
3. 学校警察連絡制度
4. 家庭裁判所
5. 教育委員会
6. 子ども・若者育成支援推進法
7. 子ども・若者支援地域協議会体制整備事業
8. サポートチーム（少年サポートチーム）
9. 市町村における児童家庭相談援助
10. 児童虐待
11. 児童相談所
12. 少年院
13. 少年鑑別所
14. 少年警察活動規則
15. 少年サポートセンター
16. 少年補導職員
17. 人事交流の形態（派遣と出向）
18. スクールカウンセラー
19. スクールサポーター
20. スクールソーシャルワーカー
21. 生徒指導主事
22. 生徒指導提要
23. 生徒指導マニュアル（生徒指導規則）
24. 非行少年
25. 非行防止教室
26. 要保護児童対策地域協議会

## 1．一時保護所

　緊急保護、行動観察、あるいは短期入所指導のため必要があると認められる場合に、児童を一時的に保護するための施設。一時保護は、児童福祉法33条に基づいて行われ、期間は原則として2か月以内だが、必要があると認められる場合には、引き続き行うことができる。なお、警察署、医療機関、児童福祉施設、里親、その他の児童福祉に深い理解と経験を有している適当な者（機関・法人・私人）に一時保護を委託することもできる。これを「委託一時保護」という。

　一時保護所では、一般的に「混合処遇」が採られている。「混合処遇」とは、一時保護を行うことになった理由（被虐待、非行等）、年齢などにより区分せずに児童を同一施設内に収容し、その生活を共にさせる形での処遇である。

## 2．学校警察連絡協議会

　全国的には、1963（昭和38）年の警察庁保安局長通達「少年非行防止における警察と学校との連絡強化について」及び文部省初等中等教育局長通知「青少年非行防止に関する学校と警察との連絡について」によって制度化されたものである。本組織を通じて、学校と警察とが情報を交換し、協同して非行防止計画の策定と実施に当たることが望ましいとされている。2012（平成24）年4月1日現在、警察署の管轄区域や市区町村の区域を単位に、約2,700の協議会が設置されている。

　なお、各地域によって名称・内容等が異なっており、たとえば「神奈川県学校・警察連絡協議会」では、2011（平成23）年度から役員会に県と政令指定都市等の児童相談所5か所の代表がオブザーバー参加するなどしている。

## 3．学校警察連絡制度

　教育委員会等と警察との間で締結した協定等に基づいて、少年の健全育成のために、非行少年等問題を有する児童・生徒に関する情報を警察と学校とが通知する制度で、全都道府県警察で運用されている。名称・内容等はそれぞれで異なり、神奈川県警察では「学校警察連携制度」と呼んでい

る。

　なお、これとは別に、学校と警察との間では、従来から「学校警察連絡協議会」が警察署の管轄区域や市町村の区域を単位に、全国に多数設けられている。

### 4．家庭裁判所

　非行を犯した少年の事件について審判を行うほか、夫婦関係や親子関係の紛争などの家事事件について調停や審判を行う裁判所である。1949（昭和24）年1月1日に家事審判所と少年審判所を統合して発足したもので、2012（平成24）年4月1日現在、本庁は全国で50か所（各都道府県に1か所あり、北海道のみ札幌市、函館市、旭川市及び釧路市と4か所設置されている。）あり、その他に支部や出張所も設けられている。

　家庭裁判所には、裁判官のほか、家事事件、人事訴訟事件及び少年事件において必要な調査を行う「家庭裁判所調査官」（全国でおよそ1,600人程度）がおり、少年事件においては、「少年、保護者又は関係人の行状、経歴、素質、環境等について、医学、心理学、教育学、社会学その他の専門的智識特に少年鑑別所の鑑別の結果を活用」（少年法9条）した調査を行っている。裁判官は、家庭裁判所調査官が行った要保護性判断の基礎となる上記の「社会調査」と、裁判官自らが行う非行事実の存否等を判断する「法的調査」に基づいて、非行少年に対し、「保護処分」（少年法24条）を課すことになる。

### 5．教育委員会

　教育委員会は、地方教育行政の中心的な担い手であり、地域の学校教育、社会教育、文化、スポーツなどに関する事務を担当する機関として、全ての地方自治体に置かれ（地方教育行政の組織及び運営に関する法律2条）、教育における政治的中立性の確保、継続性・安定性の確保、地域住民の多様な意向の反映を実現するために、自治体の長から独立した合議制の執行機関として設置されている。

　教育委員会は原則5人の委員から構成され（その内の1名が委員長となる。）、その委員は、都道府県知事や市町村長が議会の同意を得て任命する

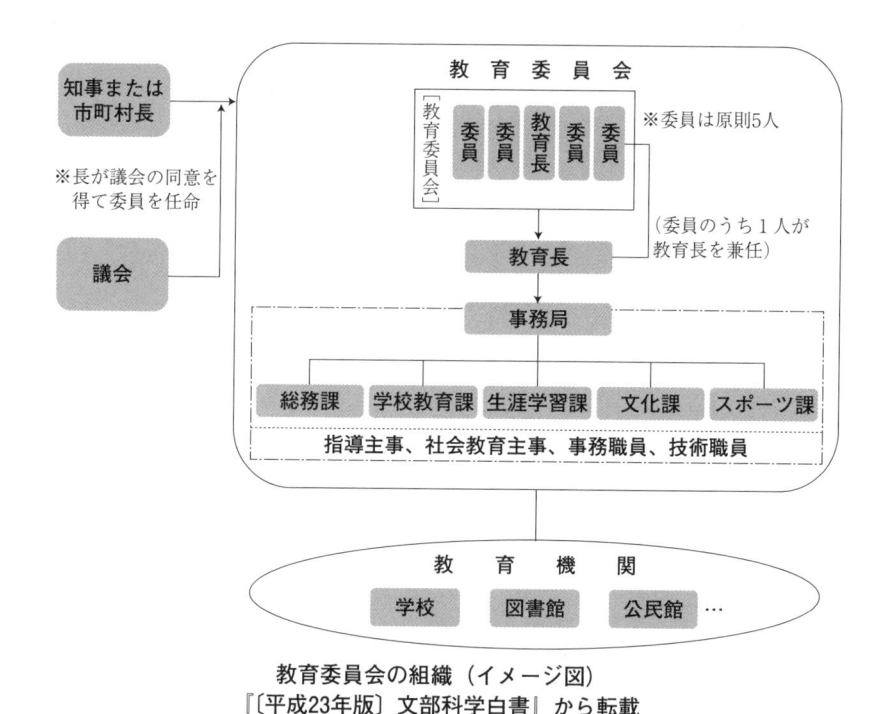

**教育委員会の組織（イメージ図）**
『〔平成23年版〕文部科学白書』から転載

（同4条）。教育委員会はその地域の教育行政における重要事項や基本方針を決定し、また、委員のうちから教育長が任命される（同16条）。教育長は、教育委員会の指揮監督の下に、教育委員会の権限に属する事務を行う。

### 6．子ども・若者育成支援推進法

子ども・若者育成支援施策の総合的推進のための基本法。本法が対象にする「子ども・若者」とは、乳幼児期からおおむね40歳未満の者までを指しており、幅広い年齢層への育成と支援をともに推進するという目的を明確に示している。内容としては、国の本部組織や大綱の整備、社会生活を円滑に営む上で困難を有する子ども・若者を支援するための地域における計画やワンストップ相談窓口の枠組み・ネットワーク整備について規定されている。

本法制定の背景には、最近の子ども・若者が置かれている環境の悪化（虐待・いじめ・少年による重大事件・有害情報の氾濫）や、本人の有する問題（ニートやひきこもり・不登校・発達障害等の精神疾患）などに対し、従来の縦割り行政での問題解決が困難になってきたという状況があった。こうした状況を深刻に受け止めた政府が、2008（平成20）年に「青少年育成施策大綱」において、自立や社会参加に困難を抱える青少年に対する支援について法的措置を含めた体制整備を検討すると明記したことを契機に法制化作業が進められ、2009（平成21）年に本法が制定、2010（平成22）年4月から施行された。

　本法に基づき各地方公共団体には、関係機関等が行う支援を適切に組み合わせることによりその効果的かつ円滑な実施を図るため、単独で又は共同して、関係機関等により構成される「子ども・若者支援地域協議会」を設置することが努力義務として課されている（19条）。また、立ち直り支援の連携コーディネーターとなる機関として、本協議会に関する事務を総括するとともに、必要に応じて他の構成機関等が行う支援を組み合わせるなど構成機関等相互の連絡調整を行う「支援調整機関」と、当該協議会において行われる支援の全般について主導的な役割を果たす「指定支援機関」の設置についても規定された（21・22条）。

　なお、本法に基づく子ども・若者育成支援は「教育、福祉、保健、医療、矯正、更生保護、雇用その他の各関連分野における知見を総合して行うこと。」とされており（2条6号）、また本法8条1項に基づき内閣府が制定した「子ども・若者ビジョン」においても、「非行・犯罪に陥った子ども・若者の支援」が明記されているなど、犯罪・非行の加害者・被害者としての子ども・若者も支援の対象となっているほか、困難を有する子ども・若者の家族等も支援・誘導の対象とされている（15条2項）。

### 7．子ども・若者支援地域協議会体制整備事業

　内閣府により2008（平成20）年度から開始されたモデル事業。子ども・若者の立ち直り支援を充実強化するための地域におけるネットワーク体制の整備、及びネットワークを機能させるために必要な自立支援に対応する

専門的な相談員（ユースアドバイザー）の養成を目的としている。

JST石川プロジェクトが研究対象地域としてきた北九州市・札幌市・横浜市は、いずれも「子ども・若者育成支援推進法」成立前後（北九州市・横浜市は2008（平成20）年度・札幌市は2010（平成22）年度）から本モデル事業に参画しており、2012（平成24）年3月現在、いずれの市にも「子ども・若者支援地域協議会」が設置されている。

### 8．サポートチーム（少年サポートチーム）

個々の少年の問題状況に応じた多様な支援のために、関係機関（教育委員会・学校、警察、児童相談所、自治体の福祉部門など）の担当者が結成するプロジェクトチーム。情報を交換し、連携をとりながら、問題を抱える少年や家庭に対して有益な働きかけ（支援、指導、助言を含む。）を行い、少年の立ち直りなど問題状況の改善を図る。地域のボランティアのような行政機関外の参加を得て行う場合もある。北海道警察が中心となって1996（平成8）年に設けられたものが始まりである。

青少年育成施策大綱（2003（平成15）年12月（2008（平成20）年12月の新大綱もほぼ同じ。））で、「個々の少年の問題性に応じて関係機関等が支援のためのチーム（サポートチーム）を結成する取組の一層の推進」が掲げられ、少年非行対策課長会議（警察庁、法務省、文部科学省、厚生労働省の課長等で構成）で申し合わせが行われている（2004（平成16）年9月）。

なお、北九州市では、教育委員会に置かれる恒常的な児童生徒支援組織（元校長、元警察官各3名で構成）を「少年サポートチーム」と呼んでいる。

＊学校に関しては、2001（平成13）年の「少年の問題行動等に関する調査研究協力者会議」による報告書『「心と行動のネットワーク」―「心」のサインを見逃すな、「情報連携」から「行動連携」へ』において、関係機関（前記のほか、保護司、民生・児童委員、PTA、民間団体等、多様な地域のメンバーを含む。）が連携して指導・支援を行う「サポートチーム」を、国を挙げて取り組む施策に位置づけ、「学校と関係機関との行動連携に関する研究会」による2004（平成16）年の報告書『学校と関係機関との行動連携を一層推進するために』においてそ

のモデルが示されている。

### 9．市町村における児童家庭相談援助

児童・妊産婦の福祉に関して、必要な実情の把握に努めること、必要な情報の提供を行うこと、また家庭等からの相談に応じ、必要な調査・指導を行うこととこれらに付随する業務を行うことであり、市町村の業務として行わなければならないとされるもの（児童福祉法10条1項）。さらに、市町村は要保護児童の通告先としても指定されている（同法25条）。2004（平成16）年の同法改正により、こうした児童や家庭に関する相談援助が市町村の事業として法律上明確に位置づけられた。そこで、住民に近い市町村が児童虐待の未然防止や早期発見を中心とした第一次的な相談援助活動を実施するものとされる。他方で、児童相談所の役割は、専門的な知識・技術を必要とするケースへの対応や市町村のバックアップに重点化したものとなった。政令市の場合、児童相談所を独自に有しているため、上記の相談援助業務は市内の各行政区が担当することになる。

### 10．児童虐待

児童虐待は、児童虐待の防止等に関する法律（児童虐待防止法）2条にかかげられており、保護者（親権を行う者、未成年後見人その他の者で、児童を現に監護するものをいう。）がその監護する児童（18歳に満たない者をいう。）について行う以下に掲げる行為をいう。

①身体的虐待　児童の身体に外傷が生じ、又は生じるおそれのある暴行を加えること。

②性的虐待　児童にわいせつな行為をすること又は児童をしてわいせつな行為をさせること。

③ネグレクト　児童の心身の正常な発達を妨げるような著しい減食又は長時間の放置、保護者以外の同居人によるその他の児童虐待と同様の行為の放置その他の保護者としての監護を著しく怠ること。

④心理的虐待　児童に対する著しい暴言又は著しく拒絶的な対応、児童が同居する家庭における配偶者に対する暴力（配偶者（婚姻の届出をしていないが、事実上婚姻関係と同様の事情にある者を含む。）の身体に対

する不法な攻撃であって生命又は身体に危害を及ぼすもの及びこれに準ずる心身に有害な影響を及ぼす言動をいう。）その他の児童に著しい心理的外傷を与える言動を行うこと。

被虐待児を発見した者は児童相談所等に通告することが義務付けられているが、2004（平成16）年に児童虐待防止法が改正され、早期発見を図るために通告対象が「児童虐待を受けた児童」から「児童虐待を受けたと思われる児童」に拡大された。児童相談所が行っている児童虐待相談対応件数は年々増加の一途を辿っており、2011（平成23）年度は全国で約60,000件に及んでいる。

### 11. 児童相談所

児童福祉法に基づいて設置されるもので、子どもの福祉を図りその権利を保護することを目的に1949（昭和24）年に設置された行政機関である。都道府県及び指定都市については設置が義務付けられ、政令で定める市（児童相談所設置市）についても設置することができる。2011（平成23）年12月20日現在、全国で206か所設置されている（一時保護所は全国で128か所）。

児童相談所の対象は原則18歳までの児童であり、「養護相談」、「保健相談」、「障害相談」、「非行相談」、「育成相談」、「その他の相談」などの相談を受け付けている（「児童虐待」は「養護相談」に分類される。各相談の詳細は「児童相談所運営指針」参照）。上記相談は全国で年間約385,000件あり、児童福祉司（全国でおよそ2,300人程度）を始めとした、児童心理司、保健師、医師などの職員が対応している。また、児童相談所では、上記相談のほか、緊急に保護が必要な児童等を保護する「一時保護所」の運営や、里親等の養育支援に関する相談行為等も行っている。

### 12. 少年院

家庭裁判所から「保護処分」として送致された少年に対し、社会不適応の原因を除去し、健全な育成を図ることを目的として矯正教育を行う施設である。少年院は、少年の年齢や心身の状況により、初等（心身に著しい故障のない、おおむね12歳以上おおむね16歳未満の者）、中等（心身に著しい故

障のない、おおむね16歳以上20歳未満の者)、特別(心身に著しい故障はないが、犯罪的傾向の進んだ、おおむね16歳以上23歳未満の者と、16歳未満の者の少年院収容受刑者)、及び医療(心身に著しい故障のある、おおむね12歳以上26歳未満の者)の4種類に分けて設置されており、どの種類の少年院に送致するかは家庭裁判所が決定する。2012(平成24)年4月1日現在、全国で52か所(分院1か所を含む。)に設置されており、その全てが国立である(少年院法3条1項)。

少年院で行う「矯正教育」には、生活指導(面接・日記・集会・役割活動などを通じた、健全なものの見方、考え方及び行動の仕方の育成)、職業補導(パソコン・簿記・金属加工・小売商など各種検定試験などを通じた、勤労意欲の喚起、職業生活に必要な知識・技能の習得)、教科教育(学習意欲の喚起、基礎学力の向上)、保健・体育(健康管理及び体力の向上)、及び特別活動(自主的活動、レクリエーション、行事等の実施)がある。

なお、「少年矯正を考える有識者会議提言」(2010(平成22)年12月7日)を受けて、現在少年院法の改正作業が進められている。

### 13. 少年鑑別所

「観護の措置」(少年法17条1項2号)により送致された者を収容するとともに、「家庭裁判所の行う少年に対する調査及び審判並びに保護処分及び懲役又は禁錮の言渡しを受けた16歳未満の少年に対する刑の執行に資するため、医学、心理学、教育学、社会学その他の専門的知識に基づいて、少年の資質の鑑別を行う施設」(少年院法16条)である。1949(昭和24)年の少年法及び少年院法の施行により発足し、2012(平成24)年4月1日現在、全国で52か所(分所1か所を含む。)に設置されており、その全てが国立である(少年院法17条1項)。

「少年矯正を考える有識者会議提言」(2010(平成22)年12月7日)を受けて、現在少年院法の改正作業が進められており、法務省の「少年院法改正要綱素案」(2011(平成23)年11月4日)によれば、少年鑑別所法を新設するほか、「地域社会における非行及び犯罪の防止に寄与するため、少年、保護者等に対する必要な援助を実施」することを掲げ、「一般相談」の拡

張を謳っている。

なお、「一般相談」を行う部署の名称は各少年鑑別所によって異なっており、例えば、横浜少年鑑別所では「青少年相談センター」と呼称しており、横浜市こども青少年局青少年育成課が設置している「青少年相談センター」と名称が重複している。

### 14. 少年警察活動規則

少年警察活動（少年の非行の防止及び保護を通じて少年の健全な育成を図るための警察の活動）に関して、国家公安委員会が2002（平成14）年に定めた規則。警察職員の活動の基準としての性質を持つ。少年警察活動の基本、一般的な活動（街頭補導、少年相談等）、触法調査、ぐ犯調査、少年の保護のための活動等について規定を置いている。

### 15. 少年サポートセンター

警察本部の少年課（方面本部の場合は生活安全課）に置かれる組織で、少年補導職員を中心に構成され、少年相談、継続補導・立ち直り支援、街頭補導活動、広報啓発活動などを行っている。少年警察活動規則上、「専門的知識及び技能を必要とし、又は継続的に実施することを要する少年警察活動について中心的な役割を果たすための組織」と位置付けられている。警察署の少年部門とは異なり、少年事件の捜査は担当しない。2011（平成23）年4月1日現在で、全国に197か所のセンターがあり、うち68か所は警察施設外に置かれている。

都道府県警察によって、業務内容、組織構成（規模や少年補導職員の比率）などが異なる。名称も異なっており、神奈川県警察では、「少年相談・保護センター」として少年育成課に置かれ、県内8か所の方面事務所が、相談や継続補導等を中心に行っている。これに対し、警視庁では、都内8か所の「少年センター」において、街頭補導等を中心に活動している。

＊一部の自治体でサポートセンターという名称の組織を設けている例がある（例えば、「千葉市青少年サポートセンター」）が、警察の少年サポートセンターとは異なる機関である。

### 16. 少年補導職員

　少年相談、継続補導、被害少年に対する継続的支援など、専門性を必要とされる業務を担当する警察職員。警察官とは異なり、犯罪捜査権限を持たない。少年サポートセンターに配置されるほか、一部の都道府県警察では警察署にも配置されている。全国で約1,000名が勤務しており、臨床心理士の資格を有する者も含まれている。なお、少年相談専門職員については、一般の少年補導職員とは別に採用されているのが通例であるが、少年警察活動規則上は「少年補導職員」に含まれる。

　北海道警察が1955（昭和30）年に「婦人警察補助員」制度を設けたのが始まりで、婦人警察補導員等の名称で主に街頭補導を担当したが、その後専門的な職員としての位置付けに改められた。なお、都道府県警察によって名称が異なり、福岡県警察では「少年育成指導官」、神奈川県警察では「少年相談員」、北海道警察では「少年警察補導員」及び「少年心理専門官」となっている。

　＊「少年補導員」は、少年補導職員とは異なり、少年の非行防止活動に従事するボランティアである。全国で5万4千人が委嘱されている。

### 17. 人事交流の形態（派遣と出向）

　行政機関の間の人事交流の形態には、派遣と出向とがある。

　派遣は、元の機関の職員としての身分をもったまま他の機関の職員となることを意味する。併任とも呼ばれる。双方の機関に所属することになるので、勤務時間、職務上の指揮命令関係、公務員法上の処分、給与や旅費の支給等に関して、協定が結ばれるのが通例である（派遣先で勤務するので、勤務時間に関しては派遣先に合わせ、旅費も派遣先が負担することになる。）。派遣した機関の職員であることは変わらないので、特別の定めがなければ派遣した機関の定員に含まれる（定数条例において定員外と定めている場合は、定員に含まれない。）。地方公共団体間の派遣について定めたものとして、地方自治法252条の17の規定がある。

　これに対し、出向は、元の機関の職員ではなくなって、出向先の機関の職員となることを意味する。出向先の機関の職員として、給与等の支払い

を受け、指揮監督等を受ける。出向元の機関の職員ではなくなるので、その定員に含まれることはなく、出向先の機関の定員に含まれる。同一の団体の場合には、公務員としての身分は継続するが、他の団体に出向する場合には、いったん公務員としての身分を失って、出向先で新たに採用されることになる。団体が異なる場合には、復帰するのにも、退職して前の機関に改めて採用してもらうことが必要になるほか、新たな給与については、それまでの給与が保障されることにはならず、最初から出向先の機関の職員として採用されていたとした場合に、現在受け取っているであろう額となる。退職金や年金に関しては退職しても通算されるために不利益は受けない。なお、同一の団体の場合であっても、共済組合や互助会が異なることで、組合員資格等を失って借入金返済義務が生ずるなど、職員が不利益を受ける場合がある。

### 18. スクールカウンセラー

スクールカウンセラーは、臨床心理士資格を有する者を中心に、児童生徒への心理的な支援を主な役割として、公立中学校等に配置されている。非常勤であることと、個別的に資質的差異があることが、学校の教員との連携プレーが求められる場合に課題となっている。スクールカウンセラー制度の契機は、1995（平成7）年度から2000（平成12）年度まで実施された「スクールカウンセラー活用調査研究委託事業」であるが、当初全額国庫補助により、同事業が開始された。その後、「スクールカウンセラー活用事業補助」（2001（平成13）〜2008（平成20）年度）、「学校・家庭・地域の連携協力推進事業（スクールカウンセラー等活用事業）」（2009（平成21）年度〜）と国庫補助額が減額され、地方委託が進みながらも、スクールカウンセラーの配置事業は継続しており、学校教育における生徒指導・教育相談等において重要な役割を果たしている。

### 19. スクールサポーター

警察の非常勤職員で、2011（平成23）年4月1日現在、全国に約600人が配置されている。そのほとんどは退職した警察官である。犯罪捜査等の権限はもたない。「警察と学校との橋渡し役」として、学校における少年

の問題行動等への対応、巡回活動、相談活動、児童の安全確保に関する助言（学校とその周辺の安全点検、子どもを対象とした犯罪等の情報の把握と提供などを含む。）、非行防止・被害防止教室の開催等を行うことを通じて、学校及び地域における非行防止と児童の犯罪被害の防止を図っている。

警察署に配置されていることが多いが、本部の少年課ないしサポートセンターに配置され、要請のあった学校に派遣することとされている場合もある。学校における非行防止教育等に専ら従事している場合もある。

20. スクールソーシャルワーカー

スクールソーシャルワーカーは、様々な問題を抱えた児童生徒に対して、当人が置かれている環境を適切に把握しその環境に働きかけるとともに、その子どものニーズにマッチした関係機関へ橋渡しをするコーディネーターとしての役割を有する専門職である。主に、社会福祉士や精神保健福祉士の資格を有する者を中心に、教育委員会や小・中学校に配置されている。全国的な取組としての契機は、2008（平成20）年度の「スクールソーシャルワーカー活用事業」（国の委託事業）であり、約350地域で取組が開始された。その後も「学校・家庭・地域の連携協力推進事業（スクールソーシャルワーカー活用事業）」（2009（平成21）年度～）として、その配置事業は継続しており、とりわけ学校と関係機関のコーディネーター役としての期待が高まっている。

21. 生徒指導主事

生徒指導主事は、1975（昭和50）年の学校教育法施行規則の改正による「主任の制度化」により、中学校及び高等学校に位置づけられたことが始まりである。現行の学校教育法施行規則70条において、中学校における生徒指導主事について、同条3項に、「指導教諭又は教諭をもつて、これに充てる」、同条4項に、「校長の監督を受け、生徒指導に関する事項をつかさどり、当該事項について連絡調整及び指導、助言に当たる」と明記されている（高等学校及び特別支援学校についても、70条の規定を準用）。小学校については、法的規定はないが、小学校の校務分掌に生活（児童）指導主任等の名称で置いている場合が多い。地域の特色ある制度として、例え

ば、北九州市の「専任生徒指導主事」や横浜市の「生徒指導専任教諭」がある。北九州市の専任生徒指導主事は、北九州市立中学校全62校中21校に加配されており、授業や学級担任を担当することを免除された生徒指導専門の教員である。また、横浜市の「生徒指導専任教諭」は、全市立中学校146校に配置されており、いずれも生徒指導により専念できるよう学級担任を受けもたず、授業時数も抑えられている。

### 22. 生徒指導提要

『生徒指導提要』は、小学校から高等学校段階までの生徒指導の理論や指導方法等について、学校における教職員間の共通理解を図り、組織的かつ体系的な生徒指導の推進を図るために策定されたものであり、2010（平成22）年に文部科学省により刊行された。『生徒指導提要』は、1965（昭和40）年に当時の文部省が刊行した『生徒指導のてびき』、1981（昭和56）年刊行の『生徒指導の手引（改定版）』の流れを汲み、学校教育における生徒指導の規準書といえる。

策定の背景には、学校における生徒指導が、問題行動等に対する対応にとどまる場合があり、学校教育としてより組織的、体系的な取組を実施する必要があること、小学校から高等学校段階までの生徒指導の理論や実際の指導方法について網羅的にまとめた基準書が存在せず、生徒指導の組織的、体系的な取組が十分に進んでいないこと、さらに、警察や児童相談所等の関係機関との連携のネットワークを強化する必要があることなどの背景があり、2009（平成21）年6月に「生徒指導提要の作成に関する協力者会議」が設置され、数回にわたる協議を経て刊行された。

### 23. 生徒指導マニュアル（生徒指導規則）

2006（平成14）年5月に国立教育政策研究所生徒指導研究センターがまとめた『「生徒指導体制の在り方についての調査研究」報告書―規範意識の醸成を目指して―』において、教職員間の合意のもとで、生徒指導方針の基準を明確化し、児童生徒だけでなく保護者にも周知徹底し、広く理解を図った上で、指導方針に基づく毅然とした粘り強い指導を学校全体で行うことが提言された。これにより、学校において生徒指導上の目標の共

有、共通理解とともに足並みをそろえた実践体制を展開していくことを目的に、生徒指導の基本方針として「生徒指導マニュアル」（生徒指導規則）が各学校（主に中学校）にて作成されることに弾みがついた。「生徒指導マニュアル」の構成は、各学校によって内容構成に若干の違いはあるものの、概ね共通しているのは、生徒指導の基本方針や生徒指導目標、重点目標等の「指針に関する規定」、生徒指導部等の校務分掌上の位置づけの明記、問題事案発生時における対応等をフローチャートで表した「組織に関する規定」、さらには校長や教頭（副校長）、生徒指導主事、学年生徒指導担当、養護教諭、スクールカウンセラー等で構成される生徒指導部会の「会議体に関する規定」が示されており、また、生活アンケートやいじめ被害調査等の実施や生徒指導部会等の開催、教育相談の実施等関する「年間指導計画に関する規定」、教育委員会や警察（少年サポートセンター）、児童相談所、医療機関等の住所、電話番号等を記した「関係機関に関する規定」等も記載されている。

　生徒指導マニュアルは、一般に各学校で策定されるものを指すが、都道府県レベル、または市町村レベルの教育委員会が、その管轄内の学校への生徒指導指針として作成・提示している場合もある。例えば、広島県教育委員会が2001（平成13）年に作成した『生徒指導のてびき』、2010（平成22）年3月に発表した『生徒指導のてびき（改訂版）』がそれである。横浜市教育委員会では、2009（平成21）年3月に『児童・生徒指導の手引き』を作成し、市独自の生徒指導基本方針書を著し、各学校で全ての教職員の指導指針となっている。

## 24. 非行少年

　非行少年という用語は一般的に用いられ、学校教育において怠学・粗暴傾向のある児童生徒に対して呼称することもあるが、法律上では以下の「犯罪少年」「触法少年」「虞犯少年」の総称であり、少年法3条1項各号に厳格に規定されている。

　①犯罪少年—罪を犯した少年
　②触法少年—14歳に満たないで刑罰法令に触れる行為をした少年

③虞犯少年―次に掲げる事由があって、その性格又は環境に照して、将来、罪を犯し、又は刑罰法令に触れる行為をする虞のある少年
　　イ　保護者の正当な監督に服しない性癖のあること。
　　ロ　正当の理由がなく家庭に寄り附かないこと。
　　ハ　犯罪性のある人若しくは不道徳な人と交際し、又はいかがわしい場所に出入すること。
　　ニ　自己又は他人の徳性を害する行為をする性癖のあること。
　なお、類似の用語として、「不良行為少年」という用語があるが、本用語は法律上では少年警察活動規則2条6号に規定されており、「非行少年には該当しないが、飲酒、喫煙、深夜はいかいその他自己又は他人の徳性を害する行為」を行っている少年をいう。

### 25. 非行防止教室

　非行防止教室は、子どもの規範意識の育成や危機管理能力の向上、学校が安全な場であるための環境づくりを目的に、主に学校と警察との連携において、年間指導計画に配置されている教育活動である。非行防止教室は、2003（平成11）年12月に青少年育成推進本部により策定された「青少年育成施策大綱」（旧大綱）において、非行防止施策の一環として実施することが明記された。すでに、旧大綱が策定される前から、学校と警察が連携した非行防止教室は、様々な地域や学校において実施されていたが、これによりその取組のさらなる推進が明確に打ち出されることとなった。旧大綱が策定された後の2005（平成17）年1月に、文部科学省と警察庁が合同で「非行防止教室等プログラム事例集」を作成し、非行防止教室に明確な輪郭が与えられ、同時に、先進的な事例や実践が取りまとめられ、全国の学校及び警察署に配布された。2006（平成18）年6月には、文部科学省初等中等教育局児童生徒課長通知「非行防止教室の推進を通じた児童生徒の規範意識の育成について」により、非行防止教室の一層の推進を図るため、同通知に「児童生徒の規範意識を育むための教師用指導資料」が添付された。2008（平成20）年12月には、青少年育成推進本部により「青少年育成施策大綱」（新大綱）が策定されたが、規範意識の育成をはじめ、

非行防止・相談活動やいじめ・暴力対策の一環として、非行防止教室の一層の推進が奨励された。新大綱は、2009（平成21）年7月に制定された子ども・若者育成支援推進法8条1項の規定に基づき、2010（平成22）年7月に「子ども・若者ビジョン」が策定されると同時に廃止となったが、「子ども・若者ビジョン」においても非行防止教室は規範意識の育成を目的に今後も拡充すると記載されている。

北九州市では、非行防止教室の特色ある取組として「規範教育」や「暴力団から子どもを守る教育（暴力団排除教育）」が実施されているが、万引き、占有離脱物、ネット、性に関わること等を中心に展開されており、「暴力団排除教育」は、2010（平成22）年度より市内の公立中学校にて毎年1回、暴力団への加入阻止を目的に実施されている。また、札幌市では、2004（平成12）年度より非行防止教室の取組を開始しているが、2008（平成20）年度からは警察官と教員によるティームティーチング方式の非行防止教室が全道で展開されており、非行防止教室のハンドブックを市は独自で作成し、2011（平成23）年度からは小学校においてもその実施を推進しているところである。

### 26. 要保護児童対策地域協議会

要保護児童等に関する情報やその適切な保護・支援を図るために必要な情報を交換し、支援内容を協議するための会議体で、児童福祉法25条の2から25条の5までで規定されているもの。2004（平成16）年の同法改正により新たに設けられた。児童相談所、学校・教育委員会、警察を含む多機関により、要保護児童等に係る事案（とりわけ被虐待事案）への対応を包括的に実施している。

「保護者のない児童又は保護者に監護させることが不適当であると認められる児童」（同法6条の3第8項）である「要保護児童」、「乳児家庭全戸訪問事業の実施その他により把握した保護者の養育を支援することが特に必要と認められる児童」（要保護児童に該当する者を除く。）（同条第5項）である「要支援児童」及びそれらの保護者、又は「出産後の養育について出産前において支援を行うことが特に必要と認められる妊婦」（同項）であ

る「特定妊婦」のケースを対象としている。したがって、要保護児童のケースとしては、「児童虐待」ケースのみならず、「非行」ケースや「不登校・いじめ」ケースも含まれており、本協議会において取扱い得るものと解されている。

　本協議会の運営に関して、「要保護児童対策地域協議会設置・運営指針について」（平成17年2月25日雇児発第0225001号厚生労働省雇用均等・児童家庭局長通知）では、「代表者会議」（本協議会を構成する機関等の代表者により、要保護児童等を支援するシステム全体等が検討される会議）・「実務者会議」（実際に活動している実務者から構成され、定例的な情報交換等が行われる会議）・「個別ケース検討会議」（個別の要保護児童等について関係機関の担当者が集まり、具体的な支援内容等について検討される適時開催の会議）からなる三層構造がモデルとして示されており、各自治体では実際に三層構造を取る場合が多い。

# Ⅳ 本プロジェクトの研究会にご参加いただいた方々

石川 PJ は研究の過程で、早稲田大学のほか、三政令市やその他の都市において幾度にもわたり研究会を開催し、多くの方にご協力いただきました。以下、それらの研究会にご参加いただいた全ての方を掲載いたします。

※氏名（敬称略）は、自治体・省庁別で50音順に記載しています（所属は研究会実施時のもの）。また、＊が付いている方は石川 PJ のメンバーとして JST に申請し、正規に研究実施者・研究協力者として参画いただいた方です。

**(1) 北九州市（福岡県）**
- 秋山　俊史：北九州市教育委員会指導部指導第二課
- 池　　浩幸：北九州市子ども家庭局・子ども総合センター
- ＊池田　尚弥：日本ガーディアン・エンジェルス北九州支部
- ＊石田　英久：北九州市子ども家庭局・子ども総合センター
- 井口　雅浩：北九州市立板櫃中学校
- ＊岩磧　健朗：福岡保護観察所北九州支部
- 上田　素市：日本ガーディアン・エンジェルス北九州支部
- 内中　京子：北九州市子ども家庭局・子ども総合センター
- 内屋敷　淑子：北九州市子ども家庭局・子ども総合センター
- 江島　　剛：福岡県警察本部八幡西警察署少年課
- ＊榎田　慶一：福岡県警察本部生活安全部少年課・北九州少年サポートセンター
- 榎田　　寛：北九州市子ども家庭局・子ども総合センター
- 岡田　千万子：北九州市子ども家庭局・子ども総合センター
- 柿添　勝義：福岡県警察本部生活安全部少年課
- 辛島　雄一：北九州市子ども家庭局・子ども総合センター

- 木原　博義：北九州市立菅生中学校
- 工藤　良：田川ふれ愛義塾
- 熊谷　志乃：北九州市子ども家庭局・子ども総合センター
- 栗並　清貴：福岡県警察本部博多警察署少年課
- 桑原　義弘：福岡県警察本部生活安全部少年課
*小石原　善徳：北九州市子ども家庭局・子ども総合センター
*小坪　浩子：北九州市子ども家庭局・子ども総合センター
- 小林　真一：北九州市子ども家庭局・子ども総合センター
*小松　茂樹：福岡保護観察所北九州市部
- 近藤　真治：福岡県警察本部小倉北警察署少年課
*佐藤　哲也：北九州市教育委員会
- 佐藤　春洋：福岡県立福岡学園
*下妻　一雄：福岡県警察本部少年課
*曽根崎　哲也：福岡保護観察所北九州支部
- 竹内　和久：福岡県警察本部生活安全部少年課・福岡少年サポートセンター
*田中　弘人：北九州市子ども家庭局・子ども総合センター
- 田中　美奈子：北九州市子ども家庭局・子ども総合センター
- 塚﨑　修：北九州市子ども家庭局子ども家庭部青少年課
- 土井　高徳：土井ホーム
- 戸内　智子：北九州市子ども・若者応援センター「YELL」
*中嶋　英治：小倉少年鑑別支所
- 永山　博：福岡県警察本部中央警察署少年課
- 成清　一枝：福岡県警察本部生活安全部少年課・中央少年サポートセンター
- 仁井　裕美：北九州市子ども家庭局・子ども総合センター
- 西岡　紀夫：北九州市戸畑区役所保健福祉課
- 西村　仁美：福岡県警察本部生活安全部少年課・福岡少年サポートセンター

・野口　宣子：㈱野口石油
・野口　義弘：㈱野口石油
・野原　三郎：北九州市教育委員会指導第二課少年サポートチーム
・橋本　純一：北九州市教育委員会指導第二課少年サポートチーム
・長谷川　理恵：北九州市子ども・若者応援センター「YELL」
・林　壮一郎：北九州市立吉田中学校
＊平林　末一：北九州市教育委員会
・福田　安秀：北九州市立白銀中学校
・藤井　直樹：福岡県警察本部小倉北警察署少年課
＊藤川　智久：北九州市子ども家庭局・子ども総合センター
＊溝田　明美：福岡県警察本部少年課
・藤田　浩介：北九州市子ども家庭局・子ども総合センター
・古田　哲也：福岡県警察本部生活安全部少年課・中央少年サポートセンター
・堀井　智帆：福岡県警察本部生活安全部少年課・北九州少年サポートセンター
＊松浦　弘則：福岡保護観察所北九州支部
・三宅　幸雄：北九州市子ども家庭局・子ども総合センター
・村上　真一：北九州市子ども家庭局子ども家庭部青少年課
・森　治美：福岡県警察本部生活安全部少年課・中央少年サポートセンター
＊森山　利昭：小倉少年鑑別支所
＊守口　昌彦：北九州市子ども家庭局・子ども総合センター
＊安永　智美：福岡県警察本部生活安全部少年課・北九州少年サポートセンター
・矢野　敬子：福岡県警察本部生活安全部少年課・北九州少年サポートセンター
・山縣　隆幸：福岡県警察本部八幡西警察署少年課
・山口　晋二：福岡県警察本部小倉北警察署少年課

- 山下　新三：北九州市教育委員会指導部指導第二課
- 山田　貴広：北九州市子ども家庭局・子ども総合センター
- 山本　浩：北九州市子ども家庭局子ども家庭部青少年課
＊渡邉　文彦：北九州市教育委員会指導第二課少年サポートチーム
＊渡邉　義隆：北九州市教育委員会

(2)　**札幌市（北海道）**
- 赤塚　尚志：札幌市立新川西中学校
＊井上　靖浩：北海道警察本部生活安全部少年課・少年サポートセンター
＊入江　幽子：札幌市児童相談所
＊大浦　宏：札幌少年鑑別所
- 大谷　英男：札幌市児童相談所
- 岡元　賢：北海道札幌白石高等学校
＊長船　祐子：北海道警察本部生活安全部少年課・少年サポートセンター
- 金澤　章：札幌市市民まちづくり局市民生活部男女共同参画室男女共同参画課
- 川口　みどり：札幌市児童相談所
- 岸峯　千恵子：札幌市市民まちづくり局市民生活部男女共同参画室男女共同参画課
＊木元　匡：北海道警察本部生活安全部少年課・少年サポートセンター
＊郷久　嘉一：北海道警察本部生活安全部少年課・少年サポートセンター
- 香田　研：札幌市子どもの権利救済機関子どもアシストセンター
＊齊藤　敏雄：北海道警察本部生活安全部少年課・少年サポートセンター
- 坂井　直将：札幌市子ども未来局子どもの権利推進課
- 佐藤　賢二：北海道警察本部生活安全部
- 高橋　みどり：札幌少年鑑別所
＊築島　健：札幌市児童相談所
- 中村　弥恵：札幌市子どもの権利救済機関子どもアシストセンター
- 那須野　祐一：札幌市教育委員会生涯学習部生涯学習推進課

・二ノ田　仙彦：札幌市立栄南中学校
・橋本　秀樹：北海道札幌白石高等学校
・藤倉　悟：札幌市立陵陽中学校
＊前田　幸子：北海道警察本部生活安全部少年課・少年サポートセンター
・松田　考：札幌市若者支援総合センター
・松本　沙耶香：札幌市若者支援総合センター
＊村岡　章吾：札幌市児童相談所
・山岸　紀：札幌市児童相談所
＊龍島　秀広：北海道教育大学教職大学院

(3) 横浜市（神奈川県）

＊阿部　敏子：神奈川県警察本部生活安全部少年育成課・少年相談・保護センター
＊阿部　政孝：横浜少年鑑別所
・内田　太郎：横浜市こども青少年局青少年相談センター
・内山　良信：横浜市立本宿中学校
・江﨑　澄孝：神奈川県警察本部生活安全部
・大木　靖博：横浜市教育委員会事務局西部学校教育事務所
＊岡　聰志：横浜市北部児童相談所
＊加治屋　正仁：神奈川県警察本部生活安全部少年育成課
＊勝澤　昭：横浜市中央児童相談所
・河島　一：横浜市教育委員会事務局東部学校教育事務所
＊菊地　功：横浜少年鑑別所
・小林　陽子：横浜市青少年相談センター
・小山　映子：横浜市中央児童相談所
＊斎藤　宗明：横浜市教育委員会
＊坂井　徹：横浜市教育委員会
・佐藤　潤：横浜市教育委員会事務局東部学校教育事務所
・佐藤　一：横浜市鶴見区福祉保健センターこども家庭支援課

- ＊清水　孝教：横浜市南部児童相談所
- ＊鈴木　光敏：横浜市教育委員会人権教育・児童生徒課
- ・関口　昌幸：横浜市こども青少年局青少年育成課
- ・武田　玲子：横浜市中央児童相談所
- ・立田　順一：横浜市教育委員会事務局西部学校教育事務所
- ＊鳥海　保弘：神奈川県警察本部少年育成課
- ＊中嶋　孝宏：神奈川県警察本部生活安全部少年育成課（前横浜市立東野中学校）
- ＊西谷　晴美：神奈川県警察本部生活安全部少年育成課・少年相談・保護センター
- ・袴田　一範：横浜市こども青少年局こども福祉保健部こども家庭課
- ＊水木　尚充：横浜市教育委員会人権教育・児童生徒課
- ・武藤　啓司：横浜パーソナル・サポート・サービス「生活・しごと∞わかもの相談室」
- ・森田　洋一：神奈川県警察本部生活安全部
- ＊山田　眞也：神奈川県警察本部少年育成課
- ・綿引　幸代：よこはま若者サポートステーション

(4)　相模原市（神奈川県）
- ・入江　由美子：相模原市児童相談所
- ・笠原　恭子：相模原市健康福祉局こども育成部こども青少年課
- ・菊池　亮子：神奈川県警察本部生活安全部少年育成課・少年相談・保護センター相模原方面本部
- ・小泉　勇：相模原市教育委員会
- ・櫻井　智美：相模原市健康福祉局こども育成部こども青少年課
- ・樋渡　弥子：神奈川県警察本部生活安全部少年育成課・少年相談・保護センター相模原方面本部

(5) 千葉市（千葉県）
・秋田　宙造：千葉市青少年サポートセンター
・秋葉　光太郎：千葉市こども未来局こども未来部健全育成課
・内山　俊雄：千葉市こども未来局こども未来部健全育成課
・桐岡　真佐子：千葉市児童相談所
・三枝　丈人：千葉市児童相談所
・野嶋しのぶ：千葉県警察本部生活安全部少年課・少年センター
・花沢　俊一：千葉市青少年サポートセンター
・福田　寛：千葉市教育委員会指導課
・藤田　孝明：千葉市こども未来局こども未来部健全育成課
・遊間　千秋：千葉県警察本部生活安全部少年課・少年センター

(6) 岡山市（岡山県）
・石田　晶則：岡山市こども総合相談所
・一守　和弘：岡山市教育委員会事務局指導課
・熊代　春雄：岡山市保健福祉局
・黒住　英輝：岡山市教育委員会事務局指導課
・佐藤　一哉：岡山市保健福祉局こども福祉課
・周藤　謙輔：岡山市こども総合相談所
・田中　直子：岡山市保健福祉局こども・子育て担当局
・田中　康広：岡山市保健福祉局こども企画課
・土井　佳子：岡山市保健福祉局こども福祉課
・中尾　雅文：岡山市教育委員会事務局生涯学習課
・溝手　得三郎：岡山市教育委員会事務局生涯学習課
・山本　忠司：岡山市こども総合相談所
・関野　洋悠：岡山県警察本部生活安全部少年課

(7) 東京都
・阿部　将人：東京都児童相談センター

- 井上　直也：警視庁生活安全部少年育成課・台東少年センター
- 小野　愼二：警視庁生活安全部少年育成課・新宿少年センター
- 末廣　典明：警視庁生活安全部少年育成課・台東少年センター
- 西尾　寿一：東京都児童相談センター
- 濱口　彰宏：警視庁生活安全部少年育成課・新宿少年センター
- 藤井　貢：警視庁生活安全部少年育成課・新宿少年センター

(8)　愛知県
- 石飛　誠：愛知県警察本部生活安全部少年課
- 大崎　逸朗：愛知県警察本部豊橋警察署生活安全課
- 大屋　秀徳：愛知県警察本部生活安全部少年課・少年サポートセンター
- 小田　元一：愛知県警察本部豊橋警察署生活安全課
- 澤野　淳一：愛知県警察本部生活安全部少年課・少年サポートセンター
- 菅原　弘勝：愛知県警察本部生活安全部少年課・少年サポートセンター名古屋

(9)　滋賀県
- 上原　学：大津少年センター
- 宇野　義治：㈱ユー広告
- 小谷　正樹：滋賀県健康福祉部子ども・青少年局
- 坂田　德一：㈱坂田工務店
- 高橋　清尊：大津少年センター
- 村上　隆：滋賀県警察本部生活安全部少年課
- 若林　隆生：滋賀県警察本部生活安全部少年課

(10)　京都府
- 有吉　卓也：京都府警察本部生活安全部少年課・少年サポートセンター
- 上田　英雄：京都府警察本部生活安全部少年課・少年サポートセンター
- 魚井　宏泰：京都府警察本部生活安全部少年課

・柴田　長生：京都府家庭支援総合センター
・中川　敏也：京都府府民生活部青少年課
・野木　孝洋：京都府府民生活部青少年課
・林　美保子：京都府警察本部生活安全部少年課・少年サポートセンター

(11)　**大阪府**
・千葉　洋二：大阪府警察本部警務部警務課付・大阪府政策企画部青少年・地域安全室
・松村　実：大阪府政策企画部青少年・地域安全室青少年課

(12)　**法務省**
＊小林　万洋：法務省矯正局少年矯正課
＊東山　哲也：法務省矯正局少年矯正課

(13)　**内閣府**
・後藤　信之：内閣府

編者・第1部著者紹介

石川正興（いしかわ まさおき）　第1章，第6章
　　早稲田大学法学学術院教授
　　同大学社会安全政策研究所所長
石堂常世（いしどう つねよ）　第2章
　　郡山女子大学副学長
　　早稲田大学社会安全政策研究所招聘研究員
宮古紀宏（みやこ のりひろ）　第2章
　　早稲田大学教育・総合科学学術院助教
　　同大学社会安全政策研究所研究所員
小西暁和（こにし ときかず）　第3章
　　早稲田大学法学学術院准教授
　　同大学社会安全政策研究所研究所員
田村正博（たむら まさひろ）　第4章
　　京都産業大学法学部教授
棚村政行（たなむら まさゆき）　第5章
　　早稲田大学法学学術院教授
　　同大学社会安全政策研究所研究所員

※本書は早稲田大学総合研究機構の補助を受けて出版しています。

子どもを犯罪から守るための
多機関連携の現状と課題
—北九州市・札幌市・横浜市の三政令市における機関連携をもとに—

2013年6月30日　初版第1刷発行

編著者　　石　川　正　興
発行者　　阿　部　耕　一

〒162-0041　東京都新宿区早稲田鶴巻町514番地
発行所　　株式会社　成　文　堂
　　　　電話 03(3203)9201(代)　Fax 03(3203)9206
　　　　http://www.seibundoh.co.jp

製版・印刷・製本　藤原印刷
☆乱丁・落丁本はおとりかえいたします☆
©2013 M. Ishikawa　　Printed in Japan
ISBN978-4-7923-1990-8 C3032
定価(本体3,300円+税)